스튜디오 미술치료

STUDIO ART THERAPY : Cultivating the Artist Identity in the Art Therapist

스튜디오 미술치료

Catherine Hyland Moon 지음 | 정은혜 옮김

Σ 시그마프레스

스튜디오 미술치료

발행일 | 2010년 9월 17일 1쇄 발행
2021년 10월 5일 2쇄 발행

저 자 | Catherine Hyland Moon
역 자 | 정은혜
발행인 | 강학경
발행처 | (주)시그마프레스
디자인 | 김수미
편 집 | 조현주

등록번호 | 제10-2642호
주소 | 서울시 영등포구 양평로 22길 21 선유도코오롱디지털타워 A401~402호
전자우편 | sigma@spress.co.kr
홈페이지 | http://www.sigmapress.co.kr
전화 | (02)323-4845, (02)2062-5184~8
팩스 | (02)323-4197

ISBN | 978-89-5832-876-6

Studio Art Therapy

Cultivating the Artist Identity in the Art Therapist

* 책값은 책 뒤표지에 있습니다.

머리말

지금은 다학제간(interdisciplinary) 소통의 시대이다. 과학과 예술이 경계들 사이로 스며들어 서로의 영역을 풍요롭게 하고 생산적인 통찰력을 만들어 내고 있다. 나는 학부에서 경제학을 공부했지만 심리학에 관심이 있었다. 사람들이 중요한 경제적인 결정을 하는 데는 심리적인 과정이 있는데 왜 경제학자들이 심리학에 파고들지 않는지, 또한 문화인류학에서 얻는 지혜를 응용하지 않는지 의아해했다. 그런데 요즘은 이러한 학제간의 만남이 이루어지기 시작하면서 우리 모두를 풍부하게 한다.

예술가가 정신건강 분야에 들어가서 시작한 미술치료는 학제들간의 통합의 결과이다. 이 새로운 영역은 대략 60년 정도의 역사를 가지고 있으며, 그 영역의 크기나 내담자의 수, 전국의 대학원 교육 프로그램의 수에서 볼 때, 미술치료 영역은 꽃을 피우고 있다고 말할 수 있다. 이 분야의 기본 믿음은 예술(좀 더 자세하게는 시각예술)이 사람들의 내면 가장 깊은 곳에 있는 창조적인 욕구(drive)와 갈망(desire)에 다다르는 방법을 알려줄 수 있다는 것이다.

이미 자리를 잡은 카운슬링, 사회복지, 심리학, 정신의학과 나란히, 미술치료 훈련은 필요한 임상적인 치료 기술들을 습득시키도록 디자인되었다. 하지만 미술치료사들은 다른 치료 부문의 전문가들이 제공하는 것과 다른 고유한 것을 기여하는데, 그것은 예술가로서의 경험과 훈련이다.

예술이 사람들을 도울 수 있으며 치유적일 수도 있다는 것은 많은 예술가와 예술교육자, 건강보건 전문가들이 동의하는 바이다. 이 상황에서 예술가인 미술치료사가 임상에 기여하는 특별한 능력이 분명이 표현되어야만 한다. 미술치료가 기여하는 바가 단순히 치료와 평가의 한 기법으로 고려되지 않으려면, 미술치료사가 무엇을 할 수 있는지 그 이해영역이 넓어져야 할 때가 왔다. 즉, 미술치료가 어떻게 작용하며, 미술치료의 분야가 기여하는 것이 무엇인지 이해되어야 한다. 그렇게 하기 위해서 예술가로 활동하는 미술치료사의 정체성이 정의될 필요가 있다.

캐시 문이 그 일을 이 책에서 하였다. 이것은 우리 분야가 필요로 한 일이었다. 내가 아는 한 그녀는 처음으로 내담자와의 작업을 미술치료사의 예술가적인 정체성을 통해서 깊이 있게 살펴보았으며, 그러한 활동에서 나올 수 있는 문제와 특정성에 대하여 다루었다. 다행히도 이 책의 글은 '임상적인' 글이 아니다. 데이터를 통해서 무엇을 증명하려고 하지 않는 대신, 글이 할 수 있는 최선의 방법으로 내담자와 그녀 자신에게 어떤 일이 일어나는가 하는 것을 보여 준다(이것은 사례 연구와는 거리가 멀다).

그녀는 이러한 만남에 대하여 깊은 내면의 경험과 생각들을 이야기를 통해서 나누었다(그녀는 이야기를 아주 잘 한다). 오랜 세월 동안 쌓인 훈련과 경험을 통해 건강 전문가로서 실행할 때 필요한 치료 기술을 바탕으로 그녀는 보다 예술적인 방법으로 미술치료를 하는 것을 선택하였다.

이 책을 읽으면서 내가 든 생각은 '이 책에서 다루어지는 방법들이 다른 경험이 많은 치료사들이 하는 것과 무엇이 다른가?' 그리고 '치료사로 훈련받지 않은 예술가와 교육자가 무엇을 할 수 있는가?' 등이었다. 나는 치료사와 미술 교육자들이 캐시가 이 책에서 말하는 세심하고 공감적인 반응을 하는 것을 보았다. 때로는 구두(verbal) 치료사가 미술을 사용하는 경우도 있다. 하지만 이것은 이 책의 저자가 기술하는 미술에 기반한 방법과 같지는 않다. 미술교육자가 미술로 시작하기는 하지만 훈련받은 치료사가 하는 것처럼 사람들 사이의 역동적인 관계에 예민하게 알아내는 것은 드문 일일 것이다.

저자는 두 개의 초점을 가지고 있는데, 하나는 미학이고 또 하나는 내담자와 치료사 사이의 관계이다. 그녀는 이 두 가지가 같이 사용되어야 한다고 주장한다. 미술가와 미술교육자는 미학에 관하여 알고, 건강보건 전문가들은 내담자와의 관계를 어떻게 다뤄야 하는지 안다. 하지만 저자가 보여 주는 것은 이 두 가지를 사용함에 있어서 미술치료사들은 특별한 역할을 한다는 것이다. 그녀는 이 방법을 '관계미학' 이라고 부른다. 이것은 보는 것, 듣는 것, 냄새 나는 것, 만져지는 것 등 몸의 감각으로 느끼는 것을 포함한 자기 자신의 미학적인 면을 인정하는 것에서부터 시작한다. 감각들이 섞이고 더 또렷해지면서, 자기 내면과 자기 주위에 일어나고 있는 것들의 '시' 를 느끼고자 한다. 그녀는 이러한 시적인 안테나의 힘(때로는 압도하는 힘)에 가슴을 열고, 창작활동에 임하며, 내담자도 그렇게 하라고 초대를 한다. 캐시는 도움을 받기 위해서 오는 낯선 사람들을 만나면서 그 사람만의 시적이고 예술적인 비전을 발견한다. 그녀가 말하듯이 미술에 기반한 미술치료의 모델은 치료사와 내담자 둘 다의 예술가의 정체성을 아주 중요하게 보는 것으로, 내담자와 치료사의 예술적인 비전이 만나는 지점에서 그 관계가 열매를 맺는 것이다.

캐시가 '예술적인 비전(vision)' 이라고 부르는 이것, 모든 이에게 있다고 하는 이것이 과연 무엇일까? 미술평론가인 케이브 힉키(Cave Hickey)는 이것을 '욕망', 특히 프랑스어에서의 의미인 '깊은 개인의 그리움' 이라고 부른다. 시인인 월리스 스티븐스(Wallace Stevens)는 '상상력의 생명' 이라고 하고, 심리학자인 위니코트(Winnicott)는 유아가 어떤 것에서 다른 것으로 변화하는 경험의 과도기적인 공간(transitional space)인 '은유 만들기' 라고 부른다(이 능력이 없다면 세상에 적응하지 못한다고 말하였다). 예술적인 비전은 꼭 예술작품으로 나타나야 하는 것만은 아니며 이것은 인간의 속성이다. 예술적인 비전은 궁극적으로 개인적 진실을 보관하는 역할을 하는데 이것은 거의 대부분의 사람들이 잘 사용하지 못하는 것이다. 하지만 개인적인 아픔이 경험되는 지점에서 치료사와 내담자가 그 길을 같이 찾아나선다. 그들은 이 세상에서의 유일무이한 개인적인 의미를 그들의 창조력을 통해서 표현하는 방법을 찾고자 한다.

여기에서 내담자와 치료사는 예술작품을 만들거나 예술적인 방법을 통해서 개인적인 의미에 가까이 가고자 한다. 다른 치료사들(이성적이고 의식적인 대화를 통한 치료를 하는)도 같은 것을 찾고 있으나, 예술가의 '예술적인 비전' 은 대화를 예술의 시적인 표현에 기반하고 창조적인 욕구에 기대어서 아픔이 있는 곳에 바로 다가간다.

이 점이 미술치료의 기초적인 전제가 되어 왔지만 저자는 새로운 길들을 여기에 더하였다. 그녀는 예술적인 비전을 자신의 활동을 이끄는 원칙으로 삼아서 미묘하게 비슷하나 포괄적으로 다른 그녀만의 작업방법을 이야기한다. 아름답게 쓰여진 내담자와의 만남과 그녀의 삶에서의 만남의 이야기들을 통해서 우리는 그들의 삶 속으로 들어간다. 퍼포먼스 아트 작품을 보는 것 같은 다감각적인 관찰 또는 미학적인 조율에 대하여도 이야기한다. 내담자의 행동이 (또한 미술치료가) 예술적인 경험이 되면서 예술가인 그녀는 이것을 온전한 미학적인 경험으로 반응한다. 그녀는 학생들도 그렇게 훈련을 시키며, 이 책은 학생들이 그들의 경험을 이렇게 고조된 방법으로 쓰고자 하는 시도를 포함한다. 이 책의 전반에 걸쳐 구체적인 예로 이러한 경험들이 표현된다.

이 책의 또 하나의 중요한 기여는 그녀 자신의 창작활동이 치료적인 과정에 어떤 기여를 하는지를 탐구한 점이다. 나를 포함하여 여러 미술치료사들이 이런 과정에 관하여 집필을 해 왔지만, 그녀는 이러한 활동을 여러 면에서 분석하고, 내담자의 이야기를 들려주고, (어쩌면 이 책의 가장 중요한 논지인) 미술치료사가 예술가로서 기능하는 중요한 예를 보여 줌으로써 이러한 활동을 확장하였다. 치료사인 인간이 개인적인 의미 또는 '욕망' 을 자신의 작품을 통해서 표현하려고 노력하는 것을 내담자가 보고 이러한 과정과 동일시 하는 것에서 내담자와 치료사의 예술적인 비전이 만나는 지점을 찾을 수 있다. 그리하여 내담자와 미술치료사는 창작작업의 동반자가 되며, 치료사는 더 이상 내담자에게 또는 내담자를 위해서 무엇을 하는 전문가가 아니다.

내 경험에 의하면, 많은 미술치료사들은 이 정통적이지 못한 방법을 뭔가 위험한 것 — 내담자의 기를 죽일 수 있다고 생각하거나, 이것이 치료사의 자아도취적인 욕구를 충족한다거나, 내담자에게 주는 주의를 분산시킨다고 생각하는 등 — 으로 보고 회피한다. 임상경험과 판단력이 중요해지는 시점이며, 그렇기 때문에 미술치료사가 되는 훈련과정은 길며, 많은 요구에 부딪히게 된다.

그녀의 방법은 여러 면에서 전체적(holistic)이라고 할 수 있다. 첫째로, 내담자의 모든 면에 대하여 미학적으로 반응한다 — 마치 그들이 그녀 앞에 놓아진 작품인 듯 말이다. 둘째로, 모든 감각을 동원함에 있어서, 모든 예술과 연결한다. 모든 예술 분야에서 활동하는 표현예술 치료사들이 있다 — 시각예술, 음악, 드라마, 춤, 시, 글쓰기 등. 그녀가 하는 방법은 이 모든 예술 분야를 필요에 따라서 쓰며 그것은 현재 많은 예술치료사들이 사용하는 방법이다.

그녀는 '시적이다' 라는 표현을 자주 쓴다. 넓은 의미로, 시적이다라는 표현은 상상으로 만들어진 것과 역설적인 이야기와 내담자에게는 '현실' 인 '거짓' 의 세계를 포함한다. 내담자와 대화할 때 치료사가 '다언어 사용자' 가 되어 시적이고 은유적인 언어를 풍부하게 사용하여 내담자의 내면의 세계에 보다 더 잘 가까이 가는 것을 권한다. 이 권유는 만들어진 작품을 이야기하는 과정에서 나온 것이다. 이것은 우리 분야의 처음 시작 단계에서 나왔던 '예술작품을 해석' 하는 투박한 방법과는 아주 먼 것이다.

이것은 열정적인 책이다.

예술가 고유의 감수성과 기술이 미술치료사의 정체성에 이음새 없이 포함되면서 이 분야가 어떻게 더 성장할 수 있는가 하는 것을 열정적으로 다시 보게끔 한다. 마치 그녀 자신이 작품을 만들고 있는 과정에 놓여 있는 것처럼, 내담자와 어떻게 작업을 하는지 탐구한다. 자기 스스로에게 이러한 질문을 던지면서 자신의 관찰에 감각을 더해서 얻는 것을 포함시킨다. '과학적인' 범주화가 아닌 예술적인 과정의 모름(not-knowing)의 자세에서 이것 저것을 해 본다. 규정이 안 되었지만 나오고자 하는 어떠한 의미에 다가갈 것이라는 희망으로 무엇인가를 하면서 (표시를 만들고, 찰흙을 만지고) 스스로를 털어놓는다. 동시에 매체, 시간과 공간의 체계, 내담자와의 관계에 충실한다. 내담자로 하여금 똑같은 것을 가르친다. 내담자의 모델이 되는 것이다.

내담자의 삶과 그녀 자신의 삶 안에서의 의미를 찾는 작업의 바탕에는 열정이 있다. 이것을 독자들과 나누기를 원한다. 이 구체적인 현실의 특징과 한계 — 재료, 비용, 결과, 수익과 이윤, 성공적인 경력 — 에도 불구하고, 그녀는 예술에 관한 자신의 열정에는 '시적인' 목표들이 있다고 믿는다.

그녀는 자신의 열정이 이 책의 글에서도 묻어 나오기를 바라며 이 책의 글은 자신의 논지에 대한 증거이다. 예술가인 자신에 대한 믿음에 기반하여 예술적으로 풍부하게 글을 쓰며, 이것은 그녀가 우리에게 줄 수 있는 가장 큰 선물이다.

그녀의 아이디어를 반박하려면 해도 된다. 하지만 이 책의 진실성과 아름다움은 어느 노래나 시나 연극이나 그림처럼 당신 앞에 서 있다.

이것은 열정적이고 현명한 선물이다.

Mildred Lachman-Chapin

감사의 글

내가 이 책을 쓰는 동안, 감사의 말에 누구의 이름을 포함시킬지 생각해 왔다. 많은 생각을 해 보았지만 무슨 말을 하든지 부족할 수밖에 없다는 것을 안다. 결국, 나의 생각을 만들고 나의 활동을 하는 데 꼭 필요한 역할을 했던 사람들의 이름을 빼먹는 실수를 할 것이다. 이 책을 쓰면서 책은 한 사람이 쓰는 것이 아니다라는 확고한 믿음이 생겼다. 내가 이 글을 묶었지만 그 과정에서 많은 사람들의 도움을 받았다. 그 도움은 생각을 다듬게 한 것부터 따끈한 식사를 만들어 준 것까지 다양하다.

다음은 감사를 표하고 싶은 사람들이다.

첫째로, 이 책에 나오는 이야기를 해 준 내담자들께 감사하고, 직접적으로 이야기가 포함되지는 않았지만 나와 미술치료를 하였던 내담자들에게 감사의 말을 전한다. 그들은 나의 중요한 스승이었으며 그들의 가르침은 미술치료에만 국한된 것이 아니라 나의 삶에도 의미가 있었다. 내가 살면서 가장 진정성 있고, 정직하고, 남을 배려하고, 용기 있는 사람들을 치료적인 맥락에서 만났다. 그들 중에 특별히 앤 젤러(Ann Zeller)에게 감사의 말을 전한다. 그녀와의 이메일을 통한 컨설팅은 내담자의 입장에서 미술치료를 이해하는 데 없으면 안 될 이해를 주었으며, 이 책을 쓰게 도움을 주었다.

나의 여러 동료들에게 빚을 졌다. 특히 오하이오 워싱턴의 할딩 병원(Harding Hospital in Worthington)의 동료직원들을 잊을 수 없다. 여러 해가 지나고 여러 치료 상황을 경험하고 많은 학생들과 전문 미술치료사를 슈퍼비전하면서 그들이 얼마나 훌륭하고 배려심이 많고 전문적이었는지 알게 되었다. 내가 그들 안에서 치료사로 성장할 수 있었던 것을 너무나 감사하게 생각한다. 그중에서도 스튜디오 방법의 미술치료를 몸소 예로 보여 준 미술치료 멘토인 단 존스(Don Jones)에게 감사의 말을 전한다.

나에게 영향과 영감을 준 많은 미술치료사들이 있다. 로리 밴스(Lori Vance), 마이클 프랭클린(Michael Franklin), 랜디 빅(Randy Vick)에게 특별히 감사의 말을 전한다. 그들은 나의 미술치료 '단짝친구'로서 나는 그들에게 전문적으로 많은 존경심을 가지고 있다. 랜디와 린 캐피탈(Lynn Kapital), 캐런 블로메인(Karen Blomain)은 이 책의 이전 원고를 읽어봐 주었다. 나는 이 책이 그들의 눈을 통과하면서 더 좋은 책이 되었다고 믿는다. 밀리 라크만-차핀(Millie Lachman-Chapin)은 이 책의 머리말을 써 주고 나에게 응원과 영감을 주었다. 또한 소중한 친구이며 미술치료 자매인 데브라 드브룰라(Debra DeBrular)에게 감사의 말을 전한다. Debra는 세상을 떠났지만 그녀의 영혼은 내 안에 아직까지 밝게 살아 있다. 이 책을 쓰는 동안 그녀는 내 어깨에 앉아 있었던 천사였던 것 같다. 그녀는 살아 있을 때와 마찬가지로 나에게 많은 영감을 주었다.

그리고 마지막으로 나의 가족의 사랑과 응원에 너무나 감사하다. 미술치료 동료이자 친구이자 남편인 Bruce는 이 책을 쓰는 데 다양한 형태의 모든 도움들을 주었다. 나의 생각을 더 또렷하게 하기 위해 질문을 해 주고 내가 컴퓨터에 묶여 있는 동안 식사를 만들고 청소를 해 주었다. 나의 아이들인 제스(Jesse)와 브레아(Brea)는 내가 컴퓨터에 묶여 있는 것을 봐주기도 하였고 어떨 때는 억지로 나를 컴퓨터 앞에서 떼어내기도 하였다. 둘 다 필요했던 것이다. 마지막으로 부모님께 너무나 감사하다. 무슨 이유인지 모르겠지만 18살 때 전혀 실용성이 없는 미술을 전공하겠다는 이 미친 결정을 지지해 주셨다. 나를 믿어 주신 엄마, 당신의 믿음은 모든 것을 바꾸었습니다.

Catherine Hyland Moon

이 책을 읽는 이들에게

이 책에 나와 있는 내용은 네 가지 다른 상황에서 20년 넘게 미술치료사로 일하면서 만난 내담자의 이야기들이다. 여기에 나와 있는 이야기들은 임상기록 스타일이 아닌 창조적인 논픽션(creative non-fiction)의 스타일로 쓰였다. 그렇기 때문에 그 이야기가 나온 정황을 자세하게 설명하지 않았다. 대신 독자의 이해를 돕고자 간단한 설정만 설명하였다.

나는 16년 동안 개인정신병원에서 일하였다. 내가 처음 담당한 일은 성인 외래환자를 대상으로 하는 낮 프로그램의 활동 치료사(activist therapist)였다. 미술치료 그룹을 하기도 하였지만, 정원에서 일하기도 하고 버스를 몰기도 하고, 배구를 하기도 하는 등, 내담자들과 다양한 종류의 활동을 했다.

내가 두 번째로 담당한 일은 같은 병원의 입원환자 병동의 미술치료사였으며, 퇴원 후 그들을 돕는 활동도 하였다. 여기서 나의 직업은 미술치료에만 국한되었다. 주로 성인들과 작업을 했지만 청소년과 어린이들도 포함하였고, 개인치료와 그룹치료를 함께 하였다. 이 병원은 밀리유(milieum) 치료를 기본으로 하였는데, 이것은 내담자의 환경의 모든 요소가 치료를 돕는다는 철학에 기반하는 것이다. 그렇기 때문에 미술치료를 포함한 모든 활동이 처방된 치료에 포함되었다. 어떨 때는 치료를 시작할 때 미술치료 평가를 하기도 하였는데 그들의 강점과 고민을 공감적으로 보기 위해서 디자인된 한 시간짜리 평가방법을 썼다. 하지만 내가 하였던 활동의 대부분은 두 가지 그룹의 형태였는데 하나는 스튜디오 미술치료(Studio Art Therapy)였고, 다른 하나는 표현예술(Expressive Art) 그룹이었다. 스튜디오 미술치료는 예술가의 스튜디오처럼 꾸며진 방에서 행해졌는데 여기에 참여하는 사람들은 개개인이 가지고 있는 목표에 따라서 자신의 작품을 만들었다. 그들이 작품에 대하여 이야기하고 나누는 과정은 짜여 있기보다 캐주얼하게 이뤄졌다. 표현예술 그룹은 과정 중심(process-oriented) 그룹으로 그룹에 참여하는 개인들의 역동적인 관계에 초점을 두고 미술을 이용하여 의미를 탐구하고 표현하는 형태였다. 미술치료에 대한 생각이 자라면서, 이 두 가지 그룹의 차이점이 점점 덜 보이기 시작하였고, 나는 점점 더 스튜디오 미술치료의 모델 쪽에 관심을 갖게 되었다. 대신, 내담자들이 자신의 작품의 의미를 탐구하는 작업을 서로서로가 지지하고 그 과정을 나누는 기회를 많이 포함시켰다.

이 병원을 떠나면서 개인 미술치료를 시작하였다. 나의 개인 작업실과 미술치료 스튜디오는 한 공간이었고, 내가 살던 도시 중심부에 위치한 오래된 역사적인 건물의 뒤편에 자리하고 있었다. 커뮤니티 갤러리를 통과해야만 들어갈 수 있는 공간이었기 때문에 전통적인 개인 미술치료실 하고는 거리가 멀었다. 대기실이나 비서가 없었고 사무실보다 훨씬 예술가의 스튜디오 같은 공간이었다. 내 개인치료의 내담자들은 어린이, 청소년 그리고 어른들을 포함하였다.

내 개인치료실을 운영하는 동시에 에이전시를 통해서 치료가 필요한 어린이와 그 가족들에게 파견되어 보내지는 방문 미술치료사로 일하였다. 어린이가 치료를 받는 내담자라고 정해졌지만 이 에이전시의 철학은 그 어린이를 위해서 전 가족이 치료에 참여해야 한다는 것이었다. 내가 방문 미술치료사로 일하는 것은 내게 완전히 새로운 관점을 주었다. 나는 사람들의 집에 초대를 받는 손님으로서 그들의 아주 혼란스럽고 일상적인 현실의 공간 안으로 들어갔다. 이것은 안전하고 격리된 병원의 공간에서 일하는 것과는 너무나 다른 경험이었다.

내게 미술치료를 받으로 오는 사람을 내담자(client)라고 부르기로 정하였지만 이 단어가 주는 느낌이나 소리가 정말 마음에 들지 않는다. 이 단어는 내가 생각하는 치료적 관계보다 너무나 차갑게 들리지만 현재까지 내가 찾은 최선의 선택이다. 환자(patient)는 더 인간적으로 들리기는 하지만 의료 모델과 연관되어 들리며, 그 사람은 힘이 없고 치료사만이 전문가라는 것처럼 들린다. 소비자(consumer)는 최근에 사용되는 단어인데 이것은 이 관계가 비즈니스 관계라는 의미로 들린다. 내가 선호하는 단어는 '같이 작업하는 사람들(people I work with)' 또는 '함께 작업하는 사람들(people I work for)' 이라는 표현이다. 하지만 이 표현이 독자들을 헷갈리게 할 것이라는 것을 안다. 내가 같이 일하는 동료나 슈퍼바이저를 지칭한다고 생각할 수도 있기 때문이다. 그래서 클라이언트(내담자, client)라는 실용적이지는 않지만 존중을 표하는 단어를 쓴다. 시간이 지나면 더 좋은 단어가 나올지 모르겠다. 그 단어는 존중과 배려와 전문적인 관계를 표현하는 것이기를 바란다. 하지만 지금은 불완전한 언어와 공존할 수밖에 없겠다.

내가 이 책에서 전하는 이야기들은 실제 현실에서의 실제 사람들의 이야기이다. 그들의 사생활을 존중하는 의미에서 그들의 이름은 바꾸거나 생략되었다.

마지막으로 여기에서 하고 싶은 말은 이 책에 나오는 그림 이미지에 관한 것이다. 내담자의 이미지는 이 책에 포함되어 있지 않다. 나는 내담자의 작품을 모으는 미술치료사가 아니었다. 그들이 만든 작품은 언제나 그들 것이라고 생각해 왔으며 그들이 작품을 어떻게 할지는 그들에게 달려 있다고 믿어 왔다. 이 책을 위해서 그들의 그림을 빌려서 사진을 찍을 수 있는 기회가 있었을 때도 그렇게 하지 않았다. 나의 결정은 세 가지 이유 때문이었다. 첫째로, 이 책의 목적이나 의도가 이미지를 포함한다고 해서 더 잘 나타난다고 생각되지 않았다. 두 번째로, 내가 이미지를 포함시킨다면 나의 충동에 의해서 책으로 보여지기 더 보기 좋을 이미지만 고르지 않을까 하는 염려가 있었다. 그렇다면 나의 의도를 의심하게 될 것이다. 내가 훌륭한 미술치료사라는 것을 증명하는 '증거물' 로서 작품을 포함하기를 원하지 않을까? 이러한 의심이 내 글의 정직성에 영향을 미칠 것 같았다. 세 번째이자 가장 중요한 이유는, 내담자의 작품을 포함하지 않음으로써 이 책의 초점을 미술치료사의 예술가의 정체성에 맞추고자 하였다.

차례

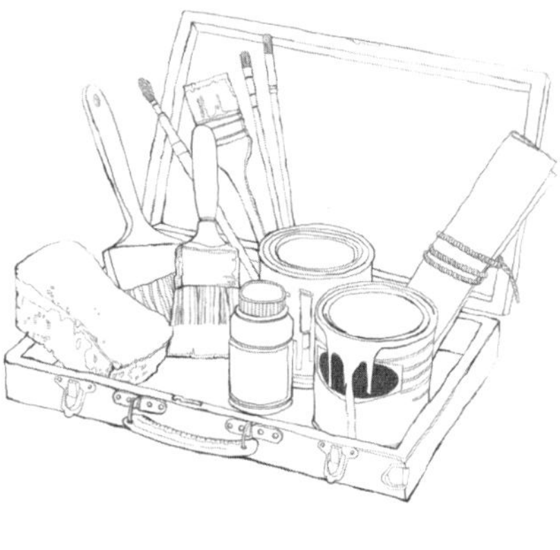

01

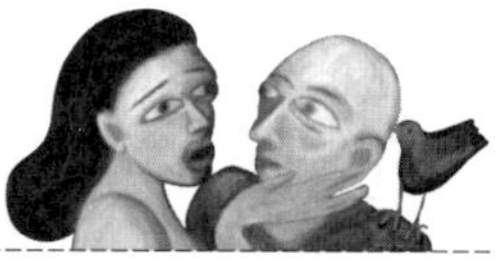

서론

작가의 상상과 나의 상상이 책의 한 페이지에서 만나기 전까지는 책을 쓰는 과정이 완성된 것이 아니다(Wells, 1992, p. 1).

어떤 이야기로 이 책을 시작할까? 이런저런 생각을 해보지만 결정을 내리지 못한다. 몇 번이나 이것저것 써보고 지우고 하지만, 이게 아닌데라는 생각만 든다.

문득 학생들을 Don Jones의 스튜디오에 데리고 가서 그의 그림들도 보고 그가 강의하는 예술사 수업도 들었던 기억이 난다. 그리고 여러 해 전 정신병원에서 일하고 있을 때 내 애견의 수의사와 했던 전화통화도 떠오른다. 개가 암에 걸렸다는 내용이었다. 통화를 하면서 눈물이 쏟아지기 시작했는데, 그건 나의 애견뿐만 아니라 당시 암으로 방사능 치료를 받고 있었던 어머니가 생각났기 때문이었다. 13살짜리 환자 라이언이 그린 밧줄 다리도 생각난다. 여러 달에 걸쳐 나무 조각과 끈과 진흙으로 만든 다리였다. 라이언은 나무 판을 조심스럽게 자르고 끈으로 묶어 가며 마치 위험한 물 위에 놓여진 듯한 아슬아슬해 보이는 다리를 만들었다.

떠오르는 것은 이런 이야기의 파편들이다. 하지만 나는 하나의 연결되는 이야기를 하고 싶다. 내가 하려는 말, 쓰고자 하는 책을 간결하고도 명료하게 열 수 있는. 그런데 그 대신 여러 이야기의 조각들이 부표처럼 물 위에 떠오른다. 이 부표들은 이야기의 처음과 끝을 표시하는 것일까, 아니면 어떤 위험을 알려주려는 것일까?

전에 내게서 미술치료를 받았던 내담자 새라가 연락을 해 왔다. 몇 년 만이었다. 통화하면서 그녀는 여러 해 전 내 개가 암 선고를 받았던 바로 그날을 상기시켜 주었다. 그녀는 그날을 미술치료를 시작한 이래 가장 중요한 날로 기억하고 있었다. 치료사인 내가 우는 것을 보았기 때문이라고 했다. 내 의견과는 상관없이 그의 부모님이 치료를 중단하기로 결정해서 마지막으로 치료실 문을 나서던 날, 라이언은 내 어깨에 손을 살짝 대고는 '사랑해요' 라고 말했다. Don이 보여 준 그림들은 그가 개인 작업실에서 만든 것들과 치료실에서 내담자 곁에서 만든 것들이었다. 그 작품들의 공통된 흐름은 미술치료였고, 둘 사이에는 구분이 없어 보였다.

어쩌면 그 부표들은 치료의 터부를 넘는 것에 대한 경고일지도 모른다. 눈물, 사랑, 작품, 내담자에게 속내를 보여 주기처럼 내가 떠올린 이야기들은 미술치료 내에서 잘 받아들여지지 않거나 그 경계에 있는 것들이기 때문이다. 그러나 이 위험스러워 보이는 이야기들이 어쩌면 내게 인간성을 되새겨주는 것들일지도 모른다. 내가 간결하고 명료하게 내 책을 설명할 수 있는 이야기를 원했을 때 떠오른 것들이 이런 경계에 관한 이야기들이다. 이제 그것이 보내는 경고를 받아들여 안전하게 안에 머무를지, 아니면 그 경고를 무시하고 새로운 곳을 탐험할지는 내게 달려 있다.

이 책을 통해서 미술치료의 미술에 기반한 이론(art-based theory)과 그에 따른 실제적인 활용을 설명하고자 한다. 여러 해 동안 다른 작가들이나 미술치료사들 간의 대화와 연구를 통해 제시되어 온 친근한 주제이다. 그러나 또 다른 면에서 이 주제는 새로운 탐험이기도 하다. 왜냐하면 임상 경험에서 나오는 생각들을 정리하여 명확하게 전달해야 하기 때문이다. 더욱이 이 책의 주제가 복잡하고 체계를 잡기 어려운 분야인 미술이기 때문에 이 탐험은 더욱 어려워진다.

이 책에 실린 내용은 예술의 치료적 가능성에 매력을 느끼는 사람이라면 누구나 관심을 가질 만하다. 하지만 나는 미술치료사들을 독자로 삼아 책을 썼다. 아마도 이미 많은 미술치료사들이 이런 개념을 직감적으로 느끼고, 자신이 이해하는 것들을 표현하고자 노력하고 있을 것이다. 그런 직관적 지식을 다른 사람들과 나누고 싶어 이 책을 썼다.

미술치료는 미술 창작 스튜디오에 그 뿌리가 있다. 미국과 영국에서 미술치료의 발전에 기여한 선구자들은 미술치료사이기 이전에 다른 사람을 돕고자 한 예술가였다(Junge & Asawa, 1994). 1960년대 미국과 영국에서 미술치료협회가 설립될 당시, 창립자들이 공유한 비전의 중심은 '작품활동'에 있었다. Ault(1994)는 미국미술협회의 창립자들이 '창작활동과 이미지는 환자들의 치료에 중요하다'라는 확고한 믿음을 공통적으로 내세웠다(p. 252). 그는 또한 심리학과 임상기술이 중요하지만 "미술의 과정에서 핵심적인 것은 기술이 아니다"라고 말했다(p. 252).

이 작은 시작으로부터 미술치료학계는 지난 몇 년간 다른 치료전문직과 더불어 인정받는 직종으로 성장했다. 이렇게 인정받기까지에는 다른 상담학이나 정신분석학 등에서 '빌려온' 이론적인 지식들의 응용이 중요한 역할을 했다. 빌려온 이론들은 창작활동을 사용하는 치료에 실제로 적용되면서 그에 맞게 다듬어지고 융합되었다. 미술치료 도입 단계에는 심리분석과 정신분석이론이 주를 이루었다(Kramer, 1958; Naumburg, 1950, 1953).

그 이후, 게슈탈트 미술치료(Rhyne, 1973a, 1973b), 융 미술치료(Dougherty, 1974; Edwards, 1987; Keyes, 1974; Wallace, 1987), 현상학적 미술치료(Betensky, 1973), 인지적 미술치료(Silver, 1975, 1976, 1987), 존재론적 미술치료(B. Moon, 1990), 내러티브 미술치료(Riley & Malchiodi, 1994) 등이 나타나기 시작했다. 미술치료의 정체성을 찾기 위한 이런 노력은 미술치료가 다른 이론, 철학, 치료적 접근을 '입어보면서' 발전하였다(Rubin, 1987). 주변 학문에서 이론과 실제를 도입하여 자기의 길을 찾아가는 과정은 미술치료를 다각적으로 이해할 수 있게 하였으며, 미술치료의 여러 용도를 명확하게 이해하는 데 도움을 주었다.

그런데 이와 같은 정체성을 찾기 위한 노력 중에서 현재까지 가장 영향력 있던 의학적인 모델에 집중하다 보니 우리는 미술치료의 가장 근간이 되는 창작활동을 부정하게까지 되었다. 아기를 아기 목욕물과 같이 버린다는 옛말처럼, 아이러니하게도 우리 정체성의 핵심이자 다른 분야 치료사들과의 차별성인 예술가로서 우리 자신을 부정하고 타협을 하게 되었다는 것이다. 이것이야말로 우리만이 제시할 수 있는 것인데도 말이다.

대부분의 미술치료사들은 미술과 치료의 두 가지 갈림길에 서서 두 마리 토끼를 다 잡으려고 애를 쓴다. 미술치료가 시작된 이래 여러 미술치료사들이 이 문제를 논하고 있다. Kramer는 미술과 승화(sublimation)(1958, 1961, 1971), Robbins는 대상이론(1980, 1987, 1989; Robbins & Sibley, 1976), Schaverien은 분석적인 접근(1992), Lachman-Chapin은 절충적인 접근에 관해 다룬 바 있다(1979, 1983a, 1985, 1987, 1993b).

우리는 심리학이나 상담학 분야와 비교할 때, 아직 역사가 깊지 않은 새로운 직종이자 학문인 미술치료가 창조적인 작업을 가지고 어떻게 치료를 하는지를 설명하고자 노력하고 있다(Allen, 1992; Hall, 1999; Wadeson, 1983). Rubin은 '미술치료의 중요한 이론적 토대는 미술치료 안에서 나와야 한다' 라고 주장하였는데(1984, p. 190), 다른 미술치료사들도 이 생각에 공감을 표했다(Julliard & Van Den Heuvel, 1999; Franklin, 1996; Malchiodi, 1999b; McNiff, 1986b; Robbins, 1992). 미술치료에 대한 보다 깊은 이해는 우리가 실질적으로 하는 일에 대한 면밀한 관찰과 숙고가 있어야 가능하다. 그 길이야말로 '예술과 동일 구조의 이론을 독자적으로 찾는' 희망적인 결과를 가져올 것이라고 생각한다(Rubin, 1994, p. 254).

이 책은 이렇듯 미술치료의 이론 성립에 기여하고 미술 중심의 실제적인 적용을 명료하게 하고자 하는 목적으로 쓰였다. '스튜디오 미술치료' 라는 것이 자칫 지난 과거에 대한 향수로 들리거나 단순히 창의적인 것이 치료를 위한 충분한 기반이라고 말하는 것처럼 들릴지도 모르겠다. 그러나 이 책에서는 그간 미술치료 내의 축적된 지혜와 나의 미술치료사 경험을 바탕으로 미술치료의 이론을 만들고자 한다. 즉 다른 학문에서 이론을 빌려와 적용시키는 것이 아니라 창작 활동과 창작물이 이론의 중심이 되는 미술치료의 모델을 정립하고자 하는 것이다.

간혹 이 '스튜디오 미술치료' 와 '임상 미술치료' 가 마치 서로 상반된 방법인 것처럼 대립시키려는 경향이 있다. 미국의 의료행정의 흐름에 따라 다른 유사 분야 자격증을 요구하고, 다른 분야의 전문가들이 미술치료의 전문적인 기술을 대신하는 '임상화 신드롬' 에 대항하여, 스튜디오적인 접근을 받아들이는 미술치료사들은 극단적으로 이러한 개념의 임상치료 자체를 부정하는 경우도 있다(Allen, 1992). 이렇게 양극화된 가치 속에서는 임상적인 것은 분석적이고 냉정하거나 열정이 없다고 가정하기 쉽고, 미술치료는 직관에 기인한 접근으로 이론에 근거하지 않는다고 무시하기 쉽다.

그러므로 해답은 임상 자체를 무시하는 것이 아니라 임상적인 작업이 미술치료 내에서 어떻게 독특한 방법으로 실현될 수 있는가 하는 점을 이해하고 발전시키는 것에서 찾을 수 있을 것이다. '임상' 을 말할 때 나는 내담자와 직접적으로 관계를 맺으면서 그들의 필요에 응하고 필요한 기술과 지식을 그 치료 과정 안에서 찾는 것을 의미한다고 생각한다. 그러므로 '임상적' 이라는 것은 내게 열정의 부족이나 극단적인 분석적 방법을 의미하지는 않는다. 미술에 기반한 미술치료 모델을 따라가면서도 충분히 훌륭한 임상가가 될 수 있다.

'스튜디오 미술치료' 는 때때로 '치료로서의 미술' 이나 '창작 중심의 미술치료적 접근' 이라는 말들과 함께 사용되고 있으며 누가 어떤 의도로 말하냐에 따라서 다른 의미를 전달한다. 이는 치료사들이 아주 다양한 방법으로 일을 하고 있기 때문이기도 하고 '미술치료에서 스튜디오적 접근이라는 것이 무엇인지 정확하게 정의가 내려져 있지 않기' (Malchiodi, 1995b) 때문이기도 하다.

이 책에서 나는 스튜디오 미술치료를 미리 계획하고 훈련된 창작 과정을 중심으로 하는 미술치료로 제시한다. 여기서 미술 또는 창작 활동은 미술치료의 개념적인 이해, 내담자에 대한 이해, 치료적 공간의 창조, 치료 모델의 개발, 내담자와의 관계 형성 같은 여러 요소에서 중심적인 역할을 한다. 그러므로 우리의 정체성을 논할 때 예술가라는 부분은 경시되거나 부풀려지기보다는 우리의 길잡이가 된다. 즉 미술의 기술적 요소, 재료, 속성과 같은 것을 포함한 우리 일의 중심인 작품 활동 과정이 스튜디오 미술치료의 이론과 적용에서 가장 핵심적인 요소가 되는 것이다.

그렇다고 스튜디오 미술치료가 다른 분야와 교류가 없이 진공 상태에 존재한다는 것을 의미하지는 않는다. 다만 그동안 미술치료가 심리학, 의학, 사회학, 인류학, 생물학 분야의 이론에 영향을 받아서 더 풍부해지는 것이 아니라 본래의 창작 활동을 버리고 사회복지사나 심리 분석가 혹은 아동 전문가로 일하는 결과를 낳았다는 점을 지적하고 싶은 것이다.

미술을 도구나 기술로 쓰는 것과 달리 미술 또는 예술을 기본으로 하는 미술치료 모델은 창작품과 창작 과정을 건강과 치료에 기여하는 독특하고도 결정적인 요소로 본다. 나는 이 모델이 다른 치료 방법들과 비교했을 때 나은지 부족한지를 논하려는 것이 아니라 이 모델만의 주요한 특성이 있다는 것을 강조하고 싶은 것이다. 이런 특징 혹은 다른 점이 과연 무엇일지 호기심을 한번 가져보자. 호기심이야말로 우리를 경이로움과 탐구, 창작의 세계로 이끄는 길이다.

이 책은 여러 치료방법 중에서 스튜디오 미술치료만이 기여할 수 있는 독특함이 있다는 나의 믿음에서부터 시작된 것이다. 다른 분야의 치료사와 달리 미술치료사들은 미술치료의 생존을 위해 이러한 믿음을 발전시킬 의무가 있다. 이 독특함이 미술치료가 '다른 치료전문 분야와 차별화된 미술치료로 남을 단 하나의 이유(Ulman in Agell et al., 1981)' 이기 때문이다. 개인의 삶의 질을 증진시키고 더 나아가 사회의 건강에 공헌하는 학문이자 직종으로서의 의무를 계속하려면 다른 분야들이 이미 하고 있는 것들을 반복하는 것이 아니라 우리만이 할 수 있는 것에 초점을 맞추어야 한다.

스튜디오 미술치료는 과거 치료사들이 내담자와 몇 달 또는 몇 년 동안 작업을 할 수 있었던 시대와 함께 이미 지난 것으로 보는 사람들도 있다. 사실 그렇기도 하다. 정신병원 같은 장기 치료 시설에 스튜디오 미술치료가 자리잡고 있는 것은 오늘날의 의료시장에서 흔히 볼 수 있는 현상은 아니다. 의료행정에 입각해서 입원기간은 줄어들고 입원환자의 단기치료에 대한 필요성은 증가했다. 이러한 단기치료시설에서 환자나 내담자가 완성도 있고 진실하고 감정이 풍부한 창작 활동을 하기를 기대하기는 매우 어렵다. 작품이 탄생하기까지 필요한 부화의 기간을 무시하고, 관리자 같은 제3자(예 : 의료보험사)가 미리 정해 놓은 치료시간 안에서 내담자가 빨리빨리 작업하기를 기대할 수는 없기 때문이다.

그렇기 때문에 이러한 현재 상황은 스튜디오 미술치료의 적절성에 대한 의문을 던진다. 이전 방법을 오늘날 현실의 틀에 억지로 끼워맞출 수는 없기 때문이다. 하지만 이전 방법이 더 이상 현실적이지 않다고 해서 스튜디오 미술치료가 시대에 뒤처진 것이라고 단정지을 수는 없다. 단기치료시설에서의 스튜디오 미술치료의 활용에 관한 논의가 드물긴 하지만, 스튜디오 미술치료에 응용할 수 있는 접근들은 있다. 깊이가 있는 작품활동에 필요한 시간, 환경의 개방성, 접근의 유연성, 개인 대 그룹 중심의 접근, 지시적/비지시적 접근 등이 그것이다(Allen, 1983; Deco, 1998; Luzzatoo, 1997; McGraw, 1995).

스튜디오 미술치료적인 접근을 현재의 의료환경에 맞게 바꾸는 것을 염두에 둘 때 떠오르는 질문이 두 가지 있다. 미술치료가 오늘의 의료현실에서 어떤 의미를 갖는가? 그리고 오늘의 현실에서 스튜디오 미술치료를 위해 열려 있는 새로운 가능성들은 무엇인가? 첫 번째 질문에 대한 답으로 이야기 하나를 하겠다.

> 앤드류. 나는 그 아이가 여덟 살이고 이름이 앤드류라는 것밖에 모른다. 아동병동에 들어섰을 때 간호사실의 벽에 기대어 서 있는 검은 머리의 그 아이를 만났다. 입고 잤는지 윗도리가 쭈글쭈글하다. 내 소개를 하고 여기에 왜 왔는지 설명을 하자 순순히 나를 따라 복도를 걷는다. 걸어가면서 나는 그 아이에게 우리가 하고자 하는 미술치료 검사에 관하여 설명을 해 준다. 나는 그 아이에게 우리가 이번에만 만나고 다시는 만나지 않을 것이라고 얘기한다. 그 아이는 "네."라고 조용한 목소리로 수긍하듯 말한다.

미술치료실로 들어가서 나는 미술재료를 보여 주고 그 아이에게 만들고 싶은 것은 무엇이든 만들 수 있다고 말한다. 그 아이는 정말 그래도 되는지를 묻는 듯 나를 올려다본다. 찰흙, 분필, 종이, 물감, 사인펜 등이 널려 있다. 나는 고개를 끄덕이며 살짝 웃어주었다. 아이는 파스텔을 골라서 열심히 그린다. 종이 위로 머리를 조아리면서.

다 그리고 나서 그림에 대해 설명을 한다. 부모님이 일하는 말 경기장을 그린 거라고 한다. 마구간 근처에 있는 집에서 같이 살고 있는 아이와 가족들은 그곳에 사는 것을 좋아한다고 한다. 그림은 매우 평안하고 아이의 태도도 명랑한데 그다음에 이어지는 이야기는 너무나 충격적이다.

그 아이는 검사시간으로 주어진 한 시간 동안 3개의 그림을 더 그렸다. 내가 몇 가지 기본적인 지시를 주었지만, 아이의 그림들은 그런 지시들과는 별로 상관이 없는 듯 보였다. 첫 번째 그림은 가구가 별로 없는 거실 그림이다. 아이가 말한다. “우리 엄마와 아빠가 이혼을 했고요, 나는 엄마하고 살고 아빠는 다른 집에 살았어요. 엄마가 일하러 갔을 때 나는 베이비시터와 있었어요. 그런데 한번은 엄마가 나를 베이비시터 집에 데려다 주고는 다시는 데리러 오지 않았어요.”

나는 그 이야기의 결말을 기다렸으나 그것이 이야기의 끝이었다. 엄마가 떠난 후 아이와 동생은 아빠와 살게 되었다고 한다. 그 아이가 계속 말한다. “아빠는 가끔 어떤 아저씨한테 저희를 맡겼어요. 그 아저씨가 우리를 돌보기로 했는데, 아저씨는 우리를 헛간으로 데려가서 저하고 제 동생한테 나쁜 짓을 하곤 했어요. 저는 그 아저씨가 그만두도록 불을 켰어요.” 마음이 무거워지고 속으로 눈물이 흘러내렸다.

앤드류가 그린 마지막 그림은 술집의 기다란 테이블과 등받이 없는 의자들이 나란히 있는 그림이다. 그 그림에 대한 설명은 짧다. “어느 날 아빠가 술집에 저희를 데리고 가서는 거기에 두었어요. 그리고는 엄마처럼 다시는 돌아오지 않았어요.”

아동병동으로 같이 돌아가는 동안 나는 무거워진 나를 질질 끌 듯 걸어갔다. 내 발은 시멘트 덩어리처럼 무겁고 내 가슴은 무게를 못 견뎌 아래로 내려앉은 듯하다. 앤드류의 작은 몸을 보면서 이 아이가 어떻게 움직이나 싶었다. 이렇게 무거운 이야기들과 이미지들을 가지고서 말이다.

아동병동을 떠나 병원 마당으로 들어선다. 내 걸음만큼이나 무거운 한숨을 쉬며 외래 성인 환자들의 미술치료 그룹을 하러 간다. 외래병동으로 들어서자 네 명의 그룹 멤버들이 이미 기다리고 있었다. 우리는 둥그렇게 둘러앉아 늘 그렇듯이 오늘 어떤 생각과 느낌을 가지고 왔는지 이야기하는 것으로 모임을 시작한다.

일 년이 넘게 만나고 있는 이 그룹에서 나는 멤버들과 비교적 솔직한 관계를 맺고 있다. 하지만 오늘 같은 날 무슨 말을 해야 할지 모르겠다. 나는 내 비통함과 절망감이 그들에게 짐이 되길 원치 않는다. 앤드류의 이야기 역시 보호되어야 한다. 그럼에도 불구하고 나는 그들에게 어떤 진실을 말할 필요가 있음을 안다. 내가 그들에게 아무 말도 하지 않으면 예민하고 민감한 그들은 무슨 일이 있음을 감지하고 다른 안 좋은 일들을 상상할 것이 분명하니까 말이다.

오늘 여기에 어떤 생각이나 느낌을 가지고 왔는가? 내 순서가 다가오자 나는 이렇게 말한다. "지금 막 한 소년과 미술치료 검사를 하고 왔습니다. 그 아이의 이야기는 어린이가 겪어서는 안 될, 어떤 것보다도 마음 아픈 이야기였어요. 난 지금 슬프고 화가 납니다. 그 아이를 다시는 못 볼 텐데, 내가 그 한 시간 동안에 무엇을 했나 하는 절망감을 느낍니다."

그러자 고개를 푹 숙이고 있던 캐런이 고개를 들어올린다. 캐런은 비통한 어린 시절 이야기를 가지고 있는 연약해 보이는 여자이다. 캐런은 눈을 잘 마주치지 않는다. 가끔 말을 할 때 그녀의 목소리는 조용하고 자신감 없이 들린다. 그런데 오늘은 달랐다. 나와 눈을 맞추며 똑똑하고 흥분된 목소리로 말한다. "그 아이와 보낸 한 시간이 아무 의미도 없다고 다시는 생각하지 마세요. 당신이 아이에게 그 이야기를 할 기회를 주었잖아요. 나는 그런 기회조차 없었어요."

캐런의 그 말을 잊은 적이 없다. 그 말은 우리가 미술치료사로서 하는 일이 얼마나 필요한 것인지를 기억하게 한다. 내가 할 수 없는 많은 것들에 집중하다 보면, 도대체 내가 어떤 도움이 될 수 있는지 의심하게 된다. 그 의문의 순간에 기억하는 이 이야기는 내가 왜 이 일을 하게 되었는지 그 첫 소명의 순간으로 되돌아가게 한다. 그러면 가장 초라한 상황에서도, 이 힘든 의료시장의 현실에서도 미술치료가 의미 있는 것이라고 생각하게 된다.

나는 스튜디오 미술치료가 가지고 있는 극적인 집중도가 단기치료 모델에도 적용될 수 있다고 생각한다. 단기치료에서는 완성도 높은 작품을 만드는 데 요구되는 넉넉한 부화 기간이 없는 대신, '핵심을 찌르는' 예술의 표현이 가능하다. 안전성과 안정감을 제공하는 것 외에도 단기치료는 이후 치료에서 발생되는 문제점이 무엇인지 식별하는 데 그 중요성을 둘 수 있다. 작품을 만드는 과정은 집중적일뿐더러, 스스로 자기 이야기를 할 수 있다는 치료적 경험을 제공한다는 점에서 주목할 만하다. 이는 이야기하는 사람의 안정감이나 존재감을 위협하지 않기 때문에 가능하다. 그러나 스튜디오 미술치료는 다른 효과적인 단기치료방법에서처럼 임시변통이나 즉효약을 주지는 않는다. 대신 내담자 스스로 더 건강하고 풍요롭고 만족스러운 삶을 위하여 어떤 길을 갈 수 있도록 안내하는 것이다.

두 번째 질문에 대한 답은 오늘날 의료시장의 현실에서 미술치료사들에게 열린 새로운 기회들과 관련되어 있다. '필요는 발명의 어머니' 라는 말이 지금 미술치료의 상황에 딱 들어맞는 말이다. 과거 병원이나 기관 내에서 안정적으로 일하던 미술치료사의 시대는 지나갔고, 그 결과 미술치료의 형태는 이전보다 훨씬 다양해졌다. 필요에 의하여 미술치료사들이 자신의 직업을 새롭게 만들어 가기 시작했기 때문이다. 일할 곳이 없어지는 사태에 대한 극도의 불안을 잠재울 수만 있다면, 안정감 대신 열정이 이끄는 더 많은 충족감과 성취감을 기대할 수 있으며 동시에 더욱 더 효과적인 미술치료를 실천할 수도 있다.

나는 이전부터 우리가 단순히 주어진 상황에 맞추는 것이 아니라, 미술치료사로서 일할 수 있는 상황을 만들어 낼 수 있다고 말해왔다(Moon, 1997a). 미술치료사들 중에는 변화하는 의료 시스템 안에서 새로운 비전을 찾은 이들도 이미 있다. 전망에 관한 여러 시나리오 중에서 예술계와 손을 잡는 것 역시 주목을 받고 있다.

새로운 비전의 일례로 내 이야기를 하겠다. 멀리 떨어진 곳으로 이사한 후 나는 의료행정 시스템에서 벗어나 미술치료를 하기로 마음먹었다. 나는 의료행정 시스템 안에서의 내 몫을 이미 충분히 했다고 생각했고, 금전적인 목적에 눈이 어두워 의료행위의

도덕적 책임을 무시하는 이 체제에 더 이상 참여하고 싶지 않았다. 그리고 사무실보다는 스튜디오에 가까운 공간에서 일하고 싶었다. 그곳이 창작에 온전히 자기 자신을 담을 수 있을 만큼 내담자의 마음을 끌 수 있기를 바랐다. 문제는 이런 공간을 빌리거나 꾸미는 데 드는 비용이었다.

그러던 와중에 방법을 찾았다. 지역단체에서 운영하는 비영리 미술 갤러리의 회원으로 한 회의에 참석했을 때의 일이다. 자원봉사자들만으로 운영되는 이곳은 늘 적은 예산과 의사결정이 지연되는 스케줄 때문에 문제를 겪고 있었다. 회의에서 회원들은 언젠가 기금을 받아서 시간제 갤러리 코디네이터를 두었으면 한다고 이야기했다. 나는 집에 가서 그날로 당장 기획서를 썼다. 갤러리 코디네이터로 일주일에 일할 수 있는 시간을 제시하면서, 그 대가로 갤러리 뒤편에 있는 방을 내 개인 스튜디오이자 미술치료실로 쓸 수 있게 해 달라는 내용이었다. 회원들은 내 제안을 흔쾌히 받아들였다. 내가 일하면서 갤러리는 좀 더 정리가 되었고, 나는 방세 없이 치료한 만큼 돈을 벌 수 있게 되었다. 이로 인해 지역미술계와 내가 꿈꾸던 미술치료가 가까워지게 되었고, 나의 창작활동과 예술 커뮤니티 역시 협력적인 관계를 맺게 되었다. 이것이 내가 생각한 미술치료의 새로운 비전이다.

내가 이 새로운 미술치료의 모델을 실현하는 데는 단지 상상력과 이를 실행에 옮기는 추진력만이 필요했다. 나는 직업시장의 현실을 그저 받아들이고 순응해야 하는 것으로 보지 않고, 내가 나의 현실을 만들어야 한다고 생각했다. 주어진 한계 안에서 적극적으로 우리의 역할을 만들어 가는 것은 신나는 일이다. 미술치료사에 어울리는 완벽한 직업을 만드는 것이 목표가 아니라, 주어진 상황과 가능한 범위 안에서 최선의 직업을 만드는 것이 목표가 되어야 한다. 이러한 문제들은 내가 또 어떻게 발전할 수 있을지, 그 비전에 관한 도전이 되기도 한다.

앞에서도 말했듯이 이 책을 쓰게 된 계기는 내가 가진 미술치료에 대한 책임감 그리고 창조적 작업의 치료 가능성에 대한 내 개인의 믿음이다. 나는 내가 가진 열정이 나 하나만의 것이라고 생각하지는 않는다. 지난 여러 해 동안 나는 다른 사람들을 돕고 싶은 마음과 자신이 경험한 미술의 치료 가능성에 대한 믿음을 공유하고자, 대학원에서 미술치료를 공부하고 싶어 하는 여러 학생들을 만났다.

지금처럼 불안한 의료시장에서 여러 미술치료사들이 지침으로 삼는 윤리는 예술이 가진 치료의 힘에 대한 깊은 믿음에서부터 나온다. 이미 미국 전역의 스튜디오에서, 사무실에서, 감옥에서, 교실에서, 양로원에서, 치료실에서, 이 믿음의 결실이 조용히 이루어지고 있다. 풀뿌리적으로 일어나는 활동과 그 지혜를 명료하게 설명하고자 이 글을 쓰면서 나는 겸손할 수밖에 없다. 이 공동의 지혜를 공정하게 전달할 수 있을지언정, 스튜디오 미술치료를 실천하는 데 따르는 풍부함과 다양성을 결코 다 전달하지는 못할 것임을 잘 알기 때문이다.

스튜디오 미술치료에 대한 나의 열정을 담아내고자 책을 기획한 처음 의도처럼 내 글에 그 열정이 묻어났으면 좋겠다. 그래서 나는 글을 전문적이고 동시에 시적으로 쓰고자 노력하였다. 예술가라는 정체성을 중요시 하는 미술치료사로서 내 글이나 글을 쓰는 방식이 내 믿음의 고백이었으면 한다.

나는 이론이 실제 적용에 기반을 두어야 한다고 믿는다. 사람들은 이야기 속에서 자신을 발견하고, 어떻게 이론과 적용이 만나는지를 본다. 이 책에는 내가 미술치료사로 일하면서 만난 많은 사람들의 이야기가 담겨 있다. 미술치료사가 되는 훈련 과정에 있는 학생들의 이야기와 미술치료를 받은 사람들의 이야기들이다.

나에게 가장 소중한 재산은 20년 넘게 정신병원, 커뮤니티 미술관, 개인 공간 등 다양한 환경에서 여러 연령과 인종의 사람들을 만나 오고 있는 작가이자 미술치료사로서의 경험이다. 그러나 내가 아무리 풍부하고 다채로운 경험을 가지고 있다 한들 내 경험에는 한계가 있고 또 스튜디오 미술치료가 적용될 만한 모든 경우에 대하여 직접 경험한 듯 말하는 것도 불가능하다. 그러므로 나는 이 책의 독자인 여러분들이 자신이 처한 삶의 현장에서 이 이야기들이 어떻게 적용될지 상상해 보기를 희망한다.

내 작업의 주된 시점은 시각미술을 하는 미술치료사의 시점이고, 이 책의 초점도 시각예술에 기반한 치료의 모델에 맞춰져 있다. 하지만 그렇다고 해서 다른 예술장르와 뚜렷하게 선을 긋지는 않는다. 시각적인 오브제에는 움직임이, 시의 낭송에는 음악이, 이야기 속에는 드라마가 있듯이, 음악에는 시적인 요소가 있고 무용에는 시각적인 요소가 있다.

이런 작업에서 나는 예술 장르의 경계는 유연하며, 다양한 예술성이 섞일 때 예술이 더 생동감 있다는 믿음을 가지고 있다. 그러므로 이 책에서는 시, 음악, 무용/동작, 드라마, 사이코드라마 치료들처럼 미술치료와는 다른 창의적 예술 형태들을, 개별적으로 존재하지만 소통하며 공존하는 보다 큰 어떤 것의 일부로 본다. 자주는 아닐지라도 시각미술에 기반한 미술치료 개념들이 종종 다른 예술치료사들에게도 적용되기도 한다.

책을 쓰면서 예술치료에 대한 내 열정적인 믿음에 충실하려 했다. 나의 관심은 미술치료의 확고한 지지자로서 나와 동료 예술치료사들이 예술치료의 고유 역할에 대한 새로운 비전을 향해 더 멀리, 더 깊게, 더 넓게 도전하도록 하는 데 있다. 나는 예술이 가진 치료의 가능성과 미술치료의 가치를 확고히 믿는다. 하지만 우리가 예술의 치료적 가능성을 완전히 깊게 이해를 했다고 생각하지는 않는다.

스튜디오 미술치료에 관한 이 책을 통해 나는 미술과 치료에서 내가 직접 경험을 통해 알게 된 것들을 설명하고, 아직은 모호하지만 알아가고 싶은 아이디어를 표현해 보고자 하였다. 이런 나의 질문들이 여러분들에게 예술치료의 경계를 넓혀서 예술치료가 아직 도달하지 못한 미지의 세계로 항해해 가는 데 단서가 되기를 바란다.

02

우리가 하는 일을 어떻게 보는가

> *무엇을 새롭게 만들어 내기보다는 이미 있는 것을 작품이라는 보기(seeing)의 과정을 통하여 변화시키는 것, 즉 명명하기와 호명하기에 대하여 이야기하고자 한다 (Lippard, 1997, p. 9).*

내가 처음 미술치료사로 일한 곳은 정신질환이 있는 성인들을 위한 낮 병원이었다. 이곳에선 곧잘 직원들이 환자들을 데리고 가까운 곳으로 나들이를 가곤 했다. 하루는 근처에 있는 한 연구센터를 방문했다. 우리는 먼저 회의실로 인도되어 큰 테이블 주위에 앉아 가이드의 설명을 들었다. 그 가이드는 오늘 방문객들이 어떤 사람들인지 의식하고 있는 게 역력했다. 마치 어린아이들이나 귀가 안 들리는 사람들한테 얘기하듯 '정신병자' 들인 우리 그룹에게 큰 목소리로 천천히 말을 했기 때문이다.

이것은 심하게 모욕적이었고 동시에 고백하건대 나는 그때 내가 정신병자의 한 사람이 아니라는 것을 알리고 싶었다. 당시는 내가 아직 내 일에 대한 확신이 없었을 때였다. 내 소개를 안 했으므로 내가 정신병자가 아니라는 것을 그가 알 수는 없는 노릇이었다. 나는 센터 소개를 들으며 전에도 수백 번 아니 수천 번 했듯 의자를 뒤로 젖혀 의자 뒷다리로만 중심을 잡고 앉아 있었다. 그런데 전에는 한번도 안 한 실수를 하고 말았다. 중심을 잃는 바람에 한순간 의자가 뒤집어져 나는 마치 뒤집어 놓은 딱정벌레처럼 바닥에 누워 손과 팔을 흔들고 있는 꼴을 하게 되었다. 환자들이 웃음을 참으려고 애쓰는 동안 나는 너무 창피했고, '아, 저 사람 정신병자 맞네' 하고 증명한 셈이 되어 버렸다.

여러 해가 지났지만 이 사건의 중요성은 생생하게 기억하고 있다. 그것은 아마 내가 나에게 주는 메시지였으리라 — "잘난 척하지 말고 땅으로 내려와! 너는 삶이 완전히 흔들리는 게 어떤 건지 알아? 좋은 치료사의 능력은 네가 치료한다고 하는 사람들로부터 너를 떼어놓는 것이 아니라, 그들의 아픔과 굴욕감과 그것을 초월할 수 있는 능력을 직접적으로 아는 것에서 비롯돼." 바닥에서 벌떡 일어나 의자를 똑바로 하여 앉았다. 그리고 그 순간 나는 확실히 알았다. 나도 그들 중 한 사람인 것을.

우리가 하는 작업에 관한 우리의 태도는 굉장히 중요하다. 예술은 나에게 있어서 삶의 표현이다. 내게 주어진 재능인 예술가라는 정체성이 미술치료사라는 역할의 중심임을 고려하면, 내 일 또한 내 삶의 표현인 것이다. 의자에서 떨어지는 것을 보고 무시당하기는커녕 그들의 일원으로 환영 받았던 이 사건에서 삶의 한시적인 표현을 본다.

예술가적 감성으로 직업을 상상하다

Good(1994)은 "미술치료사가 되는 것은 삶을 사는 한 형태를 발달시키는 것으로서, 사물을 이미지와 미학의 관점에서 보는 것이다 … 여기에서 발견되는 것은 세상을 보는 다른 방식이다."(p. 256)라고 했다. 바로 이 '세계를 보는 다른 방식' 을 키우는 것이 미술치료사로서의 기반을 닦는 데 중요한 역할을 한다. 이러한 관점은 일과 삶을 통틀어서 영향을 미치는 것으로, 우리가 하는 일을 예술적 언어로 개념화할 수 있게 한다.

여러 미술치료사들처럼 나도 처음에는 미술치료가 미술에 기초한 학문이자 실천(practice)이기 때문에 관심이 갔다. 나는 내가 선택한 직업에서 내가 사랑하는 예술을 살아 있게 하려고 노력했다. 이는 단순히 창작작업을 한다는 의미를 넘어, 내가 하는 일 곳곳에서 예술적 감성을 불어넣고자 했다는 뜻이다. 의자에서 넘어진 일은 이제 갓 시작한 치료사의 거만함과 그에 따른 창피를 감수한 이야기로 남아 있다. 단순히 젊었을 때의 웃긴 일화가 아니라, 예술적 감성으로 보면 중요한 메타포적 사건이었다.

예술적 감성으로 우리 직업에 생기를 부여하는 일은 미술에 기반한 미술치료의 실천에서 중요한 단계이다. 이것은 미술치료사라는 정체성의 기초를 만들고, 우리가 왜 예술 분야에 머물며, 왜 이 일을 하는지에 관한 생각을 다듬게 한다. 우리가 하는 일은 단지 지적인 일이 아니라 예술의 여러 형태인 시적 감성, 운동 감각, 감수성, 예술적 영감, 드라마적 조율과 청각적 반응 등을 불러모으는 일이다. 예술에서 멀어지는 게 더 전문적이고 임상적인 작업이라는 잘못된 생각이 있는 것을 안다. 반면에 나는 예술적 관점에서 볼 때 미술치료라는 전문적이고 임상적인 작업의 형태가 예술가라는 정체성에서 시작한다고 본다. 전문적으로나 임상적으로 미술치료의 비전은 창작 작업을 통해 나타난다.

예술적 감성으로 미술치료를 하려면 그 의도와 실천이 같이 가야 할 것이다. 미술치료가 미술에 기반한다면, 그에 따른 이론과 실천 또한 미술에 기반할 가능성이 높아지지 않겠는가? 미술치료의 전문성을 인정받고자 할 때, 미술 또는 예술을 그 작업의 중심에 둔다면 미술치료사로서의 진정성을 찾을 수 있다.

음악, 춤, 드라마, 시 그리고 시각예술 등 예술의 여러 형태가 창작을 기초로 하는 미술치료의 목적에 쓰여질 수 있다. 이 모든 예술 방면에서 다 잘 하거나 종합적인 예술치료의 훈련이 필요한 것은 아니다. 하지만 이러한 여러 예술의 형태가 작업의 진정성을 키우는 데 사용될 수 있다. 내가 나 자신을 훌륭한 시인이라고 생각하든 말든 어떤 단어들이 나오는 소리를 사랑하여 박자를 만들고 멜로디를 만들어 타타차 타타차 하면서 노래를 부를 수 있다. 그러다가 그 소리에 맞춰 방 안에서 돌아 보기도 하고 박자와 리듬에 몸을 실을 수도 있다.

이런 소리와 움직임이 내 삶의 어떤 기억을 상기시켜 스케치북을 꺼내 그 느낌이나 이미지를 종이에 옮겨 보고 싶어질지도 모른다. 내가 만든 이미지가 나로 하여금 언어로 표현을 하게 만들어 몇 마디 적고 싶어질 수도 있겠다. 그렇다면 이 글들을 큰 소리로 읽고 그 소리 나는 것을 즐거워하리라. 이런 식으로 한 예술의 형태가 하나에서 다른 하나를 더 창조하고 싶게끔 만든다.

나 스스로를 시각예술가라고 정의하고 시각예술이 내가 가장 잘 하는 분야라고 생각하지만, 내 작업을 위해서 꼭 미술 또는 시각예술에만 머물 필요는 없다고 생각한다. 내담자가 하는 이야기에서 운율을 들을 수도 있고, 환자가 몸을 흔들면서 말하는 모습에서 춤을 볼 수도 있고, 그룹 안의 이야기가 펼쳐지는 것에서 드라마를 볼 수도 있다. 여기에서 중요한 것은 어떤 형태의 예술인가 하는 것이 아니라 예술적 의미와 깊이를 듣고 볼 수 있는가 하는 것이다.

작품이라는 틀을 통해 미술치료를 볼 때, 나는 곧잘 이야기라는 형태의 예술작품을 발견한다. 이 이야기들은 글로 표현되기도 하고, 이미지, 움직임, 퍼포먼스 등 여러 가지 복합적인 예술의 형태로 나오기도 한다. 지금 여러분이 읽고 있는 이 이야기는 글의 형태나 그림의 형태로 나타나지만 그것은 출판물이라는 형식의 한계일 뿐, 그 내용들은 여러 가지 예술 형태로 나올 수 있다는 것을 염두에 두기를 바란다.

우리 삶 곳곳의 틈새에 숨어 있는 이야기 찾기

미술치료사가 예술적 관점을 키우는 것을 우리 자신의 삶과 일에서 들려오는 이야기에 귀를 기울이는 것으로부터 시작할 수 있다. 삶의 평범한 이야기들로부터 의미를 들을 수 있는 능력을 키우자. 삶의 이야기에서 은유를 발견하고 은유가 주는 의미를 알고자 노력하자. 우리는 곧잘 꿈을 이런 식으로 해석하면서도 우리 일상에서의 일들에서 의미를 찾고 듣는 것에 익숙하지 않다. 꿈을 그림으로, 이야기로 또는 다른 형태로 기록하는 것과 같이, 일상에서 일어나는 것들의 중요성을 깨닫기 위해 그것들을 여러 형태로 표현해 볼 수 있다. 예술적 감수성으로 다시 그 의미를 되새겨 보고, 다른 사람과 나눌 수 있게 표현해 보면서 그 의미를 다각적인 측면에서 찾아볼 수 있다.

보통 사람들은 드라마틱한 사건이나 아주 중대한 일만 이야기로 만들어 전달할 가치가 있다고 생각한다. 하지만 삶이라는 것이 별로 중요해 보이지 않는 작은 일상의 일과들이 모여서 만들어지는 것이 아닌가? 이런 것들을 이야기로 풀어내는 것은 평범함을 존중하고 일상을 중요시하는 일이다. 작은 일을 이야기로 만들 만한 가치가 있다고 여기면, 모든 이들이 이야기꾼이 될 수 있다. 어쩌면 가장 중요한 일은 흘러가고 잊혀지는 사건을 통해 나타나는지도 모른다. 우리의 삶의 틈새로 빠져나가 잊혀지기 직전의 일들을 담아 이야기해 보자.

여러 해 전 초벌구이 그릇을 가마에서 꺼낸 적이 있다. 그 그릇은 여러 군데가 갈라지고 깨진 실패작이었다. 유약을 발라 다시 굽는다면 갈라진 금들이 더 커질 것이고 아마 산산이 부서질 수도 있을 것 같았다. 그래서 이례적인 방법으로 유약을 발라 굽는 대신 틈새를 메우고 갈라진 틈을 따라 색칠을 하였다. 다 망가지기 직전의 것을 고쳐본다고 손을 대었는데 기대한 것과 다르게 완성된 작품이 너무나 마음에 들었다. 미리 생각해 둔 방법에 따른 것이 아니라 틈과 부서진 것에서 영감을 받아 그것을 매만졌을 때 마음에 와 닿는 작품이 완성되었다. 이 흙덩어리의 갈라진 틈이 지도마냥 나를 인도하였다. 그 흙덩어리와 나의 협동작업으로 작품이 완성되었고 그것 때문에 나도 새로워졌다.

이것은 창조의 과정에서 작가와 작품의 관계가 나를 이끌었던 작은 이야기이다. 갈라진 것을 따라 칠한 과정을 통하여 이 물건은 새로운 의미를 갖게 되었다. 이 그릇은 내 아버지를 상기시킨다. 아버지는 더 이상 내가 알고 있던 아버지가 아니었다. 치매로 인해 더 이상 스스로 서지 못하셨다. 내가 할 수 있는 일이란 깨어진 아버지와 그저 같이 있어 주는 것밖에 없었다. 그렇게 아버지와 나는 주어진 삶에서 어떤 것을 만들어 내었다.

이 그릇은 아마도 내가 나의 능력과 지식으로 누군가를 파멸과 절망으로부터 구하지 못할 것이라는 것을 기억하게 한다. 하지만 내가 그들과 같이 있고, 그들 삶의 틈새에서 보이는 것을 따라갈 수 있다면, 삶의 깨어진 선과 모양이 이끌어주는 새로운 길을 찾으리라는 희망이 있다.

일과 사랑과 삶 사이의 밀접한 관계

전문가가 된다는 것은 오늘날 그 일을 통해 밥벌이를 하고 그것을 통해 경제적 안정을 찾고 위신을 얻는 것을 의미하게 되었다. 열정(passion)이라는 말이 들어 있는 전문가(professional)라는 것이 경제적 염려로 인해 열정이 억눌러지거나 묽어지고 있는 것이 현실이다. 예술적인 눈으로 우리의 작업을 보는 것은 다시금 전문가(profess)란 말의 의미와 연결되게 한다. 즉 공언하다(profess)라는 의미가 담겨 있는 단어가 전문가(professional)인 것이다. 이는 단순히 우리의 믿음을 공개적으로 선언하는 것에 그치지 않고, 우리가 부름을 받은 이 일에 대한 응답이 행동으로 나오는 것을 의미한다. 이상적으로 어떤 분야에서 전문가가 된다는 것은 자신의 열정과 세상이 필요로 하는 일이 무엇인지 알아차려서 그 두 가지 사이에 다리를 놓는 일이다. 이것이 우리가 이 일을 하기 위해서 부름을 받은 이유이다.

이러한 생각이 우리의 삶과 일에 기초를 이룬다면 직업이라는 것을 우리의 삶과 동떨어진 것으로 생각할 수가 없다. 대신, 일, 사랑, 삶의 여러 면이 서로를 보강하고 지탱한다. 부모, 배우자, 학생, 누이, 작가, 활동가, 취미가, 선생님, 미술치료사, 행정가 등 여러 역할이 우리 안에 다 같이 밀접하게 있는 것과 동일한 이치이다. 우리는 열정이라는 확신을 따라 우리에게 주어지고 부름을 받은 삶에 반응한다.

이처럼 일, 사랑, 삶 등의 여러 분야가 밀접하게 짜여 있다는 것은 경계선이 없음을 의미하지는 않는다. 작품을 만드는 것이 복잡하지만 삶에 정돈과 일관성을 줄 수 있는 것처럼 삶을 예술적으로 사는 것은 삶의 복잡한 면들을 정리하게 도움을 주기도 한다. 나의 일에 관한 예술적인 태도는 내 삶의 여러 가지 역할들 사이를 잘 조정하게 해 준다. 내가 행하는 여러 역할들을 서로서로에서 떼어내도록 애쓰면 그 역할들이 나의 시간과 에너지를 서로 더 많이 가지고자 경쟁한다. 일에 지쳐서 집에 돌아와 아이들과 충분한 시간을 보내지 못하는 것에 죄책감을 갖거나, 나 스스로 필요한 어떤 것을 내 내담자를 통해 풀려고 하는 것에 관해 염려를 하게 된다. 내가 가지고 있는 예술적인 비전은 내 개인의 삶과 일의 요소들이 서로를 증진하고 더 풍요롭게 하는 것이다. 이것은 결핍이 아니라 풍요의 입장에서 삶을 사는 것이다.

심리학의 지배적인 패러다임에 의해 우리는 개인의 삶과 일을 철저하게 분리하도록 가르침을 받았다. 혹여 우리 스스로의 필요를 내담자를 통해 채우려고 하다가 한도 끝도 없는 내담자의 요구들에 의해 고갈되는 것을 막도록 하자는 취지이다. 페미니스트 심리학은 이보다 좀 더 유연한 경계를 언급한다. 예를 들어 공감(empathy)은 사람과 사람 사이의 경계라는 게 원래 고정되어 있거나 딱딱하지 않기 때문에 일어날 수 있는 것이라고 주장한다(Jordan, 1991). Mierle Laderman Ukeles 같은 작가들도 예술을 삶에서 따로 떼어놓는 것을 반대하였다. 아이들을 키우며 작업을 하는 과정에서 일어나는 충돌의 경험을 통해 영감을 받은 그녀는 창조적 작업과 살림의 공통점을 찾아 나섰다. 이것은 그녀로 하여금 '서비스' 라는 코드로 30년간 만들어 낸 퍼포먼스 작품과 설치 작품의 틀을 만들어 주었다. 그녀가 만든 유명한 작품 중에 스스로를 뉴욕 시 위생 관리과 주거작가로 지명한 퍼포먼스가 있다. 이곳의 주거작가로서 그녀의 작품은 '삶을 지탱하고 삶의 질을 높이는 활동인 청소일에 관한 존중을 표명하고 기리기 위한' 행동이었다(P. C. Phillips, 1995, p. 183).

개인의 영역과 일의 영역이 대립 위치가 아니라 관계 속에 있다는 것이 내가 삶과 일을 보는 예술적 입장이다. 유연한 경계를 가지고 있다는 것은 확실한 결정이 필요할 때, 예를 들어 환자가 내 개인 번호를 알려 달라고 할 때나 내 딸의 학교 배구 경기가 있는 날에 상담 스케줄을 잡을까 말까 할 때 사적인 것과 공적인 것 사이의 결정을 흐리게 하는 것이 아니다. 이런 결정들은 삶을 살기 위해 현실적으로 필요한 결정들이다. 유연한 경계를 가지고 있다는 것은 현실적인 결정을 못한다는 것이 아니라 삶의 여러 면에 존재하고 있는 질적인 면들을 고려하는 것을 말한다. 예컨대, 보살피고자 하는 내

성향이 내 삶과 일의 여러 역할에 골고루 영향을 미치며, 내가 하는 역할에 따라 입고 벗고 하는 게 아닌 것이다. 내가 부모라는 것이 내담자를 더 잘 보살피게 하고, 이는 또 역으로 내가 더 좋은 엄마 노릇을 할 수 있게 한다. 이러한 유연한 경계의 관점은 개인에게 있어서 삶과 일을 상호적으로 성숙시키고 깊게 한다.

일과 삶의 연결에 초점을 두는 것은 우리의 삶 자체도 창조의 작업과 연결되어 있음을 아는 것이기도 하다. 작품의 주제가 개인의 삶의 경험과 동떨어져 있는 것은 드물다. 대부분의 경우 작품의 내용은 개인의 일상에서 일어나고 있는 경험에 영향을 받은 것이다. 별 관계가 없어 보이던 일들과 감정들과 경험들 사이에 연결점들을 본다. 창조적 과정에서 우연히 일어나는 이러한 연결점들에 눈과 마음이 열려 있다면 그 작업은 더 생기를 띠게 된다. 반면에 완성된 작품이 어떤 모습을 해야 한다고 고집부리는 것은 그 작품으로 하여금 어딘가 억지스럽고 생기 없어 보이게 한다. 작품의 생명력은 새롭게 보는 이와 새로운 관점을 여는 사람의 몫이다. 창작작업에 관한 태도도 너무 딱딱하게 고정되거나 고착된 것이 아니라 그때그때 일어나는 사건들과 경험들에 의해 빚어질 때 생명력이 생기고 더 풍부해진다.

사랑, 삶 그리고 제임스에 관한 생각

14살짜리 제임스가 제일 크고 뚱뚱한 벌레를 찾기 시작했다. 이것은 확실히 나쁜 징조다. 한 손으로는 열심히 벌레를 찾고 다른 한 손으로는 나무에서 떼어낸 가시를 들고 있다. 그 아이의 얼굴은 위협적이었고 무슨 짓을 할까, 머리를 굴리는 듯한 표정이었다. 치료 세션을 위해 그의 집에 갔다가 집 주위를 산책하자고 한 것은 내 제안이었지만, 희생물과 무기를 찾기 위한 사냥은 내가 생각해 온 산책과는 거리가 멀다.

제임스가 새끼손가락만큼이나 굵은 벌레를 찾아 내 눈 앞에서 대롱대롱 흔들며 자기가 이 벌레한테 무슨 짓을 할지 아냐고 묻는다. 하지만 이것은 질문이라기보다 자랑, 빈정거림 또는 자신을 벌레 세계의 지배자쯤으로 선언하는 것이었다. 나는 내 눈 앞에 벌어질 상황이 당황스러워 무엇을 어떻게 해야 할지 몰랐다.

나라는 사람은 집 안에 벌이 들어오면 죽이는 대신 유리병을 찾는 사람이다. 유리병에 담아서 밖으로 나가 자유롭게 날아가게 풀어준다. 개미를 보면 안 밟으려고 피해서 걷고, 파리를 보면 집 밖으로 나갈 수 있게 창문을 열어 주고, 우리 집에 사는 거미에게 이름을 붙여 주는 사람이다. 물론 한계는 있다. 내 설탕 통에 빠진 개미나 내 머리 주위를 왱왱거리는 모기나 집안에서 캠프장을 차린 바퀴벌레는 참을 수가 없다. 하지만 일반적으로 나한테 다치게 하지 않는 생명체는 그냥 내버려 둔다.

그래서 제임스가 한 손으로 그 벌레를 대롱대롱 흔들며 삐딱한 미소를 머금고 다른 한 손으로는 가시를 검이나 되듯 들어 올릴 때 나는 그 애가 멈추기를 바랐다. 한계설정(limit-setting), 따르는 결과를 이야기하기, 부적절한 행동임을 알려주기, 초점을 바꾸기, 어쩌고저쩌고 등 모든 치료의 기법을 동원해서 그 아이를 막고 싶었다. 하지만 그 순간에 내가 할 수 있는 말은 고작 "안 돼! 하지 마!"뿐이었지만 그마저도 안으로 삼켰다.

그 대신 '듣기' 를 하기로 했다. 그 말이 듣기 힘든 것이라 해도 말이다. 눈과 귀와 마음으로 듣고자 했다. 지금 와서 돌아보면, 그 애가 그 벌레한테 하던 짓은 나의 지침인 '위험을 느끼지 않는 이상 싸우거나 상처 주면 안 된다는 것' 과 그리 동떨어진 행동이 아니었다. 하지만 그때는 그것을 몰랐었다. 당시 나는 내가 뭘 어떻게 해야 할지 모르는 혼돈에 너무 매여 있었다. 결국은 무간섭의 방법을 썼고 산책이 끝날 무렵까지도 내 선택에 대한 확신이 서지 않았다.

제임스는 자기 삶에 대해 이야기했다. 뚱뚱하고 나약하고 별다른 이유도 없이 따돌림을 받는 소년. 다른 학생들로부터 놀림을 당하고 희생된 소년. 자기가 살고 있는 저소득주택 단지를 걸어가며 무슨 의식처럼 벌레 여러 개를 꼬챙이에 꽂고 머리를 자르는 등 희생 의식을 치르는 이 아이. 아이는 거의 45분 동안 독백을 했다(이 소년은 욕을 내뱉거나 요구를 하거나 센 척 으스대는 말 외에는 좀처럼 입을 열지 않는 아이다). 벌레를 고문하는 것을 독백하는 이 담화 퍼포먼스(spoken word performance) 사이 사이에 어린 시절 이야기가 짜여 있었다. 제일 뚱뚱한 벌레를 찾는 것이 얼마나 중요한지, 어떻게 절대 벌레가 도망 못 가게 할지, 그 대상을 찾는 것이 어떻게 중요한지, 벌레를 표백제나 암모니아에 담그는 실험이 어떨지, 그것들이 불에 그을리고 타는 것을 보는 게 어떨지, 어떻게 그 벌레들은 아픔을 못 느끼는지. 아 그리고 또 동네 아이들로부터 어떻게 아무 이유 없이 몰매를 맞곤 했는지. 그저 그곳에 있다는 이유로만. 그저 그가 뚱뚱하는 이유만으로.

벌레들이 꿈틀거린다. "봐요, 요놈 봐요. 내가 반으로 자르면 어떨지 잘 봐요. 봤죠? 아파하지 않아요. 왜냐면 아픔을 못 느끼거든요. 잠깐, 더 좋은 가시를 찾아서 다른 거 하나 또 보여 줄게요. 내가 언젠가 나무를 타다가 가시가 내 다리에 박힌 얘기했어요? 이것과 비슷했어요. 한 다리를 나무에 올려놓고 다른 다리도 나무로 올리고 있었는데 이런 가시에 찔렸거든요. 처음에는 아프지 않더라고요. 가시가 박혀 있는 줄도 몰랐어요. 그런데 나중에 막 아프더니 병원 갈 정도가 되고, 너무 아파서 이마와 등뒤에 땀이 주룩주룩 흘렀어요. 진짜 아팠거든요. 저기 저 애 보여요? 런던 고등학교 다닐 때 불을 지른 놈이에요. 저요? 아~뇨. 쟤랑 안 놀아요. 쟤는 지가 힘이 센 줄 아는데 내가 원하면 한방에 날려줄 수 있어요. 잘 보세요. 또 뭐 보여줄 게 있어요. 내가 이렇게 벌레들을 옆으로 나란히 모아서요. 잠깐, 이놈은 좀 너무 길다. 짧게 만들어야겠다. 죽어, 이 쌍놈의 새끼야, 죽어! 그 애들이 왜 나를 안 좋아했는지 모르겠어요. 진짜 모르겠어요."

그 소년의 퍼포먼스는 산책을 마치고 그의 아파트 앞으로 돌아올 때야 끝났다. 퍼포먼스의 피날레는 벌레들을 옆으로 나열시키고 철사 옷걸이를 이용해 꼬챙이 끼는 것으로 막을 내렸다. 마치 치밀하게 벌레들의 희생 의식을 준비하기라도 한 듯, 그의 행동은 놀라울 만큼 냉정하고 침착했다. 그러고는 그날 처음으로 나와 눈을 맞추었다. 나는 그때 그의 퍼포먼스에서 받은 충격에서 벗어나지 못하고 있었다. 치료적 중립을 찾지 못하고 내 얼굴에 당황한 기색이 역력했으리라. 그 소년이 말하기를, "내가 지금 이 벌레들에게 한 것이 상당히 불편하신가 봐요, 그래요?" 나는 이렇게 대답했다 "글쎄, 사실은, 내가 생각하고 있었던 것은 좀 더 너에 관한 거였어. 너의 아픔에 관하여." 소년은 "음." 하고 대답했다. 그리고는 잠깐이지만 나를 위로 올려다 보더니 머리를 위아래로 끄덕였다. 그러더니 벌레들을 버리고는 발로 차더니 옷걸이를 땅에 던지고 휙 돌아서서 그림을 그리겠다고 아파트 안으로 들어갔다.

1997년에 17살짜리 내 아들 제시는 대학입학원서를 준비하고 있었다. 신청하지도 않았던 학교안내와 원서 우편물을 여러 개 받는 것으로 아들은 어른이 되는 성인식을 대신하는 것처럼 보였다. 또한 아버지로부터 여름 동안 일할 거리를 찾아보라고 귀찮을 정도로 요구 받고 있었다. 내 아들의 반응은 자신한테 던져지는 것들에 대해서 청소년다운 뿌루퉁함으로 대하는 방법을 택했다. 한 여름의 저녁, 나는 그날 십 대 청소년의 세심하고 부드러운 어머니 노릇을 하려고 식사 후 시간을 좀 보내면서 어떤 아르바이트 자리가 좋을지 같이 생각해 보자고 제안했다.

저녁을 먹고 나서 집 안의 조용한 구석을 찾아 앉아 이야기를 시작한다. 내 아들은 직업을 찾는 것에 관해 이야기하는 대신 어른이 된다는 것이 얼마나 어려운지 이야기한다. 자신의 삶을 바꾸는 이 모든 것들에 관하여, 그리고 얼마나 더 많이 요구 받게 되는지, 또 스스로 준비가 되기 전에 어떻게 어린 시절이 지나가고 있는지에 대해서. 입학이라는 큰일을 이 십 대 아이가 치러야 한다. 평소에 별로 자기 표현을 하지 않는 무뚝뚝한 십 대의 아들로서는 참 많은 이야기를 한 것이다. 나도 어떨 때는 어른이 된 것이 참 싫다고 말한다. 나는 "삶이 깊게 숨을 들이쉰다"라고 말했다. 이 표현은 '지랄이군' 쯤의 표현인 'it sucks(빨아들인다)' 라는 표현을 우리 가족이 둘러서 말하는 표현이다. 같이 웃는다. 나도 그 아이가 어른이 되는 것이 무섭고 아이로 늘 있었으면 좋겠다고 말하다가 목이 메인다. 이제는 나보다 더 커버린 이 아이를 살며시 안아주며 같이 운다.

그 일이 있은 후 일 년쯤 후 이른 4월에 제임스와 산책을 한다. 이번에는 자기가 가는 야구장으로 나를 안내하였다. 걸어가면서 그는 재잘재잘 이야기를 한다. 내가 말할 틈을 안 주고 말하는 이 아이의 메시지는 '들어달라' 는 것이다. 다른 아이들에 관해 이야기하고, 야구장 가는 지름길에 관해 이야기하고, 여름에 아침 일찍 이 길을 걸으면 이슬에 젖는 신발에 관해 이야기한다. 야구장에 도착해서는 선수 대기소와 야구장과 지금은 문을 닫은 스낵코너에 관해 안내를 해 준다. 그리고 철제 벤치에 앉아서는 자신이 꿈꾸는 여름을 이야기한다. 모르는 또래 남자애들이 자기를 그들의 그룹으로 받아들여 같이 야구 게임을 하고, 펜스를 넘는 홈런을 치고, 핫도그에서 흐르는 케첩이 얼굴에 묻어서 소매로 닦고 서로의 등을 치고, 자신의 소년 야구 리그가 월드 시리즈로 바뀌는 이야기이다.

우리는 거기에 오래 앉아 야구장을 내다보면서 지금 막 설명해 준 아이들이 선수로 뛰는 것을 상상한다. 관객석에서 나오는 환호, 심판이 공평했는지 아닌지 싸우는 부모들의 소리, 여름의 싱싱한 풀 냄새와 모래가 씹히는 듯한 텁텁한 공기, 제임스가 경기 후 아이들과 몰려나가 노는 것을 상상한다. 제임스가 자신이 너무 커버려서 소년 리그에서 더 이상 뛰지 못하게 되었다고 하자, 나는 내 임무가 들어주는 사람임을 잠시 망각하고 다른 팀에서 뛰거나 이 팀의 코치 보조로 일하면 되지 않겠냐고 물었다. 그 아이는 내 말을 무시하는 방법으로, 이 이야기는 그런 이야기가 아니라 자신의 어린 시절이 흘러가는 것을 안타까워하는 이야기임을 상기해 준다. 그 어떤 것도 다시 돌아오게 할 수 없는 그 시절을 말이다.

제임스는 대놓고 어른이 되는 것이 무섭고 늘 아이로 남아 있었으면 좋겠다고 말하지는 않는다. 그리고 나 역시 그 아이를 내 품에 안고 같이 울지는 않는다. 하지만 이 아이도 똑같은 이야기를 들려준다. 해가 넘어가려 하고 바람이 옷깃 안으로 들어와 싸늘한 봄날, 나는 최선을 다해서 나의 눈과 귀와 가슴으로 이 아이를 힘껏 안아준다.

1962년 내가 7살 때 일이다. 언니인 리즈, 사촌인 메리와 같이 숲길을 걷고 있다. 이 더운 여름에 물장난하기 기막히게 좋은 개천으로 향하고 있다. 도착해서는 미끈거리는 돌을 밟아 넘어질까 봐 테니스화를 신은 채 물속으로 들어가 걷는다. 물에 젖어 놀랄 만큼 아름다운 색색의 조약돌들을 주워서 주머니에 넣는다. 그것들이 마르면 지금은 환상적으로 선명한 색깔이 없어질 줄 알면서도, 모은 보물에 만족하여 개천 언저리를 따라 집으로 걷는다. 집에 가는 동안 웃고 농담하며 신나게 팔을 저으면서 걷는다. 그러다가 어디서 왔는지 순식간에 벌 떼가 몰려와 우리 주위를 감싼다. 리즈와 메리는 소리를 지르고 마치 망가진 풍차처럼 두 팔을 마구 휘젓는다. 그때 내가 왜 소리를 지르거나 도망가지 않았는지 모르겠다. 어쩌면 리즈와 메리 뒤에서 걷고 있었으므로 벌들이 그 애들을 공격하는 것을 봐서 마음의 준비가 되었는지도 모르겠지만, 그저 벌들의 용감한 자기방어 능력에 존중을 표하며 뒤로 물러나 벌 떼가 지나가게 길을 피한다. 어쩌면 그래서 내가 벌한테 한 번도 물리지 않았는지도 모르겠다. 리즈와 메리가 울고불고 할 때야 내가 얼마나 운이 좋았는지 알았다.

여러 해가 지난 한 이른 봄. 제임스의 집에 도착하니 집 앞 현관에 제임스와 할머니와 동네 여자아이가 앉아 있다. 안으로 들어가자마자 집 안에는 무겁고 끈적거리고 위협적인 기운이 가득하다. 날카로운 말들이 내 귀 옆으로 확확 지나간다. 무슨 일인지 파악하려고 귀를 기울이는데, 무슨 일인지 몰라서 답답하기만 하다. 그제야 할머니가 그 옆집 여자아이에게 식료품 가게에 같이 가도 좋다는 말을 한다. 제임스는 자기가 가든가 아무도 못 간다고 선포하고, 여자아이가 울기 시작하고, 할머니는 제임스를 마구 나무란다. 이런 때에는 기운이 쭉 빠진다. 이 가족과 8개월 동안이나 작업을 했는데 내가 한 게 하나도 없단 말인가? 그때 전화가 울리고 집안에서 할아버지가 할머니를 찾아 고래고래 소리지른다. “루이스! 전화!!!” 할머니는 나와 이야기하는 중이라 제임스더러 안에 들어가 할아버지한테 곧 간다고 전해주라고 한다. 잠시 후 할아버지가 집 밖으로 문을 박차고 나와서는 부를 때 왜 당장 안 오냐며 호통을 친다. 씩씩거리고 큰 소리가 나고 왔다 갔다를 한참 한 후에야 할아버지와 할머니와 동네 여자아이는 근처 가게로 저녁거리 장을 보러 나간다. 장보기, 음식, 양식, 영양소, 하루하루 살 수 있는 양분. 그런 것들이 이 가족이 필요로 하는 것이 아닌가? 하지만 양식을 구하는 협상이 이 가족에게 너무나 어려워 보인다.

그날 집에 돌아온 저녁. 내 친구 스티브에게서 이메일이 와 있었다. 우리가 자기와 자기 아들 생일에 선물을 제때 보내지 않은 것이 섭섭하다고 했다. 이 모든 것들이 내 머릿속에서 맴돈다. 너무 가까이 가지마, 더 가까이 와. 둘 다 우리가 원하는 것이다. 음식과 사랑 같은 양식. 스티브에게 화내는 대신 그 이메일의 따지는 말투에서 더 가까이 오지 않겠냐는 초대를 읽는다. 그날 밤 제임스와 스티브 생각을 하면서 잠을 청한다. 물에 젖어 색색으로 빛나던 돌들 그리고 내 손안에서 말라 둔탁해지는 색깔들. 어떨 때는 이렇고 어떨 때는 저런, 다르게 기억되는 이야기들. 내가 과연 벌에게 물릴까 궁금하다. 내가 가까이 다가가도 긁히거나 물리지 않는 것이 운이 좋아서인지 피하는 기술이 있어서인지 모르겠다.

제임스는 나에게 도전이다. 저항하는 대표적인 사례다. 나보고 미술이 싫다고 말한다. 일주일에 두 번 만나는데 수요일은 미술하는 날이다. 이것은 우리 둘 사이의 계약이므로 본인 의사와 상관 없이 하는 것이지만 다양한 방법으로 피하려고 한다. 그래도 나는 수요일만 되면 미술도구를 준비하고 오늘은 작품을 할 것을 기대하며 그 아이의 아파트 문을 두드린다. 그 아이는 자기가 동의한 계약을 이렇게 저렇게 바꿔가며, 15분만 그림을 그리면 약속을 지키겠다, 10분만 하면 어떤지, 5분만, 이런 식으로 협상을 하려 든다. 그러다가 막상 그림을 그리려고 하면 보고 그릴 사진을 찾는 데 주어진 시간을 다 쓰기도 한다. 그렇다고 하더라도 언젠가는 작품다운 작품을 만들 수 있으리라 믿고 기대한다. 그럴 수밖에. 나는 그 아이가 이런 작은 전쟁을 일으키고 이겨서 '체면'을 지키려는 것을 안다. 나는 그것을 아랑곳하지 않는다. 왜냐면 이것은 주어진 임무와 약속을 지킬 수 있다고 믿는 사람과 관계를 맺는 것이 어떤 것인지를 보여 주는 실험이기 때문이다. 자기 스스로 그 믿음을 깨려고 아무리 노력해도 흔들리지 않고 믿어주는 사람이 있다는 것을 알려주고자 한다.

꼭 작품을 해야 그런 관계가 형성되는 것은 아니다. 하지만 오늘처럼 얼어붙은 겨울 산을 그리는 것은 약속 이행의 층을 넘어 다른 층의 것들을 건드린다. 그림을 그리는 것이 이 아이한테 얼마나 많은 용기가 필요한 일인지 안다. 자신이 없거나 제어할 수 없다고 생각하는 일은 그 어떤 것이라도 하기 싫어하는 아이이다. 그런데 이 아이가 오늘은 나더러 같이 가자고 한다. 그림을 같이 그리자고. 그래서 같이 그림을 그린다. "제기랄, 난 이거 못해. 이것 좀 고쳐 주세요." 이것은 자기가 이 상황을 조정하는 하나의 방편이다. 마치 자기가 나를 시키는 것처럼 보이는 상황을 만드는 것이다. 그 아이가 이 쌀쌀하고 황량한 풍경을 걷는 게 무섭고 내가 도와주지 않으면 자신의 연약함이 나타날까 봐 불안하다는 것을 꼭 말로 할 필요는 없다. 나는 그저 나를 자신의 여행길의 동료로 데려가 주는 게 고마울 뿐이다. 수요일 오후, 제임스와 나는 막다른 골목에 다다른다. 그는 막 그린 호수 표면이 반짝반짝 빛나게 그려지기를 바랐고 나는 마침 반짝거리는 물감이 없었다. 내가 보통 가는 미술용품점에 없어서 못 샀다고, 계속 찾아보겠다고 한다.

2주 후 월요일, 벌 떼 소굴처럼 혼돈과 분쟁이 떼거지로 몰려 있는 제임스의 집에 내가 들어간다. 그의 가족들은 식료품점에 어떻게 누가 갈지 결정하는 문제를 해결하기 위해 싸우고 있는 와중이었다. 지친다. 이번에는 내가 떠나고 싶다. 갑자기 제임스가 나한테 "그 반짝거리는 페인트 가져왔지요?"라고 묻는다. 이것은 질문이라기보다 명령이다. 내가 그렇다고 하니, 미소를 지으며 고개를 끄덕인다. 그 애는 모르겠지만 그것은 믿음을 표시하는 언어였다. 나를 믿는구나! 오 예.

그날 집에 들어오니 "알린이 엄마를 만나고 싶대요."라고 15살 난 내 딸 브레아가 말한다. 알린은 브레아의 배구 파트너로, 둘은 요즘 잘 붙어 다닌다. "왜?" "잘 모르겠어요." "그저 엄마를 만나보고 싶다고만 그랬어요." 더 이상 할 말이 없는 듯했다. 아마 엄마에 대한 자랑을 이 몇 마디로 하는 것 같지만 더 이상 표현을 안 하고 말을 아낀다. 하지만 나는 그 애의 몇 마디에서 이렇게 말한 것을 듣는다. "가장 멋진 남자애 중 하나가 엄마를 만나고 싶어 하다니, 엄마 멋져요!" 와우.

이러한 호의적인 행동들은 너무나 조용한 것이어서 자세히 안 들으면 모르고 지나치기 쉽다. 엄마 노릇, 치료사 노릇 하는 급류를 타는 와중에 살짝살짝 발견하는 것이다. 가끔 그것을 잡아서 내 가까이 두었다가 트로피라도 받은 듯 친구들한테 자랑스레 보여 주고 싶어지곤 한다. 하지만 이 배 위에서 버티고 있으려면 계속 노를 저어야 한다. 그것들을 받으려고 손을 내밀면 균형을 잃고 넘어져 내 쪽으로 뻗은 선물 같은 그것들이 무엇인지 못 볼 수도 있으니 말이다.

오늘 또 제임스의 집에 와 있다. 나에 대해 꾼 꿈을 이야기해 준다. 꿈에서 나는 그 아이를 간지럼 태우려 쫓아오는 광대들로부터 도망치고 있었다고 한다. 그 아이와 할머니와 늙은 염소 같은 할아버지까지 다 같이 웃고 있었다고 한다. 이 꿈이 무슨 의미인지 알 것 같다가도 모르겠다. 제임스와 나의 관계를 음식에 비교한다면, 한 그릇의 수프 위에 한 숟가락 얹어지는 크림 같은 것이다. 이 한 스푼의 재료가 수프 전체의 맛이나 질감을 조금 바꾼다. 좋게 바뀐 것 같기는 한데 확실치는 않다. 하여튼 이것은 벌레 고문이라는 퍼포먼스 작품 위에 살짝 얹어진 좀 별난 재료이다.

제임스는 나에게 도전이다. 다루기 힘들고 제멋대로인 제임스와 그 아이 할아버지와 한 시간 반 작업을 끝내면, 하루 종일 일한 것처럼 지친다. 어떤 내담자와는 여러 해의 경험과 지식에 의지하여 직업이라는 경계 바깥에 머무를 수 있다. 하지만 제임스의 경우는 다르다. 일단 그 아이 집 안에 들어서면 전혀 앞뒤가 안 보이는 밀림에 들어가는 것 같다. 어떤 것을 만날지 알 수가 없다. 제임스의 사례는 삶이라는 큰 그림에서 보면 내가 알 수 있는 게 별로 없음을 기억하게 한다. 그리하여 그 아이가 나로 하여금 구도자(seeker)가 되게 한다. 나의 경험과 지식이 좌우로 위아래로 흔들어져서 내가 할 수 있는 것이라고는 그저 그 순간, 두 인간이 길을 찾으려고 하는 그 과정에 온전히 있는 것뿐이다.

결론

미술에 기반한 나의 치료적 접근은 내가 스튜디오 미술치료라고 명명하고 응용하기 훨씬 이전부터 있었던 것이다. 미술치료의 스튜디오 접근에서는 창작 자체가 우리의 삶과 일을 맺어주는 가장 중요한 방법이라는 입장에서 시작한다.

미술치료사라는 직업에 대한 태도와 미술치료라는 개념을 찾는 숙제는 삶과 일이라는 양극을 잇게 한다. 일상에서 일어나는 일들을 작품이라고 보고 작품 대하듯 반응하므로 새롭게 세상을 볼 수 있는 눈을 가질 수 있게 된다. 일과 삶의 연결성을 봄으로써 그 두 가지 모두를 풍부하게 할 수 있는 가능성 또한 열린다.

생각하고, 이미지를 보고, 궁금해 하고, 찾아 나서고, 음미하고, 질문하는 것은 미술치료의 형태를 상상하는 데 중요한 재료가 된다. 미술치료의 개념을 찾는 작업이 예술적 상상에서부터 나온다면 우리가 실제로 하는 일과 이론 사이에 일관성이 생긴다. 안과 밖, 이쪽과 저쪽을 연결하며, 미술치료의 미술은, 예술은 그리고 창작은 우리의 비전과 실천을 엮는 실이 된다.

03

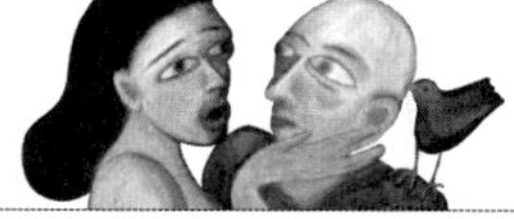

작가의 정체성을 키우는 과정

작품을 할 때 무엇을 만들까 하는 질문은 삶이 순간순간 우리에게 제시하는 것이 무엇인지를 알아차리는 것으로, 무심코 보는 것에서 깨어나 이 엄청난 세계를 볼 수 있는가 하는 질문이다(London, 1989, p. 54).

봄이 되면 농부들의 땅 가는 기계 돌아가는 소리가 멀리서 들린다. 나는 그 기계의 단단하고 무거운 손이 땅 깊이 들어가 딱딱하게 뭉친 것들을 들어내자 공기가 통해서 크게 숨을 쉬는 땅을 상상한다.

나도 이 땅과 다르지 않다. 나 역시 앞으로 다가올 무언가를 준비하고 그 새로운 것이 잘 자랄 수 있는 토양을 만들기 위해 가끔은 경작될 필요가 있다. 치료사로서 우리가 하는 일이 감정적으로, 영적으로, 기능적으로 침체되어 있었던 사람들이 건강하게 자랄 수 있는 환경을 만들어 주는 것으로, 우리 스스로가 가끔은 이렇게 뭉치고 단단해진 것들로부터 느슨하게 풀어질 필요가 있다. 땅은 우리 스스로 깨어짐을 경험해야 한다는 것을 가르쳐 주고 있는지도 모른다. 새로운 지평을 여는 일(break new ground)

은 파괴(all broken up)에서 시작하여 그 안으로 침투(break into)해서 붕괴(break down)하기까지의 과정을 거친다. 이것은 우리가 소명 받은 이 일을 위해 필요한 과정이 아닐까? 대지는 우리가 자기파괴 경험을 통해 다른 이들을 어루만질 수 있게 된다는 것을 상기시킨다.

미술치료사로서 우리가 해야 할 최우선적 과제 중 하나는 우리 자신과 내담자 안에서 예술가적 정체성을 키우는 환경을 조성하는 것이다. 이러한 노력은 익숙하고 편한 것들로부터 벗어나 스스로 흔들어짐을 자청하는 것으로 우리가 삶을 더 잘 호흡할 수 있게 한다. 예술적 시각과 미학적 공감을 가꾸는 일은 끝이 없는 과정이다. 공감은 주관적 입장을 다른 사람의 입장에 이입하는 능력인데, 이러한 능력을 키우면 내담자가 겪는 정서적 경험의 떨림을 이해할 수 있게 될 뿐 아니라 타인과 자신의 작품을 이해할 수 있게 된다. 즉, 공감은 치료적 관계 안에서 타인과 자신에게 반응하고 예술작품에 반응하게 하는 것으로 이 두 가지는 연결되어 있다(Lachman-Chapin, 1979). 예술적 정체성을 키우는 것은 타인과 더 잘 공감하고 타인의 창조적인 면을 잘 육성할 수 있게 하는 힘이 된다.

창작의 과정과 작품을 중심으로 미술치료를 할 때 치료사가 스스로 창조적인 발전을 도모하는 것은 당연할 뿐더러 이것은 우리의 윤리적인 책임이기도 하다. 하지만 예술가적 정체성을 찾는 일은 단순히 작품활동에 국한되지 않고 의도적인 방법으로 예술가의 눈과 귀와 손과 마음을 가꾸는 일로 확산되어야 한다. 그리하여 예술가라는 정체성이 단지 내 안에 머무르는 게 아니라 내가 하는 미술치료사의 일과 그 외의 삶 전체에서 도출될 수 있게 말이다. 주의 깊음과 수양을 통해 자신을 계속 잘 자랄 수 있는 비옥한 토양으로 가꾸면 우리의 내담자들 안에서도 이런 것들을 키울 수 있게 된다.

주의 깊음 : 예술적 감성을 연마하다

같이 일하는 동료의 책상을 지나간다. 산더미처럼 쌓인 종이들, 사용한 커피잔들, 펜들, 종이 클립, 테니스 공, 가족사진, 개구리 인형들로 어지럽다. 이것을 복잡한 책상이 아니라 설치작업이라고 보고 이 작품 속에 내재된 의미를 찾아본다면 어떨까?

한 무리의 청소년들이 스쳐간다. 몸집보다 훨씬 큰 티셔츠와 헐렁한 바지를 입고 시끄럽게 떠들면서 에너지 넘치는 동작으로 걷다가 뭐가 재미있는지 큰 소리로 동시에 웃음을 터트린다. 그저 평범한 청소년 무리라고 생각하기 쉽지만, 똑같은 옷차림을 하고 자신들의 '똑같음' 을 소란스럽게 서로에게 과시하려는 이들을 향해 고개를 절레절레 흔들거나 비웃는 대신, 저들의 모습에서 자기 삶을 표현하는 움직임을 발견해 보면 어떨까? 그러면 그 움직임이 삶 속에 빨려 들어가고 내쳐지고 돌진하는, 그들 청소년기의 표현임을 알 수 있을 것이다.

복도와 계단을 지나 지하철 입구로 들어가니 뭐라고 정의할 수 없는 소음이 들린다. 이것을 음악으로 들으면 어떨까? 웅웅 하는 낮은 소리를 베이스 음으로, 기차가 올 때 쇠가 닿는 소리를 타악기의 박자로, 사람들의 발걸음과 음성을 경쾌한 리듬으로, 끼이익 거리며 다가오는 기차를 의외의 음악적 요소라고 본다면 말이다. 이런 것들이 층층이 포개져 일상의 음악을 만든다.

우리 삶은 예술적 감각을 키울 기회로 가득하다. 일상의 대화에서 시의 음률을 듣고, 일상의 소리에서 음악을 듣고, 일상의 경험에서 드라마의 요소를 보고, 눈앞에 있는 것에서 미술 전시를 보고, 사소한 일화에서 퍼포먼스 아트를 본다. 미술치료사로서 예술적 감각을 키우는 일은 우리 주위 세상의 것들에게 유심히 주의력을 기울이는 데서부터 시작한다. 우리가 일상을 예술가의 눈과 귀와 손과 가슴으로 보고 듣고 느끼는 것을 연습하면, 이런 방식의 세상 보기에 익숙해져서 우리의 내담자, 우리의 일, 동료들, 일터도 그렇게 볼 수 있게 될 것이다.

주의 깊음을 통해 예술가의 정체성을 계발하는 일은 공감(empathy)의 능력을 키우는 일과 연결되어 있다. 공감은 개개인이 분리되어 있는 현실에서 개인 안의 '우리'를 발견하고 이해하는 데 결정적 역할을 한다(Jordan, 1991, p. 69). 공감을 연습하기 위해서는 먼저 개인의 독자적 자아가 확고히 수립되어 있어야만 한다. 공감은 개인과 개인 사이의 경계를 부드럽게 하여 다른 이의 느낌을 마음으로 공명시켜 느낄 수 있는 것으로, 자아와 타자의 다른 점을 인식하고 있을 때만 가능한 것이다(Jordan, 1991).

공감적 관찰의 기술을 익히는 것은 지금 일어나는 것들과 함께 존재하고, 집중하고, 받아들이는 것을 필요로 한다. 모든 감각들 — 보고, 냄새 맡고, 만지고, 맛보고, 듣는 — 을 동원한 공감적 관찰을 우리의 작업도구 주머니 안에 넣고 다녀야 한다. 예술가가 그러하듯 말이다. 또 우리 안에서 일어나는 작은 목소리들, 직관적 반응들, 육감들에 대해서도 민감하게 열려 있어야 한다.

'귀를 기울인다(attend)' 란 말은 'attendere' 라는 라틴어에서 유래하는데 이는 '무엇을 향해 늘어난다' 의 뜻을 가지고 있다(Webster' s New World Dictionary, 1988). 예술가의 정체성을 가진 미술치료사는 외적, 내적, 감각적, 직관적 반응들에 대해 동시에 열려 있어야 한다. 소통의 많은 부분이 신체언어로 이뤄지는데도 불구하고 비언어적인 소통의 시도를 우리는 반복적으로 무시해 온 경향이 있다. 이 습성을 극복하고 온몸으로 듣는 관찰의 기술을 발전시켜야 한다.

예를 들어, 대화 중에 누가 하품을 간신히 참고 있으면 그것을 못 본 체하도록 사회적으로 훈련되어 왔다. 빈정대는 유머를 주고받을 때면 그 농담에 씨가 있는 것을 모르는 척 같이 웃어넘긴다. 이와 같은 사회적 관습의 긍정적인 면은 타인에 대한 관용을 키운다는 것이며 부정적인 면은 그런 관습을 통해 개인의 감각과 육감을 부정하는 습관이 생긴다는 것이다. 타인의 어떤 행동을 관용하는 것을 넘어 못 본 체하는 것이 반복됐을 때 우리의 감각은 무뎌져서 더 이상 보지 않게 된다. 특히 이것이 비언어적 소통일 경우에 말이다. 예술적인 감각을 키우는 것은 감각과 육감으로 전달되는 정보에 주의를 기울이는 데서부터 시작된다.

예술적 감각을 키우는 일은 말과 글의 소통을 기본으로 하고 분석적인 생각을 중시하는 서양 사회의 지배적 패러다임으로부터 벗어나는 일이다(Talbott-Green, 1989). 감각적이고 육감적인 방법으로 경험을 이해하는 능력을 이성의 동반자로 삼는다면 공감이 깊어진다. 어떤 상황의 이성적 분석이 조심성과 신중함을 낳는 대신 객관적 거리를 만드는 결과를 초래한다면, 우리의 감각과 직관과 육체로 파악하는 이해(Lachman-Chapin, 1989)를 통해 이성에 균형을 부여할 수 있다. 이성의 조심성(carefulness)이 충만한 배려(full of care)로 발전하여 결국 공감을 더 심화시킨다.

의식적으로 예술적 감각을 키운다는 것은 쉬운 일이 아니다. 우리가 배워온 사회적 규율과 관습이 이러한 감각을 키우는 것을 방해할 것이다. 많은 사람들과 더불어 빠르게 돌아가는 삶의 속도는 일상생활에 관심을 두기에 적합하지 않은 토양이다. 모든 기술의 습득이 그러하듯 예술적 감각의 발달도 의식적인 헌신과 연습이 필요하지만 시간을 따로 할애해야 하는 것은 아니다. 오히려 삶 안에서, 일상에서 대면하는 물건들과 사건들의 시적이고 예술적인 면들에 보다 깨어 있음으로써 습득될 수 있는 기술이다.

우리들 대부분은 끊임 없이 변화하는 우리 주위의 뉘앙스에 대하여 지속적으로 귀를 기울이지 않는다. 공감적 관찰의 기술을 키우는 것은 용의주도한 노력과 연습이 필요한 일이다. 이처럼 예술적 감수성을 통해 보는 능력을 키우려는 노력은 '다른 이와 내가 감정적으로 연결되어 있다는 느낌을 주는 동시에' '우리가 떨어져 있음을 인지적으로 알고 이를 소중히 여길 수 있게 한다' (F. F. Kaplan, 1983). 이것은 공감적으로 이어진 삶을 만들고 궁극적으로 우리의 내담자들과도 그렇게 연결될 수 있게 한다. 만약 사무실 책상의 잡다한 것들을 설치미술로, 청소년들이 떼지어 다니는 것을 댄스로, 전철역의 소음을 음악으로 듣는다면, 우리의 미학적 감수성과 자비의 눈으로, 귀로, 마음으로 내담자를 만날 수 있을 것이다.

예술적 감각으로 세계를 보는 능력을 키우기 위해 우리 주위에 있는 아름다움, 긍정성, 내담자의 장점만 보자고 한다면 낭만적인 생각처럼 들릴 수도 있겠다. 하지만 내가 말하고자 하는 것은 그런 게 아니다. 땅을 일구는 작업은 파헤쳐지고 느슨해지고 깨어짐을 경험하는 수고를 수반한다. 안에 숨어 있던 것이 발견되고, 딱딱하게 굳어 있던 것이 해체되고, 편했던 것이 불편한 것이 된다. 반복적인 것들, 이를테면 내담자를 '거식증 한 명' 이라고 지칭하거나 한 무리의 사람들을 '내 담당 케이스' 로 뭉뚱그려 일컫거나, 말을 듣지 않는다 해서 '반항 케이스' 라며 거리를 두는 식의 관계 맺음에서 탈피하여, 개개인의 섬세한 차이를 발견하는 사이 우리도 파헤쳐지고 느슨하게 된다. 내담자를 어떤 증상으로 묶어 낙인 찍는 것은 치료사가 내담자 위에 우월적 지위를 확고히 하는 것이고, 반면에 내담자의 '반항' 은 치료사로부터 자치권을 쟁취하려고 애쓰는 것으로도 볼 수 있다. 또 다른 예로, 말 잘 듣고 잘 따른다고 생각했던 내담자에게서 어둡고 음침하고 어쩌면 흉악한 면을 발견할 수도 있다.

예술적 감수성을 기르는 것은 삶을 더 깊이 느낄 수 있도록 우리를 열리게 하고 동시에 뒤흔든다. 우리 내면, 내담자, 일하는 환경, 살고 있는 사회의 복잡하고 불안한 면들에 더 예민해질 것이다. 예술적 감수성을 기르는 목적은 스스로 깨어지는 것과 같은 경험을 통해 다른 이들을 보듬을 수 있게 하기 위함이다. 이것은 낭만적 생각과는 한참 먼 이야기로 예술적 감수성을 기르는 것은 용기와 많은 노력이 필요한 일이다.

공부

공부에 헌신하는 것도 예술가로서의 정체성을 키우기 위해 필요하다. 이 공부는 여러 가지 방법으로 할 수 있다. 첫째로 정신적인 에너지를 들여 어떤 지식을 쌓는 방법. 이것은 보통 '공부' 하면 생각나는 방법이다. 둘째, 예술에 몰입함으로써 할 수 있는 공부, 셋째는 자기공부(self-study)이다.

지식 축적

미술치료의 스튜디오 접근을 위해 지식을 쌓는 것은 여러 방법과 장소에서 할 수 있다. 수업이나 강좌, 워크숍, 심포지엄, 컨퍼런스에 참여하여 원하는 주제의 지식을 얻을 수 있는 기회를 찾아다니거나, 미술치료 서적, 언론, 관련 분야 자료 등을 통해 지속적인 학습이 가능한 환경을 만든다. 사람을 통한 배움은 슈퍼비전이나 동료들과의 대화에서 얻을 수 있고, 갤러리, 박물관, 문화행사에 가보는 것도 좋다.

대학원 수업은 미술치료사로 활동할 수 있는 교육의 기초를 제공한다. 이후 계속되는 배움은 미술 기반 미술치료의 전문지식을 쌓고 활용할 수 있게 한다. 미술도구의 재료, 기술, 용법에 관한 학습은 재료를 더 잘 다룰 수 있게 한다. 미술사를 공부하는 것은 미술치료가 어떻게 미술사와 관련되어 있는지, 역사 속에서 우리의 위치는 어떠한지 인식하게 한다. 심리학과 연계 학문의 공부를 통해 치료학과 예술적 과정이 어떻게 맞물려 있는지 알게 되며, 아웃사이더 예술과 미술교육의 연관성을 살펴봄으로써 우리 학문의 문맥적 토대를 보다 잘 이해하게 된다. 오늘의 현대미술, 특히 개인 혹은 커뮤니티의 치유적 작업은 미술치료와 미술계의 협업 가능성을 보게 한다. 또한 예술의 세계에서 어떻게 미술을 이해하고, 미술사를 읽고, 미술치료가 어떻게 연관되는지 서로에게서 배울 수 있다.

미술치료와 직접적으로 관련된 주제와 인접 분야 지식을 계속 쌓는 것은 중요하다. 너무 어렵게 느껴진다면 여기서의 키워드는 '계속'이라는 것을 명심하자. 세상에는 배워도, 배워도 더 배울 게 있다. 중요한 것은 늘 배우는 사람이 되어 계속해서 지식을 닦는 것에 충실해지는 것이다.

예술에의 몰입

배움의 두 번째 층은 내가 '몰입(immersion)'이라고 부르는 것이다. 몰입으로 배우는 것은 그 배움 안에 들어가 주위를 온통 그것으로 채우는 것이다. 단순히 독서처럼 지적으로만 지식을 얻는 게 아니라 우리 삶 전체를 통해서 배우는 것이다. 춤 공연, 음악 콘서트, 연극이나 퍼포먼스 아트를 보러 가고, 시 낭송회, 미술관, 대안공간에 가는 것들이다. 그리하여 예술이 어떻게 우리의 감각을 편하게 하고 감성을 불러일으키고 내면을 어루만지는지 직접 체험할 수 있다.

다른 사람들의 작품을 많이 보는 것은 우리 자신의 작품을 만드는 데 중요한 재료가 된다. 창의력은 전염성이 있다. 다른 사람들이 창작작업에 푹 빠져 있는 것을 보거나 그 노력의 결과물인 작품을 볼 때 우리 내부에서 작품을 만들고 싶은 갈증이 솟아난다. 다른 작가들의 작품 속에서 자기 작품활동의 가능성을 알게 된다. 우리가 보고 감상하는 타인의 예술성은 우리 창작작업의 요리 재료가 되어 개인의 예술적 비전에 따라 뭔가 자신만의 것으로 새로이 탄생되기를 기다린다.

우리 스스로를 다른 사람의 작품을 보는 데 투여하는 일은 작품을 보는 민감성을 키운다. 미술치료사가 하는 일의 상당 부분은 내담자의 작품을 예민하게 공감적으로 잘 보는 것이다. 다양한 예술적 표현을 보는 것은 민감하게 보는 것을 연습하고 시각적인 어휘를 늘리게 해 준다. 그리하여 내담자의 작품에 더 잘 반응하고, 그들의 창의적 상상력을 자극하는 미술작품을 보여 줄 수 있게 되는 것이다.

몰입의 가장 중요한 과정은 단지 작품의 감상자가 되는 게 아니라 우리 스스로 작품을 만드는 일이다. 어떤 특정한 녹색을 만들 때 무슨 색깔을 섞어야 할지, 도자기의 틈은 어떻게 메워야 할지, 파스텔 색상을 어떻게 섞어 칠하는지, 나무 조각도의 날을 어떻게 가는지 등의 지식은 실제로 해봐야 얻을 수 있다. 재료를 다루는 기술을 잘 알아야 다른 이들의 표현을 미술적 언어로 소통하도록 도와줄 수 있다. 많은 경우 직접적인 경험을 통해서만 알 수 있는 것들도 있다. 빈 캔버스가 주는 두려움, 가마에서 금이 가는 도자기를 볼 때의 암담함, 새로 탄생한 이미지를 보는 기쁨 그리고 작품을 중도에 포기하지 않고 끝까지 완성했을 때의 만족감. 이런 것들은 반드시 몸소 체험을 통해 터득하는 것들이다. 객관적으로 (예컨대 책을 통해) 알 수 있는 것이 아닌, 옷에 물감을 묻혀가며 손에 찰흙이 마르면서 가슴 깊은 곳에서 울리고 깊은 어둠 속으로 스스로를 던짐으로써 알 수 있는 지식이다.

치료사의 창작활동이 갖는 중요성과 창작활동을 하지 않을 때 생기는 문제점은 여러 미술치료사들에 의해 지적된 바 있다(Abbenante, 1994; Good, 1994; Kapitan, 1997; Kramer, 1971; Kramer as quoted in McMahan, 1989; Malchiodi, 1994;

Malchiodi & Catteneo, 1988; Schaverien as quoted in Steinhardt, 1998; Wix, 1996). 여기에 내 목소리를 더하고 싶은데, 내가 말하는 것이 질책으로 들리지 않았으면 한다. 동시에 많은 이들이 미술치료사로서 작품활동을 하고 기술과 지식을 넓히는데 현실적인 어려움을 거론했다(Ault, 1977; Feen-Calligan & Sands-Goldstein, 1996; Fleming, 1993; Lachman-Chapin, 1993b; Malchiodi, 1999a). 왜 미술치료사들이 작품활동 하기를 어려워하는지, 타당한 이유가 많은 줄 안다. 미술치료사들이 죄책감에 시달리고 비난 받은 듯 느낀다면, 영감을 받아 작품활동에 매진하기란 힘들다.

글 쓰는 작가들이 자기 작품과 씨름을 하는 것에 관해서는 여러 논의가 있어 왔다(Audette, 1993; Bayles & Orland, 1993). 이것은 미술치료사들에게도 관련된 이야기다. 미술치료사들 대다수가 여성임을 감안할 때, 여성작가들이 작품을 하기 어려운 상황과도 특히 밀접한 관련이 있다(Chicago, 1975; Fleming, 1993; Junge, 1988; Olsen, 1965; Sang, 1989; Woolf, 1929; Zeidenstein, 1988). 보통 작가들은 자기가 하고 싶은 활동을 하는데, 대부분의 여성 미술치료사들은 하고 싶은 창작을 하면 개인적 욕심을 채우는 행위가 아닐까 하는 우려를 갖기도 한다. 그런 창작의 활동이 여성 그리고 치료사로서의 기본인 돌봄의 역할과 충돌하지 않을까 하는 것이다.

창작작업을 못한다고 해서 우리를 자책하지는 말아야 한다. 대신 서로서로의 예술세계를 북돋아주어야 한다. 이런 보완적인 행동은 각국 협회 차원에서, 지역단체 차원에서 또는 두 명의 동료 치료사들 사이에서 이뤄질 수 있다. 미술치료사들의 작품을 전시하거나, 미술치료 협회 컨퍼런스에서 작품을 공개하거나, 미술치료 수업 과정의 일환으로 스튜디오를 차리거나 하는 게 가능하다(Wix, 1995). 미술치료사들 간의 창의적 협업작업(Moon & Schoenholtz, 1998)이나 예술적 교환작업(Franklin, Moon et al., 1998, 2000)도 일례가 될 수 있다. Bayles와 Orland(1993)는 '작가와 전직 작가의 차이점은 막 닿은 두려움 앞에서 계속 작업을 해나가느냐 안 하는 것이냐에 달려 있다. 나아가지 못하는 사람은 결국 그만두는데, 창작작업은 그 과정 곳곳에서 이 점을 시험한다' (p. 14)라고 했다. 서로서로를 도와 창작작업에서 피할 수 없는 두려움의 위기를 극복해갈 때, 이 노력은 개개인의 예술성을 지탱할 뿐만 아니라 미술치료사 그룹의 정체성을 더욱 돈독히 한다.

왜 작품활동에 전념하는 게 어려운지 서로 이해하고, 동시에 그 어려운 상황에도 불구하고 작품을 만들 수 있도록 자극을 주는 것은 꼭 필요하다. 그 이유는 첫째로 앞에서 말한 바와 같이, 우리가 창작활동에 몰입하는 것은 미술치료의 재료가 되는 예술과 기술을 지속적으로 배울 수 있게 하며 이는 직접적인 경험을 통해서만 가능하기 때문이다. 둘째로, 내담자에게 작품을 만들라고 할 때 우리 스스로 그 과정을 잘 알고 있어야 하는 윤리적 책임이 있다. 셋째, 능동적인 창작활동은 우리의 일에 대한 진정성을 유지하는 데 필요한 건강한 자극을 준다. 넷째, 미술치료사의 정체성은 개인의 창작활동과 직접적인 연관이 있다.

우리가 하는 일에 대한 진정성을 유지하는 것에 관하여 몇 마디 하자면, 미술치료의 실천은 서양에서 보통 생각하는 작가의 작품활동과는 다르다. 상업미술계가 작가 개인에 초점을 두고 그들의 개별 작품 활동을 중시하는 데 반해, 미술치료의 시각미술은 좀 더 사회적으로 책임 있는 커뮤니티를 근거로 하는 작품과 더 잘 맞는다. 미술치료에서 작품 활동은 대체로 혼자 하지 않고 다른 사람이 보는 앞에서 이뤄지곤 한다. 이 '다른 사람'은 관심 있는 관객이나 초상화를 그리는 거리의 화가 옆을 지나는 행인들이 아니다. 대신 가이드, 증인, 동료 역할을 하는 치료사들이나 치료적 작업에 동조하고 참여하는 내담자들이다. 이렇게 함께하는 작업의 성격은 Gablic(1991)이 말하는 '사회로부터 분리되고 동떨어진 미학' (p. 5)과는 정반대의 것이다. 미술치료에서의 창작작업은 개인의 내부와 개인과 외부 사이의 관계와 직접적으로 연결되어 있는 것이고, 이러한 작업은 보살핌의 윤리(ethics of care)에 기반을 두고 있다.

그렇다면 우리가 미술치료사로 하는 일에서 진정성을 찾는다면, 단순히 개인적인 창작작업뿐 아니라 커뮤니티적인 작업이나 보살핌의 윤리에 관한 작품을 만드는 것을 고려해 볼 필요가 있다. 여기서 '커뮤니티'란 일면적으로는 두 사람 혹은 그 이상의 관계라고 할 수 있다. 아직 완성되지 않은 창의력이 모습을 드러내는 과정을 볼 수 있는 예술 안에서의 만남이다(Franklin, Moon et al., 1998). 이와 다르게 커뮤니티가 공공의 개념일 수도 있다. 커뮤니티에 기반한 미술치료의 경우처럼 말이다(Timm-Botos, 1995). 공공 미술전시를 통해서 우리 미술치료사 각자의 진정성을 더 깊게 할 수 있다. 작업을 통해 스스로를 드러내는 작업은 그런 과정을 겪는 내담자의 마음을 잘 이해할 수 있게 한다. 예를 들어, 불안하고 부끄럽고 아직 설익은 창작의 과정을 내보일 용기가 있다면 말이다. 게다가 더 용기를 내서 관객을 초대하여 전시나 퍼포먼스를 한다면 내담자들을 더 공감할 수 있게 될 것이다. 어떤 방법을 쓰든 이것은 미술치료사로서 아주 중요한 일이다.

자기 공부

세 번째 단계는 자기 공부(self-study)다. 이것은 내면을 알 수 있는 만큼 알려는 노력이다. 무슨 매체를 쓰든, 어떤 주제를 사용하든, 이 학생이 늘 연습하는 '악기'의 이름은 자기(self)이다. 자신을 공부한다는 것은 가차없는 자기분석을 말하는 게 아니다. 그보다는 공감과 민감한 감수성을 쓰는 것을 말한다. 하지만 자기 공부에서 스스로를 정말 정직하게 보는 것은 쉬운 일이 아니다. Willa Cather(1943)의 말을 빌리자면 "예술적 성과는 무엇보다도 진실성을 다듬는 일이다. 멍청한 사람은 진실하기가 쉽다고 생각한다. 예술가만이 이것이 얼마나 어려운 일인가를 안다."(p. 571)

내가 지도했던 대학원 학생은 학년말 평가 때 나의 비평적 피드백에 대해 심한 반응을 보였다. 내가 쓴 피드백을 읽어줄 때 학생의 분노는 그 방 전체를 흔들 정도로 감지되었다. 그녀의 반응이 지나쳤던 만큼 이것이 단지 나와 학생의 관계에서 나온 게 아니라고 확신하면서도 나 역시 그녀의 반응에 심한 반응이 일어나 격분했다. 내가 9개월 동안이나 정성을 쏟았던 우리 관계가 아무것도 아닌 듯이 나뒹그라지고, 그녀가 나를 나쁜 마녀 내지 '비판적 어머니(critical mother)'의 입장에 놓았다는 것은 나를 상당히 불편하게 했다. 이렇게 보이는 것에 익숙하지도 않았고 싫었던 나는 이 학생과의 관계에 대하여 슈퍼비전을 받았음에도 충분치 않은, 풀리지 않는 뭔가가 있었다.

| 그림 3.1 |

이 문제를 직시하고 그 학생과의 관계에서 오는 문제와 내 안의 문제가 얽혀 있는 것을 떼어내기 위해 작품을 만들었다. 나는 내 안의 재수없고 나쁘고 비평적인 어머니를 표현해 보려 했다. 비슷한 주제로 작업한 동료의 작업에서 영감을 얻어(C. Moon, 2001), '재수없는 여왕(The Bitch Queen)'을 만들었다. 나쁘게 몰려 훼손된 여성적 정체성의 부분들을 숨기는 대신 살아 겉으로 나와서 숨쉬게끔 하였다(그림 3.1). 강하고 에너지 넘치고 스스로를 표현하는 일을 서슴지 않는 이 여왕이 나라는 존재를 완전히 장악하기를 바라지도 않지만 잃고 싶지도 않았다. '재수없는 여왕'을 만들면서 놀랍게도 여왕에게 내가 좋아하는, 재미있고 유머감각이 있는 면을 발견했다. 작품 만드는 동안 이 '재수없는 여왕'을 받아들이게 되었을 뿐 아니라 멋진 면도 발견했으며 그래서 기쁘게 그녀를 맞이할 수 있었다. 거부하는 대신 창작의 방법으로 그녀를 대면함으로써 그녀를 더 잘, 깊게 알 수 있게 되었다. 또한 이 창작을 자기 공부의 방법으로 삼아 내 학생의 문제와 내 안의 문제가 얽히는 것을 방지할 수 있게 되었다.

이러한 자기 공부를 비단 미술치료에만 국한시킬 필요는 없다. 발견적(heuristic) 학습방법은 '내면적 탐구의 과정을 통해서 경험의 이치와 의미를 발견하고 재조사와 분석으로 이어지는 방법과 순서를 발전시키는 것' (Moustakas, 1995, p. 24)으로, 이는 자기 공부에 기초한 연구작업의 모델을 제시한다. 카운슬러나 치료사를 양성하는 교육 과정에는 대부분 자기 공부의 과정이 포함되어 있으며, 학생들이 수업과 병행하여 상담치료를 받는 것을 의무화하거나 장려한다. 이렇듯 선택적으로 받는 심리상담과 더불어 슈퍼비전은 카운슬러, 치료사, 미술치료사 등의 전문활동에서 요구되는 사항이다.

미술치료사에게는 자기 공부의 방법으로 미술치료 교육 과정 내에서 또는 차후에 지속적으로 작품활동을 하는 것이 꼭 필요하다. 슈퍼비전 과정에서 작품을 만들 수도 있고(Durkin et al., 1989; Malchiodi & Riley, 1996), 내담자를 만난 후 역전이(counter-transfernece) 문제를 정리하는 용도로 창작을 할 수도 있다(Fish, 1989; Kielo, 1991; Lavery, 1994; Wadeson, Geiser, & Ramseyer, 1990). 개인이 받는 치료의 중요한 방법도, 또는 스스로를 이해하고 그 이해를 증진하는 데 사용될 수 있다. 미술은 '감정과 몸을 통해 비이성적으로 아는 방법을 제시한다' (Richard, 1995). 창작작업은 우리 안의 자각과 지혜를 발견하게 하고, 내담자의 경험에 진정성을 갖고 귀기울일 수 있게 한다. 또한 이것은 우리 자신과 창작 과정에 믿음이라는 관계를 형성할 수 있다. 우리 안에 이런 믿음이 있을 때라야 진정성을 갖고 내담자들에게 그 작업을 하라고 격려할 수 있다.

수련

주의를 깊게 하는 것과 공부에 헌신하는 것 외에도 예술가의 정체성을 키우기 위해서는 고된 연습을 필요로 한다. 작가가 아닌 사람들이 작가가 작품을 만드는 게 얼마나 쉬워 보이는지 단정지을 때면 나는 번번이 당혹스럽다. 사람들은 창의성이 어떤 소수만 가지고 태어나는, 유전자에 의한 능력이라고 생각하지만, 나의 작가적 경험과 다른 이들의 창의적인 능력 개발을 도와준 경험으로 미루어 볼 때 대부분의 만족스러운 작품은 공들여 끝까지 한 힘든 노력의 결과이다. 같은 것을 하고 또 하는 반복, 어려움을 수시로 만나도 그것을 뚫고 나가는 의지, 작품을 만드는 데 쏟는 에너지에 비례하는 것이 만족스러운 작품의 결과이다. 만일 창작의 능력 중에서 특별히 타고나는 게 있다면, 그것은 아주 깊은 데에서 들리는 작품을 만들어야 하는 필요(need)일 것이다. 그 외에는 고된 훈련과 계속 발전시키는 창작 작품과의 신뢰 관계 형성에 달려 있다고 할 수 있다.

미술작업에 필요한 훈련은 보통 작품을 하는 과정을 이야기할 때 흔히 다뤄지는 주제가 아니다. 주로 내면의 목소리를 따라가거나 창조의 영혼을 자유롭게 하거나 자발적으로 떠오르는 것을 찾는 이야기가 대부분이다(Cassou & Cubley, 1995; Gold, 1998). 이를 강조하는 것은 경쟁과 부의 축적에 연연하는 현대사회의 상황에서는 적합한 초점일 수도 있겠다. 하지만 자발성을 수련(discipline)보다 중시하는 것은 미술치료사에게 바람직한 태도가 아니다. 이러한 강조는 지나치게 작품활동에 자신 없어 하는 자의식적 태도를 중화시키지만, 작품에 반영하는 태도를 감소시키는 위험을 초래한다(Maclagan, 1982).

어떤 내담자는 내면의 소리를 따라서 즉흥적인 표현을 추구하는 것이 필요할 수가 있다. 하지만 어떤 내담자는 좀 더 조직적이고 형식화된 작품을 만드는 방법이 필요할 수도 있다(B. Moon, 1994). 어떤 경우든 개개인에게 도움이 되는 것과 그렇지 않은 작품활동의 형태를 알고, 사회적으로나 개인적으로 더 도움이 되는 작품활동을 하는 게 더 중요하다. Lusebrink(1990)는 표현적 치료 연속체(the Expressive Therapies Continuum)라는 개념적 모델을 제시했는데, 이것은 복잡한 운동신경/감각, 지각적/감정적, 인지적/상징적의 양 축을 이해할 수 있는 틀을 제공하고 미술 재료를 사용할 때 창조적 표현의 수준을 알 수 있게 한다. 완전히 즉흥적이고 표현적인 미술치료에 중점을 두는 것은 복잡한 창작 과정의 연결지점을 보지 못하거나 자칫 내담자의 다양한 필요를 못 보는 결과를 낳을 수도 있다.

우리는 단순히 지나가는 변덕에 의해서가 아니라 고의적이고 헌신적인 개인 작품

활동을 해야 하며 그것은 미술치료사로서 우리의 책임이다. 개인의 경험을 통해 창작의 과정에 놓인 변증법, 즉 표현과 억제, 파괴와 창조, 즉흥 요소들과 제어의 관계 안에서 미술치료의 목적에 맞는 작업과 재료를 찾고 제시할 수 있게 되기를 바란다면 말이다. 만일 피상적으로만 창작을 한다면 타인을 작품을 만드는 과정과 결과의 길로 안내할 수 있는 깊이나 넓이가 모자라게 된다.

수련은 자연스럽게 순간적으로 일어나는 표현을 무시하고 리얼리즘이나 형식적인 면만 다룬다는 뜻이 아니다. 그보다 이러한 연습은 그에 필요한 시간, 에너지, 관심을 쏟겠다는 약속을 이행하는 것이다. 무엇보다도 어려워지더라도 안 풀려서 짜증나거나 기권하고 싶어질 때도 포기하지 않고 쭉 나아가는 것이다. 우리도 못하는 것을 내담자에게 요구할 수 있겠는가? 또한 이것을 우리 내담자한테 요구하지 않는다면 우리 작업의 정직성(integrity)을 어디서 찾겠는가?

우리가 개인 작업에 헌신적으로 임하면 창작의 패러독스를 만난다. 즉 고된 연습이 즉흥작업의 창작 동반자라는 것을 말이다. 더 연습을 많이 하고 반복하면 할수록, 그 작업이 더 편해지고 점점 더 자유롭게 되어 더 즉흥적일 수 있다. 즉 '경계가 확립되고 나면 자유가 시작된다' (B. Moon, 1990, p. 50)는 말을 경험할 수 있게 된다. 즉흥성은 출발선에서 '땅!' 하고 시원스레 나아갈 수 있게 하며 우리 안의 열정적 에너지를 끌어내어 어려움을 만났을 때 꾸준히 밀고 나갈 수 있도록 도움을 준다.

훈련 중에 막혀서 작품이 억지로 하는 숙제처럼 될 때 즉흥과 흥겨움이 우리를 구해준다. 반면에 즉흥이 주가 되면 작업이 겉으로만 돌거나 잘 완성되지 않을 때 노력은 깊이와 의미를 작품에 부여하고 작품의도를 표현하기 위한 기술적인 면을 발전시킬 수 있게 한다. 수련과 즉흥 사이에서 균형을 찾는 것은 지속되어야 하는 과정이다. 이 점을 이해하는 것은 우리가 더 나은 안내자가 되어 내담자로 하여금 더 예술적이고 치료적인 목표에 다다를 수 있게 한다.

우리는 자주 노력을 피하고자 하는 유혹을 받는다. 왜냐하면 즉흥작업의 '흥분'은 매력적이기 때문이다. 이처럼 본능적으로 작업을 한 예술은 실패할 수가 없어 보인다.

이런 것은 비교할 잣대가 없기 때문이다. 하지만 노력의 요소가 첨부되면 작품이 어떻게 잘 만들어졌는지가 중요해지고, 이는 표현의 성격, 질과도 연결되는 것이다. 어떤 내담자에게는 미술작품을 만드는 과정이 카타르시스가 될 필요가 있다. 하지만 미술치료사의 개인적이거나 전문적인 작업이 카타르시스적인 표현에만 치우친다면 창작 과정의 중요한 것을 빠뜨리는 것이다. 이런 경우 내담자들에게 제시하는 미술의 경험 또한 한쪽으로 치우칠 것이고 어떤 내담자들은 자기 경우에 가장 적합한 미술치료의 틀을 제시 받지 못할 수도 있다.

Balyes & Orland(1993)는 좀 더 깊은 노력을 통해 만나는 작품활동을 하지 못하는 이유의 대부분은 두려움이 우리를 가로막기 때문이라고 한다. 두려움에도 불구하고 작업을 하는 사람들은 '순진하게 열정적으로 장애물을 무시하고 나아간다. 이에 용기가 가미될 때 열정은 똑똑한 열정이 되며, 이를 통해 장애물을 무시하는 게 아니라 인정하고 받아들이는 작품을 추구하게 된다' (p. 50). 우리가 여러 가지 문제와 가능성을 가진 내담자를 미술치료 스튜디오에서 도우려면, 카타르시스적인 표현뿐만 아니라 '똑똑한 열정' 의 결과물로 잘 만드는 것도 도와야 한다.

이렇게 노력을 창작활동에서 강조하는 것이 훈계처럼 들릴 수도 있겠지만 내 본의는 아니다. 왜 많은 미술치료사들이 지속적으로 창작작업을 못하는지, 현실적인 이유가 있음을 안다. 하지만 그저 죄책감에 눌려 이것저것 대충 붙여서 무언가를 만들고는 '여기 봐, 만들었지!' 하는 것은 문제의 해답이 아니다. 대강 때우는 것으로 창작에 참여할 의무를 다한다면 이는 우리가 하는 치료의 질에도 반영될 것이다. 현실적으로 어려운 가운데 어떻게 창작의 노력을 할 수 있는가 하는 것은 삶과 작업에서 공감을 찾는 방법에서 답을 찾아볼 수 있다.

부단한 노력으로 창작에 적극 참여한다는 것은 그것에 필요한 시간, 에너지, 관심을 쏟겠다는 약속이다. 바쁜 삶에서 어떻게 그 과정에 참여할 수 있을까 하는 과제의 첫 단계는 꾸준히 노력하고, 작품활동에 헌신하는 작가는 이런 것이다라는 고정관념을 버리는 것이다. 전문적인 작가라고 불리기 위해서는 상당한 시간을 이 작업에 몰두해야 한다는 생각이 있을 것이다. 진짜 작가는 작품을 할 수 있는 공간이 있으리라 생각하거나, 진짜 작가를 가늠 짓는 어떤 잣대를 가지고 있는지도 모른다. 사용하는 재료나 작품의 크기나 수, 어쩌면 전시가 전문적인 작가의 기준이라고 생각하고 있는지도 모른다. 하지만 작품활동에는 여러 유형이 있다 — 카타르시스, 문제풀이, 치유, 미적 관심(Wadeson et al., 1999), 즐거움, 액티비즘 등. 헌신적이고 꾸준히 노력하는 예술활동이 이렇게 여러 형태, 크기, 종류를 갖는다는 것을 이해한다면 개인적으로 적합한 시나리오를 찾기가 더 용이할 것이다.

대부분의 사람들은 삶이 이미 너무 바쁘다고 생각하므로 기존에 살고 있는 일상에서 창작이라는 것을 끌어들이는 것을 제안하고 싶다. 다음은 몇 가지 방법들이다. 지침이라기보다는 새로운 생각과 개인의 상황에 맞게 고쳐 쓸 수 있도록 영감을 불러일으키는 것이었으면 한다. 여기서 중요한 것은 삶의 작은 변화로 창작활동을 우리의 삶으로 불러들이는 것이다.

1. 내담자와 같이 작품 만들기. 일부 미술치료사 교육 과정에서 받은 교육 내용과 틀릴 수도 있지만 한번쯤 고려해 볼 만한 것이다(이것에 관해서는 8장에 자세히 썼다).
2. 직장에 작업 중인 작품 두기. 이것은 계속 작업을 해 나아갈 수 있는 작품이어야 겠다. 준비 과정이나 치우는 과정이 너무 오래 걸리지 않는 재료가 좋다. 작업하는 공간은 사무실 같은 개인의 공간일 수도, 동료들이나 내담자들이 작품이 만들어지는 과정을 볼 수 있는 공적인 공간일 수도 있다. 고용주가 당신의 이런 노력을 긍정적으로 보고 근무시간에 작품을 발전시키는 것을 격려하면 이상적이겠으나 대부분의 경우 그렇지 않을 것이고 작업을 하는 시간은 근무 시간 전후나 점심시간이 될 것이다.
3. 2의 변형으로 계속 연결해서 만드는 작품을 직장에 두되 개인작품이 아니라 동료나 내담자와 같이 하는 작품을 한다. 일하는 것과 더 관련되어 보이는 이것은

고용주 눈에 더 합당하게 보일 것이고 근무 시간에 작업을 할 수 있을지도 모르지만, 작품활동에 책임을 질 수 있어야 한다. 이 책임감 없이는 이 일 저 일에 끌려 다니다가 창작활동을 게을리 하기 쉽다.

4. 어디를 가든 스케치북을 가지고 다니기. 휴식시간이든 미팅 중 짬이 날 때, 발표나 강의를 들으면서, 차가 꽉 막혔을 때, 버스나 전철을 타고 있을 때나 자녀의 야구 경기가 끝나기를 기다리고 있을 때 쓸 수 있게 말이다. 이것은 예술작업의 시리즈라고는 하기 힘들지만 그러면 또 어떤가? 당신의 시간과 에너지와 주의가 이렇게 작은 단위로만 쓸 수 있다면 이것은 그 삶 안에서 자연스러운, 의식적이고 헌신적인 작품활동일 것이다. 또한 나중에 작품을 만들 시간이 날 때는 이미 풍부한 아이디어들이 만들어져 있을 것이다.
5. 자녀가 있다면 아이와 같이 공동 작품 또는 동시에 따로 작품을 만들기. 아이가 스스로 할 수 있는 매체를 찾아 아이가 작업하는 동안 당신은 당신 작업에 충실할 수 있는 여건을 만든다.

매일매일의 삶에 창작활동을 들여오는 것과 더불어, 일상과 분리해 할 수 있는 작품활동을 생각한다. 어떤 미술치료사들은 지속적으로 꾸준히 노력하는 방편으로, 창작활동을 위한 시간과 공간을 따로 둘 수 있다. 하지만 대다수 사람들은 일과 학교와 가정의 삶이 우선하기 때문에 작품을 만들 수 있는 시간이 다른 의무들 사이에서 위축된다. 그럴 때에는 다른 사람과 약속을 하면 그의 시간에도 책임을 지게 되므로 정해진 일을 하는 데 도움이 된다. 우리가 서로서로 예술가의 정체성을 도울 수 있는 방법이 있다고 전제하였다. 그 방법의 하나는 우리가 서로 책임을 질 수 있도록 도움을 청하는 것이다. 다음은 그럴 수 있는 몇 가지 아이디어이다.

1. '창작 파트너'를 구해서 정해진 시간에 만나 같이 작품을 만든다.
2. 서로의 예술성을 돕는 그룹을 형성한다. 그룹 미팅 때 같이 작품을 만들거나 미

팅 중간에 만든 작품을 가져와서 나누는 시간을 갖는다.

3. 미술 수업을 듣는다. 정해진 시간, 돈을 내야 하는 경제적 부담과 책임, 배우는 사람들이 모인 공동체, 지적인 자극 등이 작품을 만들 때 필요한 스파크 역할을 할 수 있다.
4. 창작 멘토(mentor)를 찾는다. 작품 개발에 도움을 줄 수 있는 조언, 코칭, 가르침을 받는다.
5. 돈을 들여서 할 때 더 열심히 하는 타입이라면, 스튜디오 공간을 임대한다. 다른 작가들 곁에서 작업을 해야 효율적인 타입이라면, 작가들과 같이 스튜디오를 구하거나 작가 공동체에 속해 있는 공간을 임대한다.
6. 구조가 있으면 더 능률이 오르는 타입이라면, 작품 과정의 길잡이가 될 만한 책을 사용한다(Allen, 1995a; Malchiodi, 1998).
7. 다른 작가들이나 미술치료사들과 갤러리나 대안공간에서 그룹전을 연다. 목적과 마감기한이 있으면 작품을 만드는 데 초점이 형성된다.
8. 퍼포먼스 아트, 큰 규모의 벽화, 전시 작업 등 다른 사람들과 협업으로 만들 수 있는 작업에 참여한다.
9. 다른 나라에 사는 작가나 미술치료사와 예술적 교환을 한다. 작품을 끝내는 시간을 정해놓고, 그 시간에 맞추어 작품을 만들어 보내고(사진도 좋다), 파트너가 보내준 작품에 대한 반응을 내용으로 하는 응답작품(response art)을 만든다.

이것들은 작품활동을 우리의 삶 안으로 들여와 작품 만드는 시간과 장소를 따로 두지 않아도 실현 가능한 현실적인 아이디어들로, 많은 미술치료사들이 활용할 수 있는 방법이다. 이들 아이디어를 본인의 상황에 맞게 바꾸고 고치고 다른 아이디어를 더해서 일상의 삶 안으로 창작활동을 불러들일 수 있다. 여기에서 중요한 요점은 하나다. 작품을 만들라! 우리는 장애물이 있지만 (실제로 존재하는 장애물이든 머릿속에 있는 것이든) 작품을 계속해서 만들어야 한다. 작가의 정체성을 키우는 데 스튜디오(또는 부억, 사무실, 전철 등 마땅한 곳)에 가서 작품을 만드는 것보다 중요한 것은 없다.

결론

작가의 정체성을 키우는 일은 한평생 지속해야 하는 것이다. 예술가의 감수성을 기르고, 배우고, 예술에 몰입하고, 자기 공부를 계속해야 한다. 우리가 하는 이 일은 노력과 헌신 그리고 꾸준히 참여할 의지가 필요한 일이다.

어떤 종류의 지식이든 그것을 쌓는 과정에서 생기는 모순은 알면 알수록 얼마나 모르는가를 알게 된다. 편한 위치는 아니지만 이 모름은 우리의 예술적, 치료적 만남에 긍정적인 결과를 가져온다. 앎이 아니라 모름의 위치에 망설이지 말고 서자. 이는 계속되는 배움의 과정에 문을 열어놓는 것이고 우리의 경험과 다른 사람들의 경험을 통해 배울 수 있게 하는 것이다. 또한 이 모름의 위치는 새로운 지식과 새로운 이해가 쉽게 들어와 자리잡을 수 있는 공간을 만든다(Edwards, 1992; Franklin, Farelly Hansen, et al., 2000). 창조의 과정에 필수적인 이 혼돈은 '안 보이는 것에 대해 눈을 감고 안 들리는 것에 대해 귀를 닫는' 유혹에서 벗어나게 한다(Brederode, 1999, p. 155).

예술가의 정체성을 키우는 과정은 준비하는 과정이다. 이것은 명쾌함과 자신감을 주며 확실하지 않은 것들을 더 잘 의식하게 한다. 이 앎과 모름의 예민한 균형은 예술적, 치료적 만남에서 우리 스스로와 다른 이들의 상처에 관하여 열린 자세를 가진다.

04 

스튜디오 공간 만들기

역사와 지역과의 우리의 관계는 우리를 개인과 집단으로 만들고, 또 반대로 우리는 역사와 지역을 만든다(Lippard, 1997, p. 9).

사이몬의 집안으로 후끈한 여름 공기가 들어온다. 사이몬은 색칠하기를 아주 좋아하면서도 물감을 꺼내 놓으면 거부하는 아이이다. 5년이라는 짧은 삶 동안 그는 도망가기, 징징대기, 우스꽝스러운 행동하기, 바닥에 드러누워 고래고래 소리 지르기 등으로 어른들을 쩔쩔매게 하는 법을 터득해 왔다.

내가 그림 그릴 시간이라고 말하면, 식탁 아래로 기어 들어가서는 "노!" 하고 외친다. 가까이 가면 숨을 곳을 찾아 웃으면서 또 도망간다. 나는 따라가는 대신 아이가 들으란 듯이 "아휴~" 하고 큰 한숨을 토해내며 말한다. "나는 그림 그릴 준비가 되었는데, 사이몬은 나랑 그림 준비가 안 돼서 슬프네. 여기 이 식탁 의자에 앉아서 사이몬이 준비될 때까지 기다려야겠어." 그러면 아이가 뛰어나와 언제든 골탕먹일 준비를 하고 손이 닿을락 말락 한 거리에 서 있다.

"같이 그림을 안 그린다고 해서 슬퍼, 사이몬. 네가 좋아하는 물감을 가지고 왔어.

여기 앉아서 네가 준비 될 때까지 이 물감들하고 기다릴게. 사이몬이 준비되면 내가 여기 있을 거야." 이렇게 말하는 나를 사이몬의 엄마가 개구쟁이 아들의 행동에 웃음을 간신히 참으며 거실에서 지켜보고 있다. 사이몬의 아버지는 이따금 식탁으로 와서 그림을 어서 그리라고 호통을 치기도 한다. 그러거나 말거나 사이몬은 요지부동이고 이쯤 되면 아버지도, 어머니도 속수무책이다. 나는 사이몬이 준비되면 내가 여기 있다는 것을 알려주며 의자에 붙어 앉아 꼼짝 않고 기다린다.

시간이 좀 지나자 아이는 상황을 통제해야 하는 필요보다 그림을 그리고 싶은 욕구가 더 강해졌는지 내게 다가와서는 오늘은 무엇을 그릴 것인지 묻는다. 나는 함께 그림을 그리기로 결정한 것이 기쁘다고 말해 준다. 따뜻한 오후니까 일단 미술도구들을 우리의 '스튜디오' 인 뒷 베란다로 나르고 나면 무엇을 그릴지 이야기해 주겠다고 한다.

물감과 붓과 종이와 걸레와 물통을 한아름 안고 베란다로 간다. 이 작은 집에서 그곳으로 가는 유일한 길은 부모님의 방을 통해서 가는 것이다. 방문이 활짝 열려 있어 안에 누가 있으리라곤 생각도 못하고 안방에 들어갔는데, 서프라이즈! 사이몬의 아버지가 바지를 갈아입고 있었다. 죄송하다고 버벅대면서 재빨리 튀어나온다. 잠시 후 사이몬의 아버지가 허둥지둥 옷을 입고 나와 멋쩍게 웃고, 사이몬과 나는 다시 한번 우리의 스튜디오로 향한다.

'스튜디오 미술치료' 라고 하면, 빛이 가득하고 캔버스와 삼각대가 여기저기 세워져 있고 선반마다 화구가 놓인 넓은 공간을 떠올릴 것이다. 옆에는 도예실, 조소작업실, 목공예실도 있어서 물감이 테이블 위에 떨어지거나 찰흙덩이가 여기저기 말라붙어도 무방하고 여러 미완성 작품들이 각각의 단계를 보여 주고 있는 곳. 이러한 상상 속 스튜디오 같은 미술치료 스튜디오도 있기는 하다. 많은 미술가들과 치료사들의 부러움을 사는 곳이다. 하지만 실제로는 대부분의 미술치료사들은 그런 이상적인 스튜디오와 먼 환경에서 작업을 한다. 양로시설의 휴게실, 청소 도구함보다 클까 말까 한 사무실, 아픈 환자의 침상 옆, 내담자의 거실, 여성의 쉼터인 부엌, 정신병원 휴식공간 등이 보통 미술치료가 이루어지는 곳이다. 이런 공간들은 다양한 용도로 사용되는 곳이라 독점 불가능해서 많은 경우 다른 프로그램과 동시 운영되기도 한다.

상황이 이러하다 보니 많은 미술치료사들이나 프로그램 담당자들은 공간을 바꾸거나 고칠 수 없는 현실 탓을 하며, 미술치료 스튜디오는 불가능한 모델이라고 그릇된 결론을 내리곤 한다. 이러한 경우 이상적 스튜디오는 이상을 현실화하는 데 필요한 청사진이 아니라 오히려 앞길을 가로막는 장애물이다. 왜냐하면 이런 곳에서만 미술치료 스튜디오 모델을 이룰 수 있다고 착각하게 만들기 때문이다.

설비나 장소가 어떻든 미술치료 스튜디오는 수동적으로 주어진 공간이 아니라 능동적으로 만들어야 할 공간이다. 미술치료 참여자들이 어떤 공간에서 어떤 창의적인 작업을 할지는 많은 부분 우리에게 달려 있다. 물론 물리적인 공간의 한계도 있고 결정권은 운영자들이 갖고 있지만, 우리는 미술치료사로서 치료 활동을 돕는 스튜디오 환경을 만들어야 할 의무가 있다. 물리적인 공간 외에 비물질적인 재료들을 가지고 말이다.

미술치료 스튜디오는 여러 가지 모습으로 나타난다. 극소수의 미술치료사들은 상상에 들어맞는 잘 정돈되고 전문적이고 널찍하고 재료가 풍부한 공간에서 일한다. 하지만 대다수는 작고 지저분하고 재료도 턱없이 부족한 곳에서 일한다. 공간의 구분이나 활동의 경계가 없는, 혼잡한 일상 한복판에 놓인 곳에서 작업을 할 수도 있다. 잘 기름친 기계처럼 잘 돌아가기도 하지만 갑작스럽고 예상치 못한 놀라운 일들이 계속 일어나기도 한다. 옷을 입다 만 아버지가 있는 곳처럼 말이다!

효과적인 치료 공간을 만드는 것에 관해서는 많은 논의가 있었다. 물리적 공간의 배치, 미술도구의 종류와 품질, 치료 공간의 구성요소로서 치료사의 존재, 내담자의 필요에 맞는 공간의 재구성, 스튜디오의 철학적 기초 등이 거론되어 왔다(Allen, 1995b; Ault, 1989; Cane, 1983; Case & Dalley, 1992; Cheney, 1993; Deco, 1998; Gol, 1998; Henley, 1992b, 1995a, 1997b; McGraw, 1995; McNiff, 1995; B. Moon, 1998; Perdoux, 1996; Rubni, 1984; Wadeson, 1980, 1987). 이러한 요소들은 무형

의 요소인 스튜디오의 '기운(spirit)' 과 합쳐져 미술치료 스튜디오를 구성하는 기본 재료들이 된다. 예술적 감성을 미술치료 작업에 접목하는 능력은 주어진 환경의 다각적인 가능성을 파악한다는 것을 뜻한다. 유연하고 섬세하고 풍부한 상상력이 '장소의 시(poetry)' 를 뒷받침한다면, 스튜디오 모델의 미술치료는 어디서나 가능하다.

나는 사실 여느 미술치료사들이 부러워하는 공간에서 운 좋게 몇 년 일해본 적이 있다. 사설 정신병원에 딸린 미술치료 스튜디오였던 그곳은 완벽하지는 않았지만 앞에서 거론된 이상과 비교적 가까운 곳이었다. 그러나 나에게 슈퍼비전을 받는 대다수 학생들의 실습 장소는 공간이나 재료가 거의 지원되지 않는 곳들이다. 현재 나는 커뮤니티 미술 갤러리 뒤편에 개인치료실을 갖고 있다. 에이전시의 소개를 받아 방문치료사로 일하기도 하는데, 이때는 대개 내담자의 집이 스튜디오가 된다. 이렇게 각종 장소를 거치는 과정에서 전혀 아닐 것 같은 공간에 여러 스튜디오 환경을 만들어 보는 경험을 쌓게 되었다.

'공간' 의 느낌은 단순히 물리적 공간과 재료로만 이루어지는 것이 아니고, 우연과 상황이 만들어 내기도 한다. 이런 무형의 것들을 공간의 재료로 얼마나 잘 활용할 수 있는가는 어디까지나 우리의 능력에 달렸다. 나의 방문치료사 경험을 예로 들어보자. 물리적인 공간으로 말하자면 이때의 '스튜디오' 는 부엌, 거실, 무너지기 직전인 영세민아파트 베란다 등이다. 나를 고용한 기관은 미술재료를 제공하지 않았고, 방문하는 집들도 가장 기본적인 도구인 풀, 고무줄, 망치조차 없는 경우가 허다했다. 그럼에도 불구하고 나는 스튜디오 미술치료를 한다.

5살짜리 내담자는 내가 도착하면 달려 나와서 내 차 트렁크를 열어봐 달라고 조른다. 오늘은 무슨 보물을 갖고 왔는지 궁금해서다. 날씨가 좋으면 '스튜디오' 는 베란다나 뒤뜰로 옮겨진다. 식탁이나 탁자 위에 먹다 남은 음식, 재떨이, 장난감, 잡지, 오래된 우편물 등을 치우고 자리를 만들 때도 있다. 이렇게 내가 가 있는 한두 시간 동안 거실이나 베란다나 부엌은 '가정' 미술 스튜디오가 된다. 미술도구를 입에 넣는 어린 동생들, 소리지르는 아버지, 놀자고 들르는 동네 친구들, 저녁밥을 태우는 가족, 우는 아이들을 뒤로하고 빙고게임을 하러 가는 엄마, 이상한 소리를 들었다고 방문하는 경찰 등 참으로 번잡한 곳이다.

많은 사람들이 이상적인 스튜디오로 상상하는, 삶과 떨어진 고요한 안식처 역할을 하는 스튜디오와 달리 이런 스튜디오는 삶의 중간에, 그 중심에 딱 놓여 있다. 저녁밥 타는 냄새와 스타카토로 들려오는 싸우는 소리, 가족 구성원들이 서로 정신 없이 부딪히며 돌아가고 꼬이다가 풀어지고 다시 사랑하고 그리워하는 것에서 장소의 시를 발견할 수 있다. 작업할 재료들이 모자란 적이 없다. 그런 점에서 이곳은 이상적인 스튜디오 환경이다. 이 어려운 점에도 불구하고, 아니 어쩌면 이 어려운 점 때문에 우리는 그림을 그린다.

스튜디오의 기운

Bachelard(1958)는 우리가 사는 공간에 관하여 "살아본 집은 더 이상 비활성의 상자가 아니다. 사는 공간은 네모난 공간을 넘어선다"(p. 47)라고 했다. 집에 관한 이 말은 우리가 일하는 공간에도 그대로 통하는 말이다. 우리의 스튜디오와 사무실은 물리적 공간을 넘어선다. 우리가 공간의 '기운(spirit)' 이라고 부르는 이것, 공간에 살아 있고 움직이고 느껴지는 특성, 이것은 무엇인가? 우리의 미술치료 스튜디오에 어떠한 기운이 깔려 있기를 원하는가? 이런 질문들은 미술치료 스튜디오의 물리적 공간에 관한 질문 못지 않게 중요한 질문이다. 물론 공간의 기운과 물리적 공간은 엮여 있는 것이기도 하다.

스튜디오 공간에 어떤 기운이 있으며 어떤 기운을 만들 것인가와 같은 문제는 책이라는 매개체로는 말하기 어렵다. 장소의 기운이라는 것이 꼭 집어 규정하거나 명명될 수 없는 요소들로 이루어져 있기 때문이다. 따라서 건강한 스튜디오 환경을 만들기 위해서 멀리해야 할 것들부터 접근하는 편이 낫겠다. 서구 사회에서 작가의 스튜디오는

'평범한 사람' 들이 감히 흉내도 못 낼 기술을 가진 작가가 경이로운 작업을 하는 신비롭고 영적이기까지 한 공간이다. 또 다른 의미로 작가의 스튜디오는 게을러서 '진짜' 직업을 가질 수 없는 작가라는 사람들이 취미생활 하듯 재미 삼아 활동을 하는 장소이다. 미술치료사들은 이 양쪽 생각들 모두와 싸워야 한다. 각 개인이 예술적 표현을 할 수 있다고 여겨지는 분위기, 작업의 과정이 완성된 결과물 못지 않게 중요하게 다뤄지고, 즉흥적인 표현에 의한 창조와 헌신적인 노력에 의한 창조가 서로를 필요로 하고, 창작자와 창작품 둘 다 존경 받고 존중되는 곳을 위해서 말이다.

미술치료의 '치료' 에 관한 잘못된 생각이 건강한 스튜디오 환경을 만드는 데 걸림돌이 될 수도 있다. 경험적으로 볼 때 미술치료를 처음 접한 내담자의 가장 빈번하고 가장 방해되는 생각은 미술치료사가 작품을 해석하고 분석하리라는 생각이다. 이 오해에는 그럴 만한 이유가 있다. 작품의 해석이 미술치료에서 흔하기 때문이다. 그러나 스튜디오 환경에서 내담자의 작품을 해석하고 분석하는 것이 창작활동을 깊고 풍부하게 만드는 예는 드물다. 그보다는 해석적이고 분석적인 입장이 침입적이거나 비평적인 판단으로 보일 수가 많다. 내담자들에게 이는 위협적이거나 잠재적으로 답답한 경험이며 창의적인 작업에 많은 문제를 일으킨다. 미술치료 스튜디오의 혜택을 최대로 받으려면 스튜디오를 물리적으로나 심리적으로 안전하다고 느낄 수 있어야 한다.

스튜디오에 기반한 미술치료를 위해서 이처럼 창작과 미술치료에 관한 그릇된 견해에 대해 싸워야만 한다. 그렇다면 우리가 장소에 대하여 어떠한 입장을 취해야 할까? Kramer(1994)는 건강한 미술치료 환경을 '즉흥적인 표현이 자유롭고, 기대하지 못한 것들에 열려 있으며, 희한한 것을 받아들일 준비가 된' 곳이라고 했다(p. 92). Allen (1995b)은 스튜디오에서 가장 중요한 요소를 '에너지' 라고 보았다. McNiff(1995)는 스튜디오를 '상호 영향을 행사하는 생태(ecology)' (p. 181)라고 불렀으며, Henley(1995a)는 효과적인 스튜디오는 영감과 안식처를 제공하는 곳이라고 하였다. 이러한 설명에 적극 동의하면서도 질문은 여전히 남는다. 이러한 공간의 기운을 어떻게 만드는가? 흡족한 상황뿐만 아니라 가장 열악한 상황에서도 어떻게 이것을 창조할 것인가?

공간의 느낌 만들기

바바라는 내가 일하는 커뮤니티 미술관의 자원봉사자다. 그녀는 이 공간을 사랑한다고 한다. 나 역시 그렇다. 양철에 구멍을 뚫어 모양을 낸 천장, 고풍스런 나무 바닥, 여러 번 덧바른 흔적과 메운 못 자국이 남아 있는 하얀 벽. 이 개성 있는 공간의 어떤 점이 우리에게 마술을 거는 걸까? 자발적으로 시간을 내어 자원봉사를 하게 만드는 원인은 뭘까? 결점의 매력인가? 여러 해 동안 이 공간이 담은 이야기들 때문에? 우리의 삶의 고단함을 이해라도 하는 듯 지나갈 때마다, 끼이익 거리는 바닥과 문들의 소음에 정들었기 때문일까? 잘 모르겠지만 확실히 아는 것은 나도 이 공간에 들어와 있는 것이 좋다는 사실이다.

미술관 뒤편에 있는 개인 스튜디오 겸 미술치료 스튜디오로 급히 들어간다. 사이몬의 집에서 열릴 세션을 위해 미술도구를 챙겨야 한다. 3미터가 넘는 높은 창에서 들어오는 빛이 방안을 가득 채운다. 창문가에는 단열재에서 나온 번쩍거리는 전기 코일이 천장에서부터 드리워져 있다. 벽 한쪽에 자리한 선반들을 쭉 둘러본다. 빼어난 색감을 자랑하는 천 조각과 실, 사탕이라도 담긴 듯 유리병과 빈 깡통에 가득한 색연필과 크레용, 부서진 세라믹 타일 조각들, 보석처럼 반짝이는 구슬들, 물감통과 붓과 잡지들이 이 초라한 공간에 미술잔치라도 열린 듯 자랑스럽게 진열돼 있다. 오늘 사이몬에게 필요한 재료는 뭘까 고민하면서 나무 조각들 한 상자와 글루건을 챙긴다. 급하게 바바라에게 인사를 하고 갤러리를 나온다. 차의 트렁크를 열어 이동 미술재료 수납장에 나무 조각들과 글루건을 넣는다.

사이몬의 집에 도착하자 그의 아버지 토마스가 영어와 스페인어를 섞어가며 뭐라고 하는 소리가 들려온다. 그 가족의 오래된 차인 스테이션 웨건이 제대로 서 있기도 힘든 모양으로 한쪽이 기울어져 있고, 건물 주위에는 정원 대신 돌멩이와 잡초와 쓰레기들이 있다. 대문의 문고리를 잡아 열기 전에 쌀쌀한 날씨에도 윗도리만 입은 사이몬의 여동생 카밀이 달려 나온다. 그 뒤로 사이몬의 누나인 카멜이 바지를 손에 들고 달려 나온다. 언니가 "지금 당장 돌아오지 못해!"라고 소리지르자, 아이는 나를 보곤 그 자리에 서서 "캐티 문!"이라고 기쁘게 내 이름을 부른다. 언니가 아이를 들어올리자 품 속에서 바둥거린다. 나도 자매를 따라서 집 안으로 들어간다.

집 안으로 들어가 주위를 둘러본다. 부엌의 식탁은 종이조각, 먹다 남긴 음식, 넘쳐나는 재떨이, 아이들의 장난감, 비닐봉지에 그대로 담긴 채 있는 쇼핑한 식료품들로 어지럽다. "이 지저분한 것 좀 보세요, 캐티. 더 이상 못 참겠어요. 이놈의 집구석은 아무도 안 치운다니까."라는 볼멘소리로 아버지 토마스가 인사를 대신한다. 어머니 트루디가 들어오고, 남편이 왜 큰딸 칼멘이 설거지를 안하고, 장본 걸 그대로 두고, 장난감을 안 치웠는지, 아내에게 따지듯 묻는다. 트루디는 모르겠으니 소리 좀 그만 지르라고 한다. 그리고는 나한테 고개를 돌려 왔냐고 인사한다. 사이몬은 자기 방 안에서 고래고래 큰 소리로 울고 있다. 어머니는 아이스크림을 다른 애들이 다 먹고 하나도 없다는 말에 사이몬이 골이 났다고 말한다. 오늘은 사이몬한테 힘든 하루였고 미술치료 중간에도 문제를 일으킬지 모른다고 살짝 귀띔해 준다.

사이몬의 방으로 가서 문을 살짝 열고 들여다본다. 그의 방은 마치 융단폭격이라도 맞은 것처럼 보인다. 옷가지와 장난감들이 열린 서랍에 산만하게 걸려 있고 폭풍의 바다라도 되는 양 바닥에 흩어져 있다. 이 난장판 한가운데 사이몬이 앉아 있다. 나는 크게 심호흡을 한번 하고 소리지르고, 뛰어다니고, 쫓아가도 까르르 웃고, 싸우고, 쏟고, 정신 없는, 바로 이 혼돈 속에서 오늘 어떤 미술 스튜디오 공간을 만들까 궁리한다. 비교적 조용한 내 스튜디오에서 사이몬을 만난다면, 하는 생각이 또 한번 머리를 스친다. 훨씬 쉬울 거라고 아쉬워하다가, 이 공간의 풍부함을 생각한다. 우리의 스튜디오를 만들 이 풍성한 재료들을 말이다. 정숙하고 평온한 스튜디오는 못 되겠지만, 이곳은 에너지가 넘치고 창의적이고 살아 있는 공간이 될 수 있는 곳이다.

일반적으로 스튜디오라고 생각하는 곳과 거리가 먼, 예상 외의 장소에서 창조적 공간의 느낌을 만들려면 스튜디오는 이렇다라고 통용되는 고정관념을 버려야만 한다. '스튜디오' 하면 삶과 동떨어진 한적한 곳, 즉 '외부의 방해꾼으로부터 자유로운 장소'(Audette, 1993, p. 38)이거나 작가가 멋지게 고독을 씹으며 작업하는 공간으로 생각하기 쉽다. Gold(1998)는 이러한 공간은 방해꾼이 전혀 없고 음악이나 바깥 환경도 차단되어 있고 심지어 글쓰기로부터도 고립된 공간이라고 말했다.

격리된 환경에서 개인 작가가 고독하게 혼자 작업하는 것은 서양미술사에서 사실 최근의 일이다. 약 17세기에 미술은 '움직일 수 있는 것' (예를 들어, 캔버스의 그림)이 되어 건축으로부터 미술작품의 독립을 이뤄냈다. 작가들 역시 작품 주문이나 작품 결정권을 가진 후원자들의 그늘을 벗어나 자유를 얻었다. 이것은 작가의 표현이 더 자유로워지고 미술의 매매 형태가 변화한 결과였다(Museum of Contemporary Art, San Diego, 1997). 최근에는 작품을 작가 개인의 노력의 산물로 보는 것과 작품을 작품으로만 보는(art for art' s sake) 생각이 현대미술에서 도전을 받고 있다. 표현의 자유는 인정되지만 작품이 '세상과의 깊은 의미에서의 연결은 사라지고, 세상으로부터의 위안제, 은둔처로 전락했다' 는 염려가 있다(Gablik, 1995, p. 47). 실제로 Kapitan(1997)은 미술치료사가 스튜디오로 은둔하는 것은 세상이 필요로 하는 것으로부터 등을 돌리는 행위로서 우리 주위에 뻔히 보이는 폭력의 문화를 부정하거나 기피하는 위험을 초래한다고 지적하기도 했다.

실질적이고 철학적인 관점에서 볼 때 삶의 소란함과 정신 없음으로부터 완전히 떨어진 스튜디오라는 관념은 스튜디오 미술치료 모델과는 맞지 않는 그림이다. 격리된 조용한 안식처 혹은 예배당 같은 공간이 미술치료 공간이라고 주어지는 경우는 실질적으로 극히 드물다. 다양한 미술치료 스튜디오 환경 중에서 개인 스튜디오가 그런 정숙하고 세상에서 떨어진 것 같은 분위기를 가장 많이 갖고 있다. 하지만 대부분의 스튜디오는 분주하고 산만하고 시끄럽고 활동이 많은 곳으로, 우리 주위 환경과 끊임없이 영향을 주고받는 곳이다. 철학적인 견지에서도 내담자들이 가진 문제가 남들과 떨어진 곳에서 홀로 작업을 통해 해결될 수 있는 성질이라면 우리를 찾아오지도 않았을 것이다. 대다수 내담자의 어려움은 (자신, 타인, 문화, 환경과의) 관계 안에서 일어나는 문제들이며, 따라서 치료가 도움이 되려면 관계의 맥락을 놓치지 말아야 한다. 이처럼 실질적으로나 철학적으로 볼 때, 미술치료 스튜디오는 세상에서 떨어지기보다는 세상과 함께 관계를 갖는 것이 중요하다.

그렇다고 안식처 같은 스튜디오라는 관념이 미술치료 작업에서 상관 없다는 뜻은 아니다. 어떤 상황의 내담자에게는 마음이 편해지는 고요한 공간이야말로 꼭 필요한 곳일 수도 있다. 하지만 모든 내담자가 모든 삶의 국면에서 이런 평안한 스튜디오 환경을 통해서만 효과를 극대화할 수 있다고 기대하기는 힘들다. 미술치료 스튜디오는 여러 사람들의 여러 요구를 충족시키고 지원할 수 있어야 하며 그래서 필요한 것이 유연성이다. Henley(1992b)는 치료 공간을 세분해서 여러 작업실이나 미니 스튜디오로 나눠 쓰는 것을 제안했다. 재료나 기법에 따라 공간을 나눌 수도 있고, 개인이나 그룹을 위해서 또는 재료나 장소가 주는 자극의 정도에 따라서 나눌 수도 있다.

가정에서 하는 호스피스 상담, 병원 침상 옆에서 하는 미술치료 등 움직이는 스튜디오의 경우는 정해진 공간이 없다. 이런 상황에서는 더욱 더 많은 유연성이 필요하다. 그때그때 한 세션 한 세션마다 미술치료사가 스튜디오 공간을 창조해야 하기 때문이다. 이러한 환경에서 치료적인 스튜디오 공간이 있으려면, 미술치료사가 그러한 스튜디오의 기운을 가지고 움직이는 사람이 되어야 한다. 주어진 장소와 재료를 가지고 촉매제 역할을 하여, 더불어 창조하는 자로서 공간을 만들 준비가 되어 있어야 한다.

밀리유* 치료

내가 처음 미술치료사로 첫발을 내디뎠을 때, 할딩 병원(Harding Hospital)에서 일하게 된 경험을 참 고맙게 생각한다. 이곳은 오하이오에 있는 사설 정신병원으로, 포테카 캔사스의 메닝거 클리닉(Menninger Clinic in Poteka, Kansas)에서 개발한 밀리유 치료의 영향을 받은 곳이다. 간단히 말하자면 이 치료의 모델은 병이 아니라 사람을 대하는 데 초점을 두고, 환경의 모든 요소가 치료에 영향을 준다고 본다. 간호사, 간호사 보조, 치료사, 청소부, 의사 등 스태프 전원이 이 밀리유의 중요 인물들이라고 보며, 이 모든 사람들의 반응이 개별 환자들에게 필요한 태도를 일관되게 견지하도록 하는 데 기본을 둔다. 환자의 정해진 그룹 활동과 치료 세션에 참여하고 있으며 개별화된 치료

* 밀리유는 주위환경이란 뜻이다. 예를 들어 병원의 밀리유라고 하면 병원 환경의 모든 요소들을 말한다.

목적을 가지고 있다. 한 가지 치료적 활동이 다른 치료적 목적에 사용될 수 있고, 환자 개개인의 필요에 따른 개인화된 치료 프로그램이 병원의 주어진 공간과 제한된 프로그램 안에서 가능하다고 본다.

이 치료적 접근이 골자로 하는 조정 가능하고 잘 통제된 환경은 오늘날 의료환경 안에서는 찾아보기 쉽지 않지만, 그 접근의 철학과 방법은 적어도 세 가지 면에서 유효하다. 첫째로, 환경의 모든 요소가 치료에 영향을 미치는 요소라고 보는 것, 즉 환경이 치료 작업을 도울 수도 있고 가로막을 수도 있음을 안다는 점이다. 둘째로, 그 환경에 있는 모든 이들이 치료 작업에 영향을 미치고, 그들이 스튜디오의 분위기를 같이 만든다는 사실이다. 셋째로, 스튜디오 환경이 개인의 필요에 대응할 수 있도록 충분한 유연성을 가져야 한다는 점은 오늘날의 치료 현실에서도 필요한 유연성과 다르지 않다.

밀리유 치료적 접근의 첫 번째 교훈은 환경의 모든 요소들이 중요시되고 치료에 도움을 주거나 훼방을 놓을 수 있다는 것이며, 사실 이것은 우리에게 너무나 엄두가 안 나는 커다란 과제일 수도 있다. 주어진 환경을 이상에 맞춰 고치고 만들자고 든다면 이것은 정말 감당하기 벅찬 과제이다. 하지만 만일 환경적 상황과 창조적 협력 관계에 들어간다면 그 관계를 통해 에너지를 얻고 힘을 받을 가능성이 훨씬 높다. 환경적 요소들이 우리가 통제할 수 있는 범위를 훨씬 넘어갈 때는 이런 것들을 미래의 치료에서 어떻게 사용할 것인지 생각해 볼 수 있다.

예를 들어, 내가 사이몬의 집에 갈 때 정리된 깔끔한 공간을 기대하기란 불가능하다. 하지만 그 아이의 집에 그때그때 만들어지는 스튜디오 환경의 공동 창조자로서, 꼭 필요한 만큼의 기본적인 정돈을 그 안에서 만드는 것도 내 일이며, 그 안에 있는 활동과 에너지의 힘을 끌어모아 쓰는 것 역시 창조적으로 내가 할 일이다. 내 입장에서 볼 때 이것은 단순히 '지저분한 집'에서 '살아 있는 활동적인 집'으로 발상을 전환하는 작은 것일 수도 있고, 이보다 훨씬 적극적인 것이 필요할 수도 있다. 예를 들어 내팽개쳐진 물건들을 모아서 작품의 재료로 쓰는 것이다. 즉, 그곳에 풍부하게 있고 활용할 수 있는 재료를 사용하는 것이다.

둘째, 밀리유 치료에서는 그 주위에 있는 모든 이들이 치료 작업에 영향을 끼친다는 입장인데, 이것은 모두가 스튜디오의 분위기를 만드는 데 참여한다는 것이다. 사람들의 영향을 모르는 척하거나, 사람들이 영향을 미치는 것을 (내가 하는 방법이 맞고 그들은 틀린다는 생각에서!) 싸워가며 조정하려고 할 수도 있다. 하지만 대안은 그 공간에 있는 모든 이들과 함께 협력하여 일을 하는 것이다. 이 협업의 방법은 내가 방문 미술치료사로서 사람들의 집으로 찾아가면서 너무나 필요한 가르침이 되었다.

세 번째 교훈을 말하기 전에 다음의 이야기를 하고자 한다. 이것은 치료 환경에 속한 사람들을 조정하는 것에서 협업하는 것으로 바뀌는 것이 얼마나 치료를 달라지게 하는가를 보여 주는 사례이다.

청소년인 탐을 그 집 아파트의 비좁은 부엌에서 만나고 있다. 지금은 12월 중순이고 방문자들이 끊임없이 들락날락한다. 친구들과 친척들이 크리스마스 쿠키를 가져다 주느라 들르고, 이웃이 동네 가게의 할인을 알려주려고 들르고, 카드 게임을 하거나 동네 주민들에 대해 수다를 떨려고 들른다. 슬슬 짜증이 나기 시작한다. 탐은 쉽게 산만해지기 때문에 미술치료 하는 동안 계속해서 카드 게임과 영화와 사람들 이야기로부터 주의를 돌려야 한다.

탐의 이복 형인 맥스는 단골손님이다. 맥스는 퇴근하고 집에 가는 도중에 들르곤 한다. 그가 오자 탐이 의자에서 벌떡 일어나 반갑게 맞이한다. 텔레비전에서 본 레슬링 경기를 따라 하며 새로 배운 기술을 보여 주느라 둘이 이렇게 저렇게 엎치락뒤치락 한다. 화가 난다. 탐의 어머니 샐린에게 내 고민을 털어놓는다. 어머니는 탐이 산만해서 쉽게 주의를 잃는다는 것에 동의한다. 하지만 방문하는 친구들과 친척들에게 나가라는 말은 차마 할 수 없다고 한다. 샐린이 영 내키지 않아 해서 맥스에게 내가 직접 말하게 해달라고 하니 좀 머뭇거리더니 내 뜻대로 하라고 한다.

기회가 생기자 맥스를 조용한 구석으로 데려가 내 근심을 비춘다. 그에게 싫은 감정이 전혀 없으며 단지 그가 방문하면 탐의 주의가 더 산만해진다고. 탐과 내가 만나는 시간 이외에 방문하면 안 되겠냐고 묻자, 맥스는 금세 미안하다는 사과와 함께, 자신이 문제를 일으키는지 몰랐다며 "문제 없다."라고 한다. 나는 그가 내 말의 의도를 잘 이해했는지 모르겠지만, 다른 날짜나 시간에 방문하겠다고 한 것을 믿어보기로 하고 안도한다.

다음 주 화요일, 탐의 집에 도착한다. 그날은 방문자 없이 세션을 끝낼 수 있었다. 맥스도 나타나지 않았다. 내가 일어나서 나가려고 하자, 탐은 아버지가 내가 맥스한테 한 말에 대해서 단단히 화가 나 있다고 말한다. 이해가 안 갔다. 무엇이 탐을 위한 것인지 곰곰이 생각해서 맥스에게 아주 좋게 말했는데 왜 화가 났다는 말인가? 탐의 아버지는 그때 집에 없어서 사실을 확인할 기회가 없었다.

이틀 후, 내가 그 집에 도착하자 탐의 아버지 피트가 내 쪽으로 다가온다. 퉁퉁거리는 것으로 인사로 대신하더니 돌아서서 다른 쪽으로 간다. 정면으로 부딪치기로 한다. 탐에게 들은 이야기를 말하고 화가 나 있다고 들었다는 것을 알린다. 내가 말을 꺼내자마자 피트의 입에서 화가 가득 찬 단어들이 쏟아져 나온다. "맞소, 나 화났소! 당신이 뭐길래 내 아들에게 내 집에 오지 말라고 그랬단 말이요!"로 시작해서 고성과 욕설이 줄줄이 나온다. 피트가 이렇게 화내는 모습을 처음 본 것은 아니지만, 내가 그 화를 받는 사람이 된 것은 처음이다. 차분히 그 상황을 내 입장에서 설명하려고 하는데, 그는 내 말은 하나도 안 듣고 문을 박차고 아파트를 나간다.

그 후 여러 주 동안 어떻게 해야 할지 난감했다. 맥스의 방문은 다시 시작됐고, 나와 마주칠까 봐 시선을 피하면서 금방 왔다가 금방 간다. 피트는 보통 집에 없으므로 이야기할 기회도 없다. 하루는 그 집에 도착하니 맥스가 소파에 앉아서 영화를 보고 있다. 상황이 이렇게 진전되고 해소되지 않아서 상당히 불편하고 여간 신경이 쓰이는 게 아니다. 그래서 맥스하고 이야기를 좀 했으면 한다. 그의 아버지와 내가 생각이 다르다는 것을 인정하고 맥스의 견해를 듣고 싶다고 청한다. 그러나 내가 이야기를 다 끝내기도 전에 맥스는 막 나가려는 참이었다고 하면서 현관 쪽으로 가더니 나가 버린다.

탐은 이것을 지켜보고 있다가 자기 아버지가 나한테 또 다시 화를 엄청 낼 것이라고 말해 준다. 나는 그것을 모르지 않지만 우리의 세션이 그렇게 방해 받는 것에 대해 염려할 뿐이라고, 탐이 이 시간만큼은 시간과 공간과 주목을 받기를 원한다고 말한다. 그때까지 나는 내가 탐에게 무엇이 좋은지, 무엇이 가장 중요한지 안다고 생각하고 있었던 것이다. 그러자 탐이 말한다. "사실, 나도 당신한테 화가 나 있어요." "왜지?" 내가 묻는다. 탐은 자신의 가족관계에 관하여 꽤 또렷하게 설명한다. 가족이라는 것이 얼마나 중요한지 말이다. 아버지보다는 훨씬 점잖은 방식으로, 내가 누구더러 오고 말고 하는 것을 통제함으로써 내 선을 넘어갔다라는 것을 알려준다. '당신이 뭐길래!' 라고 따지지는 않지만, 탐이 좋게 말했을 뿐, 그가 전적으로 그 말을 할 권리가 있음을 안다.

다음에 그 집에 갔을 때 피트가 집에 있다. 나를 보자 마자 자기 아들을 무슨 권한으로 '쫓아냈는지' 따지기 시작한다. 나는 조용히 듣는다. 소리지르고 욕하는 그속에 정말로 하려는 이야기가 무엇인지 귀를 기울인다. 그리고 그 일에 대하여 내가 이야기를 좀 해도 되겠느냐고 묻는다. 씩씩거리더니 소파에 앉는다. 아마도 이 제스처가 그 사람으로서는 내 말을 듣겠다는 최선의 표현이겠지. 나는 내가 그 얘기를 처음 꺼낸 것은 단지 탐하고의 시간을 지키고 싶어서였다고 한다. 탐에게 그 시간을 주는 것은 탐이 그럴 가치가 있다는 뜻이라고 생각한다고 말한다. 그러자 피트는 그건 말도 안 되는 '개소리' 라며 또 격분한다. 이제야 피트가 나에게 주의를 기울이고 있음을 알겠다. 나를 쳐다보고 있지는 않지만 말이다.

나는 심호흡을 하고 침착한 목소리로 말한다. "기분을 상하게 하고 당신 가정에 불화를 가져와서 죄송합니다. 그럴 의도는 아니었습니다. 당신과 가족들이 어떻게 생각할지 미처 생각해 보지 못했습니다." 그러자 피트는 갑자기 "괜찮아요. 다 잊었어요" 라며 손을 허공으로 내젓는다. 마치 우리 사이에 있는 어떤 것을 지우는 것처럼. 살짝 미소를 내게 지어 보이고는 신문을 집어든다. 이것은 우리의 대화에서 좀 멋쩍은 결말이었고, 내가 생각하고 있던 얘기를 한번 해 보는 것과는 사뭇 다른 대화였지만, 내가 한 수 배웠다. 우리 사이의 깨끗해진 공간에 대해 생각하고 입을 닫는다.

여러 달이 지나고 탐의 집에 도착했을 때, 이번에는 맥스가 아니고 탐의 친구인 쉬린이 와 있다. 그녀는 식탁에 앉아서 시리얼을 먹고 있다. 쉬린의 부모님이 무슨 어려운 일을 당하셔서 탐의 가족과 며칠 지내고 있다고 한다. 탐은 쉬린이 미술을 좋아한다고 한다. 나는 이것을 신호로 보고 쉬린더러 같이 미술을 하겠느냐고 제안한다. 쉬린은 탐에게 좋은 영향을 주는 친구인 게 나타났다. 탐이 반항적으로 안 하겠다고 하는 것을 보고, 자신의 느낌을 찰흙으로 표현해 보면 좋겠다고 살짝 찌른다. 그리고 자기도 탐처럼 미술치료사가 있으면 좋겠다고 말해 준다.

이런 경우가 늘 있는 것은 아니다. 대부분의 방문자들은 탐이 자기표현을 하는 것을 방해한다. 어쩌면 이렇게 왔다갔다 하는 수많은 사람들에게 둘러싸여 자신을 드러내고 작업해야 하는 이슈들을 일부러 가리고 있는 것은 아닌가 싶기도 하다. 하지만 이것은 삶의 리듬이고, 나는 함께 리듬을 탈 수밖에. 우리는 같이 있는 공간과 재료를 가지고 스튜디오 환경을 만든다. 방문자를 어떨 땐 동지로 끌어들이고, 어떨 땐 같이 작업하는 창조의 동료로 받아들인다. 어떨 때는 방문자를 피해 뒷문으로 나가서 베란다에서 작업을 하기도 하고 집 주위 동네를 걷기도 한다. 순간순간 변화하는 안식처 같은 스튜디오를 그의 삶을 둘러싼 주위 환경에서 그때그때 만든다.

밀리유 치료가 스튜디오 미술치료에 주는 세 번째 영향은 유연한 스튜디오 환경을 만든다는 것이다. 물리적 공간이 유연하다면 개인의 필요에 따라 변화할 수도 있겠지만, 밀리유가 단순히 물리적인 공간 이상이라는 것을 기억한다면 일정한 공간이 없거나 훨씬 못 미치는 공간이 있더라도 융통성 있는 스튜디오 환경을 만들 수 있다. 이런 경우에는 스튜디오를 개조할 수 있는 유연한 분위기가 치료 의도와 태도에 따라 바뀐다. 이러한 유연성과 융통성은 물리적 공간과 재료의 한계에도 불구하고, 어쩌면 그로 인해서 찾을 수 있는 것이다.

예를 들어 내 개인 미술치료 스튜디오의 단점은 프라이버시를 완전히 보장받을 수 없다는 점이다. 공공시설인 미술관의 한 켠에 위치하므로 세션이 방해 받지 않을 것이라고 확실히 보장할 수가 없다. 이곳을 가로질러 왔다갔다 하는 사람은 대부분 미술관 자원 봉사자나 위층 펜싱 학원 선생님들과 학생들이다. 이 건물에서 유일한 화장실이 이 갤러리 뒤편에 있기 때문이다. 나는 물리적인 장치를 만들었는데, '들어오지 마십시오' 라는 안내판을 걸고 접이식 칸막이로 공간을 갈랐다. 이 공간을 사용하는 사람들에게 내가 내담자와 세션 중일 때는 프라이버시를 보장해달라고 간곡히 부탁했고, 몰라서 혹은 무심코 들어오거나 방해하는 사람들과는 따로 이야기를 나누었다. 이 건물이 다른 일로 사용되지 않을 때에 세션 일정을 잡으려고 최대한 노력했다.

흔한 일은 아니지만 아직도 방해꾼은 있다. 내담자들은 (아이들의 경우에는 부모님이나 보호자들이) 우리의 작업을 시작하기 전에 이런 상황을 설명 받았다. 하지만 이 이상 내가 물리적인 공간을 바꾸기 위해 할 수 있는 일은 아무것도 없다. 적어도 내 경제적 능력의 한도 안에서는 말이다. 이 공간이 필요로 하는 유연성은 치료 의도의 유연성을 필요로 하고 또 치료 태도의 유연성을 요구한다.

로리는 8살짜리 남자아이이다. 이 아이는 쉽게 자극된다. 나의 치료 의도는 이러한 방해요소에 대한 반응을 잘 선택할 수 있도록 유도하는 것이다. 화장실을 사용하기 위해 지나가는 사람이 이 아이의 주위를 산만하게 할 때, 나는 친절한 단호함으로 그 아이가 하던 일에 집중하도록 주의를 환기시킨다. 나는 그 아이의 주의를 환기시킬 방법을 늘 찾는다.

메간은 16살짜리 소녀다. 성폭행을 당한 경험이 있는 메간의 치료 의도는 그녀가 누군가와 어떤 것을 나눌 때 언제 누구와 나눌지에 대한 명확한 경계긋기를 도와주는 것이다. 나는 내가 방해꾼을 대하는 것을 모델로 삼아서 우리의 공간에 침입한 사람에게 하는 한계설정(setting limit)을 그녀가 듣게 한다. 그 방해꾼이 화장실을 사용하고 나가기까지 개인적인 이야기는 안하고 그림에 집중하도록 한다. 나의 치료 방법은 도움과 격려이며, 특히 메간의 경우 스스로에게 권리를 부여하는 과정을 격려하는 것이다.

로리와 메간의 미술치료를 하면서 이 공간의 한계와 문제점이 내 의도를 전달할 수 있는 기회임을 깨닫게 되었다. 우리에게 이것은 지금 여기서 방해꾼을 어떻게 대할지 연습할 수 있는 기회를 제공하고, 그럼으로써 앞으로 인생에 자주 반복될 이 일에 대해 어떤 대처가 가능한지 미리 연습해 보는 계기가 된다. 이러한 기회는 유연한 스튜디오 환경에서 일어난다. 치료 의도와 치료 태도의 유연함은 삶이 주는 상황에서 어떻게 건강하게 반응하고 대응할지 연습할 수 있는 장을 마련한다.

스튜디오의 물리적 공간

우리는 대부분 스튜디오 공간이 어떠해야 할지 마음으로 그리고 있을 것이다. 우리가 일하는 공간이 이 마음 속에 그리는 스튜디오와 동떨어져 속상할 수도 있다. 어쩌면, 부족함에도 불구하고 우리에게 주어진 물리적 공간을 발견하고 감사할 수도 있고, 이보다 더 나쁘거나 훨씬 더 열악한 곳에서 미술치료가 이뤄진다는 것을 이해하고 있을 수도 있다. 아니면 우리가 일하는 환경에 대하여 별로 생각하고 있지 않을 수도 있다. 있는 그대로를 현실이라 받아들이고, 이것이 어떻게 변화할 수 있는지, 변화해야 하는지, 질문 자체를 아예 하지 않고 말이다.

우리가 일하는 공간을 다시 상상해 보는 데 있어 방해가 되는 숱한 상황들은 익히 알 만한 것들이다 — 돈이 없거나, 시간이 없거나, 필요한 도움이 없거나, 창조적 에너지가 고갈되었거나. 아마 이런 것들이 물리적 공간을 의도적으로 바꾸는 것을 심각하게 고려하지 않는 이유일 것이다. 그러나 이와 동시에 우리는 원하든 원하지 않든 우리가 일하는 공간을 만드는 데 늘 능동적으로 참여하고 있다, 갤러리 공간에 관하여 O'Doherty(1976)는 '공간은… 어떤 일이 일어나는 곳일 뿐 아니라, 어떤 일들이 만들어지는 곳이다' (p. 27)라고 썼다. 실제로 탁자와 의자를 재배치하고, 전등을 켜고 끄고, 냄새가 나는지, 어지럽게 물건들이 흩어져 있지는 않은지, 소음이 있는지 조용한지, 미술재료가 많은지 없는지, 재료들이 잘 보이게 정비되어 있는지, 캐비닛이나 다른 방에 안 보이게 들어가 있는지, 이런 것들이 전부 미술치료 스튜디오를 만드는 요소들이다.

예술가의 감수성으로 우리가 일하는 공간을 새롭게 할 수 있는가 하는 것은 우리가 하는 작업의 모든 면에서 작가적 정체성을 키우기 위해 응당 고려해 볼 문제다. 일하는 공간을 작품이라고 생각하고 창조에 있어서의 집중을 치료 공간에 사용한다면, 이 과정에서 우리의 작가적 정체성을 도입하는 것이다. 물리적 공간 자체를 미술로 가정하면 건축, 인테리어 디자인, 환경조각, 설치미술 등은 모두 관련이 있다. 미술치료 시설을 디자인하는 데 참여할 수 있는 행운을 가진 미술치료사라면 이러한 예술 형태들이 유용한 안내자 역할을 하고 발상에 감흥을 줄 것이다. 그러나 우리가 일하는 공간들의 절대 다수는 우리에게 이미 주어진 공간이다. 미술치료사가 건축적 설치나 인테리어에 개입하는 경우는 대개 없으며, 주어진 공간을 고치거나 새 가구들을 들여올 예산도 주어지지 않는다. 이런 현실을 감안하면서 설치미술에서 일하는 공간을 새로 개념화할 수 있는 실질적인 모델을 찾아보자.

설치미술은 장소 특수적(site-specific) 미술이다. 몇 가지 미술 요소들을 가져오면 되는 게 아니라 전체적으로 조화를 이루어 보는 이들에게 그 작품이 만들어 내는 환경을 경험하게 하는 것이다(Atkins, 1990, p. 90). 또한 설치미술은 다양한 미술 형태를 포괄하는 개념이다. 이것은 갤러리에 홀로 걸린 전통적 개념의 미술작품으로부터 이와는 사뭇 다른 공간의 전혀 다른 모습들까지도 포함한다. 설치미술의 의도는 단순히 보이는 것이 아닌, 경험되는 공간의 느낌을 만드는 것이다. 설치미술은 '뭔가를 묘사하기보다는 어떤 것이 되어가는 능력이며, 실제 경험 선상에 놓여 그 주어진 상황에 반응하는 것이다' (Museum of Contemporary Art, San Diego, 1997, p. 13).

설치작업을 하는 작가들은 전통적인 미술재료만 쓰는 게 아니라 발견된 오브제(found object)나 기성품 오브제를 많이 사용한다. 작품의 어느 한 요소가 줄 수 있는 시각 효과만이 아니라, 환경 전체가 제공하는 느낌이나 영향을 생각하기 때문에 청각효과, 조명, 냄새 등에도 신경을 쓰고, 작품이 시간과 같은 외적 변화에 따라(시간, 사용) 어떻게 바뀌는가도 고려한다.

이처럼 설치작업을 생각하는 것은 미술치료 스튜디오를 새로이 상상하는 데 적절한 범례를 제공한다. 대체로 설치미술은 주위 환경과의 관계를 중시하고, 또한 환경과 함께 혹은 환경 안에서 상호작용할 사람들과의 관계 맺음을 중시한다. 이러한 강조는 미술치료의 주안점인 문맥적이고 관계적인 문제가 미술치료 스튜디오에서 진행되는 작업에서 중요시되는 것과 일맥상통한다.

주위 환경과의 관계

미술치료 작업공간을 설치미술로 가정하게 되면 우리가 일하는 공간을 새롭게 상상하는 것을 저해하는 걸림돌을 넘어가도록 도와줄 수 있다. 공간에 무슨 '문제'가 있는지 살펴보는 입장을 넘어 그 공간에 내재해 있는 가능성에 눈 돌리게 할 수 있다. 설치미술가들은 물리적인 공간을 아름답게 하거나 더 낫게 고쳐보려고 애써 노력하기보다 '물리적 공간의 분위기를 유용하게 사용'하려 노력한다. 그리하여 '주위 환경은 그 안에 놓인 물건들과 떨어진 것이 아니라 같이 호흡하는 불가분의 것이 된다'(Museum of Contemporary Art, Chicago, 1992, p. 77).

공간 건축과 주위 환경은 설치미술에서 아주 중요한 기본 요소이며 그 안에 놓인 어떤 것 못지 않게 높은 비중을 차지한다. 이렇게 보노라면 옷장 만한 공간, 파이프가 삐쭉 나와 있는 천장, 어두운 불빛, 윙윙거리는 소리, 콘크리트 벽면들처럼 한때 불만이었던 공간의 미적 가능성에 눈뜨게 된다. 반대로, 장점이라고 생각하면서도 당연하게 여겨지던 창문 너머의 전망, 실용적인 타일 바닥, 빵집에서 건너온 냄새, 출입구의 곡선, 잘 단열된 벽 같은 공간도 의식적으로 쓸 수 있게 된다.

설치미술가는 공간의 감각적인 면만을 이용하는 게 아니라, 공간과 연결된 사회적, 역사적 조건들까지 염두에 둔다. 다시 말하지만 이런 것들은 우리의 발목을 붙잡는 것으로 치부되거나 무시될 것이 아니라 작품의 중요한 기본 요소로 볼 수 있다. 미술치료사로서 우리는 설치미술가가 공간을 보는 눈을 우리 스튜디오에 도입할 수 있다. 예를 들어 역사적 건물들 사이에 새로 지은 건물에 자리잡은 공간이라면 주변 건물들과 그 공간 주위의 역사와 연결점을 찾아볼 수 있다. 그 새 건물을 짓느라 철거된 건축적 요소들이 이 설치작품에 포함될 수도 있겠다. 아니면 주위에 있는 오래된 건물의 아치형 현관 모습을 메아리처럼 본떠 철망과 지점토로 아치형 현관의 모형을 만들어도 된다. 마찬가지로 스튜디오는 도시 내부 빈민가에 위치하기도 하며 이럴 경우 주위의 사회적인 문제들이 연결점이 될 수 있다. 설치를 위한 재료들은 미술재료상에서 구입하는 것이 아니라 길거리에 버려진 물건들이다. 수십, 수백 개의 깨진 병 바닥들과 석고로 만든 벽의 느낌은 새하얗게 칠해진 벽에 비해 어떤 시각적 효과를 줄까?

이와 같이 설치미술에 영감을 받아 주위와의 관계에 우위를 두는 것은 그때그때 움직이는 스튜디오를 만들어야 하는 미술치료사로서는 힘들긴 해도 주어진 환경과 연관성을 찾는 방법이다. 미술치료사는 어디에서 일하건 의식적으로든 아니든 스튜디오 공간을 만든다. 병원의 치료사라면, 침상에서 침상으로 옮겨다닌다. 이곳이 오물 냄새, 소독약 냄새가 섞여 있고, 모니터에서는 끊임없이 삐 소리가 들리고, 링거와 여기저기 복잡한 줄들과 미술도구 운반용 수레가 뒤섞여 이 방 저 방에 난립하는 경우라 해도 말이다.

요컨대 우리는 어느 공간이 됐든 미술치료 스튜디오를 만들고 있다. 스튜디오 공간이 양로원의 식탁이라면 조리되는 음식에서 나는 냄새, 냄비와 국자를 두드리는 소리, 사람들의 말 소리, 많은 식탁과 의자, 이런 것들이 공간을 만들 재료이다. 환자의 집을 방문하는 미술치료사라면, '집의 개념을 사람이 어디서 왔으며, 지금 어디에 있는지에 둘 것이 아니라, 그가 어디로 가게 될 것인가에 관한 상상의 공간' 이라고 생각할 수도 있다(Becker, 1996, p. 109). 여기서 우리의 과제는 공간의 감각적, 역사적, 사회적 맥락을 작품의 재료로 삼아 공간의 개념을 만드는 것이다.

사람들과의 관계

설치미술 작품에서 흔히 보이는 두 번째 특징은 공간과 상호작용하는 사람들과의 관계이다. "설치는 작품을 단순히 관람하는 사람들이 형성하는 환경이 아니다. 그들이 일부가 되는 그 환경을 포함한다"(Saar & Saar, 1994). 이 점은 미술치료 작업실을 작품으로서 새롭게 상상하는 데 특히 도움이 된다. 미술치료 스튜디오는 사람들이 와서 상호작용 하는 곳이다. 치료자와 내담자와의 관계, 내담자들 사이의 관계, 내담자 작가와 미술재료와의 관계를 생각할 수 있다. 여기에 공간이 이들 관계와 사람들에게 영향을 미치며, 사람들이 주위 환경을 만드는 데 이바지한다.

순수미술의 경우 미술관이 관람자가 어떻게 작품을 관람할지 통제한다. 이것은 미술관의 '만지지 마세요'의 표지로도 알 수 있다. 반대로 많은 설치 작업은 방문객이 작품과 상호작용하기를 바라고 장려하기까지 한다. "작가는 자기 작품에 대한 통제를 반납하고 그 작품이 만들어지는 데 우연을 허락한다 … 이상적으로는 작품 하나하나가 능동적인 관람자로 인해 마무리되며 관람자마다 각기 다르게 상호작용하므로 작품은 다시는 똑같은 모습으로 남아 있지 않을 것이다"(Museum of Contemporary Art, Chicago, 1997, p. 14). 이와 비슷하게 미술치료 스튜디오 공간을 작품이라고 볼 때 개별 내담자들이 이 작품을 '완성' 시킨다. 미술치료 스튜디오 공간을 거쳐가는 내담자들이 같이 만든 느낌으로 환경은 남아 있게 되며, 우리가 내담자들이 공간과 상호작용하는 것을 초대하고 격려함으로써 이러한 환경의 느낌을 더 증대시킬 수 있다.

우리는 미술치료사로서 그 공간의 참여자이자 구성원인 내담자에게 그 공간의 영향력을 고려할 책임이 있다. 치료적인 공간을 만든다고 할 때 '완벽한' 공간을 만들려고 한다면 앞으로 나아갈 수가 없다. 그 대신, 예를 들어 배경 음악이 있는 게 좋을지, 없는 게 좋을지 상대적 가치를 고려해 볼 수 있다(B. Moon, 1998). 음악을 틀기로 한다면 치료적 공간을 위해 가장 적절한 음악이 무엇인지 찾고자 할 것이다. 현실적으로 볼 때 이 공간에 들어오는 사람들은 다양한 음악적 취향과 문화적인 배경을 가지고 있다. 다양한 음악에 관한 여러 경험이 있을 것이고 이런 경험이 개개인에게 다양한 음악에 관한 긍정적 또는 부정적 선입관을 갖게 한다. 여기에는 '완전한' 또는 꼭 맞는 치료적인 음악이란 없다. 공간이 내담자들에게 주는 영향을 고려하는 것은 공간의 영향을 통제한다는 것과는 다르다. 설치미술의 입장에서 보자면 공간이 사람들에게 주는 영향은 그 안에 들어가는 사람들이 공간을 새로이 만들고 모양을 재생산할 수 있는 충분한 공간을 주는 것이다.

이러한 생각은 치료사와 내담자가 그 공간의 공동 창조자가 된다는 생각에 다다르게 한다. 이 생각은 여러 가지 방법으로 구체화될 수 있다. 많은 설치미술의 경우 최초의 공간을 만드는 지정된 작가가 있고 그 후 다른 사람들이 와서 공간과 상호작용하고 그 안에서 움직이면서 그 공간을 다시금 만든다. 내담자와 공간을 같이 만드는 것도 이렇게 생각할 수도 있지 않을까? 이 경우 미술치료사의 역할은 다른 이들을 환영하는 공간을 만들어서 내담자가 이곳에 속한다는 느낌을 받고 이 창의적인 어울림에 진입할 수 있게 하는 것이다. 환대의 느낌은 간단한 제스처로 표현될 수 있다 — 신선한 꽃을 화병에 꽂아 둔다든지, 투명 그릇 안에 다양한 색깔의 돌을 가득 담아 테이블 중앙에 둔다든지. 개개인이 그 공간이 바로 자기 자신들을 위한 공간이라고 생각될 때 환대의 느낌은 생겨난다. 예를 들어 동성애자를 위한 잡지가 콜라주 재료로 들어가 있다면 동성애자 내담자에게 그들을 인정해주고 받아들인다는 메시지가 된다(Addison, 1996).

또 다른 가능성으로는 미술치료사가 주거작가(artist-in-residence) 모델을 사용하여 그 공간을 긍정적으로 작업되는 설치작품으로 보는 것이다. 여기서 의도는 실제 삶의 과정에서 내담자의 참여를 진전시키고 가르치고 영감을 주는 것이다. 예를 들면 판자를 사용하여 6×8×4(m^2) 크기로 간단한 구조의 공간을 스튜디오에 만들어 상상공간(Imagination Station)이라고 이름 짓고 내담자들이 다양한 재료로 이 상상의 공간을 바꿀 수 있도록 한다. 내담자가 환경을 창조하고 있는 것을 보고 거기서 미술치료사가 영감을 받을 수도 있겠다. 예를 들어 미술치료 스튜디오로 들어오자마자 테이블 밑으로 들어가서 나오기를 거부하는 어린 내담자가 있다고 하자. 그러면 치료사는 천이나 다른 재료들을 가져다 테이블 밑에 동굴과 같은 공간을 만들게 하고 그 작업을 통해 그 내담자와 소통한다.

세 번째 가능성은 미술치료사가 내담자를 공동 창작자로 대우하는 것이다. 같이 작업을 한다는 것은 치료사가 치료적 공간을 만들 의무를 무시한다는 뜻이 아니다. 공동으로 창의적인 작업을 하는 것은 모든 참여자의 전문지식에 기대는 협동 작업이다. 미술치료사로서 우리의 전문지식은 이 협동 작업을 가능케 하는 것이다. 이론적인 이해, 축적된 지식, 미술과 미술치료에 있어서의 경험들이 우리가 공헌할 수 있는 부분이며 이를 내담자로부터 기대할 수는 없다. 하지만 내담자는 그들 나름대로 자신의 삶에 있어서, 문제에 있어서, 필요에 있어서, 희망에 있어서, 가능성에 있어서는 전문가들이다. 그들이 누구인가라는 것과 필요로 하는 것이 무엇인지에 관해 가장 잘 아는 전문가들인 것이다. 치료사 자신이 그들에 관하여 그만큼 다 알 수가 없다. 내담자의 전문지식을 무시하는 것은 귀중한 지식을 그대로 내버리는 것과 마찬가지다. 이 공동 창작의 과정에서는 치료사가 내담자에게 줄 수 있는 역할이 뚜렷하여야 한다.

이 공동창작의 과정은 한도 끝도 없어 보일 수 있다. 공간의 어떤 면은 성격상 고정되어 있을 것이고 다른 면은 시간 흐름에 따라 새롭게 변화하고 개선된다. 이것은 설치미술이 때에 따라 단기 설치이기도 하고 장기 또는 영구적 설치이기도 하며, 어떤 경우에는 시간이 지남에 따라 의도적으로 바뀌게 만들어진 점과 맥을 같이 한다. 환경의 고정된 부분은 지속성을 갖게 하고 이것은 기본적인 틀과 안정감을 준다. 이와 달리 시간이나 상황이 지나감에 따라 바뀌게 되는 부분은 삶의 흐름, 즉 올라가고 내려가는 기복을 반복하는 것을 연상시킨다. 공간 안의 바뀌는 부분은 안팎으로 바뀌는 현실 속 그들의 삶과의 연결점을 제공한다.

어떠한 환경적 요소는 참여자로 하여금 능동적으로 관여하고 사용하게 한다. 낙서가 된 벽은 그런 요소의 아주 간단한 예이다. 다른 예는 내가 아는 신문사 그래픽 아티스트가 한 것이다. 그는 어느 날 한 무더기의 만질만질한 돌들과 천을 샀다. 왜 그랬는지, 무엇을 하려는지 설명하지 않고 이것들을 나선형으로 배치하였다. 퇴근했다가 아침에 오면 야간 근무를 하는 사람들이 그 배치를 바꾼 것을 발견한다. 그가 공간에 준 영향은 아주 효과적이었다. 다른 사람들로 하여금 그들이 속한 공간을 바꿀 수 있다는 가능성과 더불어 '새롭게 해보자' 라는 메시지를 일깨운 것이다.

의도와의 관계

가장 효과적인 치료적 공간을 만들기 위해서는 그 공간의 의도가 무엇인지 잘 생각해 보아야 한다. 목적이 무엇인가? 이 공간에서 어떠한 활동들이 일어나나? 누가 이 공간에 머물 것이며 그들이 필요로 하는 것은 무엇인가? 어떠한 분위기를 원하는가? 어떠한 태도, 신념, 가능성을 이 공간이 나타내 보여야 하는 것인가?

공간과 의도가 잘 맞는 것이 얼마나 중요한가 하는 것은 일상의 공간을 보면 알 수 있다. 예를 들어 부엌은 음식을 준비하고 만드는 곳으로 우리 몸에 자양분을 주는 활동이 행해진다. 찬장이 너무 높아서 손에 안 닿는다거나 조리대가 너무 낮아서 허리가 아프다거나 전등불이 너무 어둡다든가 냉장고가 음식물을 차갑게 저장하지 못하든가 하면 이 부엌의 의도는 채워지지 않는다. 미술치료 스튜디오에서도 똑같은 원리가 적용된다. 표방한 의도와 완성된 공간의 어울림이 중요하다. 그렇지 못하다면 그 공간의 의도는 절충될 수밖에 없다.

우리가 사는 공간이나 일상에서 늘 가는 공간은 미술치료 스튜디오 공간의 다양한 의도를 생각해 보게 한다. 예를 들어 스튜디오가 재미있는 활동을 하는 곳이라고 생각한다면 놀이터와 비슷한 의도를 가진다. 놀이가 이루어지는 이 공간이 동시에 사색이 이루어지는 곳이라면 작은 기도실의 의도와 비슷하다. 이 놀이터와 기도실이라는, 아주 상반된 공간의 의도가 놀이와 사색을 할 수 있는 공간을 창조하는 데 영감을 줄 수 있다.

일상적 삶의 공간들과 그 공간들이 삶에 미치는 영향을 생각하는 것은 그 공간의 감각적, 사회적, 역사적 면을 개인의 입장에서 보게 한다. '장소' 는 특정 장소와 관계 맺음을 통해 만들어지는 것이 아니라, 삶 속에서 거쳐온 수많은 공간과의 관계를 통해 만들어진다. Lippard(1997)에 의하면 "새로운 공간에 들어갈 때마다 그곳에 이미 존재하고 있는 혼성물(hybrid)의 새로운 재료로서 우리가 투입된다 … 그곳에 들어감으로 인해 혼성물을 바꾼다"(p. 6). 새로운 공간에 들어가 그 공간에 영향을 미치는 일은 다른 공간과 어떠한 관계를 가지고 있었는가에 어느 정도 달려 있다. 우리 스스로 어떤 공간에서 어떤 영향을 받았는지 민감해지는 것은 우리가 내담자에게 제공하는 미술치료 스튜디오가 어떤 영향을 미칠까에 민감해지는 첫 단계이다.

어떤 공간에 대한 사람들의 느낌과 반응은 각기 다르다. 일상적 삶에서 상호작용하는 공간의 특징과 느낌에 예민해짐으로써 우리의 작업 공간에서 다르게 반응하는 삶들의 반응에 대해서도 예민해질 수 있다. 다른 공간에 들어가는 것을 상상해보자. 단순히 시각적인 것만이 아니라 냄새, 소리, 손에 만져지는 감각적 경험, 전체적인 분위기 등까지 그려보면서. 처음에는 어떠한 판단도 하지 말고 실제의 작업 공간을 잘 관찰하는 것이 중요하다. 이 연습은 공간의 미세한 것까지도 볼 수 있게 하는 연습이다.

일례로 내가 다른 환경과의 만남을 상상한 것의 기록을 나누고자 한다. 내가 선택한 공간은 미술치료 작업실과 비슷한 점들이 있다. 일단 그 장소들을 잘 살펴보고 느낌들을 기록한 것이다.

> 문에는 '부엌' 이라고 쓰여 있다. 문을 열고 들어가자마자 빵 굽는 냄새가 나를 반갑게 맞아들인다. 그 냄새가 나를 배고프게 한다. 그곳은 밝고 이것저것 물건들이 정리가 안 되어 있다. 깡통과 병들의 뚜껑이 열려 있고, 각종 그릇과 수저가 여기저기 카운터와 테이블에 널려 있다. 따뜻하고 포근하다. 들릴락말락 한 배경음악이 들린다. 저쪽에 하얀 아치 모양의 문이 있다. 그 뒤에는 무엇이 있을까 궁금하여 그쪽으로 움직인다.
>
> 복도가 나오고 또 다른 문을 만난다. 이 문에는 '고해실' 이라고 쓰여 있다. 조용히 문을 열고 들어간다. 이곳은 작고 어둡고 답답한 곳이다. 이 방의 모든 것이 고요하다. 두꺼운 빨간 벨벳 카펫과 희미한 향 냄새. 한걸음 한걸음 옮길 때마다 내 발 밑의 카펫이 깊숙이 들어간다. 무릎 방석과 의자가 있다. 둘 다 두텁게 솜이 들어 있고 오래 써서 낡았다. 의자에 앉아 오랫동안 여러 사람들이 문질러서 만질만질해진 팔걸이를 만져 본다. 이것을 잡고 있었을, 염려하는 손, 꿈꾸는 손, 침착한 손들을 상상해 본다. 무릎 방석이 놓인 그 앞에는 아치형의 창문과 나무로 짠 창살이 있고 그 뒤에는 커튼이 있다. 커튼 너머 어딘가에서 바람이 살짝 불어온다. 어디서 오는 바람인지 찾으러 고해실의 문을 열고 나간다.
>
> 밖으로 나가니 낡은 돌담과 생기 넘치는 꽃들이 가득한 오래된 정원이 나온다. 돌담 옆에는 정원 도구들이 세워져 있고 흙 묻은 장갑들도 땅에 있다. 땅을 얼마 전에 갈았는지 축축한 진한 색 흙이 부드럽게 깔려 있다. 다른 곳에서는 잡초가 제 세상을 만난 양 활개를 치고 있고 잡초의 꽃들이 소박한 아름다움을 뽐내고 있다. 보라색 클레마티스가 아치형 나무 울타리를 타고 올라가며, 압도하지 않는 조화로운 치장을 만든다. 정원 중간에 난 돌길을 따라 걸어간다. 어깨에는 햇빛이 따뜻하게 내려앉아 있고,

미풍이 내 머리카락을 살짝살짝 움직인다. 이곳에 더 머무를 수도 있지만 다른 곳으로 가고 싶어진다.

나뭇가지 사이로 실용적으로 만들어진 벽돌 건물이 보인다. 싱싱하게 푸른 곳에 안 어울리는 듯한 건물이다. 그리로 다가가니 문 앞에 '실험실' 이라고 쓴 팻말이 보인다. 문고리를 잡아당기니 심하게 끼기긱 하는 소리가 난다. 안으로 들어가자 쿵 하는 소리와 함께 문이 내 뒤에서 닫힌다. 이 방이 비어 있음에 깜짝 놀란다. 소리는 갈 데가 없어 허공 여기저기 반사되어 메아리친다. 모든 것이 하얀색 아니면 회색이다. 허리 높이에 오는 실험대에는 각종 기구들이 놓여 있다. 현미경, 수술용 가위, 핀셋, 실험관, 비커, 어디 쓰는 건지 모를 도구들이 있다. 이 실험대 밑에는 서랍이 층층이 있고 서랍마다 알아보기 힘든 글씨의 라벨이 붙어 있다. 실험대 위에 잘 정돈된 것들이 무엇인지 궁금해진다 — 희한한 표시가 된 종이들, 노란색이나 구리색 액체가 가득 든 비커, 뭔지 모르는 것들이 담긴 작은 쟁반들. 여기서 이런 실험을 하는 사람은 누구일까? 많은 시간과 공을 들여 누군가가 실험하고 기록하고 또 실험하고 다시 기록하는 일을 반복하고 있는 공간이다. 여기서 진행되는 일을 방해하지 않으려고 조용히 빠져나온다.

밖으로 나오니, 미풍이 이제는 제법 큰 바람이 되어 나무가 살짝 옆으로 흔들리는 것이 보인다. 주위의 세상은 어두워지고 있고 내 앞에는 나무 계단으로 향한 표지판이 있다. 표지판에는 '천문대' 라고 쓰여 있다. 그 계단을 걸어서 돔 모양의 작은 건물을 만난다. 문을 열고 살짝 안을 들여다 본다. 개인의 공간인지 다른 사람이 들어가도 되는 공간인지 잘 모르겠다. 내가 개인의 공간을 침범하고 있을지 모른다는 생각도 잠시, 그 안으로 걸어들어간다. 원형의 방이다. 벽은 반짝거리는 흰색이다. 바닥에는 곱슬거리는 털로 짠 두꺼운 카펫이 깔려 있다. 방 중간에는 깊은 푸른색의 천으로 된 큰 방석이 놓여 있다. 그런데 그것들보다 천장이 내 관심을 끌어 목을 뒤로 잔뜩 젖혀 천장을 본다. 방석에 누워서는 돔 모양의 유리 천장 너머를 본다. 점점 어두워지는 하늘이 보이고 번개가 번쩍이며 지나가는 게 보인다. 멀리서 그리고 점차 가까이. 그리고는 곧 세찬 빗줄기가 투두둑 내린다. 이 비의 향연에 완전히 젖는다! 이 소리의 교향악과 내 주위의 파닥파닥 움직이는 삶을 몸으로 느낀다. 하지만 난 이곳에서 비를 피하면서 안전하고 편안하기만 하다. 여기에 좀 더 있기로 결정한다. 비와 구름이 지나고 별이 촘촘히 가득한 별 밤을 보여 주기를 기대하면서.

미술치료사의 작업실은 여러 가지 다른 의도를 포함한다. 치료사의 선호나 내담자의 필요에 의해 의도가 결정된다. 어떤 치료사는 깨끗하고 정돈된 환경을 원하고 어떤 치료사는 살아 있고 시각적으로 번잡한 곳에서 자극을 받아 작업을 하기를 선호한다. 경우에 따라서는 내담자의 필요가 반영될 수 있는 공간을 만들기 위해 자신이 선호하는 것을 양보할 수 있어야만 한다.

앞에 설명한 장소들은 미술치료 작업실의 여러 형태를 상상한 것이라고 볼 수 있다. 어떤 것이 적합한 것인지는 미술치료사 개개인에 따라서 다를 것이다. 예를 들어서 어떤 미술치료사들은 치료 스튜디오를 고백을 하는 곳으로 보고, 다른 치료사들은 이런 생각을 완강히 거부할 수도 있다. 우리가 이렇게 다르게 공간을 보는 것은 우리가 행하는 미술치료 방법이 다르고 우리가 살면서 공간과 맺었던 관계들이 다르기 때문이다. 중요한 점은 일상적 공간들을 사람들과 공간이 만나는 곳으로 이해하는 연습의 장이라는 것이다.

고백소와 미술치료 스튜디오의 비슷한 점을 본다면 장소의 느낌이 어떻게 전달될 것인가? 고백소의 어떠한 점들이 미술치료 공간에 수용될 수 있는가? 고백소의 느낌을 갖고 올 때 버려야 할 요소들이 있는가? 이러한 질문들은 상상된 공간들인 부엌, 고백소, 정원, 실험실, 천문대뿐만 아니라 미술치료 작업실의 목적들 중 같은 목적을 공유하는 공간에 대해서 생각해 볼 수 있다. 시험실이나 교실, 미술 작업실, 도서관, 교회, 놀이터, 모험 캠프는 어떠한가? 감옥, 도박장, 심문실 같이 거북하고 불편하지만 실제로 유사한 공간들이 있다. 불편하지만 그러한 느낌을 똑바로 정직하게 본다면 우리의 공간 안에서 버리고 싶은 비슷한 점을 찾을 수 있을지도 모른다.

앞에서 언급한 다섯 가지 공간들의 상상은 공간이 주는 영향력에 관하여 생각하게 한다. 그 장소에서 만나는 성질들을 일단 나열해 본다 — 향 냄새와 입에 침이 고이게 하는 냄새들, 보드랍고 벨벳 같고 푹신하고 오래 지난 것 같은 느낌들. 음악처럼 조용히 흐르는 부드러운 소리들과 대조되는 텅텅 비어서 울리는 공간의 느낌들. 또한 양극의 성질들이 많다. 어두움과 밝음, 열려 있음과 닫혀 있음, 안과 밖, 정돈과 지저분함, 실용적과 감각적, 사적인 것과 공적인 것, 익숙한 것과 생경한 것, 나와 있는 것들과 숨어 있는 것들. 시각적 팔레트의 색깔들은 흰색, 회색, 녹색, 벨벳의 빨간색, 깊은 푸른색 등이다. 아치형의 형태가 문이나 창문의 모양, 동그란 방, 돔 등 건축적인 요소로 많이 등장하였다. 여러 차례 진행 중인 작업도 볼 수 있었다. 사용되는 재료와 도구와 기구들이 이곳 저곳에 있는 게 부엌, 정원, 실험실의 환경에서 아주 중요한 요소였다. 다른 공간들은 물건들이 별로 없고 단순히 들어가는 곳들이었다.

이렇게 공간의 특징을 잡아낸 후에 이 상상 속 공간의 어떠한 요소들이 미술치료 스튜디오 안으로 들어올 수 있을까 생각한다. 첫 번째 단계는 공간에 관한 의도를 분명히 하는 것이다. 내 스튜디오와 그 사용 목적을 생각해 본다. 이곳은 어린아이, 청소년, 어른은 물론이고 가족들과 그룹들이 사용하는 곳이다. 나의 첫 의도는 이들이 들어올 때 환영 받는 느낌과 이 공간에 속해 있다는 느낌을 받게 하는 것이다. 이상적인 환경은 창작 활동의 생기를 진작시켜 주는 창작 작업의 동료이다. 두 번째 의도는 창조적 작업과 창조적 놀이가 가능한 곳이라는 느낌을 주는 것이다. 세 번째로는 이곳이 감정적으로나 물질적으로 안전한 환경으로 경험되는 것이다. 네 번째 의도는 이 창조적인 사람들의 무리에 따라서 융통성 있게 맞춰지고 바뀔 수 있는 유연한 공간이다.

이러한 의도들에 관하여 생각해 본다. 환대의 의사를 전달하고, 소속감을 가지게 하고, 창작 활동을 끌어내고, 안전하다는 느낌을 갖게 하는 유연한 공간의 느낌 그리고 이 메시지들을 전달한 이 공간의 기존 성질들도 생각해 본다.

사람들이 환영 받고 속해 있다는 느낌을 받으려면 스튜디오가 그들의 도착을 알고 준비하고 있었음을 표현해야 한다는 생각이 들었다. 이 의도와 연결되어 실질적으로 할 수 있는 것들이 있다. 여러 연령대가 이 공간을 이용할 것이므로 다양한 크기와 몸집의 사람들이 다 같이 편할 수 있는 가구들을 갖춰야 하겠다. 또 휠체어가 들어올 여유가 있는 공간이기를 원한다. 기다리는 대기실에 놓인 잡지에서, 벽에 걸린 그림에서, 재생되는 음악에서, 책장에 꽂힌 미술책에서, 자기들 같은 사람들을 볼 수 있는 것은 중요하다. 나이가 많든 적든, 장애가 있든 없든, 흑인이든 백인이든 아시아인이든 원주민이든 라틴계이든, 동성애자든 이성애자든 말이다. 또한 제공되는 미술재료 또한 이런 다양성을 보여 주기를 원한다. 전통적인 미술도구와 재료뿐만 아니라 다른 여러 민족들이 쓰는 민속적인 재료들, 다양한 장애를 가진 사람들을 위하여 개조된 재료들, 역사적으로 여성이 쓰는 것으로 간주되었던 도구들(예를 들자면 퀼팅 도구) 또는 주로 남자들이 써왔던 도구들(나무, 망치, 못 등)과 아이들이 쓰는 것들(손으로 그리는 물감)을 포함하는 다양한 감각을 자극하고 예술이 무엇인지 해답을 포괄적으로 생각해 볼 수 있는 순수미술에서부터 발견된 오브제들까지.

유용성과는 떨어지지만 환대와 소속의 느낌을 주는 다른 것들이 있다. 내가 방문한 한 미술치료 스튜디오 안에는 빵 굽는 기계가 있어서 빵 굽는 냄새가 미술작품 사이로 편하게 진동했다. 향 냄새는 너무 강할 수 있지만 정원에서 딴 허브나 꽃은 좋은 생각이다. 좋은 향기가 날 뿐 아니라 이곳은 중요한 손님들을 위한 특별한 공간이라는 메시지를 줄 것이다. 크래커와 차를 담은 쟁반도 같은 메시지를 줄 수 있다. 아니면 미술재료를 마음의 양식의 은유로 담아내 볼 수도 있다. 탁자 중간에 유리그릇을 놓고 그 안에 다양한 빛깔의 크레용을 가득 담는다.

공간에 대한 두 번째 의도인 창작을 불러일으키기를 생각할 때, 미술도구들이 매력적으로 진열되어 그것들로 만들 수 있는 가능성을 보여 주는 것을 상상한다. 이런 공간은 궁금증을 유발하는 곳이다. 냉장고를 담았던 큰 종이 상자로 만든 방과 그 안에 놓은 발견된 오브제들은 살짝 가려져 있어서 모험심을 자극한다. 만져지고 상호작용하기를 기다리는 공간을 생각해 본다. 방 중간에 천장에서 내려오는 투명 포장 테이프의 '벽' 은 물건들을 붙이기도 하고 떼기도 하는 상호작용 가능성을 유발한다. 태엽을 감아야 움직이는 장난감들 역시 상호작용을 기다리는 물건의 예이다.

내 상상에서 본 부엌과 실험실을 기억한다. 이곳에서는 뭔가를 만들고 있는 작업이 있음을 보여 주는 흔적들이 많았다. 내 스튜디오도 이렇게 여러 미완성 단계의 작업들이 보이는 곳이다. 스튜디오의 한 구석은 실험실처럼 '깨끗한' 미술 작업을 하는 곳, 다른 한쪽은 부엌처럼 좀 정신 없는 작업을 하는 곳으로 지정할 수도 있다. 스튜디오에서 나는 물감, 나무, 찰흙 등에서 풍기는 희미한 냄새들이 사람들의 마음을 끄는 요소가 될 수도 있다.

세 번째 의도로 제시했던, 감정적으로나 물질적으로 안전한 공간이라는 느낌을 주는 것은 실질적인 면과 은유적인 면에서 다뤄질 수 있다. 크고 작은 사람들과 휠체어를 타는 사람들도 쉽게 들어올 수 있는 공간이라야 한다. 독성이 없는 미술재료로만 꾸미도록 신경을 써야 한다. 넘어지거나 떨어뜨렸을 때 깨지거나 위험부담이 있는 것이라면 짚고 넘어가야 할 문제이다. 또한 진행되고 있는 작품을 말리거나 보관하는 선반, 수납장이나 다른 지정된 공간이 있다면 이는 작품을 존중하고 보살피고 정성으로 다뤄지는 것을 보여 주는 것이다.

감정적인 안정감은 공간의 질과 성격에 따라서 드러난다. 둥글둥글한 모양은 새 둥우리, 그릇, 자궁처럼 보호하고 키우는 공간을 나타낸다. 내 스튜디오에서 둥근 모양이나 돔의 형태나 아치형을 넣을 곳이 없는지 생각해 본다. 돈이 많이 드는 공사는 불가능하겠지만 쓰던 정원의 울타리 등을 이용하여 있는 문틀 위에 아치형의 무엇인가를 만드는 것은 가능한 일이다. 창문 위에 트롱프뢰유(trompe l' oeil, 눈속임) 기법의 아치나 바닥에 동그란 모양을 그려 넣을 수도 있다. 아니면 단순히 가구들을 원형 형태로 재배치할 수도 있다. 깊은 대지의 빛깔을 띤 천을 써서 쿠션이나 커튼을 만드는 것 또한 보호적이고 자궁 같은 느낌을 주게 하는 한 방법이다.

나의 네 번째 의도는 유연한 공간을 만드는 것이다. 이 의도는 내가 본 공간들의 양극적인 것들, 열림과 닫힘, 안과 밖, 실용과 감각 등으로부터 확인을 받는다. 내가 일상을 살고 있는 공간들은 이런 곳들이다. 우리는 만들고 살아가는 공간을 통하여 다양한 필요와 욕구를 충족시킨다.

공간 안에 공간을 만드는 방법들을 생각해 본다. 접이식 스크린이나 천으로 만든 가리개를 이용한다든가 가구를 사용하여 공간 한쪽을 분할할 수 있다. 분주하고 정신없는 스튜디오 안에서 조용히 있을 수 있는, 사색이나 기도를 할 수 있는 공간을 그 안에 만들고 싶을지도 모른다. 고백소의 상상은 불빛을 낮추고 푹신한 카펫을 까는 것을 생각하게 한다. 또 바닥에는 들춰볼 수 있는 미술책을 놓고 누워서 볼 수 있게 크고 푹신한 방석들을 놓겠다. 이상적으로는 이렇게 조용한 공간과 대치를 이루는 공간이 있으면 좋다. 물감을 흘려도, 나무 톱밥이 날려도, 젖은 찰흙을 반죽해도 괜찮은 공간. 이런 나누어진 공간 외에도 열린 공간이 있어, 창의적인 작업이 다른 사람들을 전염시킬 수 있게 유도하는 것도 중요하다.

미술치료 작업실에서의 유연성은 다른 방법으로 표현될 수도 있다. 바퀴가 달린 캐비닛, 미술재료 운반용 수레, 쌓을 수 있는 의자, 접을 수 있는 테이블 등 쉽게 재배치가 가능한 가구들은 다양한 필요에 따라, 열리거나 닫힌, 개인적이거나 공동체적인, 감각을 자극하거나 차분한 공간을 새로 배치할 수 있는 기회를 준다. 테이블, 이젤, 미술재료 등 작업 공간에 보통 있는 것들과 뜻밖의 물건들을 같이 둠으로써 정돈과 실험의 가능성을 표현한다. 좀 더 색다르게는 그 공간 구석에 마네킹을 두어서 매일 또는 매주 옷을 갈아 입힌다든지, 천장에 호일로 만든 파이접시들을 실로 꿰어 특이한 모빌 작업을 할 수도 있고 이것들을 막대기로 쳐서 악기로 쓸 수도 있다.

한 가지 의도가 다른 공간에서 여러 가지 다양한 방법으로 표현될 수 있다. 과도적인 공간이나 여러 목적으로 쓰이는 공간의 경우는 미술치료 공간으로만 쓰이는 스튜디오에 비해 다른 어려움과 숙제를 준다. 옷장보다 간신히 클까 말까 한 사무실 공간에서 일한다거나, 병원 침상에서 일어나지도 못하는 환자들을 위해 병실에서 작업을 하거나, 여성의 쉼터인 부엌이나 병원의 레크리에이션 방에서 일을 할 때는 그 공간의 특성에 맞게 의도를 이행할 수 있는 방법을 각자 찾아야 한다.

각자 작업 공간의 가능성과 한계에 조화를 이룰 수 있는 방법들이 있다. 예를 들어 내담자의 집에서 미술치료를 할 경우, 환영하는 분위기를 조성하는 의도는 이 경우 미술치료사가 손님이므로 전혀 다른 의미를 갖게 된다. 환대의 분위기를 만드는 것은 창작 작업을 할 수 있는 공간을 만드는 일종의 제의 형식을 띨 수도 있다. 이것은 아주 간단하게는 바닥에 비닐을 깔고 중간에 미술재료를 정리해서 모아놓은 것으로도 충분할 수 있다.

공간이 주는 영향력에 관하여 예민해지고 작업공간에서 의도를 표현하는 것을 연습함으로써 내담자의 필요에 반응하는 미술치료 공간을 만드는 어려운 숙제에 잘 대응할 수 있게 된다.

결론

미술치료 작업실은 단순히 우리에게 수동적으로 주어진 공간이 아니다. 내담자들과 치료하는 동안 물리적 공간, 재료들, 우연과 상황들을 가지고 창조되는 공간이다. 작업 공간을 작품이라고 생각하면 치료의 공간을 만들 때 의도적인 집중을 불러오고 이 창조의 과정에서 우리가 예술가라는 점을 능동적으로 사용하게 된다.

스튜디오 환경을 창조하는 일은 그 공간에서 나오는 기운뿐 아니라 물리적인 공간의 구조에도 주의를 기울여야 하는 일이다. 효과적인 미술치료 공간은 창조의 어디서나 편재한 창조 가능성에 대한 신념을 나타내고 더불어 내담자들과 그들의 작품에 관한 존중을 표현한다. 이곳은 유연한 공간으로 이곳에 머무는 개인의 다양한 필요에 따라 변화할 수 있다. 미술치료 스튜디오는 창조의 안식처이면서 동시에 바깥 세계에 포함되고 연결되어 있음을 부정하지 않는 곳이어야 한다.

설치미술은 물리적인 작업 공간을 새로이 상상해 볼 수 있게 하는 유용한 모델이다. 설치미술에서 주위 환경과의 관계를 중시하고 그 공간에 들어오는 사람들과의 관계를 중시하는 점은 미술치료 공간을 상상하는 데 있어서 많은 것을 시사한다. 또한 우리가 일상에서 사는 공간들의 성질이나 성격들에 예민하게 조율되어 있는 것은 치료의 의도와 조화를 이루는 공간을 만들 때 영감을 준다.

미술치료 작업실을 미술작품으로 보는 것은 '스튜디오' 라는 개념 안에 있는 가능성을 볼 수 있는 새로운 눈을 제공한다. 우리는 '한 손으로는 내면에 품은 상상과 목표에 따라 늘 바뀌는 관계 맺음을 하고, 다른 한 손은 외부의 지형' (Sarason, 1990, p. 32)에 적극 관여한다. 이러한 방식으로 스튜디오는 단순한 자생력 없는 물리적 공간을 벗어나 우리의 예술적 비전과 사람들과의 창작 관계에서 나오는 에너지 가득한 능동적인 공간이 된다.

05

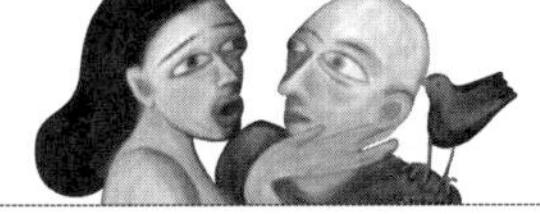

삶의 시에 반응하기

치료사들은 미적인 성질이 모든 물건과 행동 안에 있는 것임을 알고 있어야 한다 (Arnheim, 1992, p. 150).

카일의 집에 도착한다. 오늘 무슨 일이 일어날지 모르겠다. 3주 전에 카일을 그의 가족들과 함께 처음 만났다. 카일은 최근에 벽에 주먹질로 구멍을 내고, 할머니의 팔을 멍이 들 정도로 심하게 잡고 흔들었다. 그는 이런 성난 행동들을 별 것 아닌 것처럼 말한다. 이 큰 키의 15살 소년은 오늘 내게 반듯하게 인사를 한다. 그러고는 예고도 없이 자기 어머니와 할머니를 상대로 한 욕설과 고성을 퍼붓는다. 마치 갑자기 물이 끓어 폭발적으로 넘치는 것 같다. 가족들은 이 소년에게 다가가기가 두려운 나머지, 같이 소리 지르거나 걱정을 할 뿐이다.

카일은 터프한 듯 행동하지만 작품을 만들 시간이 되면 내면의 유약함과 자신감의 결여를 드러낸다. 어린애들이 곧잘 요구하듯 같이 그리자고 해서 같이 그림을 그린다. 오늘 세션은 미술도구들을 치울 때까지는 원활하게 잘 진행되고 있었다. 하지만 정리할 시간이 되니 나더러 붓을 씻고 도구들을 치우라고 한다. 우리의 관계에 관하여 차분히 설명을 한다. 이것은 이 집안에서 보기 드문 행동이다. 합의에 도달했다. 오늘은 내가 붓을 씻고 그는 팔레트 나이프를 닦고 다음주에는 서로의 역할을 바꾸어 치우기로 했다.

내가 맡은 일을 하고 카일의 할머니와 대화를 나누기 위해 거실로 나갔다. 몇 분 있다가 부엌으로 돌아오니 카일의 손에 말끔히 씻은 팔레트 나이프가 쥐어져 있었다. '이것 봐요. 내가 했죠' 하는 듯한 묘한 표정으로 그 칼을 내 쪽으로 밀었다. 그 소년의 어떤 표정이, 말이, 몸짓이, 그 무엇인가가 나를 경계하게 한다. 나는 육감 또는 직감으로 방어적 태도를 취했으나 다음 순간에 일어날 일에는 준비가 되어 있지 않았다. 손바닥을 펴서 내밀었지만 팔은 보호의 제스처로 몸에 바싹 붙어있다. 내가 묻는다. "왜지? 왜 내가 그걸 만져보길 원하니?" 대답 없이 칼을 내밀더니 내 열린 손바닥에 얹는다. 순간 아무 감각도 느껴지지 않더니 1초가 되기도 전에 내 뇌에서 뜨겁다고 소리친다. 황급히 손을 치웠다. 손바닥에는 이미 그 팔레트 나이프가 화상을 입힌 빨간 줄이 가 있다. 내가 거실에 잠시 나가 있는 동안 칼을 가스레인지 불에 달구었나 보다.

분노와 충격으로 멍멍하다. 이전에 단 한번도 내담자가 고의적으로 나를 다치게 한 적이 없었다. 나는 화가 났다는 것을 알리고 여기에 다치러 온 것이 아니라고 말한다. 그를 계속 만나려면 그가 나를 존중하고 다치게 하지 않을 것이라는 믿음이 있어야 한다고 이야기한다. 나중에 이 일을 돌아보니 상황을 잘 다룬 것 같다. 한계설정(limit setting)을 확실히 해 두었고 그의 행동에 화가 났다는 것은 알리되 보복하지 않았다. 나와 그의 관계는 할머니와의 관계와 달라야 한다고 말하였다. 카일은 할머니의 위협자이고 할머니는 괴롭힘을 당하면서 소년을 모시다시피 하고 있다. 이런 것들을 다 생각해 보고 마음속으로 정리한다고 했으나 이틀 후 그 집에 갈 시간이 되자 정말로 내키지 않았다. 가야 할 시간이 다가오자 다른 일을 하면서 마냥 시간을 까먹다가 늦게 도착하였다. 그 다음주도 같았다. 불편하고 미루고 싶고 가기 싫은 이 느낌은 그 집을 향하는 내내 나를 감쌌다. 여기에 있기가 싫다.

그 주 나의 슈퍼바이저와 세션이 예약되어 있었다. 내가 불편함에 대해 이야기한다. 슈퍼바이저는 별 얘기 없이 그저 내가 왜 그 집에 가기 싫은지 이야기하는 것을 가만히 듣고 있다. 나는 이것이 단순히 그가 나를 고의로 다치게 했기 때문이 아니라는 것을 알고 있다. 그에 대한 내 반응을 이해하고 싶다. 그래서 카일이 자신의 행동으로 '말한' 것이 무엇인지 내 생각을 말로 해 본다. 내가 느끼는 것이 혹시 그가 느끼는 것과 관련 있는지, 드라마틱하게 내게 화상을 입힌 그의 행동이 하고자 하는 말이 무엇인지, 나의 화를 넘어 '듣고자' 한다. 그 행동의 시적인 표현이 무엇일까 이해하고자 노력한다. 그 행동은 이렇게 '들리는 것' 같다.

> 이게 내 삶이에요. 들려요? 나는 데였어요. 가장 무방비 상태에 있을 때, 아픔을 당할 행동을 하지 않았을 때 말이죠. 내 안은 고통과 분노로 가득 차 있어요. 나는 당신이 나의 아픔을 직접적으로 알기를 원해요. 나와 치료 작업을 하려면 앞으로 느끼게 될 테니까요. 당신은 이 뜨거움을 감당할 수 있어요? 분노로 가득한 아픔과 고통을? 왜냐하면 내가 당신에게 보여 주고 전해 줄 거니까요. 나와 작업하는 것이 쉽지 않을 거예요. 아플 거고, 당신을 화나게 할 거고, 생각하지 않을 때 놀라게 할 거고, 다시 돌아오고 싶지 않게 할 거예요. 그래도 돌아오겠어요? 이것이 나의 삶이에요. 느껴지나요? 이걸 감당할 수 있어요? 그래도 돌아오겠어요?

이 들리는 듯한 소리를 말로 표현해 보니 그 간단한 행동의 힘에 놀란다. 카일은 자신과 치료 작업을 하는 것이 어떨 것이라는 것을 알려주고 나한테 이렇게 묻는다. 그 집에 돌아갈 것인가? 이 질문은 단순히 내일 또는 그 다음 세션에 돌아오겠냐는 질문이 아니라 꽤 오랜 기간 그래도 돌아오고 또 돌아오겠냐는 질문인 것임을 안다. 이 소년은 상처가 깊고 장기간의 치료가 필요하다. 그렇게 볼 때 이 질문은 합당한 것이다 — 할래 말래? 안에 들어올래, 바깥에 서 있을래?

돌아간다. 그 다음 카일과의 세션을 위해 집에 도착하니 그가 놀란 눈으로 나를 본다. 그러더니 곧바로 태도를 바꿔 놀라지 않은 척한다. '헤이' 라고 인사를 간단히 건네고 들어오라고 문을 활짝 연다.

꽤 오랜 시간 동안 그 집에 돌아가고 또 돌아갔다. 일 년, 이 년이 지나고 아직도 그를 만나고 있다. 아직도 힘들고 어렵지만 나는 더 이상 카일과의 세션을 불편해 하지 않는다. 그의 행동을 단지 그의 병리적 표명으로 보지 않고 그의 삶의 시적인 표현이라고 생각할 때, 그에게 단순히 '적절한' 치료적 한계를 두는 방법으로 반응하지 않고 나의 시적인 감수성을 이용한 공감으로 반응할 수 있었다. 그 소년은 '타오르는' 질문을 하였고 나는 그 질문을 '들었다.'

우리는 세상에 반응하는 나름대로의 특별한 방법을 통해서 우리가 누구인지 알게 된다. 어떤 것에 끌리고 어떤 것에 거부감이 드는지, 어떤 것이 기쁘고 어떤 것에 무관심한지, 무엇 또는 누구를 주위에 두는지 말이다. 내가 어렸을 때 숨어서 놀곤 하던 넓고 뿌리 깊은 떡갈나무는 내가 누구인지 그 일면을 안다. 봄이 되면 맡아도 또 맡고 싶어 꽃에 코를 갖다 대고 향기를 다 가지려는 듯 들이마시는 라일락 향기 또한 나를 만드는 조각의 일부이고, 내가 살아가는 법과 사랑하는 법의 한 부분이다. 차에 가면 바로 나갈 수 있게 후면 주차를 선호하는 내 주차 습관도 내가 어떤 사람인지 힌트를 준다. 우리는 이렇게 우리 나름대로의 삶의 시를 갖고 있다. 이것은 일상의 드라마로 우리가 누구인가 하는 모양을 만들고 세상에 알린다. 우리는 이러한 행동으로 표시가 날 듯 말 듯하게 이 세상에 표시를 하고 증명을 한다.

그렇다면 왜, 우리가 치료사의 옷을 입었다고 해서 다른 이들이 그들의 삶과 세상에 그들만의 방법으로 반응한다는 것을 더 이상 인식하지 않는가? 우리는 그들을 자살미수자이고, 반항적이고, 수동적이고, 우울하고, 정신이상이고, 난폭하고, 반듯하고, 반듯하지 않고, 유순하고, 꾀를 부리고, 말썽을 피우고, 과잉행동을 하고, 주의를 끌고자 하고, 교묘하게 조정하려 하고, 적극적이고, 표현적이고, 결여되고, 퇴행하였고, 나아지고 있고 등으로 보는데, 그러는 과정에서 그들의 삶의 시(poetry)를 보는 것을 놓치고 있다. 그들이 누구인가 하는 특별함을 꽤 명료하게 행동으로 표현하는 데도 그것을 들을 수 있는 수많은 기회를 놓친다.

내담자를 이해하려는 노력

내담자를 이해하고자 하는 노력은 광범위한 이론적인 이해에서부터 문화적인 맥락의 제고와 개인의 역사까지 다각적인 면에서 이루어져야 한다. 이론적인 구도는 객관적인 거리를 부여하고, 문화에 관한 이해는 다른 세상의 견해와 입장을 알게 하며, 개인의 개별적인 상황과 행동은 그들과 작업하는 데 있어서 공감을 가지고 작업하게 한다.

이 책은 이런 다양한 각도 중에서도 예술적인 관점으로부터 내담자를 이해하는 것에 초점을 둔다. (그들 자신이 이야기하거나 다른 사람들이 그 사람에 대해 말한) 내담자의 일화나 그들의 행동으로 표출되는 시를 이해하려고 노력할 때, 예술 분야이기 때문에 가능한 독특한 방법으로 내담자를 이해할 수 있다. 내담자가 스스로 털어놓는 삶의 이야기들과 그들의 행동에 예술적인 관점으로 감응하는 것은 그들을 이해하는 또 하나의 길이다. 그렇다고 해서 미술치료 외의 다른 방법을 찾지 말라는 말이 아니다. 그 대신 우리의 전문성을 이용하여 그들의 문맥적인 삶의 이야기를 들을 수 있다는 것이며, 우리의 미적인 감수성을 이용하여 그들의 삶에 예리하게 조응하는 것은 여러 치료 전문직 중에서도 우리가 특별히 이바지할 수 있는 점이다.

> 미술치료 대학원 수업중에 자원자를 뽑겠다고 하니 제니가 손을 든다. 교실 중간에 미술재료들을 펼쳐 놓고 그녀가 작품을 만드는 과정을 보겠다고 한다. 다른 학생들에게 그들이 할 과제를 일러주니, 난감해 하기도 하고 흥미로워 하기도 한다. 제니가 창작하는 과정을 보고 임상 기록을 작성하는 연습을 하자고 한다. 단, (기록의 방법에서 규정하는 관찰과 그 내용 전달을 사용하는) 보통의 임상 노트가 아니라 여러 가지 다른 예술적 감성의 입장으로 제니의 창작 과정을 보고 기록하는 방법을 제시하였다.
>
> 한 학생에게는 제니의 움직임을 마치 무용 공연을 감상하는 것처럼 보게 하고, 다른 학생에게는 제니의 움직임을 마치 음악을 듣는 것처럼 감상하게 하였다. 또 다른 학생은 제니의 창작 과정을 드라마의 이야기 전개로 보게 하고, 옆의 학생은 제니가 시를 쓰고 있는 것으로 보게 하였다. 마지막 학생에게는 제니가 작품 만드는 과정을

모빌 같은 움직임이 있는 시각 작품으로 보라고 했다. 관찰뿐 아니라 작성 방법 또한 스케치, 난센스 글짓기, 즉흥시, 이야기, 음표, 종이에 자국 내기 등 그 외 적당하다 싶은 방법으로 표현해 보라고 하였다.

학생들이 종이와 펜과 미술재료들을 모아서 각각 잘 볼 수 있는 곳에 자리를 잡았다. 이제 '세션'을 시작했으며 그들의 관찰과 기록도 시작이라고 알렸다. 나는 일반적인 임상자 위치에 서서 여러 해 동안 일했던 병원의 임상 기록 기준과 정신병원 환자의 병보다 강점 위주로 기록하는, 최근에 수정된 방법에 따라 임상 노트를 작성했다. 관찰한 것에 설명을 더해가며 다음과 같이 성실히 썼다.

> 내담자는 세션의 시간 내내 작품을 만드는 과제에 집중을 하였다. 망설임 없이 시작하여 창조적인 생각과 재료의 창의적인 사용을 할 수 있는 능력을 보여 주었다. 창작 과정에 집중을 하여 주위의 다른 일들이나 다른 사람들에게는 관심을 주지 않았다. 방 안에 크고 날카로운 소리가 들렸던 한번만 아주 잠깐 눈을 들어 방 안을 둘러보았다. 줄을 튜브에 감는 반복 동작과 중간 정도 수준의 눈과 손의 협응이 요구되는 작품을 만들었다. 그 과제에 관심을 지속적으로 유지하였다. 세션의 마지막 부분에 가서는 감고 있는 줄에 구슬을 군데군데 꿰는 등 유연성과 필요에 따라 수정할 수 있는 능력을 보여 주었다. 한번은 줄이 감긴 튜브에서 풀리려고 하니 풀을 써서 제자리에 고정시켰으며, 이를 통해 환경 적응 능력과 문제 해결 능력을 보여 주었다.

15분쯤 흐른 후 참여해준 제니에게 고마움을 표하고 다른 학생들에게 우리가 본 것을 나눌 시간이라고 알렸다. 내가 쓴 일반적 임상 기록을 먼저 읽어 주었고 다른 학생들에게 자신이 쓴 것을 읽도록 하였다. 다음은 학생들이 쓴 내용이다.

> 처음에는 그녀의 움직임을 무용으로 볼 수 없을 줄 알았어요. 움직임이 많지 않았거든요. 그래서 그렇게 관찰하는 것이 지겨울 줄 알았습니다. 하지만 그녀의 움직임에서 아름다움을 발견할 수 있었고, 그래서 이렇게 기록을 하였습니다. "동그랗게 만 몸이 자리를 잡았다. 움직임 아래에 있는 고요는 물결처럼 그

녀의 움직임을 통해 흘렀다. 움직이는 듯 마는 듯 하는 그 몸의 중심에 움직임이 쌓였고, 그 반복적인 움직임이 그녀가 만드는 작품으로 전유가 되었다." 그녀의 움직임은 확신이 있어 보였고 무엇인가를 보호하는 것 같아 보였습니다. 그리고 그 움직임을 보는 것이 전혀 지겹지 않았습니다. 마치 무엇인가가 태어나려 하는 것을 보는 것 같았거든요.

그녀의 움직임을 음악으로 듣는 것은 참 어려웠어요. 거의 아무 소리도 들리지 않았기 때문입니다. 하지만 그 미세한 움직임에서 쉬익 쉬익 하는 소리가 율동적으로 들렸지요. 달그락거리는 소리가 가끔 들렸고 그 소리가 튜브 안에서 들리는 소리라는 것을 알게 되었습니다. 그 안에는 무언가 딱딱한 것이 있어서 튜브 안의 벽을 정기적으로 때리는 것 같더라고요. 무슨 음악일지 잘 모르겠지만, 아마도 재즈, 그래요, 아주 조용한 실험 재즈일 것 같습니다. 리듬감 있고 자장가 같기도 하고, 가끔 그 작품 안에서 들리는 충돌하는 소리가 나를 깜짝 깜짝 놀라게 만들었습니다.

나는 그녀를 럼펄스킨(Rumpelstiltskin)의 공주로 상상했어요. 탑에 갇힌 공주는 아마 섬유를 물레로 돌려서 금실을 잣고 있겠지요. 그러나 관찰하다 보니 이 방에 있는 모든 사람들이 드라마에 참여하는 사람들처럼 보이더군요. 그리하여 나의 이야기는 이렇게 바뀌었습니다.

아주 아주 오랜 옛날 욜그인의 땅에 사는 여자가 있었습니다. 하지만 그녀는 자기가 정말 욜그인일까 의문을 갖고 있었습니다. 왜냐하면 종종 실을 돌리고 말기를 원하는 충동을 느끼곤 했는데, 이것은 모든 사람들이 알다시피 '몰그'인들이 하는 행동이었으니까요. 낮에는 미소를 가면처럼 쓰고, 철사를 구부리고 자르고 하는 욜그인들과 잡담을 나누었습니다. 하지만 밤만 되면 아무도 안 보고 있을 때 서둘러 빠져나가서는 숨겨 놓은 실을 찾아 비밀의 장소에 갔습니다. 거기서 만족할 때까지 실을 감고 또 감았습니다. 그러다 보면 실은 자신의 손의 일부가 된 것처럼 느껴지기도 했고, 때로는 속삭임처럼 그녀의 가슴에서 날아 올랐습니다. 그러다가 숲 속에서 낯선 소리가 나면 손놀림을 멈추고 경계를 했지만, 곧 위험이 없다는 것을 알고 다시 실을 감고 돌리는 일을 계속하였습니다. 그 작업을 하는 동안 그녀는 자신이 누구인지 알았습니다. 자신의 몸에서 나오는 리듬을 기억하였고, 자신의 손가락 사이로 빠져나가는 실의 느낌을 기억하였고, 자신이 만들고 있는 것을 볼 때 가슴에서 우러나오는 기쁨을 기억하였습니다. 그렇게 하면 낮 동안도 자신이 누구인지 까먹지 않았습니다. 철사를 부드러운 실을 만지듯 가볍게 잡았고, 철사를 구부릴 때도 실을 감는 듯 감았습니다. 그렇게 하면 자신이 살고 있는 삶을 기억할 수 있었습니다.

나는 제니를 관찰하면서 그녀가 하는 행동에 대해 시를 쓰는 과제를 맡았습니다. 나는 시인이 아니라서 잘 모르겠습니다만, 제가 쓴 시는 이렇습니다.

> 모으기
> 저장하기?
> 끈, 튜브, 손 안에 단단히 잡힌(숨긴)
> 그녀의 소유물 위로 굽은 몸
> 손에 쥐어진 그것이 사라진다 ? 어디로?
> 빠르게 제자리를 잡는다
> 돌리고 감고 돌리고 감고
> 무릎 위에 잡고 있는 것을 향하여 움직인다
> 마치 갓난아이가 어머니의 품에서 포대기에 싸여 있는 것처럼
> 탄생인가 죽음인가 ?
> 제의적인 움직임. 반복
> 마음이 고요한 듯하다. 그리고는 쾅! 누군가 무엇을 떨어뜨렸다
> 큰 소리
> 그것은 그녀를 방으로 확 잡아 끌어당겼다
> 놀란, 무엇인가, 의심스럽게 둘러본다
> 하지만 그 팔의 움직임이 멈추기를 거부하여

그녀 자신 쪽으로 다시 끌어당긴다
돌리고 감고 돌리고 감고, 안으로 밖으로, 안으로 밖으로
무엇인가를 가리고 또 가린다
새로운 무엇인가를 만들기 위하여
드러내기 위하여 가린다.

나는 아무 글도 쓰지 않았습니다. 그저 보고 들은 것을 그렸어요. 그녀 주위의 움직임을 민감하게 보고 있었는데 속닥거리는 소리가 들리고 다른 학생들이 자신의 과제에 따라서 움직이는 것이 보였습니다. 그녀의 모습은 내 그림의 고요한 중심이 되었습니다. 단, 정말 고요하게 움직임이 없었던 것은 아니고, 그녀의 팔이 계속해서 움직이고 있었습니다. 내가 이 그림을 그리면서 나 또한 그녀처럼 앉아 있는 것을 발견하였고, 내 그림은 그녀의 움직임을 반영하는 것 같았습니다. 좀 희한하지만 좋은 느낌이었어요. 마치 아주 잠깐 동안이지만 제니가 된 것 같다는 느낌, 그 느낌이 어떨지 알 것 같았어요.

이어서 우리는 예술가적인 감수성을 이용하여 다른 사람을 관찰하는 것이 어땠는가를 토론한다. 제니는 관찰되는 것이 어떤 느낌인지 말해 준다. 그녀는 보통의 임상 기록과 여러 사람들이 다른 예술적인 관점으로 반응하는 것을 들은 것이 얼마나 달랐나 하는 것을 말한다. 다른 학생들은 제니의 입장에서 자신이 관찰을 받는 대상이라면 어떨까 하는 토론을 하고, 이 토론은 우리의 내담자가 관찰을 받을 때 그 경험이 어떤 것일까 하는 것으로 이어진다.

그다지 놀랍지 않게 제니는 예술적인 관점에서 움직이는 시, 즉흥 무용, 방으로 퍼지기 직전의 노래로 관찰되는 것을 더 선호하였다고 말한다. 예술적인 관점으로 쓴 보고서를 듣고 마음이 움직이기도 했고, 그것들을 통하여 이해 받았다고 느껴졌으며, 자신에 관하여 모르고 있었던 것도 발견할 수 있었다고 말한다.

표준화된 임상 기록과 우리의 예술적인 감성을 이용한 기록의 차이점에 관하여 토론을 한다. 보통 쓰는 임상 기록은 관찰의 대상자로부터 한 발짝 떨어져 있다고 느껴지지만, 예술적인 관찰과 기록은 그 사람과 더 공감적이고 연결되었다고 느껴졌다고

한다. 또 임상 노트는 병리학에 기초하고 판단적이며, 예술적인 관찰의 방법이 관람자의 강점에 더 초점을 두고 덜 판단적이라고 느꼈다고 한다. 내가 임상 기록을 쓰면서 개인적인 판단을 배제하고자 최선의 노력을 하였음에도 이렇게 반응하였다. 우리는 왜 임상 노트가 비판적으로 들리는가에 관하여 토론을 해 본다. 우리가 임상 노트를 이렇게 느끼도록 훈련 받은 것인가 아니면 이런 방식의 기록은 비판적인 목소리가 그 안에 내재되어 있는 것인가?

우리의 토론은 또한 이렇게 예술적인 관점에서 쓴 노트의 정당성에 관한 질문으로 이어진다. 어떤 학생은 자기가 그저 이야기를 만들어 내는 것 같다고 느꼈다고 말했다. 혹여 자신이 쓴 이야기가 제니에 관한 것이라기보다 관찰자 자신의 이야기를 담고 있는 것은 아닌가 질문했다. 이에 대한 대답으로 제니는 그 이야기를 들으면서 이해받았다고 느꼈으며, 그 이야기는 임상 노트가 완전히 놓친 그 경험의 어떠한 진리를 담고 있었다고 반응한다.

한 학생은 표준적인 임상 노트 역시 관찰자의 주관성을 상당히 많이 담아내지 않나 하는 질문을 하였다. 우리는 그럴 것이라고 동의했고 그럼에도 불구하고 우리의 예술적인 감수성으로 만든 기록이 더 가짜라고 생각하기 쉽다는 것에도 동의하였다. 우리는 왜 의료 모델에 입각한 치료의 방법으로 분석적이고 선형적인(linear) 생각은 '맞는 것' 이라 생각되고, 예술적인 방법으로 알게 되면 너무나 쉽게 의심하는가 하는 이야기를 하였다.

결국에는 표준적인 임상 노트는 다른 사람을 객관적인 거리를 두고 관찰할 수 있게 하는 장점이 있음을 인정한다. 그 방법은 사실에 입각한 정보를 우리의 감정에 방해 받지 않고 이야기할 수 있게 한다. 여러 학생들이 임상 노트의 스타일은 자신들의 실습을 관리하는 시설의 방침을 따르는 것이고, 결국 돈을 지불하는 보험회사 등에 의하여 결정된다고 불만을 토로했다. 즉, 실질적이고 거부할 수 없는 현실이 있다는 것이다. 이것은 치료사와 임상자, 대부분의 예술치료사의 현실이기도 하다.

표준적인 임상 노트의 관찰 방법과 기록 방법을 비난하는 대신, 예술적인 감성으로 보는 관찰을 실질적으로 사용되는 임상 노트에 보충하는 방식을 생각해 보라고 한다. 예술적인 관찰과 기록이 임상 노트를 대신하는 것이 아니라, 우리가 세상을 보는 예술적인 방법을 이용하여 내담자를 더 잘 이해하고자 함이라는 설명을 덧붙인다. 이것은 예술치료사인 우리가 임상 세계에 이바지할 수 있는 특별한 능력이라고 말이다.

학생들은 이 연습을 통해서 자신의 내담자들을 예술적으로 또는 시적으로 보는 영감을 얻었다고 말한다. 그러면서도 한 학생은 주저하면서 이러한 관찰 방법의 실용성을 의문하였다. 실습을 하면서 차트에 써야 할 기본적인 노트를 작성할 시간도 없다고 말이다. 다른 학생들은 내색은 안 하지만 그 학생이 그 안에 있는 생각들을 대변한 것임을 안다. 단기간으로 이뤄지는 대부분의 치료가 내담자에 관하여 생각할 시간과 여유조차 안주는 상황에서 이렇게 예술적으로 아는 방법의 실용성을 의문스러워 하는 것은 이해가 가는 일이다. 그러자 제니가 대답하기를, "이런 방법으로 내담자들을 관찰하여 쓰고 그림 그릴 시간이 늘 없다고 하더라도 이런 방법으로 그들을 생각하는 것을 연습할 거에요. 이 방법은 내가 미술치료사로서 가장 잘 할 수 있는 점과 맞아 떨어지는 방법이에요. 하지만 그 이상으로 중요한 것은 나는 내 내담자가 오늘 내가 느꼈던 것을 느끼게 해 주고 싶어요. 다른 사람이 나를 정말 이해하려고 노력하는 것 말이에요."

예술적인 방법으로 관찰 능력을 사용하는 것에 관하여 워크숍을 하거나 수업을 진행할 때마다 대화의 방향은 이 비슷한 방향으로 흐르곤 한다. 내담자를 이해하는 방법으로 예술적인 감수성을 사용하는 방법에 깊은 관심을 표명하지만, 동시에 이러한 관찰의 방법은 근거가 없다거나 실용성이 없다는 느낌을 표현하기도 한다. 내가 이러한 방법을 원래의 임상 노트 쓰는 방법을 대체하는 것이 아니라 그것에 덧붙여서 관찰을 더 깊게 하는 방법으로 쓰면 어떻겠냐고 말하면 그제야 이 방법의 유용성을 더 쉽게 생각해 보고는 한다. 이미 존재하고 있는 기록 방법의 유익한 면인, 치료 기획(treatment planning)을 할 수 있게 돕고 다른 스태프들과 소통할 수 있는 표준화된 의사소통 체계를 인정하고 그것의 한계성 또한 볼 수 있어야 한다. 예술적인 관점을 그 위에 덧붙이는 것은 내담자에 관하여 더 풍부하고 더 완전한 그림을 그릴 수 있게 하는 방법이다.

이러한 토론은 어떠한 관찰이라도 (이것이 '사실' 만을 나열하는 것이라고 하더라도) 주관적인 면이 있다는 결론에 늘 도달한다. 이것은 보통 이야기되지 않는 기록의 측면이다. 왜일까. 어쩌면 주관적인 면이 우리 사회에서는 긍정적인 것으로 보이지 않기 때문인 것 같다. 예술에 기반하여 다른 사람을 이해하기 위한 관찰은 주관적인 면이 확실히 더 부각되는 방법이다. 우리의 공감적인 연결(empathic connection)의 역량은 우리의 주관적인 면을 다른 사람의 경험만큼 중요하게 생각하고 존중하는 데 입각한다.

예술적인 관찰과 기록은 우리의 내담자를 이해하는 데 있어서 우리의 이해를 더욱 더 풍부하게 할 수 있다. 예술에 관한 우리의 열정이 우리가 정성을 기울이는 사람들을 향한 자비로운 마음으로 전해질 수 있다. 예술적인 감수성에 입각하면 그들의 행동과 이야기를 통해 전달되는 내담자의 삶의 시(poetry)를 더욱 잘 들을 수 있다.

내담자 이야기

흰 머리의 할머니들과 함께 양로원 지하에 있는 방에 모여 앉아 있다. 다른 참여자들이 휠체어나 보행기의 도움을 받아서 올 때까지 잡담을 하면서 시간을 보내고 있다. 탁자 위에 미술도구를 펼치자 베시와 마가렛은 둘 다 자신들은 작가가 아니라고 말한다. 그들의 말에 공감을 한다. 나 또한 내가 익숙지 않은 것을 하는 것이 어렵다고 한다. 하지만 나는 여기에 그들을 돕기 위해 와 있다는 것도 알린다.

미술도구를 펼쳐 놓는 동안 수영에 관한 이야기가 나왔다. 베시가 말하기를 "나는 말이지, 20대가 돼서야 수영을 배울 기회가 있었어. 그때 맥이라는 잘생긴 애인이 있었는데 말이지, 내가 수영을 배우기를 원했거든. 두렵기도 하고 할 수 있을지 잘 몰랐지만 늘 수영을 배우고 싶었어. 그래서 꼭 배우겠다고 결심을 했지. 그래서 하루는 맥하고 몇 명 다른 친구들과 호수에 갔어. 팔을 어떻게 움직이고 다리로 물을 어떻게 차야 하는지 기초를 배운 후에, 두려움을 이기는 방법은 깊은 물에 들어가는 수밖에 없다고 생각했어. 그래서 점프 보드에서 호수로 뛰어들어갔지." 이야기를 하면서 킥킥 웃는다. "그리고는 허우적거리면서 내가 정말 바보구나 생각했지. 그런데 그러다 보니까 좀 되더라고, 그래서 호숫가로 수영을 하면서 돌기 시작했어. 호숫가에서 나를 바라보고 있던 내 친구들은 그런 나를 보면서 크게 웃고 환호성을 해 주었어."

마가렛은 베시의 이야기에 대한 응답으로 자신의 이야기를 하나 한다. "나는 말이지, 늘 물이 무서웠어. 내가 9살인가 됐을 때 큰 오빠가 내가 이제 수영을 배울 때가 됐다고 결정했지. 오빠는 때로 못되게 굴기도 했는데 그날 오빠랑 오터스 심스라는 오빠 친구가 연못가에서 물에 비치는 모습을 보고 있던 나를 뒤에서 밀어 버렸어. 난 물 안으로 빠졌어. 그 연못은 서면 발이 땅에 닿는 얕은 연못이었지만 그래도 정말 놀라고 무서웠어. 난 하나도 재미있지가 않았지." 마가렛이 의자에 똑바로 고쳐 앉아 자신감 비슷한 표정을 지으면서 이야기를 이렇게 마쳤다. "그래서 그게 끝이었어. 그 후로 다시는 수영을 배우려고 하지 않았지. 누가 아무리 뭐라고 해도 말이지."

알 것 같았다. 그들이 내게 무슨 이야기를 해 주는지. 새로운 일을 하는 것, 낯선 미술 재료들을 사용해 보는 위험이 어떤 것인지 말이다. 또한 그 이야기를 통해서 다른 두 분이 이 작업에 관하여 다르게 다가갈 방법을 제시하는 것을 들었다. 아마도 베시에게는 공간과 재료라는 기회를 주고, 기본적인 사용 설명만 해 주고, 필요할 때 힌트와 격려를 주고, 성공을 같이 기뻐해 주면 될 것 같다. 아마도 마가렛을 작품 만드는 것에 끌어들이기는 조금 더 어려울 것 같다. 내가 하려는 노력이 자칫 '밀기' 로 들릴지 모르고, 그런 경우에는 자신의 존중을 지키기 위해서라도 참여를 거부할 것 같다. 또 어쩌면 이 두 명이 안 어울릴 것 같지만 같이 잘 갈 수 있는 '수영 파트너' 일지도 모르겠다는 가능성을 본다. 마가렛이 안전한 물가에서 참여하고 있는 것이 베시가 준비되기 전에 점프 하는 기질을 완화할 수 있고, 동시에 베시가 낯선 상황에 도전하는 정신이 어쩌면 마가렛으로 하여금 새로운 물에 발을 담가 보도록 유도할 수도 있을 것 같다.

모든 내담자들이 이렇게 첫 미술치료 세션에 들어오자마자 앞으로 할 과제에 어떻게 다가갈지를 이야기해 주지는 않는다. 내담자가 자신의 작품에 의미를 담는 것을 들으려 하면서 동시에 내담자가 스스로에 대하여 하는 이야기에 담긴 의미를 찾고자 하지만, 많은 경우 내담자가 하는 이야기에서 힌트를 제대로 찾고 있는지 자신이 없을 때가 많다(White & Epston, 1990). 내가 과연 그들이 하는 이야기에서 의미를 제대로 파악하고 있는지, 아니면 소설을 쓰고 있는지, 그 소설에 의해 살라고 하는 것인지 의

문스러울 때가 있다.

내 의견으로는 스스로에게 던지는 이러한 질문과 의혹은 꼭 필요한 것이다. 나는 여러 전문가들이 자신들의 내담자에 관하여 말하면서, 간단하고 환원주의적인 분석으로는 설명할 수 없는 이 놀라울 만큼 복잡한 인간의 내면을 풀어야 할 퍼즐쯤으로 설명하는 것을 많이 보았다. 어쩌다가 동료 치료사가 이런 말을 하면 격분하고 당황하게 된다. 어떤 경우에는 치료사가 환자 본인보다 마치 그 사람을 더 잘 이해하고 있다는 식으로 말하는 것을 엿들은 적도 있다. 여기서 비극은 내담자가 '텍스트를 진단하는 사람들에 의해서 그 사람을 그 자신의 텍스트로부터 너무나 떨어져서 결국 스스로가 안 들릴 수 있다' 라는 것이다(Jones, 1997, p. 73).

다행히도 포스트 모더니즘의 영향은 치료사로 하여금 그 환자에 대한 최고 권위자의 위치에서 내려오게 하였다. 포스트 모던 이론가들은 진실이 관계적, 사회적 맥락에 따라 달라진다는 것을 이해한다. 치료사가 내담자의 이야기를 이해하는 것은 선입견과 주관적인 견해에 영향을 받는다(Goldenberg & Goldenberg, 2000). 이렇게 생각하는 방법은 치료에 있어 보다 치료사와 내담자 사이의 협업적인 방법을 구상하게 하며, 사실이라는 것은 여러 버전이 있으며 개인의 경험과 사회적 영향에 따른 복수적인 현실의 묘사로 존중 받게 한다.

우리의 예술적 관점은 내담자를 이해하는 한 방법을 제시한다. 이것 역시 분석적이고 이성적인 방법으로 내담자를 이해하고자 하는 노력인 것이다. 우리가 타인을 예술적인 관점에서 이해하려고 할 때 의혹이 드는 것은 이 방법이 윤리적인 판단으로 볼 때 정당한 것임을 증명하는 신호이다. 내담자의 이야기에 반응할 때는 이미지에 반응할 때와 마찬가지로 반드시 "창조적으로 열려 있음과 지나친 '자유 연상' 의 차이점을 알 수 있어야 한다"(Maclagan, 1999, p. 309). 내담자와 이미지에 반응하는 이 두 가지 경우 모두 그 이야기나 이미지만의 독특한 미적인 면에 확실히 근거를 두어야 하며 이것은 우리 해석의 기반을 확고하게 한다(Maclagan, 1999).

의심과 겸손은 타인의 이야기와 경험을 이해하려고 할 때 우리의 동료가 되어야 한다. 나와는 다른 인간을 예술적인 관점으로 이해하려고 하는 방법이 다른 방법보다 유리한 면이 있다면, 그것은 예술적인 삶의 방법은 이것은 반박할 수 없는 진리다라고 우기지 않는다는 점이다. 의문을 품고 의심을 하고 질문을 던진다.

경우에 따라서 내담자가 하는 이야기가 진짜인지 아닌지, 어느 정도 왜곡이 되었는지, 의도적인 거짓말이 섞여 있는지 의문스러운 경우도 있을 것이다. 그들의 이야기를 통해 교묘하게 조작된다거나 속임수에 빠질지 모른다고 걱정을 할 때 우리의 확신과 자신감은 흔들리게 된다.

예술적인 관점은 그 이야기의 글자 그대로의 진실은 별로 중요한 것이 아닐 경우가 대부분이라는 것을 알게 한다. 안전을 위해 진짜 사실의 정보가 필요할 경우를 제외하고는 이야기의 글자 그대로의 사실에 너무 집착할 필요가 없다. 우리가 관심 있게 보아야 할 것은 그 이야기가 스토리텔링의 무한히 가능한 변주 안에서 이야기꾼의 삶에 대하여 그 순간 어떠한 진실을 드러내고 있는가 하는 것이다. 소설 같은 창작은 "그 자체로 창조적인 행위이며 자아에 대한 은유적인 자화상이다. 그 자체로 진실인 것이다." (B. Moon, 1994, p. 63) 내담자가 하는 이야기는 어떤 면에서는 완전히 말이 안될 수도 있고, 동시에 다른 면에서는 심오한 진실일 수도 있는 것이다. 이것이 글자 그대로의 진실과 시적인 진실의 차이점이다. 우리 예술가의 눈과 귀와 가슴으로 그 이야기의 중심에 있는 시적인 진실을 경청하여야 한다.

이야기가 담고 있는 진실을 듣고자 할 때, 그 이야기가 어떻게 흘러가고 세세한 사항이 어떻게 표현되는지 하는 스토리텔링 방식에 가장 관심을 두자. 스토리텔링적인 이야기에는 그저 자신이 이렇고 저렇고 이야기하는 것에서 찾기 힘든 직접성과 진정성이 있다. 병원 같은 치료적 환경에서 임상자가 사용하는 속기의 방법으로 요약된 이야기로는 그런 세세함을 드러내지 못한다.

예를 들어, 내담자가 자살 시도를 했다는 이야기를 들었다고 하자. 병원 기록상으로는 이것이 기록된 전부일 수 있다. 하지만 그 자살을 시도한 정황에 관한 이야기를 알기를 원한다. 음울한 호기심에서가 아니라 그 사람의 자살 시도가 표현하고자 하는 내용을 이해하고자 하기 때문이다. 그 이야기는 어쩌면 전철 철로에 내려가서 자기보다 훨씬 크고 힘센 어떤 것이 다가오기를 기다리는 수동적인 이야기일 수도 있다. 어쩌면 조용히 비밀리에 약을 한 주먹 집어삼키고는 어두운 아파트 바닥에 몸을 말아 누워 기다리는 사람의 이야기일 수도 있다. 어쩌면 그 이야기는 올가미를 준비하여 한순간에 삶을 빼앗아갈 도구를 준비한 사람의 이야기일 수도 있다.

이것은 아주 다른 종류의 이야기이며 그 사람만의 특수한 경험의 진실을 말한다. 하나는 삶에 압도당하고 매몰되어 무엇을 할지 모르는 수동적인 입장이고, 다른 하나는 그 삶 속에서 오랫동안 무엇이 조용히, 어둡게, 비밀리에 독을 먹이고 있었던 것의 이야기이고, 또 다른 하나는 무엇인가가 갑자기 삶을 잡아 끌어당겨 삶을 지탱하고 있는 근원을 한순간에 빼앗는 이야기이다.

그 사람의 특수한 이야기의 세부적인 이야기를 듣고자 할 때 그 이야기만이 담고 있는 특별한 시적인 표현에 귀를 기울이고자 한다. 여기서 의도는 명확한 사실을 찾고자 함이 아니다. 그 대신 타인과 함께 존재함으로써 어두운 그곳에서 더듬더듬 길을 찾고자 하는 것이며 그 사람이 보여 주는 것에 온전히 경청하고자 하는 것이다. 그리하여 나라는 존재의 민감한 공감(empathy)을 이용하여 그들에게 반응하고자 함이다.

내담자의 행동을 표현으로 보기

> 나는 정신과 직원인 에릭이 어른 네 명을 스튜디오로 데리고 들어오는 소리가 나는 쪽으로 고개를 돌린다. 다 처음 만나는 사람들이다. 그중 한 명인 존은 휠체어를 타고 있다. 큰 몸집을 가진 존이 탄 휠체어를 미느라 에릭이 고생을 하고 있다. 존과 에릭은 둘 다 크게 숨을 쉬고 있었는데, 그들의 소리는 자신의 폐 안에 충분한 공기가 없어서 힘들게 산소를 삼키는 듯한 소리이다. 존은 원하는 자리를 손가락으로 가리켰고, 그곳에 도착해 자리를 잡으니 에릭에게 고맙다고 하고는 가져온 잡지를 뒤적거리기 시작한다. 존은 창가 앞에 앉아 등을 돌리고 있다. 잡지를 읽는 것 같지는 않고 그냥 쳐다보기만 하는 것 같다. 가끔 낮게 허밍 하는 소리가 숨을 들이마시는 소리 사이에 들린

다. 내가 이곳에 처음 오신 분들에게는 스튜디오 투어를 해 준다고 한다. 존은 내 쪽을 살짝 쳐다보더니 대꾸 없이 보고 있던 잡지로 눈을 돌렸다.

이것은 내가 존을 처음 만난 상황이다. 우리는 아직 대화를 나누지 않았고 존은 미술도구를 이용할 낌새도 안 보인다. 하지만 이미 그는 그의 삶의 시적인 표현을 이미 나에게 보여 주었다. 그의 행동은 내가 어떻게 그에게 가까이 갈 수 있는지, 그 문이 어디 있는지에 관한 힌트를 주었다. 의학 모델의 방법에 둘러싸여 있는 사람으로서 나의 첫 반응(reaction)은 그의 행동을 병리학적으로 꼬리표를 다는 것일 수도 있다. '반항적', '수동적 의존', '수동 공격형 행동 표출' 등으로 말이다.

그 다음에는 그의 수동성이 임상적인 우울증에 근거한 생리학적인 이유가 있는 것일지도 모른다고 생각할 수도 있다. 낮은 자존감을 가지고 있을지도 모르며, 그것이 원인이 되어 미술재료를 가지고 새로운 것을 시도하는 것에 관하여 겁을 먹고 있는지도 모른다고 생각할 수 있다. 또한 어쩌면 그는 수줍은 성격일 수 있으며, 그의 행동을 반항심이 아닌 자신감 결여의 표현으로 읽을 수도 있다. 이 단계쯤 되면 단순히 병리학적인 해석에서 조금은 더 인간적이고 공감적인 방향으로 이해가 넓어졌지만, 그래도 역시 그가 이 방으로 들어오고 방의 환경과 상호작용하는 방법으로 표현하는 시를 놓치고 있다.

시적으로 생각하기 시작한다. 이 짧은 만남에서 보이는 존의 시적인 의도에 초점을 맞춘다. 그의 말에서 시적인 표현을 듣고, 그가 작은 제스처로 엮은 의미, 미묘한 표현, 아직 말하지 않은 말, 이미 한 결정들에 관하여 생각해 본다. 이러한 단어들이 내 생각으로 들어왔다가 흐른다 — 숨참, 숨소리, 숨소리의 이중창, 소리가 나게 공기를 밀어냄, 원하는 곳을 손으로 표시함, 굵은 손가락이 연약한 종이의 단어들과 잡지의 이미지들을 만짐, 빛 쪽으로 앉음, 우리에게 등을 보임, 옆으로 살짝 봄, 숨을 들이마시는 노력, 노래를 밀어내기, 뒤돌아봄, 앞을 봄, 몸을 돌려 우리 쪽을 봄, 다시 고개를 돌려 멀리 봄, 안을 보기, 밖을 보기.

이쯤 되면 내가 존을 보는 방법이 변화한다. 나는 그를 더 이상 병리학적인 행동의 단어들로 보거나 생리학이나 감정이나 성격적 특성으로 말하는 대신, 그라는 존재의 시에 빠져든다. 나는 그의 '희망을 손가락으로 가리키는' 그 간단한 제스처의 단순함과 명료함에 놀란다. 그렇게 힘들게 노력으로 들이마신 숨을 노래로 내쉬는 것에 강한 인상을 받는다. 또한 다른 사람과의 관계를 그 안으로 끌어들이는 면(힘들게 같이 숨을 쉬는 듀엣)을 본다. 나는 그가 '우리에게 등을 돌리고 있는' 그 자세가 보통 사회적인 상황에서 잘 보여 주지 않는 그의 상처 입기 쉬운 자세를 보여 주고 있음을 본다. 또한 후렴처럼 반복되는 밀고/당기고, 들이마시고/밀어내고, 안을 보고/밖을 보는 리듬을 듣는다. 이 모든 것이 대화가 없는 아주 짧은 만남에서 보이는 그의 삶의 시적인 표현이다.

이렇게 타인을 보는 방법이 의학 모델에 근거한 평가와 기록의 방법에 익숙한 사람들에게는 낯선 방법인 줄 안다. 이것은 단순히 전문적인 지식과 훈련을 배제한 '예술적인(artsy)' 접근 방법이 아니다. 만약에 이러한 시적인 이해 방법이 내담자의 행동에 관한 민감한 관찰에 기반하지 않고 시인/치료사의 화려한 미사여구식의 상상을 투사한 것이라면 전문적이고 훈련에 기반한 방법이 물론 아니다. 이러한 접근 방법은 개인과 개인 사이의 경계를 조금은 부드럽게 하여 그들의 비언어적인 미묘한 의사소통에 열려 있어야 한다. 동시에 우리는 실체의 지각적인 관찰에 단단하게 입각하여 우리의 반응이 단순히 그 내담자와 융합하여 그들의 경험을 대리 체험하고자 하는 욕구에서 나온 반응이 아니도록 확실히 하여야 한다(Domash, 1981). 미술에 기반한 미술치료의 훈련은 행동을 표현으로 보는 것을 포함한다. 이 말이 무슨 뜻인가 하면 그들의 행동을 민감하게 관찰하고 주목하는 게 가장 중요하다는 것이다. 그리하여 보통은 그냥 아무 의미 없다고 넘어가거나 주목 받지 않는 행동에서 의미를 찾아낸다.

내가 학생들이나 다른 관련 분야 전문가들에게 내담자의 행동을 시적인 표현으로 보는 법을 연습시킬 때, 먼저 어떤 특정 환자의 행동에서 관찰한 것을 말해 보라고 한다. 그러면 보통 '그는 교묘하다' 또는 '그녀는 침울하다' 정도의 대답을 듣는 경우가 허다하다. 이것들은 해석이지 행동이 아니다. 우리가 누군가를 '교묘한 사람' 또는 '침울한 사람' 이라고 낙인 찍고 나면 우리가 볼 수 있는 눈을 가리는 것이며 그 사람이 정말 어떤지 볼 수 있는 가능성의 문을 닫는 것이다. 내가 반복적으로 묻는 것은 "그 사람이 무엇을 했나요? 그 여자분이 어떤 행동을 보였나요?" 이다. 존의 예를 들자면, 내가 그를 단순히 '반항' 이라고만 낙인을 찍었다면, 그의 두꺼운 손가락이 부서지기 쉬운 종이의 단어와 이미지를 만지는 것을 보았을 리 없다. 이 훈련은 주의와 비판단적인 관찰을 요구한다. 행동을 표현으로 관찰할 때, 우리 자신의 선입견을 인지하고 선입견을 괄호 안에 집어넣어 우리가 보는 것을 방해하지 않도록 하여야 한다(Mohacsy, 1995).

이런 방식으로 타인을 인간으로 보는 것은 치료사-내담자의 관계에서 질적으로 다른 상호작용을 낳는다. 이것은 우리가 몸담고 있는 치료계의 지배적인 패러다임인, 치료사는 힘 있는 권위자이고 내담자는 무력하게 도움을 기다리고 있는 사람이라는 생각에서 근본적인 사고의 전환을 가져온다. 이 전환은 치료적 관계에서 힘의 차이를 최소화한다. 내담자를 그들의 삶의 시로서 본다면, 우리의 치료적 관계 역시 함께 창조하는 모험의 동반자로서 관계 맺음을 할 수 있다. 그렇게 되면, 내담자를 우리의 가치와 기준에 의해서 '고칠' 필요가 있는 사람이라고 보는 것은 다른 사람의 시나 회화나 춤을 우리 생각에 입각하여 무엇이 '맞는 것' 이라고 고칠 수 없는 것처럼 불가능해진다. 그 대신 내 안의 시적이고 미적인 감수성이 타인이라는 시적인 존재에 의해 동요된다. 그 과정을 통해 관심이 생기고 호기심이 일어나고 마음이 움직이고 감동을 받는다. 내담자가 원한다면 내담자와 치료사는 공동 작업을 하는 아티스트가 되어서 창의적으로 문제와 가능성을 새롭게 보는 파트너가 된다.

시적인 암시와 실마리에 반응하기

내담자를 이해하는 방식은 내담자에게 접근하는 적합한 방법을 찾는 데 큰 영향을 미친다. 최근에 발표된 미술치료 문헌들을 보면, 우리의 접근 방법이 '환원적인 이론적 공식들을 넘어 확장되어야 한다' 라는 주장이 있다(Hogan, 1997, p. 20). 포스트 모더니즘(Alter-Muri, 1998; Byrne, 1995; Kapitan, 2000), 문화 해석(Lupton, 1997), 여성학(Hogan, 1997; Speert, 1993), 내러티브 치료(Riley, 1997, 2000; Riley & Malchiodi, 1994)가 지배적 정신역학 이론에 입각한 이해 바깥의 대안적인 틀을 제공한다. 다른 철학이나 이론 분야에서 빌려온 새로운 관점과 더불어, 예술적인 관점에서 인간의 경험을 보고 이해하는 방법을 통해 치료의 접근 방법을 어떻게 더 발전시킬 수 있는가 하는 고려는 미술치료에 종사하고 있는 우리로서는 자연스러운 과정이다.

이상적인 것은 우리가 사용하는 미술치료 접근방법이 개입적이거나 접근을 방해하는 것이 아니라 내담자가 우리에게 제공하는 어떤 것을 이용하여 그들에게 한 발짝 더 가까이 가는 것이다. 내담자의 삶의 시를 통해서 그들을 이해하는 방법은 이런 접근 가능성을 제공한다. 하지만 이렇게 얻은 정보를 가지고 무엇을 어떻게 할 것인가? 치료가 어떠한 방향으로 나아갈 것인가라는 지점에서 우리에게 어떤 도움을 줄까? 내담자들이 우리에게 보여 주는 시적인 암시와 실마리에 어떻게 효과적으로 반응할 수 있을까?

내담자와 첫 미술치료 세션에서 무엇을 할까 생각할 때 기본적으로 고려할 사항이 두 가지 있다. 첫째, 어떠한 재료를 제공할까 하는 것이다. 몇 가지 재료만을 선택하는 것부터 스튜디오에 있는 모든 재료(찰흙, 물감, 나무, 마커 펜, 연필, 실 등)를 다 내놓고 내담자가 선택하게 하는 것까지 여러 방법이 있다. 둘째는 이 재료들을 어떻게 사용하면 좋을지, 어떤 가이드를 해 줄까 하는 것이다. 여기에서도 우리의 결정은 과제를 내주는 방법부터 지시를 하지 않고 열어 두는 방법까지 다양하다.

흔히 스튜디오 접근 방법은 재료 선정에 있어서 완전한 자유를 주고 내용적인 면에서 비지시적인 형태를 사용하는 것이라는 오해를 받곤 한다. 이것은 스튜디오 방법의 한 축으로 '오픈 스튜디오' 모델이라고 불리는 방법이다(Allen, 1995b; Luzatto, 1997). 주어진 공간과 설치와 사용 가능한 재료에 따라 또는 내담자가 그 공간에서 필요로 하는 것에 따라, 어떤 경우에는 이것이 가장 좋은 접근 방법일 수도 있다. 하지만 모든 상황에서 최적의 모델은 아니며 환경이 이 모델에 적합하다고 해도 모든 사람들에게 가장 좋은 방법은 아니다. 사용 가능한 다양한 스튜디오 접근 방법을 알고 있는 것이 내담자에게 가장 좋은 올바른 임상적 결정을 내리는 데 도움을 준다.

예를 들어, 오픈 스튜디오 모델은 주의가 산만하고 오랫동안 집중을 못하는 어린이에게는 바람직한 모델이 아니다. 무엇이든 만들 수 있다고 하는 것은 이런 경우 건강하고 창의적인 상황 대신 더 혼돈한 상황을 초래할 것이다. 오픈 스튜디오 모델은 정신병동의 정서 문제가 있는 어른들을 위한 낮 프로그램에는 적합할 수는 있으나 그렇다고 모두에게 맞는 것은 아니다. 이를테면 감정 기복이 극심한 사람이나 충동적이고 과잉행동을 보이는 사람에게는 더 많은 충동을 일으킬 수 있다. 이런 경우에는 그 방법을 조절해서 사용할 필요가 있을 수 있다. 모든 것이 열려 있는 개방형 스튜디오 방법보다 지시와 한계가 정해진 방법이 더 적합할 수 있다. 외적인 한계 때문에 오픈 스튜디오 모델을 사용할 수 없는 경우도 있다. 예를 들어 가위처럼 흉기로 사용될 수 있는 미술재료가 철저히 감시되어야 하는 감옥이나 미술재료를 통해 병균이 옮을 수 있는 환자의 감염을 신경 써야 하는 병원이 그러하다.

현실적으로는 오픈 스튜디오 모델이 가장 맞는 접근이라고 하더라도 결국에는 미술치료사들이 어떠한 재료를 어떻게 쓸지를 결정하지 않으면 안 된다. 내담자들에게 제공할 미술재료를 주문할 때 이미 결정이 시작된 것이다. 아무리 풍부하게 재료가 있는 스튜디오라고 해도 모든 재료가 다 제공되는 것은 아니다. 또한 재료들을 어떻게 전시하고 정리하는가(예컨대 재료 두는 위치를 문이 닫히는 찬장 안, 뒷방, 아니면 쓰기 쉬운 위치)에서 이미 여러 가지가 결정된다. 미술치료사로서 개인적으로 관심이 있고 없는 작품의 형태도 스튜디오에서 어떤 작품들이 만들어지는가에 영향을 미친다.

또한 우리가 원하든 원치 않든, 내담자의 요구에 의해 우리가 선택한 매체와 상호작용을 하게 된다. 그들의 도와달라는 신호는 때로는 무언으로 전달된다. 예를 들어 어떤 재료 앞에서 내담자가 잘 모르겠다는 표정을 짓고 망설이고 불편해 보인다. 어떻게 할지 모르고 자신 없어 하는 사람을 도와주지 않고 그냥 내버려두는 것은 친절하지 않은 태도이고 나쁘게 보면 치료의 가능성을 미리 차단할 수도 있는 것이다. 내담자가 직접적으로 우리가 같이 하기를 표현하기도 한다. 기술적인 면에서 도움을 요청하거나, 아이디어 내는 것을 도와달라고 하거나, 자신의 의도를 어떻게 미술 작품으로 만들 것인가에 대해서 조언을 구할 수도 있다.

대체적으로 내담자가 필요로 하는 도움이 무엇인지 알고, 어떠한 재료와 어떠한 주제의 지시 방법을 쓸 것인가 하는 것을 정한 후, 미술치료적인 '개입(intervention)' 방법을 찾는다. 내담자와 같이 치료 계획을 만들었더라고 하더라도 '개입' 이라는 단어가 이미 이 과정이 협업적인 과정이 아니었음을 우회적으로 시사한다. 개입이라는 것은 방해물 혹은 그 사이에 끼어 든다는 뜻이다. 국제적인 정치 상황에서는 개입이라고 하면 무력적인 개입이나 무력을 행사하겠다는 위협을 말한다(Webster' s New World Dictionary, 1988). 아마 이런 식으로 '개입' 이란 용어를 이해해서 사용하는 치료사는 없겠지만, 이런 용어를 사용할 때 용어 자체에 이미 내포된 힘의 불균형을 고려해 보는 것은 중요한 일이다(Spaniol & Catteneo, 1994).

개입이라는 입장의 대안으로 반응(response)을 들 수 있다. 내담자들이 이야기와 행동으로 보여 주는 것을 잘 경청할 수 있다면, 그들이 원하는 미술치료 방법에 대한 암시를 주고 있다는 것을 알게 될 것이다. 이것은 접근이 용이한 지점을 알려 주는 것이다. 마치 내담자의 작품을 보고 치료 방법과 방향의 가이드로 삼는 것과 같은 이치이다(Riley, 1993, 1997). 내담자의 이야기와 행동을 예술의 형태로서 어떤 의미의 표현이라고 보면 여기에서 우리의 가이드를 만날 수 있다. 그렇다면 그에 따라 우리가 하는 행동은 개입이 아니라 반응이다.

치료사로서 의도를 가지고 행동하고 치료사로서의 영향력을 잘 인지하는 가운데 내담자가 원하는 것과 그들의 지혜를 존중하여 반응한다면 내담자와의 힘의 불균형을 줄일 수 있다. 이러한 관계적 개념을 가지고 내담자에게 다가간다면 진정한 협업을 할 수 있는 가능성이 높아진다. 연습을 통해 그들에게 이렇게 반응하는 법을 습득한다면 자연스러워져서 생각하지 않아도 이렇게 반응할 수 있다. 대부분의 미술치료사들은 이런 방법을 치료적 만남마다 늘 사용할 만한 여유가 없지만, 대개는 필요하면 선택적으로 그 상황에 맞게 변형하여 사용할 수 있다. 이것은 임상적인 환경에서 창작에 기반하여 보고 생각하는 방법을 주어진 현실에 맞게 만들어보고자 하는 노력이다.

처음에는 한걸음 한걸음씩 단계적으로 해 보는 것이 좋다. 처음에는 우리가 듣고 본 내담자의 이야기나 행동을 글로 써 보는 것이 도움이 된다. 이러한 기록은 우리가 마음의 눈으로 본 것을 확실하게 한다. 또한 글을 써봄으로써 미처 주시하지 못했던 이야기의 세세한 부분을 다시 들어볼 수 있고, 어떨 때는 당연히 여긴 내용들이 다르게 다가오기도 한다. 일단 이렇게 글로 써 본 후에는 이야기와 행동이 그 사람의 어떠한 면을 표현하는지 생각해 볼 수 있다. 우리가 쓴 글을 숙고하면서 여러 가지 행동과 본 것과 이야기들의 연결점을 찾는다. 반복되는 주제를 생각해 본다. 내담자와 작업을 할 때 필요한 지도를 그리는 힌트를 찾을 수도 있다. 어떠한 재료를 사용할지, 어떠한 주제를 가지고 작업할지 가리켜 주는 것이다.

이러한 과정을 통해 내담자와 치료사 두 명을 다 전문가의 입장에 놓는다. 내담자는 자기 자신에 있어서 (무엇을 잘 하는지, 어떤 능력을 가지고 있는지, 무슨 생각을 하는지, 희망과 가능성 등에 관해) 전문가이다. 미술치료사는 미술을 치유적인 목적으로 사용하여 문제를 다루고 가능성을 실현하게 하는 것에 관한 한 전문가이다. 내담자가 언어, 일화, 행동으로 표현하여 보여 주는 자신에 대한 앎(self-knowing)을 아주 중요하게 생각하고 귀를 기울이는 것이 우리가 할 일이다. 그런 후 우리가 미술치료 전문가로서 이것에 반응하여 앞으로의 미술치료 세션을 어떻게 진행할지, 지혜롭게 치료 계획을 짠다. 다음은 이러한 과정의 한 범례이다.

나는 막 수(Sue)와 첫 미술치료 세션을 마쳤다. 수는 20대 후반의 여자로 정신병동의 낮 프로그램에 참석하고 있다. 다음 치료 세션까지는 몇 분 남았으므로 그 시간을 이용하여 몇 자 적는다.

- 팔다리가 몸에 가까이 있는 닫힌 자세
- 걷거나 말을 할 때 고개를 푹 수그리고 있다. 머리가 가슴에 닿을 것만 같다. 미술재료를 찾고 사용할 때는 고개를 들었다.
- 검지로 엄지를 튕기는 모션을 반복
- 말을 하면서 손으로 입을 가렸다.
- 아주 조용히 말해서 알아듣기 힘들었다.
- 어렸을 때 벽장 안에 들어가 있어야 하는 벌을 받은 이야기를 했다.
- 정원에서 일하는 것을 즐거워한다. 특히 잡초를 캐고 뽑는 것을 좋아하는데 잡초를 뽑는 게 미안하다는 생각이 든다.
- 정원만이 유일하게 자기 거라는 생각이 든다고 했다.
- 처음에는 미술재료 사용하기를 망설이더니 점차 목적이 있는 듯 미술재료를 선택하여 사용했다.
- 자신의 정원을 콜라주로 표현했다.
- 재료를 바라보고 부드럽게 만진 후 사용했다.
- 종이를 찢고, 철사를 구부리고, 나무 조각을 쪼개서 콜라주 재료를 만들었다.
- 이 재료들을 신발 상자 뚜껑에 풀로 붙였다.
- 완성된 작품을 집으로 가져가게 비닐 봉투를 달라고 하였다.

수가 입원환자 병동에서 퇴원 바로 전에 열린 팀 미팅의 노트를 읽어보았다. 간호직원이 쓴 기록이다.

방의 구석에서 잔뜩 구부리고 앉아서 일기장에 그림을 그리거나 일기를 쓰는 경우가 많다. 보통은 뭔가를 요구하거나 달라고 하지 않는데, 필요할 때는 보통 환자들이 달라고 하지 않는 재료를 원했다. 쓰던 상자, 수술용 장갑, 약 컵 등. 그리고 이런 것을 받아서 작품을 만드는 데 사용하였다. 병원의 직원들이 키 큰 관목을 건물 앞에서 뽑아낼 때 눈에 보이게 속상해 했다(눈물을 글썽거리고 왔다갔다 걸어 다니며 힘들게 숨을 들이쉬고 내쉬었다). "그들이 물어보지를 않았어."라고 말한 외에는 뭐가 그렇게 그녀를 상심하게 하는지 표현하지 않았다. 퇴원하는 날에 나뭇가지, 나뭇잎, 도토리, 돌 등의 자연에서 찾은 재료로 만든 콜라주를 간호 직원에게 보여 주었다. 마치 동굴을 연상하게 하는 작품이었다. 별 설명 없이 작별 선물이라고만 했다.

간호 직원의 노트와 내가 적은 노트를 파일 폴더에 넣은 후 책상 서랍 안에 집어넣고 다음 세션에 들어갔다.

며칠이 지난 후 수와 세션을 할 때가 되었다. 책상 서랍에서 파일 폴더를 꺼내어 처음에 내가 써 놓았던 노트를 읽어본다. 여기서 반복되는 주제를 찾아본다. 닫힘에 관한 여러 가지 언급(보디랭귀지, 손으로 입을 막음, 벽장, 신발 상자 뚜껑, 부드러움)과 빠르고 공격적인 움직임에 관한 것들(손가락 튕기기, 제초하기, 잡기, 뽑기, 구부리기, 쪼개기)을 본다. 묻지 않는다는 것은 그녀를 관찰한 간호 직원이 그녀에 관하여 말한 것이기도 하고, 병원 앞 나무를 뽑은 병원 직원에 관하여 그녀가 말한 것이기도 하다. 정원 가꾸기부터 자연 재료를 이용한 작품 만들기까지, 자연이 그녀의 삶에서 얼마나 중요한 것인가 하는 것을 기억한다. 또 땅을 파고 뽑고 하는 주제가 자신의 정원에서 잡초를 뽑는 설명에서도 나왔고 작품에서도 나왔음을 알아차린다. 잡초 뽑는 것에 관해서는 양면적인 감정을 표시했으나 작품에서는 그런 모습을 보여 주지 않았다. 작품을 만들 때 그녀는 물건들을 고정하고 (풀을 붙이고 박스의 뚜껑을 닫아) 담는 것에 초점을 두었다.

이 과정으로 그녀에 대한 아주 기본적인 지식만으로 어떠한 치료 방향을 잡을지 생각한다. 그녀에게 도움이 될 만한 재료가 뭐가 있을까? 지금 그녀가 가지고 있는 관심과 필요를 어떠한 재료를 사용하여 표현할 수 있도록 할까?

재료에 관해서는 이미 어떤 것을 원하는지 나왔다. 발견된 오브제와 자연에서 찾은 재료를 선호한다. 그것을 따라가지 않을 이유가 전혀 없다. 담기의 주제를 표현할 재료들을 준비해 볼까 한다. 상자, 봉투, 봉지, 바구니, 병, 가방, 지갑 같은 것들 말이다. 쓰레기 분리수거 하는 날 같이 나가서 동네 사람들이 버린 것들에서 '파고 뽑는' 작업을 좀 할까 한다. 그럴 시간이 안 난다면 이미 모아둔 재료를 뒤져서 '파고 뽑는' 작업을 해야겠다.

또한 미술재료들을 부드럽고 섬세하게 다룰 기회와 난폭하게 '찢고, 구부리고, 쪼개는' 기회도 주어야겠다. 그렇다면 철사, 나무 조각, 못, 망치, 펜치 같은 공구뿐 아니라 잘 찢어지는 종이도 준비해야겠다. 찰흙도 준비해야겠다. 찰흙은 자연적인 재료로서 천천히 부드럽게 작업할 수도 있고 능동적으로 난폭하게 다룰 수도 있는 재료이다. 또 어떤 것들을 붙이고 고정하는 것이 땅을 파고 뿌리를 뽑는 것에 관한 양면적인 감정을 보완하는 것으로 보아, 풀 외에 끈, 철사, 글루건도 준비해야겠다.

그 재료들을 어떻게 제공할 것인가 생각해 본다. 뭔가를 물어 보고 안 물어 보는 것이 주제로 나왔으므로, 재료들을 너무 쉽게 제공하는 대신 필요한 것을 묻고 달라고 할 기회를 제공하여 이 이슈가 치료 관계의 역동성 안에서 나올 수 있게 하고자 한다. 또한 내가 제시하는 재료들을 그녀가 어떻게 다룰지 생각해 본다. 수는 많은 지도가 없이도 스스로 작업을 잘 하는 유형인 것 같다. 병원에 입원해 있을 때 스스로 작품을 만들었다는 것을 보면 말이다. 방해하고 싶지 않다. 하지만 다른 한편 내가 미술치료사로서의 의무를 완전히 포기하고 그녀가 필요로 하는 것이 무엇인지 아는 것에 다 의존하고 싶지도 않다. 그녀가 스스로 이런 작업을 하는 것으로 충분치 않았기 때문에 미술치료사를 찾은 것이 아닌가?

수에 대해 쓴 노트를 다시 본다. 이번에는 미술치료 세션에 어떤 지시를 줄지 힌트를 얻고자 함이다. 여러 가지 가능성을 생각해 본다. 어떤 것은 좀 더 지시적이고 어떤 것은 좀 더 열려 있다. 가장 열려 있는 것이 비지시적인 방법이다. 이 방법에서는 수가 자신에게 주어진 재료를 가지고 무엇을 할지 스스로 정한다. 만약 구조를 조금 제시하지만 다양한 가능성을 열어 놓아서 그녀의 창조력이 나올 수 있게 한다면, 어떤 모양의 담는 것을 정해서 그 바깥의 모습과 안의 모습을 상상하라고 하겠다. 은유적인 주제 역시 그녀의 열린 해석이 가능한 주제들이다. '땅을 파기', '안전한 곳', '잡초 뽑기', '정원', '가지치기' 등을 제시할 수도 있다.

이것보다 좀 더 지시적인 방법은 이러한 주제를 수와 연결하는 방법을 들 수 있다. 예를 들어 작품과 그녀 자신을 연결할 수 있도록 주제를 '정원'이라고 하는 대신 '당신 자신을 정원으로 표현하시오', '당신의 삶에서 감정적인 파기의 경험을 작품으로 표현하시오', '당신의 삶에서 없애고자 하는 것을 표현하시오', '당신의 정원이 당신에게 왜 그렇게 중요한 것인가를 보여 주는 작품을 만드시오' 등이 있을 수 있겠다. 이러한 지시적 방법은 작품을 그녀에게 연결하고 그녀의 논리적이고 분석적인 생각에 의존하는 방법이다.

이런 저런 생각 끝에 수와는 열린 방법을 쓰기로 한다. 스스로 작품을 시작할 수 있는 능력이 있음을 이미 보여 주었으므로 이러한 방법이 좋을 것 같다. 시간이 되어 미술치료실로 들어가 선반에 놓인 재료들 중 재료들을 선택하여 테이블 위에 놓았다. 여러 가지 종류의 담는 재료들, 자연에서 찾은 재료들, 종이, 찰흙, 발견된 오브제가 든 상자. 그녀가 들어오면 작업 방법을 이야기해 줄 것이다. 이것들을 오리고 붙이고 할 때 필요한 도구나 접착제 류는 선반에 그대로 두어서 그녀가 필요할 때 일어나 필요한 것을 찾고, 원하는 것을 물어볼지 말지 하는 것을 결정할 기회를 주기로 한다. 만약 이 열린 방법이 잘 안 되고 더 많은 지도가 필요한 것 같으면 작품의 초점을 찾는 것을 도와줄 것이다. 만약 그녀가 스스로 작품의 주제를 찾을 수 있다면 이때까지 나에게 준 힌트를 사용하여 그녀의 창작력에 불을 붙일 수 있는 은유적인 주제를 제시하겠다. 내 계획에 만족하며 이제 수가 들어오기를 기다린다.

연습을 통하여 이 과정은 불과 몇 분만에 할 수 있는 것이다. 내담자의 행동과 이야기에 관하여 몇 가지 적거나 기억한다. 그런 후 반복되거나 연결되는 주제의 실마리를 찾는다. 이것에서 사용할 재료와 방법에 관한 힌트를 얻는다.

그룹 세션에서는 이 과정이 물론 훨씬 더 복잡하지만 비슷하다. 치료사는 그룹 전체가 필요로 하는 것이 무엇인가 생각해 볼 수도 있고, 아니면 그룹에 참여하는 개개인이 필요로 하는 것이 무엇인가 생각해 볼 수도 있다. 이것은 그 그룹이 개개인에 초점을 맞추는 그룹인지, 그룹 역동성에 초점을 맞춘 그룹인지에 따라서 달라진다. 만일 그룹 전체가 이 그룹의 초점이라면 그룹의 행동과 이야기가 치료 계획을 세우는 데 사용된다. 예를 들어 Davis(1997)는 '파괴의 부산물이자 남겨진 것으로 상징적인' 나무토막이 도시의 노숙자 쉼터 여성들에게 가장 인기 있는 최적의 재료라고 판단하였다. 어떤 것은 버리고 어떤 것은 사용하여 이 버려진 나무토막을 새롭고 튼튼한 구조로 변화시키는 결정을 할 수 있다.

그룹치료에서 지시적인 방법을 쓸지, 비지시적인 방법을 쓸지 판단하는 것 역시 내담자가 필요로 하는 것과 관련이 있지만 치료사 개인의 취향이나 스타일에 영향을 받기도 한다. 치료사 개인이 선호하는 작업이 어떤 것인지, 자기 스스로 잘 알고 있는 것은 아주 중요하다. 우리 자신의 능력과 한계와 선호를 확실히 알고 있을 때 우리가 내담자에게 줄 수 있는 것이 무엇인지 확실해질 수 있다. 내가 이 책에서 제시하는 방법도 치료사 개인에 따라 수정할 필요가 있을 것이다. 어떤 치료사는 구조와 가이드 라인을 더 필요로 하는 경우도 있고, 다른 치료사는 모호한 것을 더 잘 견딜 수 있어서 즉흥적으로 진행할 수도 있다. 치료사 개인의 스타일과 관계 없이 내담자가 스스로를 보여주는 것에 대하여 효과적이고 예민하게 반응할 수 있어야 한다.

나는 개인적으로 열려 있는 지시 방법을 선호한다. 이것은 완전히 비지시적인 방법과는 좀 다르다. 만약에 누군가 미술치료 세션에 들어오면서 무엇을 할지 확신이 섰다면 나는 그가 원하는 것을 방해하는 적이 거의 없다. 아마 예외는 그 의도가 내담자 자신에게나 환경을 위험하게 하는 것이라고 판단될 때(예컨대 충동 조절이 안 되는 아동이 종이의 가장자리를 불로 그을리고자 할 때), 그 의도가 반치료적이라고 의심될 때(예컨대 자부심 낮은 남자가 2주간의 단기 입원 치료 기간에 화려하고 복잡한 보트를 조각하겠다고 할 때, 즉 실패할 것이 뻔한 작품을 하고자 할 때)만 개입한다. 내 의도는 내담자 스스로의 창조력을 방해하고자 하는 게 아니라 그들이 가지고 있는 의도를 작품으로 표현하는 데 있어서 안전하고 치료적인 동시에 그 예술가의 비전에 진실한 작품을 만들 수 있게 내 전문적인 지식을 빌려 주는 것이다.

치료실을 찾는 대부분의 내담자들은 단순히 재료와 스튜디오 공간을 제공하는 것만으로는 충분하지가 않다. 재료와 주제에 관하여 가이드를 주는 것은 내담자가 작품을 만들 수 있는 틀을 제공한다. 그 사람을 구조에 가두는 것이 아니라 안전하게 하는 것이라고 생각한다면, 창의성과 상상력을 촉진하고 이를 창작의 표현에 사용하는 것을 도울 것이다. 내 경험으로 가장 좋은 주제는 방향을 주는 것이고 창의성과 상상력을 자극하는 것이다. 은유적인 주제는 그 자체로 자극하는 불꽃이 된다. 기본적인 한정선을 제공하되 그 틀 안에 여러 가지 가능성을 열어 놓는다. 지나치게 지시적인 주제나 강의하듯 알려주는 주제는 그들이 창조하는 것에 관하여 지나치게 자의식적으로 스스로를 억제하는 효과를 준다. 재료나 주제에 맞는 은유를 찾는 과정은 치료사가 내담자의 삶에 시적으로 반응하는 것을 통하여 치료사를 끌어들인다.

다음 예는 우리의 내담자가 제공하는 시적인 신호와 암시에 관하여 반응하는 과정을 보여 준다.

> 나는 성인 병동의 직원들로부터 탐을 만나기도 전에 그에 관한 얘기를 듣는다. 나이와 진단명 외에 어젯밤 티셔츠만 입고 병동의 홀에 나왔었다는 것도 듣는다. 듣기로는 어젯밤 꽤 큰 소동이 일어났다는데.
>
> 자신이 가장 좋아하는 실크 스카프를 찾고 있었다고 한다. 이야기인즉슨, 병원에 올 때 20개 정도의 스카프를 가지고 왔다고 한다. 탐에 관한 다른 이야기들도 있다. 한겨울에 집 앞 문간에서 자는데 탐의 어머니가 아무리 들어오라고 설득해도 안 들어왔다고 한다. 또 다른 이야기로는 그가 살고 있는 시의 시장 사무실에 전화를 걸어 정원 가꾸는 회사가 쓰는 화학약품 때문에 전 동네가 오염되었다고 했단다. 그저 전화 한 통이 아니라 전화 캠페인처럼 하루에 27번 전화를 걸었다고 한다.
>
> 간호사가 말하기를 탐이 이 병동에 들어왔을 때 말을 얼마나 빨리 하는지 입에서 침이 마구 튀었다고 한다. 그는 보이지 않는 죽음의 공기에 관하여 이야기하고, 기혼자가 신부가 되지 못하게 하는 가톨릭 교황을 비난하고, 라자냐 파스타 면을 너무 오래 삶았을 때의 문제점과 지난 몇천 년 동안 사라지고 있는 오존층에 관한 걱정과 금간 타일 바닥을 어떻게 잘 수선할 수 있는 방법에 관하여 이야기하였다.

나는 탐을 그가 병원에 온 지 3일째 되는 날 만난다. 그는 개인에게 중점을 둔 미술치료 그룹에 참여하게 되었다. 탐과의 첫 세션이 끝나고 몇 가지 메모를 한다.

- 빨리 말하고 걷고 손을 움직이고, 빨리 주의를 바꾼다.
- 가끔 뭔가에 빠져 든 것처럼 자신의 손이 허공에서 움직이는 것을 보려고 멈춘다.
- 무용수의 손과 같이 우아하게 움직이는 손
- 발을 질질 끌며 무겁게 걷는 걸음
- 스튜디오에 있는 다른 사람들에게 어떻게 하면 그들이 더 잘 작품을 만들 수 있을지 조언을 해 준다.
- 다른 사람이 대꾸를 하든 말든 모든 사람들에게 똑같은 방식으로 말을 건다.
- 어렸을 때 축제에 가서 딴 코바늘 세트가 있다고 내게 말했다.
- 나무토막들이 들어 있는 상자를 보고는 할아버지와 나무 조각을 가지고 게임을 했었다고 했다.
- 스튜디오 투어를 시켜주니 모든 재료들을 만져 보았다.
- 그 재료를 만질 때면 그 순간만큼은 느리게 움직이는 것 같았다.
- 잘 아는 주제에 관해서는 끊임없이 이야기했다.

탐을 위한 치료 계획을 짜려고 앉으니 내가 쓴 정보량에 당황스럽다. 너무 많고 너무 꼬여 있으며 풀어야 할 것들도 여럿인 것 같다. 반복되는 주제를 찾기 시작한다. 그의 복잡한 내면으로 찾아들어갈 문을 찾는다. 그의 이야기와 행동을 이해하기 위해서 일단 목록을 작성해 본다. 단어들의 순서를 바꿔서 보이는 주제 밑에 놓는다. 그랬더니 한 편의 시 같다.

- 부분적으로 드러남(바지가 없음)
- 부분적으로 들어가 있음(겨울에 집 앞 문간에서 잠)
- 끈덕짐, 빨리 말함. 빨리 움직임, 손 동작, 주의
- 튀기는 침
- 무거운 걸음

- 보이지 않는 죽음의 공기
- 교황의 실수
- 너무 오래 요리함
- 해로운 결과
- 금간 자국을 메꿈
- 더 좋게 하는 제안
- 다른 사람들의 반응을 의식하지 않음?
- 거의 모든 것을 만짐
- 실크 스카프
- 따낸 코바늘 세트
- 할아버지와 나무토막으로 한 게임
- 무용수 같이 우아하게 움직이는 손을 바라봄
- 무엇을 만질 때 느려짐

이 '시'에서 들리는 주제를 생각해 본다. 가리고 동시에 드러나는 뭔가가 있다. 또한 그의 강렬하고 빠른 움직임과 대조적으로 무엇을 만지고 느낄 때 속도가 줄어드는 면이 있고 그의 무거운 걸음과 우아한 손놀림, 심각한 걱정(죽음의 공기, 실수, 금간 자국 등) 등 상반된 주제들이 많다. 덮고 들추기에 관한 주제도 있고, 또 게임과 실크 스카프에 관한 주제도 있다. 그의 걱정은 크고 복잡한 것인 데 반해 관심을 두는 것은 단순하고 쉽게 얻을 수 있는 것들이다.

탐이 쓸 재료를 생각해 보면서 당연한 선택이 떠올랐다. 스카프(또는 천 조각)와 나무. 그의 큰 근심을 존중하면서 그가 좋아하는 것과 연결하여 작업을 할 수 있게 하는 방법을 생각한다. 만일 천과 나무를 주고 그것들을 붙일 수 있는 방법을 제시하면 그 방법에는 단순함이 있다. 천은 아주 다양한 모양과 결로 나눠지고, 나무 조각 역시 다양한 형태와 크기이다. 이 두 가지 재료만 사용하는 단순함 안에서도 민감한 감촉을 느끼는 면을 활용하여 다양성을 추구할 수 있으며, 그러는 와중에 천천히 움직이고 생각하고 집중하게 할 수 있다. 나무와 천은 그의 이야기와 행동으로 표현하는 무거움과 가벼움의 상반됨을 반향한다.

또한 천과 나무를 이용하여 게임을 만들면 어떨까 생각한다. 게임은 보통 어려운 과제를 통과하는 단계가 있으므로, 이런 방법을 통해서 탐이 자신이 염려하고 있는 것들에 관하여 보다 체계적인 방법으로 표현할 수 있지 않을까 하는 가능성을 고려한다. 게임을 만들 뿐 아니라 게임을 넣는 상자를 만들어서 가리고 들추고 하는 주제 또한 다룰 수 있게 한다.

이 계획이 잘 될까 모르겠다. 이것은 단순한 아이디어이다. 시도해보고 완전히 실패할 수도 있다. 게임을 만드는 것에 전혀 관심을 두지 않거나 너무 혼란스런 상태일 수도 있다. 그가 다루고 싶은 재료나 만들고 싶은 것이 있을지도 모른다. 하지만 지금은 일단 계획이 섰다. 필요하다면 그의 생각에 따라 원하는 것으로 계획을 조정할 수 있다. 하지만 그렇다고 하더라도 탐이 자신이 염려하는 것의 모양을 만들어 볼 수 있게 어느 정도 틀을 제공하는 것이 중요하다. 이 틀이 조정 가능한 말랑말랑한 것이라고 하더라도 말이다.

결론

여기서 보여 준 탐과 수를 위한 재료나 주제에 관한 아이디어가 그것만이 '맞는' 치료적인 선택은 아니라고 생각한다. 시를 읽을 때 그것에 관한 올바른 한 가지 해석이 있지 않은 것처럼 사람을 이렇게 시 혹은 예술작품으로 볼 때 한 가지 맞는 해석이 있지 않다. 하지만 그 사람의 삶에서 보여 주는 시를 고려하고 그를 만날 수 있는 문을 찾는 것은 그와 그의 병리 '사이에 들어가는' 개입으로서의 치료 기획을 하는 것과 질적으로 아주 다른 상호작용을 가능케 한다. 이 두 가지 중 어떤 것이 '맞다' 고 할 수는 없다. 하지만 좀 더 시적인 방법을 써서 그 사람을 이해하려고 하는 것은 예술에 기반한 치료의 방법과 일관성이 있다. 이러한 방법으로 내담자를 이해하는 것은 미술치료사가 치료 기획을 할 때 예술에 기반한 이론에서 시작하는 방법이다.

예술적인 감성을 활용하여 보고 기록하고 내담자를 이해하려고 함으로써 기존의 임상적인 방법들을 보다 풍부하게 한다. 우리가 보고 듣고 이해하는 정보를 가지고 어떻게 치료를 할까 결정하는 방법은 이 치료가 공동 창작의 모험이 될 수 있게 한다. 이런 식으로 보면, 내담자가 단순히 고침 또는 수리가 필요한 존재라고 보는 것이 가능하지 않다. 그들이 만드는 작품뿐만 아니라 그들의 존재에 대하여 민감하게 깨어 있을 때, 창의적 가능성이 가득한 창조적인 환경을 만들 수 있다.

06

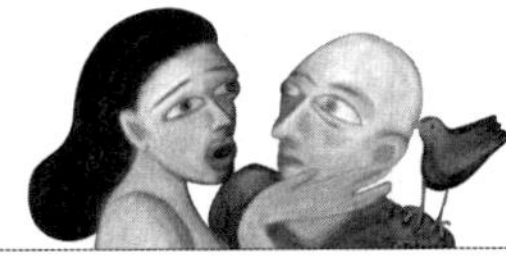

관계미학

{ *당신 자비심의 높이는 당신 예술의 높이입니다(Joseph Campbell, as quoted in Fitzgerald, 1996, p. 105).* }

데릭이 학교에서 집으로 돌아왔을 때, 그의 어머니 샤론과 나는 부엌 식탁에 둘러 앉아 있다. 들릴락말락 나지막이 틀어놓은 라디오에서는 크리스마스 캐롤이 들린다. 우리 뒤에 있는 창문에는 초록색 크리스마스 장식이 매달려 있고 종이로 만든 산타클로스는 식탁 중앙에서 우리에게 '메리 크리스마스' 라고 쓴 종이를 활짝 펼치며 웃고 있다.

"캐티, 우리 오늘 뭐 하는데?" 하고 데릭이 무거운 자기 몸을 의자에 퉁 하고 내려놓는다. 내가 대답할 틈도 없이 다시 일어나 냉장고로 향하면서 배고파 죽을 것 같아 뭘 좀 먹어야 하니 잠시 기다려 달라고 한다. 냉장고에서 우유, 마요네즈, 햄, 마카로니 치즈 남은 것을 꺼낸다. 전자레인지에 마카로니 치즈를 넣고 데우는 동안, 찬장에서 더 많은 음식을 꺼낸다. 곧, 우유 한 잔과 커다란 접시 위에 가득 담긴 음식을 들고 식탁으로 돌아온다. 식탁에 앉기 전에 건너편에 앉아 있는 엄마를 향해 팔을 뻗어 엄마의 머리카락을 잡아당긴다. 장난스러운 행동이지만 씩 웃는 표정이 장난보다 의도적으로 아프게 하려는 듯한 표정이다. 샤론이 데릭의 손등을 찰싹 때리려고 했지만 손을 피해 버린다. "데릭, 그만두지 못해." 짜증난 목소리다. 데릭은 웃으면서 "아유, 그냥 장난인데, 뭐." 하고 말한다.

나는 데릭의 행동에 별로 놀라지 않는다. 지난 주 크리스마스 때 가족들이 다 모이는 것에 관해 신나게 얘기했었는데, 바로 어제 그의 어머니가 어린 시절 트라우마를 치료 받기 위해 정신병원에 입원하여 그곳에서 크리스마스를 보낼 계획이라고 말해줬기 때문이다. 데릭은 바보스럽고 장난스럽게 행동하고, 충격적이고 혼란스러운 말들을 골라 한다. 몇 분 이상 가만히 앉아 있지도 못하는 듯하고, 먹어도 먹어도 충분한 것 같지 않다. 데릭은 지금 굶주려 있다. 음식에 굶주린 것이 아니라 감정적인 양식에. 지속적이고 예측 가능한 양식을 못 먹어서 굶주린 것이다. 그는 주위 사람들에게 가까이 와달라고 하고는 오면 확 밀어버리기를 반복한다. 부모님이 그에게 주지 못했던 사랑에 굶주려 있어서 그렇다. 데릭은 갓난아기였을 때 아버지에게 버림을 당했다. 어머니는 좋은 어머니가 되려고 노력하지만 그녀 자신의 약물중독과 정신병 문제가 어머니 역할을 하는 걸 자꾸만 방해한다.

나는 데릭에게 어머니의 입원소식을 알고 있었다고 말한다. 내 말을 듣고 대꾸 대신 퉅툴거리더니 더 많은 음식을 입안에 쑤셔 넣는다. 나는 이것이 그에게 얼마나 어려운 일이지 안다고 알려준다. 어깨를 으쓱하고는 머리를 옆으로 약간 기울이더니 별일 아니라는 듯한 표정을 지으며 더 많은 음식을 입으로 가져간다. 음식 말고 또 어떤 것을 쑤셔 넣고 있는 것일까?

나는 그에게 오늘 작업을 위해 발견된 오브제(found object)와 미술재료를 아주 다양하게 가져 왔다고 알려준다. 그것들로 무엇을 만들지 의견을 물어보니 데릭의 어머니는 서로를 위해서 선물을 만들면 좋겠단다. 크리스마스 때 보통 주고 받는 물질적인 선물이 아니라 상징적이고 감정적인 선물이면 좋겠다고 한다. 데릭은 단번에 그러자고 한다. 하지만 얼굴에는 장난기가 어려 있다.

샤론과 나는 조용히 그리고 정성껏 선물을 만든다. 데릭은 이것저것 만지작만지작하더니 아무 생각 없이 재료를 집어서 이렇게 저렇게 성의 없이 붙인다. 짜증이 난다. 생각도, 의도도 없이 그저 아무거나 붙인 것으로 보였다. 우리가 만든 선물을 나눌 때가 되니, 데릭은 내 쪽으로 "이거" 하며 뭔가를 내민다. "이건 하트야." 하트 모양 같기도 한데, 테이프와 종이타월로 대충 만든 모습이다. 이걸 만들 때 약 3분밖에 안 걸렸다. 실망스럽다. 이렇게 대강 아무렇게나 만드는 것보다 훨씬 더 잘 할 수 있는 것을 알기 때문이다.

하지만 그가 준 '예술작품'을 간직한다. 내 스튜디오 선반에 친구들, 내담자들, 학생들이 지난 여러 해 동안 만들어 준 선물들과 함께 올려놓는다. 몇 달이 지나고, 가끔 이것을 들어서 본다. 가끔은 버릴까 하는 생각도 들지만, 버리려고 들었다가도 곧 제자리에 놓는다. 이걸 예술이라고 할 수 있기는 한가? 아무리 봐도 잘 만들지 않았고, 노력이 들어가거나 정성이 깃들어 보이지도 않는다. 하지만 그가 나에게 선물로 준 것은 망가진 하트라는 사실을 떨쳐버리지 못하겠다. 버리려고 하다가도 차마 버릴 수가 없다.

미술치료사로서 우리는 우리의 작품을 서양미술이라는 큰 체계의 어디에 넣어야 할지 고심한다. 어떤 사람들은 우리가 하는 것은 순수미술과 별로 관계가 없으므로 미적인 고심을 할 필요가 없다고 말하기도 한다(Riley, 1996, p. 410). 또 어떤 이들은 미술치료 작품에서 작품의 미적인 완성도를 논하는 것이 우리가 하고자 하는 치료에 어긋난다고 보기도 한다. 미술치료에서 만들어지는 작품에서 나타내는 즉흥성, 무의식적인 표현, 카타르시스적인 면의 창조적 관계를 거스를 수 있다고 경고하는 것이다(Dalley et al., 1987, pp. 5-6).

하지만 이렇게 미술치료 작품을 '과정 예술의 작품'으로 격하시켜 순수미술이나 미학과 무관하다고 보는 입장은 미술치료가 어떻게 미술과 미학의 영역에 들어가는가라는 질문에 명쾌한 답을 주지는 못한다. 어쩌면 우리의 작업이 현대의 미학과 사회에 해야 할 역할은 무엇인지 그림을 그려 보기도 전에 기존 '미술세계'의 패러다임에 끼워 맞추고 있는 것은 아닐까? 어쩌면 미술치료가 미학과 관련이 없는 게 아니라 미술치료의 실천이 미학에 대한 다른 이해를 요구하고 있는지도 모른다.

미술치료 미학의 새로운 이해를 향하여

'미' 라는 단어는 감각 지각과 관련이 있다. 예술철학의 한 갈래인 미학은 역사적으로 볼 때 예술에서 아름다움이 무엇인가라는 질문을 다루고 있다. 아름다움을 정의하려는 이 탐색에서 미학자는 예술 작품의 형식적인 면을 주안점으로 삼는다. 많은 미술치료사들은 이러한 철학의 흐름에서 연상되는 우월주의와 판단적 태도를 경계하기 위해 미에 관한 생각을 멀리하고 작품을 만드는 과정에 초점을 둔다. 반면, Knill, Barba, & Fuchs(1995)는 "미적인 감각을 누르는 것은 아기의 목욕물과 함께 아기를 내다 버리는 것과 마찬가지로, 예술이 지닌 치유적 힘과 심리치료적 관계의 깊은 심층부로 가게 하는 우리의 가장 귀한 능력을 낭비하는 것이다"(p. 70)라고 경고한다.

미학을 우리가 하는 일과 연관시켜 이해하고 정의하려는 노력들도 있다. 이 정의의 어떤 것들은 미술치료 미학을 창작 활동으로 만들어 낸 결과물과 관련해 설명하려고 한다. Wolf(1990)는 미학은 개인적, 문화적, 보편적인 면에서 주관적으로 느껴지는 것을 표현한 것이라고 본다. Arnheim(1980)은 미적인 질이란 "예술적 의도가 그 목표를 만나는 것일 뿐"이라고 했으며(p. 250), Maclagan(1995)은 미술치료의 미학적 관심을 기술적 완성도나 형태적 아름다움에 대한 관심과 구분하면서 미학을 "그것이 미묘한 것이든 확연한 것이든 표현이 풍부하든 빈곤하든 작품을 만들고 다루는 모든 형태의 측면들과 불가분의 관계인 심리적인 효과"라고 했다(p. 217).

미술치료 연구는 치료사와 내담자의 관계를 포함하는 미술치료와 관련한 미학을 개발하려 노력해 왔다. Aldridge, Brandt, Wohler(1990)는 미술치료에서 미학은 치료사와의 관계를 통해 내담자가 내면적 현실의 심오함과 풍부함을 외면적, 시각적으로 명료하게 할 수 있도록 도움을 주고받는 과정에서 나온다고 했다(p. 195). 반면 Case (1990, 1996)는 미적인 순간을 놀라움, 경이, 합일 등으로 설명하고, 보는 사람과 그가 보는 어떤 것 사이에서 (그것이 사람이든, 자연이든, 작품이든) 일어나는 소통의 순간이라고 말한다. "이것은 기본적으로 미적인 경험을 통해 치료사가 내담자의 허락으로 그의 내면의 세계에 들어가고, 그로 인해 내담자가 스스로를 알게 돕는 과정"이라는 것이다(1990, p. 20). Schaverien(1992)은 미술치료 세션에서 만들어진 작품이 예술계의 기준으로 볼 땐 성공작으로 보이지 않는 경우가 많지만, 치료사에게는 마치 '위대한 작품'을 보는 것과 비슷한 미적 반응을 일으킬 수도 있다고 한다. 미술치료 작품의 경우에 미적인 경험은 치료 관계의 문맥적인 요소에 기반한다고 생각하는 것이다. Robbins(1987, 1988, 1992)는 '심리적 미학(psychoaes-thetics)'이라고 스스로 명명한 것에 관해 많은 집필을 했는데, 이는 미적인 성질로서 예술적 행위와 예술치료의 환자-치료사의 관계에서 동시에 나타나는 것이라고 하였다. 그는 내담자와의 의사소통을 이해하는 데 있어서 미적인 인식과 정신역학적인 이해를 통합하는 융화 방법을 제안하였다. 이 모든 저자들은 미술치료사와 내담자의 관계를 미술치료 미학의 정의에 포함시켜야 한다고 입을 모은다.

미술치료에서의 '미적인 반응'에 관한 논의도 많이 있다. 미적인 반응은 보는 대상에 대한 감정적이고, 감각적이고, 육감적인 반응이라고 생각된다(Knill, 1995; Maclagan, 1999). Hillman(Levine에 인용, 1996)은 "미학이라는 단어의 어근인 'aesthesis'은 '받아들이고(taking in) 들이마시는(breathing in) 것'을 말한다. 즉 '헉' 하고 들숨을 멈추는 것을 말하는데 이것이 바로 기본적인 미적인 반응이다"라고 했다. '헉' 하는 이 반응은 '우리의 호흡을 멈추게 하는' 어떤 것을 본 것에 대한 반응으로, 아주 무서운 것을 봤을 때나 놀라운 것을 봤을 때도 공통적으로 일어나는 현상이다. 그렇다면 내담자의 작품을 보았을 때 그 작품이 내적인 아픔, 트라우마, 상실 경험, 극도의 분노 등을 표현하고 있을 때에도 미적인 반응이 일어날 수 있음을 설명한다.

Knill, Barba, Fuch(1995)는 미적인 반응은 참여적이고 능동적인 것으로 '창조적인 행위나 예술활동에 존재감을 가지고(being present) 몰입할 때 일어나는 작용'(p. 71)이며, 단순히 작품을 볼 때만이 아니라 우리가 작품에 들어가 능동적으로 반응할 때 경험할 수 있는 것이라고 설명했다. McNiff(1981)는 '미적인 의식'은 '보는 것의 가치를 고양시키는 것'이라고 하였는데, 이는 감각적이고 육감적인 방법으로 반응하는 것이 시간이 지남에 따라 발전될 수 있는 가능성임을 시사한다.

이러한 참여의 요소가 더 나아가면, Sarason(1990)이 말하기를, 우리 자신의 창의력을 이러한 미적인 반응에 참여시킬 때 스스로를 어떤 방법으로든 변화시키는 결과를 가져온다고 했다(p. 123). 정리하면, 미술치료에서 미적인 반응은 우리가 보는 것에 관한 감정적, 육감적인 반응을 포함할 가능성을 가지고 있으며, 이러한 반응을 의식적으로 발전시키는 것은 작품을 보는 입장에 있는 우리가 변화할 수 있음을 시사한다.

넓어진 미의 개념

미술치료에서 만들어진 작품을 볼 때 그 작품의 표현이 메마르거나 서투르게 만들어졌거나 완성도가 떨어지거나 보기 불편한 내용이 들어 있는 작품을 미적인 개념으로 보기 어려울 때, 우리가 일하는 분야에서 일반적인 미에 관한 생각이 충분하지 않다는 것이 확연해진다. 미술치료에 있어서 미학을 논할 필요가 있는가라는 질문은 예술에서 아름다움이 어떻게 정의되는가라는 근본적인 질문으로 돌아가게 한다. 미술치료사로서 우리는 내담자의 작품들이 종종 삶의 보기 힘든 점이나 불쾌한 면을 담는다는 것을 잘 알고 있다. 이는 예술과 미를 낭만적인 면에 놓고 보는 입장과 멀어지게 하며(C. Moon, 1997), 미술치료 맥락에서 만들어진 작품과 관련하여 아름다움에 대한 새로운 이해를 명료하게 할 필요를 만든다. 미술치료에서 "미학은 감정과 표현과 다양한 형태의 포용을 요구한다 … 미적인 감상은 단지 보기 좋고 즐거운 것에 국한되는 대신, 이미지의 다양한 '취향'을 끌어안는다."(Maclagan, 1994, p. 50)

미에 관한 한정된 관념은 감각이 즐거운 것만을 이야기한다. 이렇게 좁은 기준으로는 아름다움이 도전적이고 자극시키고 불편하게 하고 어지럽게 하는 것을 포함할 수 없고 단지 감각적인 만족을 이야기할 뿐이다. 물론, 현대의 미술비평은 이렇게 아름다움을 보는 것을 넘어 작품의 형식적인 면과 장인적인 기술 또한 다룬다. 불편하게 하고 자극시키고 도전적인 작가의 작품들은 미술평론가로 하여금 이전에 만들어진 미적인 기준의 유효성을 놓고 고심하게 한다. 그리하여 어떤 이들은 예술적 가치에 초점을 두는 것은 그게 무엇이든 엘리트적이라고 결론 내렸고(Felsky, 1995), 다른 이들은 이러한 기준이 만들어진 사회적, 역사적, 문맥적 상황을 질문했으며(Devereaux, 1995), 또 다른 이들은 작품 평가에 있어 새로운 기준을 만들기 위해 우리가 해야 할 질문들을 던지기도 한다(Lacy, 1995).

미술시장이나 미디어에는 잘 보이지 않지만 미술치료 맥락에서 만들어진 작품은 예술에서 보다 넓은 의미의 아름다움에 관한 개념을 오랫동안 요구하고 있었다. 미술치료사들과 내담자들은 '미완성, 애절함, 몸부림 등의 요소를 포함하는 새로운 미적인 기준'이 필요한 것을 이해하며(McNiff, 1998b, p. 90) 이는 혼란에서 일어나는 아름다움을 인정하는 것이다(Robbins, 1987, p. 14). 이러한 아름다움의 이해는 다양한 경험의 깊이와 넓이를 포함하는 개념이어야 한다. 자신의 혼돈스러운 삶에서 한 가지라도 잘하고자 아주 열심히 그리는 평온한 풍경, 자신의 실어증 경험을 표현하기 위해 조잡하게 만든 찰흙의 형태, 분노를 표현하기 위해 못과 빨간 물감을 쓴 혼잡한 조립, 이런 것들이 다 예술에서의 확장된 미 개념에 속할 수 있어야 한다.

미학의 개념을 넓히기 위해서는 우리의 이해가 지식 이상의 앎이어야 한다. 지적인 구성은 내담자가 자신의 예술적 의도에 충실한 작품을 만드는 데 도움을 준다. 하지만 작품이 내포하고 있는 잠재적인 미에 대해 치유적인 반응이 형식적인 구성에만 한정되어 있다면 그 치료 효과가 감소할 것이다. Levine과 Levine(1999)은 미술치료 맥락 안에서 만들어진 작품의 효과는 "보통 편안하기보다는 삐걱거리고 불편하다. 이는 고통의 표현을 목격하는 것으로 감성의 깊은 곳을 찌른다. 이러한 작품은 우리로 하여금 보통 형식적으로 완성된 작품을 볼 때 두는 '미적인 거리'를 허용하도록 놔두지 않는다" (p. 20)라고 했다. 우리가 하는 일은 지적인 면뿐 아니라 감수성, 지각, 영적인 면에서도 아름다움을 파악하는 일이다. 고통과 아픔의 표현에 눈물이 날 만큼 마음이 동요되거나, 내담자가 내면의 그 경험을 보고 만질 수 있는 형태로 만든 용기에 감탄하거나, 다른 어떤 것으로도 표현되지 않는 것을 내담자가 작품으로 표현할 때, 전통적인 미적 기준을 벗어난 아름다움을 인식하게 된다.

Dissanayake(1988, 1992)는 미술치료 작품에서의 미에 대한 토론과 관련된 예술의 이해를 제공한다. 민족학(ethnography)의 관점에서 예술은 인류의 생존을 위해 가치 있는 행위라고 정의한다. 이렇게 예술을 이해하는 관점은 예술행위를 인간의 여타 행위와는 구별된 특별한 것으로 분류한다. 이렇게 예술행위를 다른 인간의 행위들과 구분지을 때 예술행위를 특징짓는 것은 '특별하게 하기(making special)' 라고 말한다. 무슨 말인가 하면, 인간은 시간과 공을 들여서 어떤 것에 중요성과 의미를 담기 위해 꾸미고 과장하고 물질을 변형시킨다는 것이다. '특별한' 이란 말은 비단 어떤 물건의 특별히 다른 모습이나 특이한 점에 중점을 두는 것만을 가리키지는 않는다. "우리는 어떤 것을 특별하게 한다. 왜냐하면 그렇게 하는 것이 우리에게 긍정적인 감정의 가치를 표현할 수 있는 방법이기 때문이다. 이러한 방법으로 어떤 것은 특별한 것으로 만드는 행위는 특별함을 보여줄 뿐 아니라 그것만의 독특하고 특별한 만족감과 기쁨을 준다"(1992, p. 54). 이러한 '특별하게 하기' 의 행위는 미술치료에서 작품의 내용이 트라우마나 힘든 경험을 담고 있을지라도 나타난다. 특별하게 하기의 행위는 그 경험이 주장되거나 예술을 통하여 승화되거나, 제의적인 방법으로 다룰 필요가 있기 때문에 생겨나곤 한다(Schaverien, 1992). 예술이 겉보기에 좋은 것을 훨씬 넘어서는 것처럼 어떤 것을 '특별하게 하기' 는 하찮은 행동이 아니다.

이렇게 더욱 더 넓어진 미 개념이 필요한 것과 마찬가지로 미를 이해하는 기준도 엘리트적인 것이 아니라 포용적일 필요가 있다. Arnheim(1969)은 "미학적인 미는 무엇이 말해진 것과 그것이 어떻게 말해진 것 사이의 상응하는 구조"라고 말했다(p. 255). Kramer(1963)는 예술에서의 미적인 질은 '내적인 일관성' (p. 5)에 의해서 정해진다고 주장했다. 만약 아름다움이 진정성 또는 의도와 표현 사이의 일관성으로 이해된다면, 미술에서의 아름다움은 무한하게 다양한 모습을 가질 수 있으며, 예술가는 그런 노력을 하는 사람 누구나 이룰 수 있는 경지이다. 그렇다면 미술치료사는 내담자로 하여금 내적인 의도에 따라 일관성 있는 작품을 만들 수 있도록 격려하고 도와주는 미의 산파 역할을 하는 사람인 것이다.

다른 방법으로 미 개념을 돌아보는 것은 작가와 작품, 작품과 관객, 예술적 의도와 작품의 효과가 사회와 환경에 주는 영향 등의 관계를 고찰하게 하며, 이것은 넓어진 미의 개념을 이해하는 데 근본적으로 중요한 것이다. Robbins(1992)는 '미적인 것은 작품 그 자체나 환자와 치료 사이의 과도적인 공간에서 일어나는 것이다' (p. 177)라고 했다. Gablik(1995)은 사회적으로 책임 있는 창작활동을 포함하는 입장에서 예술과 미의 관계를 거론했는데, 이 입장에서 미 개념은 더욱 더 넓어져 자비롭고 치유적인 것을 포함한다. 즉, 이러한 예술은 '보통 소외되고 남겨진 그들에게 손을 뻗는 것' 이 된다(pp. 441-442). 이와 같은 미의 개념들은 예술의 미를 겉으로 보이는 즐거움이나 기술적인 것 또는 형식적인 미의 기준을 따르는 이해보다 훨씬 더 포괄적인 것으로 이 것은 미술치료에서의 미에 대한 고려와 잘 맞는다. 미술치료는 타인을 보살피는 것에 기반하고, 관계적인 맥락에서 창작을 하는 데 의미가 있으며, 창작을 하는 것이 치유를 도모하고 삶을 보다 풍부하게 하는 데 도움을 준다는 믿음으로 헌신하는 전문 분야이다.

관계 안에서의 창작 활동

미술치료사들은 미술치료와 미학에 관한 주제를 다음과 같은 세 가지 방법 중의 하나로 접근한다. 어떤 치료사들은 미학적인 주제를 피하거나, 미술교육을 완성물 중심의 교육이라고 생각하여 되도록 멀리하고, 편견에 가득 찬 미술계에서 멀찌감치 떨어져 있는 입장을 취한다. 다른 이들은 대부분의 미술치료 작품은 '진정한 예술' 이 아니며 미술치료 작품의 가치는 그 과정에 있다고 생각하는 스스로를 낮추는 입장을 표하기도 한다. 또 다른 이들은 미학적 원리와 치료적 원리를 통합하여 미술치료 작품과 다른 목표로 만들어지는 작품의 공통점과 차이점을 찾는 대화에 참여하려고도 한다.

이러한 입장들에서 공통적인 것은 미술치료와 미학의 관계를 알아내는 데 있어서 외부에서 가져온 판단기준을 사용한다는 것이며, 이것은 특히 첫 번째와 두 번째의 방법에서 더 도드라진다. 만약 미술교육이나 미술비평가나 미술시장에서 미학적인 판단

기준을 찾는 것 대신, 우리 미술치료사들의 경험과 지혜를 모아 미의 기준을 만들면 어떨까? 만약 우리의 특별하고 독특한 전문지식을 미학의 판단 기준을 고찰하는 데 사용하면 어떨까? 특히 현재의 포스트모던한 풍토, 즉 이전의 기준들이 의심 받고 예술의 사회 관련성이 심각하게 재고되고 있는 상황에서 우리에게는 미학의 이해에 보탤 특별한 것들이 있다(Becker, 1996; Felshin, 1995; Gablik, 1991; Lacy, 1995). 미학을 무시하자는 말이 아니다. 단지 우리 자신에 대해 너무 자신감이 없는 나머지 예술활동에 있어 스스로를 이류로 취급하는 것은 탈피하자는 이야기이다. 어쩌면 치료의 원리와 미학의 원리를 종합하려는 것을 넘어 새로운 미학을 만들어 내는 데 기여할 수도 있다. 이것은 엘리트적인 것이 아니라 포용적인 것이며, 보살핌의 윤리(ethics of care)에 기반한 것이다.

이러한 미학의 새로운 이해에서 중요한 점은 관계 안에서 만들어지는 작품활동에 관한 개념을 세우는 일이다. 관계의 관점에서 예술을 보면 작품의 형식적인 것에 치중하는 기존 방법처럼 객관적이고 이해관계 없이 관람자의 시각적인 즐거움에 초점을 두고 작품을 판단하는 일은 불가능해진다(Brand, 1995). 작품을 만드는 가장 근본적인 기준이 자신, 작품, 타인, 환경과 연결을 하고자 한다는 가정은 기존의 미적인 기준을 새롭게 볼 수 있게 한다. 형식적인 특성들은 그 관계들을 채우고 지지하고 풍요롭게 하는 한에서만 중요하다. 이해관계가 없는 입장은 객관성을 갖기 위해 때때로 필요한 부분이지만, 관계 지향적인 미학은 작품과 감정적이고 친밀하게 연결되는 것을 중요시한다. 작업 과정이나 완성된 작품에서 즐거움을 얻을 수도 있지만, 즐겁지 않은 작품도 상호관계성(interconnectedness)의 미학에서는 똑같이 정당하고 중요한 것이다.

나는 '관계미학' 이라는 표현을 관계의 맥락 안에서 예술적인 현상, 예술적인 감성과 관계가 있는 미학을 말하는 데 사용한다. 작품은 인간의 인식과 경험을 통해 만들어지는 것이 아니라, 관계의 양상을 통해 만드는 것이다. 관계미학은 예술로 하여금 사람들 사이의 건강한 관계 맺기를 조성한다. 이러한 강조는 눈에 보기 좋은 형식적인 면을 강조하는 미학과는 아주 다른 질문을 던지게 한다. 관계미학의 입장에서 관계의 질에 관한 초점은 다음과 같은 질문을 우리에게 준다.

- 이 작품을 만드는 과정이 그 작가에게 치유적이며 그의 삶을 증진시키는가?
- 작품을 만드는 환경이 치유적이고, 그 환경은 그 안에서 작품을 만드는 작가의 삶을 증진시키는가?
- 작가의 기술이 의도를 표현하기에 충분한가?
- 만드는 작품이 그것을 만드는 사람에게 진실한가?
- 표현된 것에 진정성 또는 '내면의 일관성' 이 있는가?
- 작가 개인적인 것과 문화적인 맥락과 표현한 형식에 관계가 있는가?
- 예술적인 방법을 통해 소통할 때 작가는 다른 사람들에게서 소통 받았거나 이해 받았다고 느끼는가?
- 작가는 필요한 시간과 에너지와 주의력을 사용하여 진정성과 정직성이 있는 작품을 만들었는가?
- 작가와 작품의 과정은 신뢰를 키우는 관계인가?
- 작가는 자기 작품의 과정과 협조적 관계에 들어갔는가? 또 이것은 완벽하게 하고자 하는 욕심과 우연히 일어난 일에 대한 개방성에서 균형을 이루는가?
- 진정한 표현과 '특별하게 하기(making special)' 의 행위에 맞춰 작가는 기술적인 면과 형식적인 면에 노력을 기울였는가?
- 감정적, 육체적, 지적 어려움이 있었다고 하더라도 위엄과 목적을 가지고 작업에 임하였는가?
- 만든 작품이 다양한 가치와 생각과 감수성이 존중되는 스튜디오 환경을 반영하고 장려하는가?
- 이 작품이 주위 다른 사람들에게 어떠한 영향을 미치는가?
- 작품 앞에서 사람들은 (작가를 포함하여) 감동, 감명, 흥분, 위안을 받거나 행동하도록 자극 받는가?

- 이 작품이 관계들을, 다시 말해 작가와 스스로를, 작가와 타인을, 작가와 그 환경을, 관객들과 서로서로를 더 깊게 하는 역할을 하는가?
- 작품이 개인의 관심사와 관련이 있는가?
- 이 작품이 작가가 포함되어 있는 커뮤니티나 세상의 관심사와 관련이 있는가?
- 이 작품을 만들거나 보는 것으로 인해 그 사람에게 변화가 있는가?
- 작품 활동을 하는 환경, 과정, 결과물이 포용적이라는 느낌을 불러일으키는가?
- 작품의 과정과 결과물이 다양한 사람들도 쉽게 접근할 수 있는 것인가?
- 사람들은 작품을 만드는 과정이나 결과물을 보는 데 있어서 초대 받았다는 느낌을 받는가?
- 작품의 의미에 관한 다양한 생각들이 환영 받고 작가의 의도가 존중되는가?
- 작품의 내용이 작가나 보는 이로 하여금 반영(reflection)을 일으키고 반응을 하게 하며 삶을 자극하여 긍정적인 변화를 일으키는가?
- 작품이 세상을 더 좋게 하는 방법으로 (그것이 아무리 작은 것이라도) 쓰여지는가?

이 질문 리스트는 관계미학이란 관점에서 예술작품의 가치를 생각해 볼 때 질문할 수 있는 것들로써 완전한 목록은 아니다. 단지 그 가치의 질이 관계지향적인 것에 초점을 두는 작품, 작품 활동, 작품 감상에 있어서 생각을 고취하기 위한 몇 가지 질문들이다. 관계미학 입장에서 작품의 가치는 연결을 깊게 할 수 있는가 하는 능력과 연결된다. 이것은 작품의 형식적인 면이나 완성도가 상관 없다는 뜻이 아니다. 관계미학의 입장에서 볼 때는 형식적인 가치 또한 작품이 만드는 사람으로부터 그 스스로와, 다른 사람들과, 더 넓은 커뮤니티와의 연결을 깊게 할 때 중시된다.

작품을 그 자체의 가치로 보는 예술을 위한 예술(Art' s for art' s sake)의 입장이나 시장 가치를 보는 입장이 아니라, 관계미학적인 입장에서 볼 때 작품이 관계를 깊게 하는가의 여부가 중요해진다. 동시에 기술적으로 잘 만들어진 작품 또한 정성들여 만든 것으로 특별하게 하기(making special)의 요구를 반영하거나, 자신과 타인과 세상과의 연결을 존중하는 행위라면 가치 있는 작품이라고 볼 수 있다. 작품의 형식적인 면에 고심을 하는 것은 작가로 하여금 그 의도에 '꼭 맞는' 표현을 찾게 도와주고 그 관계를 더 깊게 할 수 있기 때문에 중요한 것이다.

'관계성'과 '미적인'이라는 두 단어는 내가 제안하는 예술에 기반한 미술치료의 키워드이다. 치료적인 활동에 있어서는 모든 치료기법이 관계에 기반하므로 '관계적'이라는 단어가 너무 당연한 소리로 들리겠지만, 이 단어가 '미적인'이란 단어와 합쳐졌을 때 새로운 치료적 관계를 말하고 있음을 알게 된다. 마찬가지로 '미학'이라는 단어는 시각예술에서 흔히 거론되는 단어이다. 이보다 훨씬 덜 일반적인 예술 형태는 그 작업이 우리 자신, 다른 사람들, 창조된 세계의 관계에 기반한 예술 활동이다(Becker, 1994; Felshin, 1995; Gablick, 1991, 1995; Lacy, 1995). 미술치료에서 작품은 배려의 매개자의 역할을 한다. 하지만 우리가 이 아이디어를 끝까지 밀고 나가 보았나? 다른 이들을 배려하는 것을 근거로 한 예술을 발전시키는 데 기여했는가? 우리의 뿌리인 예술과의 깊은 관계를 지속시키고 예술이 우리가 세상을 보는 법의 기초가 될 수 있도록 허락하였나?

우리 직업은 개인의 삶의 질을 깊게 바꾸어 놓을 수 있는 가능성에 이제 겨우 발을 들여놓았으며, 결과적으로 우리가 사는 세상을 보다 좋게 만들 수 있는 가능성을 이제 막 들여다보기 시작하였다. 하지만 우리는 여러 치료 업종 가운데 이 분야가 살아남게 하기 위해 예술과의 의미 있는 관계 맺음의 가능성을 포기하곤 해왔다. 어쩌면 의료 모델에서 주어진 관계의 정의를 너무 쉽게 받아들이고, 기존 예술 세계에서 주어진 미학의 정의를 너무 급하게 받아들였는지도 모른다. 그러는 대신, 예술을 기반으로 한 치료사의 경험에 입각해서 이러한 정의를 다시 내려본다면 어떻게 될까? 아름다움의 추구와 완벽한 모습을 찾는 노력이 무의미해지는가? 아니면 완전히 새로운 의미를 갖게 되는가? 관계에 대한 우리의 이해가 미학적 감수성에 의한 연결로 가능해지면 어떻게 될까? 내담자와 작품을 임상적인 모델에서 주어진 방법으로 읽는 것을 완전히 버리게 될 것인가, 아니면 임상의 의미에 예술적인 감흥을 불어넣어 새롭게 보게 될 것인가? 이러한 다름을 명료하게 표현하는 것은 우리 분야의 전문인으로서 간신히 살아남는 것과 예술이 사회에 미치는 영향에 관한 담론을 증진하고 기여하고 활성화하는 것으로 갈라지는 이야기이다.

관계미학의 실질적 함의

관계미학의 입장에서 미술치료사로 활동하는 것은 많은 의미를 내포한다. 첫째로, 관계미학은 예술을 치료나 치유의 목적에 사용하는 데 있어 이론적, 철학적 토대를 마련한다. 미술치료를 (인도주의적이고 사회를 염려하는 입장에서 나오는) 다른 예술적인 활동의 맥락에서 설명할 수 있게 한다. 두 번째로, 미술치료 안에서 미의 기준을 만들 수 있는 기초를 부여한다. 그리하여 미술치료 활동 안에서 미학적인 질문들을 할 수 있게 한다. 셋째로, 내담자, 치료사, 작품, 환경의 치료 관계를 가늠해 볼 수 있는 창작에 기반한 모델을 제공한다. 다른 전문 활동들에서 가져온 개념들이 아니라 미술치료 안에서 찾아볼 수 있게 한다.

관계미학적 측면에서 업무와 관련하여 나오는 모든 함의의 뉘앙스를 다루는 것은 이 책의 범위를 벗어난다. 이 철학에 관한 우리의 공통된 지혜는 미술치료 현장에서 나오는 생생한 경험을 바탕으로 생겨나고 정련된다는 것을 알 수 있다. 아름답다는 것의 정의, 예술적인 현상, 미술치료와 미학의 관계는 현장에서 자연스럽게 나오는 질문들이다. 이 책에서 나는 더 많은 대화가 나올 수 있도록 영감을 주고자 하는 희망에서 관계미학의 몇 가지 함의를 더 이야기해 보고자 한다.

아름다움에 반응하기

미술치료사 사이에 퍼져 있는 믿음 중의 하나는, 우리는 내담자의 작품에 대해 좋다 싫다 식의 판단을 하지 말아야 한다는 것이다. 혹시라도 무조건적인 공감을 위반할까 봐 내담자의 작품을 무조건적으로 받아들여야 한다는 것이다. 이러한 믿음의 결과는 나쁘면 거짓 칭찬이 되고, 좋아 봤자 이도 저도 책임지지 않는 중립적 반응이 된다. 판단의 보류는 보는 작품을 향해 열림을 추구하고 귀를 기울이고 공감을 이끄는 것에 유용하게 쓰일 수 있다(Franklin, 1990). 하지만 한편으로 판단의 보류는 비평적인 능력의 억압으로 나타날 수 있다. 우리 작업에는 정직한 평가를 할 수 있는 여지가 있으며, 이것은 진정성 있고 분별성 있는 치료사로서의 능력을 쓸 수 있게 한다.

Hillman(1993)은 내담자를 향한 검증되지 않은 무조건적인 공감의 교리에 의해 미술치료사의 분별력 있는 평가가 억압되고 있다고 보았다. 그는 우리의 자연스러운 비평적 반응의 억압은 자칫 '전복적인 비열한 해석' 으로 나타날 수도 있다고 주장하였다. 그는 비평은 작품을 응원하는 것이라고 보았다. 이것은 평론을 보는 통상적인 이해와 입장과는 다른 것임을 알 수 있다. 우리는 보통 예술의 비평이나 평론이라면, 미대에서나 평론가가 작품을 보고 비평을 하는 것을 연상한다. 즉, 공개적으로 잘못한 것을 꼬집어 발표하는 것으로 생각한다.

비평적 평가를 관계미학적 입장에서 보자면 비평의 목적은 작품 안의 가능성을 보고 명쾌함을 도모하고, 작가가 스스로와, 타인과, 사회와, 공간의 관계 안에서 깊이와 공감을 끌어내는 작업이다. 관계미학의 기초에서 보면, 우리 미술치료사들은 내담자와 진정성 있는 관계를 맺는 방법으로 창작에 임하며, 그러할 때 우리 자신의 미적인 감수성을 사용하는 것이 중요하다. 내가 '사랑스러운 비평' 이라고 부르는 것과 David Henley(1992b)가 '공감비평(empatheticism)' (p. 190)이라고 부르는 것이 자신의 미적인 감수성을 사용하는 예다.

미술작품의 질은 관계적인 맥락에서 볼 수 있는 것이다. 아름다움의 기준은 넓고 포괄적이다. 단순히 톡톡 튀거나 특이한 것만을 포함하는 것이 아니고, 자기 자신과 다른 사람들과 주위 사회와 진정성 있는 연결을 꾀하는 것도 포함한다. 이것은 모든 작품들이 아무 비평 없이 받아들여진다는 의미가 아니다. 우리의 비평적 능력을 내담자를 돕는 데 사용할 수 있다. 우리는 작품을 그것을 만든 사람과 떨어져 있는 물건이라고 생각하지 않고, 작가와 작품, 창작 과정, 보는 사람들의 관계를 중요하게 생각한다. 그렇다면 이 작품이 작가와 자신, 다른 사람들, 환경의 연결을 얼마나 잘 도모했는가 하는 것이 비평의 판단 기준이 된다. 이 비평을 공감의 자세에서 행할 때, 작가의 의도와 포부와 제한을 염두에 둔다.

이러한 공감적인 반응이 그렇다고 우리의 본능적이고 육감적인 작품에 대한 반응을 무시하는 것은 아니다. 작품을 볼 때, 불쾌하거나, 감동을 얻거나, 관심이 없거나, 기뻐하거나, 지겨워지거나, 놀랍거나 등의 여러 가지 감정이 일어난다. 아주 진부하다고 생각할 수도, 독특한 면을 보고 자극 받을 수도 있고, 그 순간 긍정적이거나 부정적인 판단이 일어날 수도 있다. '좋다' 또는 '싫다' 하고 반작용처럼 판단이 나올 수 있다. 이 모든 것은 자연스러운 것이다. 이러한 것은 없애버려야 할 것이 아니다. 왜냐하면 우리 내면의 진실을 내포하고 있기 때문이다. 그리고 이 진실은 미술치료 환경에서 관계를 더 증진하기 위해 쓰여질 수 있다.

이처럼 몸으로 느끼고 내면의 반응에 귀 기울일 때 스스로의 선입관을 잘 알고 있어야만 한다. London은 우리 내면에 있는 아름다움에 관한 선입견을 통하여 다른 사람의 작품을 보는 것은 위험한 것이라고 경고하면서 우리는 "문화적으로 속박된 미적인 가치와 취향에 관하여 잘 알고 있어야만 한다"라고 말한다(p. 85). 어떠한 미술 장르나 콘텐츠나 스타일을 보고 우리가 반응하는 방법은 문화적으로 경험되고 사회적으로 학습된 것이다. 어떤 경우 우리의 선입관은 어떤 것에 관한 우월성으로 나타난다. 즉, 우리는 교육을 더 받았고 더 세련되었으며 '좋은 것' 을 '나쁜 것' 사이에서 가릴 수 있다는 믿음을 가지고 있을 수 있다.

미학적인 선입견은 이것이 어떠한 형태를 띠든 우리 모두의 내부에 존재한다. 그러므로 선험적으로 존재하는 미적인 가치와 취향에 관하여 잘 의식하고 있으면서 자신의 미적인 가치를 다른 사람에게 강요하지 않도록 하는 것은 우리의 의무이다. 그 방법으로, 어렸을 때 어떠한 아름다움의 가치에 노출되었는지, 성장 과정에서 인생의 중요한 위치에 있었던 사람들이 어떠한 미의 기준을 우리에게 주었는지 생각해 보는 것이 도움이 된다(Seiden, 1997). 우리 내면의 미적인 취향과 가치의 원천을 더 많이 알면 알수록 우리와 다른 사람의 미적인 감수성을 있는 그대로 인정하고 볼 수 있게 된다.

> 내가 지나가자 카라는 그리던 것을 멈추고 나를 쳐다보고 미소 짓는다. 하지만 굳어 있고 눈치를 보는 듯한 미소다. 카라의 수채화를 들여다본다. 모호하고 가냘파 보이는 유기체 형태를 그렸다. 색깔은 보기 괜찮은데도 내 관심을 끌지 못한다. 뭐라고 말하고 싶지만 할 말이 생각나지 않는다. 그녀의 작품에 관심을 갖고 의욕적으로 반응하는 게 잘 되질 않는다. 이 스튜디오의 다른 사람들 작품에 대해서는 그렇게 하는 게 전혀 어렵지 않은데도 말이다. 무엇이 나로 하여금 그녀의 작업에 관심이 없도록 만드는가? 주의를 끌 만한 뭔가가 없는 듯하다. 호기심을 자극하는 부분도 없고, 유혹적인 색깔도, 마음을 끄는 내용도 없다. 이렇게 판단적인 태도가 되어 이 모호하고 가냘파 보이는 그림에서 잘못된 것을 찾는다.
>
> 한 기억이 떠오른다. 대학 시절 채색 수업을 받고 있을 때였다. 나는 큰 캔버스에 재미있게 생긴 개 그림을 거의 완성해 가고 있었다. 파스텔 톤의 색채를 썼는데 이것을 본 (남자)교수님이, 여자 화가는 이런 작품으로는 안 된다고 말했다. 무슨 뜻으로 그 말씀을 하셨는지는 모르지만 내가 해석하는 바는 이랬다. 여자가 재미있고 부드러운 파스텔 조의 그림을 그려서는 작가로 인정받을 수 없다는 것이다. 여자 작가가 작가로서 온전히 인정을 받으려면 파워풀한 이미지를 과감한 선과 풍부한 색으로 그려야 한다. 즉, 남자처럼 그려야 한다.
>
> 몇십 년 지난 지금 왜 카라의 작품을 만나면서 그 메시지를 기억 속에서 꺼낸 것일까? 나는 카라가 과감한 모양과 풍부하고 짙은 색으로 파워풀한 그림을 그리기를 기대하는가? 불행하게도 여성성은 자주 모욕을 받는데 이처럼 억압적인 메시지를 내가 내면화한 것인가? 여성을 연상시키는 특징을 작품에 끌어들이면 작가로 인정받을 수는 없다는 것을? 카라의 그림을 다시 본다. 힘과 부드러움의 역설을 본다. 진정성의

입장에서 작품을 하는 것은 여성의 과감한 움직임이라는 생각이 든다.

그녀의 작품에 대해서 덜 비판적이 된다. 가능성을 보기 시작한다. 하지만 아직도 그녀의 작품과 연결하는 것이 잘 안 된다. 이 작품과 함께 공명하는 것을 막는 무언가가 있는 것 같다. 혹시 카라도 이런 느낌이 드는 것은 아닌가 하는 궁금증이 든다. 두려움 또는 조심성으로 주저하는 것은 아닌지 말이다. 그래서 관계가 끊어지는 것은 아닌지. 작품을 이젤에 올려놓고 같이 보자고 한다. 약간의 거리 두기를 위해서다. 두려운지, 관계가 끊어졌다고 느끼는지는 물어보지 않는다. 주저하고 있는 것 같다는 말도 하지 않는다. 단지 보이는 것이 무엇인지 묻는다. 어떠한 부분에 관해 얘기하면서 만져도 좋은가 묻는다. '네' 라는 대답이 돌아온다.

그러고 나서 다음 2주간 카라의 그림에 변화가 생겼다. 아직도 유동적이고 유기체적으로 보이지만 달라진 요소들과 정확한 형태가 나타나기 시작한다. 적어도 내게는 그렇게 보인다. 아마도 카라의 그림이 바뀐 것도 사실인 듯하지만 내가 보는 눈이 바뀐 것도 사실일 것이다. 나 자신의 미적인 선입견을 인식하면서 나를 붙잡고 있는 이 선입견으로부터 자유로워졌다. 나는 이제 카라의 그림을 보면 작품과 카라와 더 연결된 느낌을 받는다.

오늘은 카라 옆을 지나는데 그녀가 자기 작품에서 한발 떨어져서 보고 있다. 집중을 하느라 얼굴을 찌푸리고 있다. 그녀의 강력한 집중이 나를 끌어당기는 듯하다. 더 가까이 가고 싶어지게 한다. 그랬더니 카라는 이 작품에서 뭐가 마음에 들고 뭐가 마음에 안 드는지 이야기한다. 무슨 일이 일어나는지 알아차리기도 전에 나는 이미 빨려 들어갔다. 나는 그녀의 창작 파트너로서 그녀의 창작 과정에 함께하고 그녀의 예술적 비전을 이루기 위해 같이 가는 사람이 되었다.

작품에 관하여 몸으로 느끼는 육감적인 반응은 내담자와 그의 작품과 공감적인 연결을 이룰 수 있는 기회를 준다. 즉각적, 내면적인 이러한 반응은 사회적으로 길들여지고 치료적인 교육이나 미술치료의 미학 이론에서 강제되는 품위 없고 살균된 반응에 비해 더 많은 진리를 포함할 수 있다. 하지만 이러한 육감적인 반응을 생각 없이, 가차 없이 사용해서는 안 된다. 미적인 선입견에서 온 것이든, 역전이(counter-transference)

에 의한 것이든, 우리 내면에서 일어나는 반응의 진리를 이해하고자 하는 노력에서 나온 것이든 말이다(Schaverien, 1995, 6장). 이것은 치료사와 내담자와 작품의 관계에 관한 진리를 포함하고 있는 것이기도 하다. 이것은 우리가 하는 일 중에서 아주 중요한 일이다. 스스로를 아는 것(self-awareness)은 아름다움에 관한 우리의 반응이 엘리트적이기보다 포용적이게 하고, 우리의 비평적인 판단이 우리 내부에서 아직 풀지 못한 문제를 풀고자 하기 위함이 아니라, 내담자 안의 가능성에 자양분을 주는 데 초점을 맞추도록 돕는다.

내담자와 그들의 작품에 반응하기

우리의 미적인 입장이 관계미학적이라면, 우리가 내담자의 작품에 반응하는 일차적인 목적은 내담자와 내담자의 작품 사이, 우리와 내담자 사이 또는 내담자와 그의 문화적 정체성 사이의 관계를 증진하는 데 있다. Lachman-Chapin(2000)은 우리가 전문직으로 조직화되면서 "아주 단순한 초점인 이것을 잃었다. 이것은 '아름답다' 라고 생각되는 것을 내담자가 만든다는 것이다. 즉, 그 내면에서 중요하다고 생각되는 것을 말하고 보여 주고 표현하는 것 말이다"(p. 13)라고 하였다. 완성물의 질은 관계를 일깨우는 것과 관련이 있다. 미적인 질이라는 것은 그 자체로 존재하는 것이 아니다. 노력의 결과는 치료적 결과를 낳고, 노력이 부족하면 치료적인 결과가 빈약할 수 있다는 점은 여러 가지 면에서 증명된 바 있다. 그렇다면 작품의 질은 기술적으로 얼마나 잘 만들어졌는가 하는 것으로 정해지는 것이 아니라, 얼마나 정성과 노력을 들여 의미 있는 작품을 만들고자 노력하였느냐에 달려 있다. 또한 작가의 진정한 의지를 얼마나 잘 표현했는가, 그 의지를 얼마나 잘 다른 사람에게 소통하였는가, 이것이 관계 안에서 치유와 건강을 도모했는가, 이런 것들이 미의 기준을 가늠하게 하는 요소들이다.

관계미학의 개념은 이런 철학적 입장이 내담자와 작품을 만들면서 어떻게 나올 수 있는지 생각해 보게 한다. Henley(1992a)는 치유적-미적 연속체를 제시했는데, 이 연속체는 작품이 '진정성과 작가와 세상 사이의 관계 안에서 어떻게 조심스럽게 개입했는가' (p. 154)를 보게 한다. 그는 또한 미적인 관심보다 더 중요하거나 더 급하게 다루어야 할 내용이 있는 경우, 예로 기본적인 신뢰를 쌓는 것이 우선인 경우, 미적인 관심은 유보될 수 있다고 주장한다(Henley, 1992a, 1992b). Kramer(1963)는 '진정한 예술' 의 기준은 '방법의 효율성, 내적인 일관성, 사람의 마음을 끄는 힘' 이라고 한 바 있다(p. 5). 그리고 이 생각들은 치료적-미적 연속체를 이해하는 틀의 기본을 확립한다. Henley의 치료적-미적 연속체에서 가장 중요한 점은 미술치료 스튜디오에서의 경험에 따라 예술의 미적 기준이 계속 확장되고 정제되어야 한다는 것이다.

미술치료사의 역할과 연관되는 Henley의 치료적-미적 연속체 모델은 미적인 기준을 이야기하는 다른 모델과 상당히 다르다. Lishinsky(1972)는 커뮤니티 정신 보건센터 환자들과 작업하면서 그의 방법을 이렇게 설명했다 — 병리적인 모델에서 미술을 하는 것, 즉 작품에서 환자의 병적 상태가 나타날 것이라는 입장을 거부하고 환자의 작품이 비록 병이나 그 사람이 처한 불행한 처지에 관한 것이라 하더라도 그림 형태의 명쾌함(clarity)을 요구한다(p. 183). Lishinsky는 비언어적인 표현방법에 건강한 형태를 주는 것을 요구한다.

Janos Marten 박사는 뉴욕의 퀸스 지역에 있는 '살아 있는 박물관(The Living Museum)' 의 총감독이다. 크리드모어 주 정신병원 환자들이 스튜디오에 와서 작업을 하는데, 그는 이들을 환자로 보는 대신 작품을 하는 작가로 본다. 그는 미술치료의 치료적 가능성이 이러한 정체성 변환에서 온다고 믿는다. Marten은 작품을 생산물이나 예술물로 보지 않는다. 그 대신 작가 내면과 그 사람의 삶 안에서 그 작품을 만드는 행위로 인해 일어나는 변화를 작품이라고 본다. 이러한 입장에서 '살아 있는 박물관' 전체는 하나의 개념 예술 작품이고, 작품은 그 안에서 만들어지는 생산물만을 일컫는 게 아니라 창조의 활동이 어떠한 결과를 낳는가 하는 것도 포함한다(Parouse & Yu, 1997).

창작이 곧 치료(art as therapy)라는 입장의 응용은 매우 다양하다. 미적인 것과 치료적인 것 사이의 관계성에 초점을 둘 수 있고, 미적인 것을 치료적인 요인으로 볼 수도 있고, 타인의 개입이 없는 치료적/미적 환경을 만들 수도 있다. 이러한 방법들에서 나타나는 공통적인 것은 이 방법들이 모두 관계에 중심을 둔다는 것이다. 치료라고 부르든, 삶의 경험을 풍부하게 한다고 하든, 이러한 작업들은 개인과 그를 둘러싼 세상과의 관계의 질을 향상하는 데 중점을 두는 미적인 철학에 기초한다.

관계미학적인 면에서 작업을 하는 것은 생산물에만 초점을 맞춘 시야를 확대할 필요를 만든다. Robbins(1987)는 미술치료의 맥락에서 미적인 문제는 미술적인 가르침을 통해서 구별할 수 있는 것이 아니라고 말했다(pp. 42-43). 미술치료에서 사람들 관계의 문제 또는 개인 내부의 문제를 다룰 때, 미적인 요소가 자연스럽게 나올 수 있다. 또한, 치료적인 문제를 미적인 방법으로 접근하는 것은 창작 작업에 맞는 치료적 언어를 제공한다.

Knill(1995, 1999)과 Knill, Barba, Fuchs(1995)는 '미적인 책임(aesthetic responsibility)' 의 모델을 제시한다. 작품활동에 있어서 책임 있는 참여는 그 과정에 온전히 집중하는 것부터 원하는 것을 표현하면 작품을 마칠 수 있는 능력까지를 포함한다고 한다. Knill(1999)이 말하길, 미술치료사는 이 과정에서 파트너가 되며, '미적인 문제풀이' 는 미술치료사가 생각하기에 작품이 이렇게 만들어져야 한다는 환상을 따라가는 것이 아니라 작품이 나름대로 펼쳐질 수 있게 도움을 주는 것이라고 한다(p. 48). 예술치료사는 내담자가 표현하고자 한 의도뿐만 아니라 작품이 표현하고자 하는 그 작품의 의도 또한 섬기는 사람이다. 치료사는 작품의 과정에 복무하는 책임 있는 참여자로서 '나타나는' 아름다움 또는 흉물스러움(beastliness)에 상관 없이 그 과정을 중시하는 믿음을 보여 줄 책임이 있다(Knill, 1995, p. 3).

관계미학적인 형태의 작업은 미술치료에서 미적인 반응을 할 수 있는 기초를 제공한다. 이 책의 앞서의 장들은 우리의 미적인 감수성을 이용하여 내담자가 가지고 온 문제와 지니고 있는 가능성을 이해하고 반응하는 데 초점을 맞추었다. 똑같은 관점이 내담자와 그들의 작품을 이해하는 데도 사용될 수 있다. 우리가 만일 작품을 주의 깊게 마음을 열고 궁금해하며 비판적이지 않고 놀라움을 간직하는 입장에서 본다면, 엄중하고 해석적인 진리를 찾겠다고 들어가는 것과는 질적으로 아주 다른 방법으로 그 관계 안에 들어가게 된다.

관계에 들어가면 때로는 어두운 곳에서 길을 잃은 것처럼 불안한 느낌이 올 수도 있다. 하지만 모름(non-knowing)의 입장에 들어가기를 자처할 때 발견할 수 있는 가능성은 활짝 열려 있다. 이렇게 주의 깊게 마음을 열고 궁금해하며 비판적이지 않고 놀라움을 간직하는 태도로 작품을 대한다면, 우리는 그 작품을 함께 창조하는 모험의 파트너가 된다. 우리가 작품에 영향을 끼치는 것처럼 그 작품에 의해 영향을 받을 준비를 한다. 작품이 우리를 진단하지 않는 것처럼 우리도 그들을 진단하려 하지 않는다. 대신 관계를 맺는다. 미술치료 스튜디오에서 우리는 작품을 만들고, 작품은 우리를 만든다.

나는 내 사무실에 앉아서 시계를 올려다본다. 그룹이 시작하기 전 15분이 남았다. 먼저 와 있을 사람들을 생각하고, 오늘은 사람들이 어떤 이야기들을 가지고 올지, 어떤 느낌들이나 경험들을 가지고 와서 자신의 삶을 새로운 형태로 바꾸는 데 사용할지 궁금해한다. 티나를 생각하니 이제는 익숙해진 답답함이 엄습한다. 티나는 주말에 집에 다녀왔는데, 듣기로는 다녀와서 아주 좋지 않은 상황이라고 한다. 언제나 그래 왔다. 치료 팀의 충고를 무시하고 주말이면 어린 시절을 보낸 집에 한두 번도 아니고 매주 간다. 매번 다녀올 때마다 그녀는 충격을 받은 듯 보인다. 밤에 악몽도 다시 시작되고, 아래팔, 배, 허벅지에 새롭게 자해한 흔적이 보인다. 스태프들은 아직도 그녀의 아버지가 성폭행을 하는지 혹시나 하고 염려를 한다.

내가 미술치료실에 들어가자 티나는 이미 와서 의자에 앉아 있다. 내 쪽을 올려다보며 가볍게 목례를 한다. 그녀의 손과 발이 떨리고 있는 게 보인다. 분노가 확 치민다. 티나를 붙잡아 막 흔들고 싶다. 제발 그만 좀 집에 가라고. 그러한 학대의 환경에 왜 자신을 집어넣는가 말이다. 나는 공감 대신 격분을 느낀다. 다른 사람들이 다 도착하고 나서 오늘 스튜디오에 들어오면서 느끼고 생각한 것들을 나누는 시간을 가진다. 나는 상황을 바꿀 수 있는 힘이 없음에 답답하다고 말한다. 몇 명의 그룹 멤버들이 내 말에 고개를 끄덕인다. 마치 자신들도 이것이 어떤 건지 너무나 잘 알고 있다는 듯이.

멤버들이 모두 한번씩 돌아가며 이야기할 기회를 가진 후, 오늘 작품의 주제를 '경계' 에 초점을 두기로 결정했다. 종이, 파스텔, 물감, 찰흙을 들고 모으는 달그락달그락거리는 소리가 들린다. 각자 작업을 할 공간을 찾아 움직이고, 이내 이 스튜디오에는 종이에 슥슥 그리는 소리, 파스텔을 쉭쉭 칠하는 소리, 붓을 물컵에 넣고 흔드는 소리만이 들린다. 나는 나의 그림을 그리기 시작한다. 자주 고개를 들어 다른 아티스트들이 작업하는 것을 쳐다본다. 작업을 다 끝내고, 다시 원형으로 둘러앉아 작품을 우리 앞에 놓는다.

방에 무거움이 흐른다. 아무도 서로를 쳐다보지 않고 있다. 다른 사람들이 무엇을 만들었는지 한번 살펴보자고 한다. 오늘은 다른 때처럼 농담도, 잘했다고 어깨를 치는 행동도, 자연스럽게 나오는 평도 없다. 작품에 대해 말하고 싶은 사람이 있는지 물으니 다들 조용했다. "알았어요." 내가 말을 시작한다. "오늘은 조용한 날인 듯 하네요. 그렇다면 조용한 것을 합시다." 이번에는 참여자들에게 작품들 주위를 걸어다니면서 보고 그냥 떠오르는 것을 단어나 구나 몇 가지 형용사로 표현해 보라고 한다. 작품 하나에서 다른 하나로 옮겨 다니며 단어나 문장을 쓴다. 다들 끝나고 나서 돌아가며 한 명 한 명의 작품에 대한 느낌을 쓴 것을 큰 소리로 읽는다. 그렇게 소리 내어 읽으니 꼭 시처럼 들린다.

티나가 자신이 그린 파스텔 그림 옆에 앉는다. 나무 울타리 담으로 양쪽이 막혀 있는 길의 그림이다. 이 울타리는 무엇이 우르르 뚫고 지나갔는지 여기저기 구멍이 나 있다. 그녀는 크게 읽었다. "조각과 토막을/부서진/깨어진/아무도 메시지를 받지 않았다/무시당하고/소홀하게 여겨지고/고칠 필요가 있다/잡고 있을 수가 없다/뒤에 머물러 있을 수가 없다/도움이 안 되는 안전 망/짓밟혔다." 그녀는 위를 올려다보고 작은 목소리로 마지막 말을 읽는다. "도와 주세요." 그 순간 내 안의 어떤 것이 움직인다. 깨지고 부서진 나무가 보이고 그것을 내 안에서 느낀다. 무언가 나를 깨려고 하는 것 같고, 내 뼈가 조각조각 부서지는 것 같다. 그 놀라움과 분노와 힘없음이 내 안으로 들어온다. 순간, 어떻게 할지 모르겠고 무력하게만 느껴진다.

나는 다시 티나의 그림을 보고 이제 경이로움을 느낀다. 간단한 그림이지만 너무나 많은 것을 전달하고 있다. 나는 티나의 이야기에서 여성의 삶에서 경계가 반복적으로 무차별적으로 침범되는 것을 본다. 나와 치료 팀의 반응이 그녀의 한계와 원하는 것을 묻는 대신 우리 생각대로 티나가 어떻게 이 상황을 '고칠' 것인지 강요했다는 것을 이제야 본다.

이 단순한 이미지를 보고 다시 티나를 보고 주춤한다. 배를 움켜잡는다. 누가 내 배를 발로 차는가 싶다. 그녀의 눈에 눈물이 가득 고이고, 내 눈에도 눈물이 고인다. '바로 그거예요' 라고 확인해 주듯, 나를 보고 고개를 조용히 끄덕인다. 그녀는 내가 이해한다고 생각하는 것 같다. 그리고 처음으로, 나 또한 그런 것 같다.

작품을 병리적인 견해보다 시적인 견해에서 보면, 작품에 새로운 방법으로 연결하고 반응할 수 있는 실마리를 찾을 수 있다. 작품을 만든 후 말로 하는 '프로세싱' 과정은 작품의 의미 등을 말로 설명하고 풀이하는 과정을 기본으로 하는 치료의 모델에서 가져온 방법이다. 하지만 이것은 하나의 방법이지 전부가 아니다. 어쩌면 이것은 작가와 작품 의도와 공명하는 가장 좋은 방법이 아닐 수도 있다. 내담자와 그의 작품 앞에서 미적인 방법으로 보고 반응하는 것을 통해 우리는 그 창작 과정의 공동작가가 된다. 내담자의 필요에 부응하는 미적인 반응은 작품 과정 중간에 또는 그 후 어느 시점에서든 나올 수 있다. 반응은 간단한 격려의 말이 될 수도 있고, 부드럽게 옆구리를 찌르는 식으로 그 사람이 작업하는 옆에서 나란히 작업을 하거나, 아니면 즉흥적으로 발견된 오브제로 그림을 두들겨서 음악으로 반응하든가, 서로서로의 작품에 관하여 그룹 멤버들이 연극적인 방법으로 반응해 볼 수도 있다. 이 가능성은 끝이 없다. 다른 방법으로 작품에 반응하는 방법은 제7장에 소개되어 있다.

하지만 어느 작품이든 '딱 맞는' 반응은 시행착오를 통해서만 찾을 수 있으며, 시행착오란 창의적인 작업에서 꼭 필요한 과정이다. 우리는 미술치료사로서 언제나 완벽한 방법으로 반응하는 것을 돕는 사람들이 아니다. 그 대신 우리는 내담자가 자신의 작품과 관계 맺음에 있어서 조절, 이동, 모험, 수정하기, 전진, 도피, 시도, 발견 등의 다양한 방법과 놀이를 돕는 사람이다. 그런 과정을 통하여 그들은 자신들의 경험을 표현하고 바꾸는 '꼭 맞는' 방법을 찾을 수 있을 것이다. 그리하여 자신과, 다른 이들과, 세계와의 관계를 더 깊게 할 수 있다.

결론

어느 면으로 보나 이제까지의 미술치료사와 미학적 주제와의 관계는 미술세계에서 나오는 철학적인 모델에 반응 또는 적응하는 것이었다. 하지만 미술치료 현장에서 우리는 우리의 축적된 예술적 경험을 사람들의 가능성을 위해 사용하며, 이러한 예술적 활동은 미학을 폭넓게 이해하는 것을 요구한다. 창작에 기반한 실천은 엘리트적이기보다 포용적이고, 보살핌의 윤리에 근거하며, 폭넓은 미의 개념을 아우르고, 관계의 질을 중시하는 것에 기초를 둔다.

관계미학의 모델은 예술과 작품 활동을 치료적 맥락에서 사용하는 데 있어 철학적, 이론적 토대를 제공한다. 또한 이것은 미술치료를 사회적인 관심을 가지는 예술활동의 카테고리 안에 포함시킨다. 관계미학은 미적인 기준이 미술치료라는 분야에서 도출될 수 있게 한다. 다른 분야에서 빌어온 모델이 아니라 치료적 관계를 중시하는 미술을 기반으로 한 미술치료 모델을 제공한다. 여기서 가장 중요한 점은 관계미학을 추구하는 창작은 개인과 작품, 타인, 주위 환경과의 관계를 더 깊게 하는 것을 중시한다는 것이다.

07

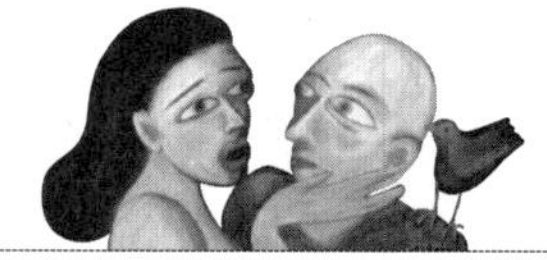

치료적 작업에서의 예술적 관점의 영향

> *작가가 된다는 것은 모든 것과 모든 것에 있는 본질을 잡아내는 것이다(Frank Lloyd Wright quoted in Fitzgerald, 1996, p. 15).*

"난 그림을 못 그려요." 첫 소개가 끝나자마자 윌이 이렇게 말한다. 처음에는 방안을 안절부절못하면서 두리번두리번 하더니, 다른 참여자들이 이젤을 세우고 나무 조각 상자를 뒤지고, 종이와 유화 물감을 옮기고 하는 조용한 북적거림에 익숙해져 가는 듯하다. 그는 미술치료실이 이번이 처음이다. 나를 보면서 살짝 웃다가 미간을 찌푸리면서 "정말 일직선도 못 그린다니까요." 하고 툭 말을 뱉는다. 이 말을 도대체 몇 번이나 들었나? 몇백 번? 몇천 번? 나는 내 일에서 일상적으로 듣는 이 말을 무시하고 넘어가고 싶다. 또한 이런 말도 안 되는 말에 대꾸할 시간이 없다. 나는 돌볼 사람들이 너무 많다. 또한 윌은 괜히 그러는 걸 거다. 오랫동안 안 해서 잊어버려서 그렇지, 그릴 능력이 있을 거다. 나는 그 사람에게 이런 내 생각을 응원의 소리를 곁들여 말하고 싶다. "와와! 으싸! 짝짝짝 짝짝짝." 정말 잘할 거야!

하지만 그 대신 숨을 크게 한번 들이쉬고 천천히 내쉰다. 내가 사람들에게 소프트볼을 못한다고 했었던 때를 기억한다. 내가 못한다고 했던 의미는 무엇인가? 내 말은 잘 못한다는 뜻이다. 이 말은 내 성장과정 어디서인가 나는 운동을 못한다는 생각을 하게 되었고, 그래서 스포츠는 피한다는 말이다. 그러다 보니, 소프트볼을 잘할 수 있는 기술을 익힐 기회가 없었다. 체육시간에 무엇을 해야 할 때만 되면 나는 둔하고 바보 같게 느껴졌고 무엇을 어떻게 할지 몰라 창피했다. 나이가 들면서 이렇게 내가 잘 못하는 것이 발견될 수 있는 상황은 무조건 피했다. 소프트볼 경기만 진행되고 있으면 피하다 보니 소프트볼 기술이 늘지 못했다. 요즘도 가끔 하기는 하지만 "난 할 줄 몰라요."라는 말로 구경만 하기를 바란다.

이게 역설적으로 들리지만, 사실은 할 수 있지만 할 수 없게 된 것이다. 내가 '할 수 있는 것'은 창피한 것을 무릅쓰고 내 방망이가 공 대신 허공을 때리는 것에서 오는 바보 같고 멍청하게 느껴지는 위험부담을 감수하는 것을 할 수 있다. 하지만 이러한 경기는 즉흥성과 재미가 없어서 스포츠를 즐기는 것이 아닌 나의 두려움에 맞서 '맞장 뜨는' 것이고 이건 참으로 힘든 일이다. 내가 '할 줄 몰라요'라고 할 때 내 말 뜻은 소프트볼을 하기 위해 필요한 기술을 발달시키지 못해서 못한다는 뜻이다. 그렇기에 내가 아무리 글러브를 끼고 필드로 걸어가고 있다고 하더라도 '나는 못해'라고 한다면 정말 못하는 것이다. 지금 내가 할 수 있는 것은, 그저 노력하는 것뿐이다.

나의 이런 점들을 상기시키는 것은 윌의 말에 어떻게 반응하면 좋을지 도움을 준다. 마지막으로 미술을 한 게 언제냐고 묻는다. 그는 불편하게 웃더니 아마 초등학교 때였을 거라고 한다. 그렇게 오랫동안 안 한 것을 다시 시작하기 힘든 줄 안다고 한다. 특히 모르는 사람의 무리 안에서 하는 것은 더 힘들 것이니, 먼저 이곳에 편해지기 위해 미술치료실을 같이 한번 둘러보자고 한다. 만약에 뭘 하고 싶다고 결정하면 내가 옆에서 도와줄 테니 걱정하지 말라는 말도 덧붙인다.

스튜디오를 돌아다니면서 여기에 작업을 하러 온 다른 사람들과 인사를 나눈다. 스탠은 이젤을 세우고 물감을 펼쳐 놓고 있다. 스탠은 여러 해 동안 정신병원에서 살았었고 또 아주 오랫동안 사회 복귀 훈련 시설(halfway house)에 살다가 최근에 자신의 아파트로 이사 갔다. 이 그림은 이 아파트의 거실을 위한 그림이다. 기초 스케치를 이미 했고, 캔버스 위에 스케치를 붙였다. 전부터 그랬지만, 그의 스케치와 완성작과의 관계는 나에게 수수께끼이다. 스케치는 기본적으로 어떤 구조를 주는 것 같지만, 이것이 무슨 구조인지 전혀 모르겠다. 그의 두뇌와 나의 두뇌는 다른 구조라서 어떨 때 도와달라고 하면 어떻게 도와줄지 모르겠다. 우리가 가진 형태와 색에 관한 사랑과 이미지가 물감 위로 나타났을 때의 기쁨만이 우리가 공통으로 가지고 있는 것이다. 이해가 안 되는 부분들이 있지만 서로를 향한 상호존중은 같이 작업을 할 수 있는 확고한 기반을 만든다. 윌과 내가 옆으로 지나가니 스탠이 마음으로부터 우러나오는 인사를 한다.

리사와 펨은 종이와 파스텔을 테이블에 펼쳐 놓고 앉아 있다. 리사는 오늘 무엇을 할지 모르겠다고 한다. 펨이 나 들으라고 "이미지가 너에게 얘기하게 해!"라고 장난기 많은 표정으로 말한다. "그래요, 더 해요. 날 계속 놀려요." 내가 그렇게 말하고 다 같이 웃는다. 나는 리사에게 "윌에게 여기 시설 구경을 시켜주고 돌아와서 내가 도와줄게요."라고 말한다.

란이 붓들과 물컵을 한아름 가지고 가면서 넘어지지 않으려고 바닥을 쳐다보며 조심스럽게 걷고 있다. 위로 올려다보더니 "안녕(hello)." 하고 인사하고는 언제나 앉는 자리에 가서 앉는다. 멜린다는 방 한구석에 이젤을 놓고 앉는다. 집중해서 일하기 좋은 구석 자리이다. 다른 한쪽에서 미리암이 보인다. 그녀는 천, 나무 조각, 반짝이, 구슬, 기구들, 타일 등을 양팔 가득 잔뜩 챙겨 놓고 있다. 지난번에 여기 왔을 때 미리암은 캔버스를 준비했었다. 산만하게 이것저것 하는 것을 막기 위해, 지난번에 하다가 만 것을 상기해 주어야겠다고 생각한다.

윌과 둘러보는 것을 마치고 나서 우리는 앉아서 몇 분 이야기를 나누었다. 이곳 미술치료실은 사람들이 미술을 이용하여 자신들이 병원에 가게 된 이유였던 문제를 다루는 곳이라고 설명하였다. 그가 왜 병원에 왔으며 어떠한 도움을 필요로 하는지 설명해 준다면 좋겠다고 말한다. 그는 8개월 전에 직장에서 사고가 있어 그때부터 장애 지원금을 받고 생활하고 있으며 직장에 돌아가지 못하고 있다. 그는 지난 몇 달간 점차적으로 모든 것과 모든 사람들에 관한 관심이 없어졌다고 설명한다. 그가 덧붙였다.

아시다시피, 덜 할수록 진짜 아무것도 안 하고 싶어져요. 덜 나갈수록, 왜 내가 안 나갈지에 관한 변명을 찾아내게 되지요. 지금은, 다 늙어서 다시 애기가 된 것 같은 느낌이 들어요. 나는 나가기가 두려워요. 심지어 구멍가게에 가는 것도 두려워졌어요. 미친 소리 같지요? 알아요. 그렇지만 내가 병원에 와서 하고 싶은 것은 내 삶을 다시 찾고 싶어요. 그냥, 있잖아요. 삶의 기본적인 것들… 가게에 가고, 아이들과 낚시를 가고, 내 차를 만지고, 그런 내 삶을 다시 찾고 싶어요.

충분히 이해가 되는 이야기라고 말하고, 오늘 미술치료실을 돌아다니면서 관심을 끈 것이 혹시 있느냐고 묻는다. 무엇이라도 만들고 싶은 구상이 있었는지. "몰라요." 하고 중얼거린다. "뭐, 그냥 저 타일 한번 해 보지요." 벽에 있는 타일로 만든 모자이크를 가리키며 말한다. 타일과 아교로 간단한 기하학적인 디자인을 만든 것이다. 그의 목소리는 체념한 듯, 사실 아무 관심도 없는 듯 힘이 없다. "윌! 그게 정말 당신이 하고 싶은 거예요? 별로 하고 싶다고 안 들리는데요?" 그러더니 그는 다시 벽을 가리키며 "글쎄, 저런 페인팅 같은 것을 하고 싶습니다. 저거 정말 좋은데요. 하지만 난 절대로 저렇게 하지 못할 거예요."

나는 그 벽을 한번 쳐다보고는 다시 윌을 쳐다본다. "윌, 당신은 당신의 삶을 다시 찾고 싶다고 하셨잖아요. 아마, 당신이 전의 직장으로 돌아갈 수 없으니, 그 찾는 삶은 당신이 가지고 있었던 것과 똑같은 삶이 아닐 거예요. 그러니, 어떤 삶을 찾고 싶은지 생각해 보기 좋은 기회일 것 같네요. 당신은 '저거 뭐, 타일이나 뭐' 하는 식의 삶을 찾고 싶으신가요, 당신이 정말 원하는 삶을 다시 찾고 싶으신 건가요?" 그는 고개를 돌려 나를 본다. 미소가 입가에 있을까 말까 한다. "오케이. 내가 졌어요! 나는 그림을 그리고 싶은데, 정말 어떻게 뭐를 그릴지 전혀 모르겠어요." 나는 "제가 도울 거예요. 어떻게 시작할지 보여 주겠습니다."라고 말한다.

미술치료에서는 예술적인 관점이 사용되는 경우가 아주 많다. 이 '예술적 관점'은 다른 관점에서 본 것들을 배제하지 않으며, 이것이 꼭 미술치료사만의 것은 아니다. 하지만 이 예술적인 관점은 다른 치료 영역들 사이에서 미술치료가 공헌할 수 있는 독특한 것이다. 이러한 관점에서 의도를 가지고 공부하고 생각하고 키우고 일하는 것이 당연한 일이다.

예술적인 관점이 치료 작업에 미치는 영향은 잠재적으로 상당하다. 우리가 내담자와 하는 것의 모든 면에 영향을 미친다고 할 수 있다. 우리가 먼저 예술가라고 자처하는 관점은 자신들이 미술적인 재능이 전혀 없다고 믿는 사람들과 작업할 때 나오는 우리의 반응에 나타나며, 이것은 우리가 미술치료 스튜디오에서 만드는 공간의 기운에서도 나타난다. 이는 우리가 내담자와 맺는 관계의 질에 영향을 미친다. 주의를 기울이면 예술적인 관점은 우리가 미술치료라고 부르는 이 치료의 작업을 더 예리하고 명료하게 하는 역할을 한다.

이 장에서는 예술적인 관점이 우리가 내담자와 작업할 때 어떤 영향을 미치는지에 관해 몇 가지 살펴보겠다. 짧은 미술치료 세션의 설명을 통해 우리가 하는 일의 '느낌'이라는 것을 설명하고, 이론적인 토대를 마련하기 위해 예술적인 치료의 관점에 관한 개념들을 탐구하고자 한다.

미술치료사와 작가인 내담자

스튜디오를 한번 쓱 돌아본다. 내가 모으고 있는 발견된 오브제들의 상자 사이로 색칠한 종이조각들이 보인다. 앤젤라가 도착할 때 준비가 되어 있어야 할 텐데, 하지만 이 정돈되지 않은 과정에 들어올 때 그녀가 더 쉽게 시작할 수도 있다. 앤젤라는 머릿속에서 온갖 세부사항들을 다 정하고 나서야 붓에 물감을 칠하며 시작하곤 한다. 그녀가 이곳을 들어올 때 만나게 될 못박는 소리, 물감 냄새, 테이블 위에 펼쳐진 재료들이 그녀의 관심을 끌고 마음을 움직이기를 바란다.

앤젤라가 방으로 들어와서는 눈을 피하고 신발을 나무 바닥에 질질 끌면서 온다. 의자에 푹 하고 꺼지듯 앉더니 하품을 한다. 축구경기가 취소되어서 낮잠을 자다가 나왔다고 한다. 테이블 위에 맛깔스레 펼쳐져 있는 미술재료에는 눈길조차 안 준다. 내가 망치를 내려놓고 테이블에 앉는다. "음…" 하더니 있었던 일들을 무기력하게 늘어놓는다. 이러다가 같이 만나는 한 시간이 그냥 다 흘러갈 것 같다. 오늘은 그냥 이야기만 하고 싶은 건지도 모르겠다. 어쩌면, 너무나 고통스러웠던 과거와 연결되는 작품을 만드는 게 걱정되나 보다. 기억하고 싶지만 기억하기 싫은 일들. 나 또한 그랬다. 그녀의 이야기를 듣고 싶기도 하고 듣고 싶지 않기도 하다.

내가 만들고 있는 작품을 쳐다본다. 나무 조각들과 나뭇가지를 발견된 오브제 상자에서 찾은 것을 붙인 작품이다. 이 작품은 내가 이제 중심으로 들어오기를 기다리고 있다. 나는 그동안 작품의 가장자리에서 맴돌고 있다. 재료를 준비하고 발견된 오브제를 정리하고 또 정리하면서 딴짓을 하고 있었다. 내가 앤젤라에게 한 이야기를 기억한다. "당신의 기억은 기억할 준비가 되면 올 거예요. 그때까지 우리가 하는 작업은 기억이 태어나도록 새집을 만들어 주는 거예요." 앤젤라와 나는 무엇을 두려워하고 있는 걸까? 왜 그 안으로 들어가지 못하고 가장자리에 머물면서 딴짓을 하고 있는가?

앤젤라는 이제 자신의 불확실한 미래에 관하여 이야기하기 시작한다. 일 년 안에 고등학교를 졸업할 것이고, 그 다음에 대학에 갈지 말지 전혀 모르겠다고 한다. 미래에 대한 걱정과 실패에 관한 생각을 한참을 빙빙 돌려 말한다. 다 지금 현실의 불확실성 때문에 그렇다.

나는 팔레트 나이프를 꺼내 들고 파란 물감을 섞는다. "앤젤라, 오늘 뭐 할 거예요?" 그녀는 모르겠다는 표현으로 어깨를 한번 들썩거리고는, 커다란 스크랩북을 만들기 위해서 시작한 큰 마분지 표지를 꺼낸다. 이것을 테이블 위에 얹어 놓고는 거기에 그리기 시작한 그림에 관하여 "이건 정말 바보 같아!"라고 이야기한다. 내가 대답하기를 "아크릴 물감의 가장 좋은 점은 그 위에 덧칠하기 쉽다는 거죠. 그림의 어떤 부분을 바꾸고 싶은데요?" 이제 앤젤라는 입 밖으로 소리를 내서 생각하기 시작한다. 무엇을 어떻게 그릴 것인지, 어떻게 보일 것인지, 아이디어를 내고는 곧바로 "안 될 거야" 하고 포기한다. 결국, 이 작품은 완전 실패라고 예언한다.

나는 섞어 놓은 파란 물감을 붓에 묻혀 상자의 안을 칠하기 시작한다. "어떨 땐 말이지요…" 하고 말문을 연다. "나 역시 내 작품이 지금 어디로 향하고 있는지 전혀 모릅니다. 그럴 때는 그냥 시작하지요. 일단 어떤 것을 시작하고 나면, 다음 무엇을 할지

구상이 떠오르거든요. 만약 전체의 것을 다 계획하고 나아가려고 하면, 압도 당하는 느낌 때문에 당황하게 되지만, 그저 한 발자국 한 발자국 가다 보면, 한 발자국이 다음 발 디딜 곳을 알려줍니다. 그래서 결국에는 내가 끝냈다라고 생각하게 되는 그 지점까지 도달하지요. 하지만 처음에는 작업을 시작해야 해요. 어디로 가는지 모르는데도요." 앤젤라가 깊이 한숨을 쉬면서 말한다. "알아요. 색칠하고, 색칠. 생각 말고, 그냥 색칠!"

앤젤라가 물감을 섞고 붓에 물감을 묻혀 그림을 그리면서 이야기를 연다. 그녀의 어머니와 함께 이번 여름에 대학교들을 탐방할지도 모른다고 한다. 이야기 중간중간에 이 그림을 어떻게 할지 하는 이야기들도 튀어나온다. 우리는 아주 작은 한걸음 한 걸음으로 나아간다. 어디로 가는지, 어떻게 되어가고 있는지 잘 모르겠지만, 몰라도 그래도 나아간다.

미술치료사와 작가인 내담자와의 관계는 이전에 내가 언급했던 대로 각각 두 사람이 자신이 잘 알고 있는 전문 분야의 지식을 중간에 놓고 섞는 관계이다. 미술치료사로서 우리는 미술과 인간 발달, 심리학, 카운슬링 이론에 관한 전문지식과 우리의 삶에서 나온 지식들을 전문지식으로 가지고 나온다. 미술치료의 내담자는 자신의 독특한 입장에서 나오는 전문지식을 가지고 있다. 그들이 가지고 있는 전문지식은 그들이 무엇을 원하는지, 바라는지, 꿈꾸는지, 불안해하는지, 어떤 장점이 있는지 하는 것을 직접적으로 안다는 것이다.

미술을 기반으로 한 미술치료의 모델은 미술치료사와 내담자 둘 다의 예술적인 정체성을 중요하게 생각하는 모델이다. 이 정체성은 관계가 자라는 동안, 그들의 관계를 돈독하게 한다. 이러한 관계 안에서 자신이 가지고 있는 전문지식을 사용한다. 미술치료사는 미술사와 미학의 지식 미술재료를 다루는 기술 또는 예술 활동의 심리학과 창조적인 과정에 관한 전문지식을 가지고 있다. 내담자는 아마도 미술재료에 대해 조금은 알고 있는 것이 있겠고 미술사나 미학에 관해서는 잘 알고 있을 수도 있고, 없을 수도 있다. 개별의 내담자에 따라서 미술의 경험과 노하우가 다를 것이다. 하지만 그들이 공통적으로 가지고 있는 것은 개인적인 예술적 비전이다. 이 비전이 설익은 것이고 연약하고, 자신 없는 비전이라고 하더라도 말이다. 미술치료사인 우리 또한 개인적인 예술적 비전을 이 관계에 섞어 넣는다. 이러한 비전이 교차로에서 만났을 때 예술가인 내담자와 예술가인 미술치료사의 관계가 형성된다.

하지만 치료사와 내담자 사이의 동등하지 않은 힘의 균등으로 인하여 이러한 예술적 비전의 상호관계가 불균형을 더 증가시킬 수 있으며, 이것은 예민한 문제이다. 많은 경우에(물론 예외가 있지만) 미술치료사들은 미술치료실에 온 내담자에 비해 더 자신이 있고 스스로에 대해서 더 잘 알고, 우리가 가지고 있는 예술적인 비전에 관하여 더 열정적이다. 내담자는 도움을 받으러 왔다는 취약한 위치에 있을 뿐만 아니라 미술재료를 어떻게 사용해야 할지, 이것으로 무엇을 만들어야 할지 더 자신이 없어 할 것이다. 우리 미술치료사는 우리의 예술적인 비전으로 내담자를 섬기는 게 목적이다. 우리가 가진 미술에 대한 열정을 내담자가 작품을 하고 싶게끔 격려해야지 우리의 열정을 가지고 그들의 예술적 의도를 지배해서는 안 된다. 우리의 열정이 그들 안에 잠들어 있는 예술적인 감성을 불러일으킬 수도 있지만, 이것이 잘못되면, 내담자 안에 미세하게 존재하는 예술가의 정체성이 우리가 보여 주는 예술적 비전의 열정에 의해 압도되고 꺼질 수도 있다.

예술적인 비전을 나누고 균형을 유지하는 데 꼭 필요한 것은 진정성의 자세에서 작업을 하는 것이다. Robbins(1992)는 진정성을 이렇게 설명한다. "진정성은 치료사 내면에서 환자의 내적인 영역을 치료적인 공통의 장으로 경험하는 것이다." 또한 "진정성은 양극적인 것으로, 이것은 치료사 내면에서 자리를 잡고 있지만, 환자가 경험할 수 있는 것이다"(p. 180). Robbins의 정의는 진정성의 관계적인 측면을 잘 꼬집어 말하고 있다. 여기에 덧붙이고 싶은 것은 치료사의 '내적인 가능성'은 치료사가 진실성이 있고, 치료사의 내면적인 존재와 외적으로 보여 주는 모습에 일관성이 있을 때 나오는 것이다. 이것은 한번 이루면 되는 고정된 것이 아니고 내면과 외부의 관계에서 끊임없이 조정하고 들여다보는 역동적인 과정이다.

개인의 진정성을 닦는 것은 크게 보자면 자기 자신에 대해서 더 어려운 질문을 더 잘하게 되는 것이다. 이러한 질문은 '(질문이 넘쳐서) 중심을 잃음' 의 경험을 하는 것으로 자기 자신의 중심에 있는 가치와 믿음에 뿌리를 내리고 있으면서 움직이는, 어떻게 보면 역설적인 경험을 하게 되는 것이다. 진정성은 개인 내면의 경험이나 이야기를 밖으로 쏟아붓는다고 해서 되는 것이 아니다. 대신, 진정성은 주로 개인의 삶을 사는 방법과 그 사람의 행동에 의해 나타난다. 진정성의 입장에서 작업을 하고 내담자로 하여금 작품을 만들 때 위험을 감수하고 어려운 질문을 하게 격려하는 미술치료사는 그런 어려운 질문들을 스스로에게도 할 것이며, 그 질문들이 자신의 작품에도 나올 것이다. Robbins가 말한 '내적인 가능성' 은 내담자가 느낄 수 있는 것인데, 그 이유는 치료사가 그것을 그의 삶을 통해서 보여 주고 있기 때문이다.

우리의 미술치료사로서의 진정성은 가장 깊숙하게는 우리 스스로의 의미 있는 작품 활동을 하는 것에서 찾을 수 있다. 직접 해 보지 않고는 창작 작업의 뉘앙스를 진정으로 알고 소통할 수 있는 방법이 없다. 아이러니하게도 어떨 때는 창작 활동을 안 하는 것이 창조 과정에 중요한 요소의 하나라는 것을 진정으로 이해한다. 창의력이 막힐 때, 창조의 방향을 바꾸는 것이 필요하다는 것을 알 수 있게 되거나, 새로운 아이디어가 틈새로 빠져나올 필요가 있는 것을 알거나, 작품 활동을 방해하는 것과 관계를 맺는 것이 막힌 그 벽을 뚫고 갈 수 있는 힘의 에너지원을 찾는 것 모두를 창작활동을 통해 경험할 수 있다.

우리의 작품활동이 우리가 내담자로부터 기대하는 창작활동과 조화를 이룰 때 미술치료사이며 예술가인 우리의 진정성이 더 깊어질 수 있다. 내담자가 스스로를 알고 스스로를 표현하는 방법으로 작품을 하기를 원하고, 또한 그들이 다른 사람들과의 커뮤니티 환경에서 함께 작업을 하고, 완성된 작품의 의미를 깊게 생각해 보기를 바란다면, 우리도 스스로의 작품에서 이런 요소들을 관여시킬 수 있어야 하며, 그렇게 할 때 우리의 진정성이 깊어질 수 있다.

저항

저항(resistance)이란 어떤 행위나 어떤 영향에 강력히 맞선다는 뜻이다. 사회-정치적인 면에서 볼 때, 저항은 사회에 해로운 것에 맞서서 강한 자세를 취하는 것이다. 치료에서 '저항'은 치료의 과정을 방해하는 어떤 무의식적이고 심리적인 장애물로써 행동으로도 나타나는 것이다. 저항은 치료의 환경에서만 나오는 것이 아니고, 정치적인 것에서 개인적인 것까지 포함하여 변화에 대항하는 반응이다. 이것은 또한 변화가 시작되었다는 것을 알리고, 내면의 심리적 과정이 이 변화의 잠재하는 위험에 경보 태세를 세운 것을 알리는 것을 말한다. 다양한 정신보건 환경에서는 저항 뒤에 있는 연대와 연결의 기회가 종종 무시된다. 저항적인 행동이 방어기제(평등화, 유혹, 회피, 전이 가르기, 합리화 등)의 하나로 인정되거나 그러한 행동을 하는 사람이 저항자로 낙인 되기도 하지만 저항이 저항으로서 받아들여지고 그에 맞게 반응되지 않는 것을 많이 본다. 무슨 말인가 하면, 저항이 무의식적인 내면의 심리적 현상을 행동으로 보여 주는 것이라고 보고 그에 따라 적절하게 반응하는 것이 아니라 그 대신 일부러 하는 불편하게 하고 적의가 있는 의식적인 행동이라고 본다는 것이다. 그렇게 이해할 때 상대방(병원이나 시설의 직원)은 도덕적인 훈계나 징벌로 저항에 맞서 반응하게 된다. 저항적인 행동이 덜 문제가 될 때(예로 내담자가 수동적으로 따라올 때), 이러한 행동은 고의가 아니지만 강화된다.

저항을 관계 맺음의 기회라고 생각한다면, 이것이 내담자가 열어준 기회의 문이라고 생각할 수 있고, 그렇다면 내담자와 치료사 사이의 역동적인 관계가 아주 다르게 움직일 것이다. 관계미학의 입장에서 작업을 하는 것은 이것을 가능하게 한다. 예술적인 감성으로 내담자가 그들이 행동을 통해 하는 (무의식의) 말을 '듣고자' 할 수 있다. Bruce Moon(1998)은 저항적인 행동을 퍼포먼스 아트로 보는 것을 제시하였다. 그렇게 보면 "우리는 그 행동의 드라마의 그물에 빨려들어가지 않고 퍼포먼스의 의미가 무엇일지 관찰하고 음미해 볼 수 있는 자유가 생긴다"(p. 115)라고 하였다. 우리의 공감적인 기술을 사용하여 그 사람의 병리적인 면을 보는 것이 아니라 그가 표현하고자 하는 시를 들을 수 있다.

저항에 대하여 효과적으로 대응하는 방법은 세 가지 단계가 있다. 첫째, 저항이 있음을 인정한다. 둘째, 저항적인 행동으로 말하고자 하는 것이 무엇인지 이해하도록 노력한다. 셋째, 공감적인 방법으로 그 저항과 연결한다. 첫 번째 인정하는 단계에서는 치료사가 내담자의 저항적인 행동을 통해서 그들을 보았고, 느꼈고, 들었다는 것을 알린다.

> 제럴드의 어머니가 제럴드를 따라 미술치료실에 들어온다. 기분이 언짢은 표정의 이 11살짜리 남자소년의 가냘픈 팔에 보이는 근육들이 모두 잔뜩 긴장을 하고 있다. 그의 어머니는 제럴드가 심리치료, 개인교사, 사회성 수업, 무브먼트 치료, 치료적 지원 서비스 그리고 미술치료를 포함한 치료사에게 다 반항하고 있다고 귓속말로 살짝 알려준다. 그는 자전거를 타고 싶고, 비디오 게임을 하고 싶고, 학교 수업이 끝나고 친구네에 놀러 가고 싶어한다. 이 아이는 이 많은 치료 약속들을 다 무시하고 싶어한다. 그 애의 어머니가 치료실을 나가자, 제럴드가 따라나선다. 여기 있고 싶지 않다고 한다. 빌딩을 나가서는, 어머니가 타고 있는 차문을 잡아 열려고 하는데 차가 움직여서 가버린다. 그러다가 그는 그냥 그 자리에 움직이지 않고 가만히 있는다. 묵묵히 빌딩 밖에 계속 서 있는다. 묵언의 시위다.
>
> 난 제럴드와 조금 떨어져서, 하지만 그가 볼 수 있는 위치에 가서 선다. 나는 그 애와 같이 계속 움직이지 않겠다고 한다. 그리고 만약 그 애가 움직이고 빌딩 안으로 들어가 그림을 그릴 준비가 되면, 나도 준비가 되어 있을 것이라고 알려준다.

저항을 인정하고 알려주는 것은 간단한 일이다. 이것은 행동과 말로 '네가 하는 말을(하든 안 하든) 듣고 있어' 라고 하는 것이다. 내담자의 행동을 '좋다' 또는 '나쁘다' 라고 판단을 하는 것이 아니며 내담자가 하는 표현의 존엄성을 인정하는 것이다. 또 이것은 나의 멘토인 Don Jones가 늘 말했던, 'react' (즉각적인 반작용에 의한 반응) 대신 'respond' (그 사람이 표현하고자 하는 것에 응답하는 반응)할 기회를 준다. 실제적으로는 몇 초에 불과할 수 있지만, 시간을 가지고, 그 사람의 시(poetry)를 인정하고 보는 것은 우리로 하여금 그 시를 음미해 볼 수 있는 기회를 준다.

인정을 한 후에 자연스럽게 두 번째 단계인 저항에 반응(respond)하는 단계에 이른다. 이것은 내담자가 행동으로 표현하려고 하는 것이 무엇인지 이해하도록 노력하는 단계이다.

제럴드와 내가 같이 서 있는 동안 트럭과 차들이 시끄럽게 지나간다. 보도를 걷고 있는 사람들이 우리를 호기심 있게 쳐다보고 지나간다. 제럴드에게 존경심이 일어난다. 나는 빌딩에 기대고 있었지만, 그는 보도 중간에서 시위를 시작하였고, 그 후로 1인치도 움직이지 않았다. 떨리고 있는 그의 피로한 다리도, 옆에 서있는 나도, 스튜디오 안에 있는 미술재료들도 그를 움직이게 하지 못했다. 가끔, 내가 아직 여기 있다는 것을 알리고, 그가 원하면 언제까지든 그와 함께 여기 서 있겠다는 것을 알린다. 가끔 시계를 본다. 5분, 10분, 15분, 20분, 25분이 지났다. 그의 지구력은 대단하다. 내 쪽으로 쳐다보지도 않는다. 이쯤 되니 내가 하는 행동에 의심이 간다. 스스로에게 묻는다. '이거, 내가 지금 뭐 하고 있는 거야? 여기서 이 애하고?' 그 애의 엄마가 한 시간 있다 돌아와서는 이 도보에 아직도 서 있는 우리를 보고 뭐라고 할까 상상해본다. 우리의 치료적 진척을 별로 맘에 들어 하지 않겠지! 치료비 값을 한다고 생각하지 않을 것이다.

캐티, 내 말을 들어봐. 나에게 말을 건다. 이 아이가 말하고자 하는 것이 무엇인지 들어봐. 그래서 들으려 노력한다. 나는 이 아이의 허약한 몸을 '듣는다.' 한 곳에 한 포즈로 오래 서 있느라 다리 한쪽이 살짝 기울었다. 꽉 물고 있는 어금니가 보인다. 이 아이는 여기에서 막혔다. 꽉 막혔다. 긴장을 늦추는 것을 못 하는 것처럼 보인다. 무엇인가 단단히 막혀서 앞으로 나아갈 수가 없다. 나는 미술치료실에 있는 재료들을 생각해 보기 시작한다. 지난번 세션에 자기가 얼마나 미술을 좋아하는지 이야기를 했었고, 우리가 같이 만든 작품을 만들면서 얼마나 즐거웠는지 모르겠다고 말했었다. 이 아이를 보면서, 제럴드는 어쩌면, 어떻게 자기가 사랑하고 좋아하는 것에서부터 멀리 떨어져서는 사람들이 지나가는 이 외딴 곳에서 정지가 되었는지, 어떻게 앞으로든 뒤로든 나갈 수 없는지를 이야기하는 것 같다고 생각한다. 어쩌면, 이 소년은 미술치료실로 들어간다고 하더라도 자신이 필요로 하는 것을 얻지 못할 거라고 말하고 있는 것인지 모른다. 이렇게 중간에 멈춰버린 것이 얼마나 무서운 일일까 하고 생각한다. 그래서 제럴드와 계속 서 있는다. 혼자서 막혀 버려 서 있는 게 아니라 같이 하기 위해서.

저항에 반응하는 세 가지 단계는, 먼저 저항을 인정하고, 그 행동의 메시지를 들으려 노력한 후, 이 저항하는 행동에 대하여 공감하는 연결의 자세를 취하는 것이다. 여기서 근본적인 것은 이 외적으로 나타내는 행동 아래에 있는 메시지를 인정하는 것이다. 내담자가 은유나 암시를 통해 자신을 소통하는 것처럼 치료사 역시 은유의 표현으로 반응할 수 있다(Rinsely, 1980).

제한하기(limit setting)의 방법은 이것이 그 사람을 위하는 마음에서 하는 것이라면, 연결의 한 방법이 될 수 있다. 즉, 이것이 징벌의 의도가 아니라 돌보기 위한 의도로 쓰여진다면 말이다. 우리가 내담자가 행위로 말하고자 하는 것을 이해하려고 한다면, 돌보기 위한 목적으로 하는 제한하기는 훨씬 하기 쉬워진다. 이러한 고려가 없이는 제한하기는 질책이나 징계를 하는 것으로 들릴 것이다. 전달되는 메시지는, 물론 이렇게 말을 다 하는 것은 아니지만, 이럴 수 있다 — "그만둬! 너는 그러한 행동을 하는 나쁜(말썽만 일으키는, 답답한, 귀찮은, 무서운 등) 사람이야. 나는 너를 있는 그대로 받아들일 수 없고 너는 징계를(원하는 것이나 활동에 참여 못하든가, 공개적으로 창피를 주든가, 이 상황에서 네가 힘이 없다는 것을 다시 말함으로 해서 등) 받아야 해. 그래서 네가 이렇게 행동하는 것을 바꾸게 말이야." 만약 제한하기가 그 사람과 연결하기 위한 방법으로 쓰인다면, 들리는 메시지는 아주 다를 것이다. 그 메시지는 다음과 같은 것이다.

"나는 네가 지금 힘들어하고 있는 것을 알겠고, 네가 온전히 참여하기를 방해하는 무엇이 있는 것을 알겠어. 오늘 우리가 하고자 하는 것이 많이 어려운가(두려운가, 무서운가, 당황스러운가) 보구나. 하지만 너의 행동이 너와 또는 다른 사람에게 아픔을 주거나 아픔을 주겠다고 위협하는 것이라면, 내가 그것을 붙잡거나 바꿀 수 있게 도와

줄게. 만약 네가 그것을 못하겠으면, 내가 임시로 담는 그릇이 되어서 그 해를 최소화하도록 최선을 다할게. 나는 네가 바뀔 수 있다는 것을 믿어 의심치 않고, 네가 준비됐거나 할 수 있을 때 도움을 줄게."

어떤 경우에는 이해하고자 하거나 인정하는 것 이전에 감정적인 혹은 육체적인 안정을 위해서 제한하기를 먼저 해야 할 필요가 있는 경우가 있다. 그렇다고 하더라도, 이것을 내담자를 보살피는 방법으로 할 수 있다. 치료사가 바로 세게 반응해야 하는 상황은 아마도 내담자가 즉각적이고 강렬한 필요에 부응하는 때일 것이다.

연결(engagement)은 제한하기(limit-setting) 외에 다른 형태로 나올 수 있다. 그 행동이 타인이나 자신에게 특별히 위험한 것이 아니라고 한다면, 연결이 내담자의 행동을 같이 하는 것이 될 수 있는 경우가 있다. 이것은 내담자의 저항하는 행동을 표면상으로 따라하라는 뜻은 아니며, 대신 내담자와 깊은 공감으로 연결하라는 말이다. 이것을 은유적으로 말한다면, 저항은 잘 모르는 문 앞에서 들어가기 꺼려하는 것으로 생각해 볼 수 있다. 내담자를 뒤에서 밀어서 문을 통과하게 하려고 한다면, 그 사람은 저항의 세기를 더 세게 할 것이다. 멀리 서서 문을 통과하라고 명령한다면, 내담자의 저항은 더 커질 것이고, 우리를 수상하게 볼 것이다. 하지만 만약, 우리가 내담자의 저항에 결합하여 그가 원하는 곳에서 멈추어 같이 있겠다는 것을 알리면, 그 저항의 정도가 줄어든다. 더 세게 저항할 필요가 없어지기 때문이다. 우리가 공감의 자세를 취하고 내담자를 믿어준다면 내담자는 그대로 있을지, 문을 통과할지 하는 선택을 할 수 있다.

내담자와 연결하는 것은 여러 가지 형태로 나타난다. 저항하는 행동과 공감적으로 연결하는 것에 대한 주어진 매뉴얼이 없다. 내담자가 그들의 행동을 통해 말하는 것을 무엇이든지 받아들이고 반응하고자 하는 마음을 가지고 있어야 한다. 미술치료에서는 저항이 미술을 하는 과정에서 많이 나타난다. 그림을 못 그린다고 하거나 이미지를 그리는 대신 글자로 무엇을 쓰거나, 몇 가지 재료만 반복적으로 쓰거나, 모호하고 추상적인 이미지만 만들거나(Hanes, 1998), 자신의 작품을 합리적으로 분석하거나 하는 행동이(다 그런 것은 아니지만) 저항의 방법으로 사용될 수 있다. 저항이 창작의 과정에서 나타날 때, 이 저항과 연대하는 가장 논리적인 방법은 창작 과정 자체를 통한 것이다. 예를 들어서, 그림을 그리는 대신에 글씨를 쓰는 것이 자신과 다른 사람들 사이에서 거리 두기를 하는 방법으로 쓰여지고 있다면, 나 또한 글쓰기를 표현의 방법으로 써서 그 내담자와 '결합' 할 수 있다. 내담자가 쓰는 글쓰기의 방법과 비슷한 방법으로 글자를 그리는 것을 시작으로 내담자와 깊은 관계 안으로 들어갈 수 있다. 아무 말도 하지 않았지만, 인정하고, 이해하고자 노력하고, 내담자가 저항행동으로 사용하는 그 언어를 사용하여 연결하고자 하는 것이다.

> 한 35분 정도 꼼짝 않고 움직이지 않던 제럴드는 이제 미술치료실 안으로 들어간다. 남은 시간 동안, 나를 보거나 아무 말도 하지 않은 채, 스튜디오 테이블 앞에 앉아만 있다. 나는 그와 같이 앉아 있다. 오늘 세션 동안 아무 이미지도 만들지 않았다. 나도 거의 말없이 있지만, 그 애가 건물 안으로 들어온 것이 얼마나 용기 있는 행동인지 말해 준다. 나는 그가 움직인 것이 너무 기쁘며, 너무 오랫동안 서 있어서 참 피곤했을 거라고 말해 준다. 또한 다음주에도 내가 이 시간에 제럴드를 기다리고 있을 것이며, 그가 준비됐을 때, 우리는 작품을 만들 것이라고 말한다.

내가 미술치료실에서 제럴드의 저항을 다른 방법으로 다룰 수도 있었을 것이다. 정신복지 분야의 은어를 사용하자면, 나는 확실한 제한하기(limit setting)를 하였고, 위협적이지 않은 방법으로 일관된 치료적 존재감(therapeutic presence)을 보여 주었다. 하지만 정신복지 분야에서 흔히 볼 수 있는 행동을 안 한 게 있다. 나는 그의 저항을 '부적절한' 행동이라고 낙인 찍지 않았다. 그의 행동은 물론 답답하다. 하지만 부적절한 행동은 아니었다. 나는 보통 많이 사용되는 'prompt and redirect(당장 이렇게 하라고 지시하고 주의를 돌리는 기법)' 를 그의 행동을 바꾸기 위해 사용하지 않았다.

그의 행동을 부적절하다고 판단하지 않은 이유는 내가 믿는 예술적인 감성에 근거한다. 나는 그의 자아 표현의 시를 보았고, 그의 작은 움직임에 주시하면서, 이를 꽉 문 표정을 통하여, 자신을 보호하는 그 확고부동한 이야기를 들었기 때문이다. 이 미묘하지만 또렷이 표현이 된 저항의 퍼포먼스를 본다. 그런데 그런 행동이 어떻게 부적절할 수 있다는 말인가? 내가 어떻게 지금 행동을 멈추고 다른 행동을 취하라는 명령을 할 수 있단 말인가? 그렇게 한다면 이것은 시적인 표현을 마치 부주의한 불씨쯤 되는 것으로 보고 짓밟는 행동이 아닌가? 그의 퍼포먼스가 이제 막 시작하려고 하는데 마치 잘못된 것이라며 커튼을 내려버리는 것이 아니겠는가? 무엇보다 나는 그의 말없는 표현에서 많은 것을 들었다. 공연장의 팡파르는 거의 들리지 않았지만 그 공연의 초대는 확실히 있었다. 그가 스스로 건물 안으로 들어갈 때, 그는 내가 따를 것이라는 것을 확실히 알고 있었다.

연합

연합(alliance)은 두 명 이상의 개인이 공통적으로 중요시 하는 것을 위하여 동맹 또는 연결을 하는 것이다. 치료에서 이러한 미술치료사와 내담자 사이의 연맹은 내담자의 건강이나 웰빙을 도모하기 위한 것이다. 이 연합에 미술이란 요소가 들어가면, 이 연결의 구조는 한결 복잡해진다. 동맹은 작가와(내담자든 미술치료사든) 작품에 사용되는 재료 사이에, 작가와 작품 사이에, 공동작업을 같이 하는 작가들 사이에 있는 것이다. 공동작업 또는 그룹 스튜디오 세팅에서의 미술치료사와 내담자의 동맹은 공통된 작품을 만드는 작가라는 정체성에 기반한다. McNiff(1995)는 "스튜디오는 영향을 서로 주고받는 생태계이다"(p. 181)라고 말한다. 치료사와 내담자가 이러한 상호적인 영향을 치료적인 진전을 위해서 어떻게 잘 다룰지 하는 고민이 필요하다.

미술치료의 스튜디오에 기반한 접근 방법은 작업과 작업의 과정이 치료사와 내담자의 관계 맺음에 중요한 요소로 작용한다. 이것은 스튜디오 작업 중에 대화를 나눈 것을 금지한다거나 하는 단순한 개념이 아니다. 하지만 치료적 작업은 말로 하는 설명에 닻을 내린 것이 아니라, 예술적인 표현의 언어에 닻을 내린 작업이다.

만약 치료사와 내담자의 공통 관심사가 미술이 아니라면 어떠한가? 자신의 관심과 전혀 상관없이 미술치료를 하라고 주어진 경우가 있다. 정신장애가 있는 한 여자가 딱

부러지게 이렇게 말하였다(Spaniol, 1998에 실린 이야기이다). "왜 그들이 우리가 단지 정신병 환자라는 이유 하나만으로 그림을 그리고 싶을 것이라고 생각하는지 모르겠어요. 다른 사람들처럼, 미술 하기 싫고, 하고 싶어할 이유가 있지 않을까요."(p. 33) 개방형 스튜디오 모델이 한 방편으로 쓰여질 수 있다(McGraw, 1995). 이 모델에서는 내담자의 출입이 자유롭고 미술치료 스튜디오의 모델을 원하는 만큼만 사용할 수 있다. 이러한 모델의 미술치료는 언제나 다 실용적인 것은 아니며, 모든 상황에 적합한 모델은 아니다. 하지만 미술치료가 내담자에게 주어진 경우, 미술치료사는 좀 더 유연하게 작업을 이끌어나갈 수 있다. 치료사는 내담자를 창작 활동에 초대하지만, 내담자가 선택할 수 있는 권리에 대하여 열려 있다. Allen(1983)은 미술치료에 꼭 참여해야 한다는 입장을 거부하고, 구경만 하는 것에서부터 완전히 참여하는 것까지의 다양한 내담자의 선택을 존중한다. 이러한 방법은 내담자 스스로가 무엇을 필요로 하는지 본인이 잘 알고 있다는 전문성을 인정하고, 어떤 것을 해야 개인적인 발전을 할 수 있는지 알고 있다고 존중하는 것이다. 하지만 동시에 치료사로 하여금, 무엇이 작품을 만드는 과정인가 하는 질문을 하게 한다. 예를 들어서, 종이에 어떤 표시를 만들고 어떠한 것으로 형태를 만들어야만 창작 과정인가? 아니면 내적, 외적인 영향을 숙고하고 재료를 생각하는 부화기간도 창작 과정에 속하는가? 어떠한 내담자는 작품을 만드는 관심이나 의향을 전혀 보이지 않을 수 있다. 하지만 유연하게 받아들이고, 창조적으로 비옥한 환경이라면, 내키지 않아서 할지 말지 주저하는 것 또한 창작의 과정에 포함할 수 있는 여지가 있다.

이 유연함은 내담자를 작가로서 그의 자율성을 존중하는 것을 기반으로 한다. 미술치료사는 기술적인 도움을 주고, 전염적으로 퍼지는 창작에 관한 열정을 보여 준다. 하지만 작품을 만드는 과정에서 어떻게 무엇을 만들까 하는 것은, 작품의 의미나 중요성과 함께 내담자의 몫이다. 미술치료사들은 내담자의 예술적인 비전을 따르며 공감비평(empathecism)을 하며(Henley, 1992c), 이것은 '작가의 의도에 편견이나 기대감 없이 접근하는 것' (p. 190)을 말한다. 치료사의 예술적인 비전은 치료사와 내담자의 관계미학을 위해서 쓰이는 것이다. 미술치료사는 내담자의 예술적인 의도를 주의 깊게 보고 들으며, 의도하는 의미가 작품을 통해서 나타날 수 있게 도움을 준다.

내담자의 자율성을 존중하는 것은 완전히 무비평의 입장을 취하거나 모든 것을 다 받아들인다는 의미는 아니다. 내담자의 행동이 예술적인 비전의 달성을 방해하는 경우가 분명히 있다. 우리 미술치료사는 그들이 의도를 작품으로 표현하는 목표를 달성할 수 있게 돕는 역할을 하는 사람으로, 더 좋은 결과를 얻을 수 있도록 돕는다.

반면, 내담자의 작품에 관하여 식별력 있는 반응을 주지 못할 수도 있다(Hillman, 1993). 대부분의 미술치료사들은 미술학교수업이나 전시비평에서 보여지는 거친 비판을 피한다. 이러한 거친 비판이 작품을 발달시키기보다 억제하기 때문이다. 하지만 이러한 거부를 너무 지나치게 끌고 가서, 내담자가 사용하는 모든 재료를 다 좋다고 하거나 거짓으로 내담자의 노력을 칭찬하는 경우가 있다(Allen, 1983; Spaniol, 1998).

비평적인 눈을 키우는 것은 의도를 달성하기 위해서 꼭 필요한 능력이다. 자신들이 참여한 예술적 표현의 노력에 만족하려면, 내담자들은 비평적인 관점을 키워야 한다. 내담자의 자아의 건강함 강도(ego strength)와 관계 내의 믿음, 치료적 연대, 그리고 그룹의 경우, 그룹의 발달 정도 등에 따라서 비평의 수위를 조정해야 한다. McNiff (1988c)는 작업의 창조적 과정 안에서 나오는 비평적인 목소리(critical voice)를 창조적 과정으로부터 분리하여 '이미 가지고 있는 판단 기준에 따라서' 판단적인 코멘트를 하는 목소리를 구분한다(p. 194).

그렇다면 미술치료사는 내담자를 도와서 그가 창조적인 과정 내에 있는 비평적인 목소리를 가질 수 있도록 도와야 한다. 이것은 자신의 작품을 작품의 의도에 비추어서 현실적으로 평가하게 할 수 있는 능력이다. 사랑이 담긴 비평적인 목소리는 더욱 더 도움이 된다. 이것은 작품의 과정에서 문제와 가능성을 보는 관점으로, 문제가 답을 만나고 가능성이 실현될 수 있게 하는 관점이다. 우리는 내담자가 자신의 작품을 볼 때 이러한 사랑이 담긴 비평적 관점을 가질 수 있도록 도와야 하며, 이 도움은 우리 자신이 스스로에게 동일한 관점을 가질 때 진정성이 있다. 즉, 우리가 우리의 작품을 대하는 방법이나 내담자의 작품을 대하는 방법에서 묻어 나올 때, 다른 사람을 그렇게 하게 도울 수 있다.

작가와 창작 과정의 관계

사람들과 그들의 창작 과정 사이의 관계를 가장 잘 이해할 수 있는 방법은 우리 자신이 창작 과정과 관계 맺기를 하는 것이다. 우리 스스로의 경험을 통해 그 관계를 이해한다면, 창작의 과정이 내담자에게 무엇을 줄 수 있을까 할 때, 중심을 잡게 도움을 준다. 말이 안 되는 것 같지만, 우리는 때때로 창의성이 억압되는 상황에서 내담자가 작품 활동을 하기를 기대하는 경우가 있다. 예를 들어서, 시작하라고 하면 즉시 작품 만들기를 시작할 것을 기대하거나, 시간이 없는 상황에서 하라고 하거나, 질이 떨어지는 재료를 쓰게 하거나, 상상력을 자극하지 않는 주제를 가지고 작업을 하라고 한다. 또한 창작 과정에 자연스럽게 있는 것들을 병리적인 현상으로 탓하는 경우가 있다. 예를 들면, 내담자가 작품을 안 만들고 있다면, 창조적 상상력이 싹틀 시간이 필요하다고 보기보다 '저항' 을 하고 있다고 본다. 우리 자신의 창작 과정을 잘 알고 있을 때 이러한 우리의 선입견이나 가정을 깰 수 있다.

우리 자신의 창작 과정을 이해하는 것은 아주 중요하지만, 이것으로 충분하지 않다. 다른 사람에게 창작의 과정은 다양한 방법으로 다른 의미와 영향을 미친다. 미술치료사가 내담자 개개인의 고유한 필요에 대해 예민하게 열려 있어야 그들의 창작 활동을 키우고 돕는 역할을 할 수 있으며, 그들의 다양한 필요에 유연하게 반응할 수 있다.

기회와 장애물

Bayles과 Orland(1993)는 『예술과 두려움(Art and Fear)』이라는 책을 '작품을 하는 것은 어렵다' 라는 말로 열었다(p. 1). 우리 중에 작가로 활발히 활동하는 미술치료사도

(또한 더 이상 작품을 안 하는 치료사들도) 이것을 반박할 수 없는 사실이라고 생각할 것이다. Bayles과 Orland가 조목조목 이야기하는 어려움은 우리도 잘 알고 있는 것들이다 — 작품을 완성하는 어려움, 작품에 진정성이 부족한 것 같다는 두려움, 처음에는 열정으로 시작한 작품이 현실적으로 가지고 있었던 상상 속의 이상에 부합하지 못할 때의 답답함 등. 하지만 우리가 내담자들과 일할 때, 우리가 내담자에게 하라고 하는 것이 얼마나 어려운 것인지 잊어버리곤 한다. 더 어렵게 하는 것은(내담자들은 보통 자기 삶이 흔들리고 있거나 이미 흔들려서 치료를 하러 왔다. 그런데도 우리는 그들이 자신없어 하는 작품활동을 쳐다보고 있다) 이러한 사실을 잊고 가장 건강한 순간에서도 하기 어려운 것을 하라고 하는 것이다. 그렇다면 우리가 가능하면 넓게 열려 있고 포괄적인 창작의 기회와 창작의 표현을 하는 데 있어서 장애물이 최소인 환경을 만들어야 하지 않겠는가?

창작을 할 때, 기회와 장애물을 경험하게 하는 많은 원인들이 있다. 이 책의 제4장에서 스튜디오 공간과 창조적인 기운의 가능성에 대하여 자세히 이야기하였다. 창작열을 돕거나 막거나 하는 것들에는 어떤 것이 있을 수 있을까? 작품 활동이 일어나는 문맥, 작품을 만들 시간, 사용할 재료, 작품이 어떻게 다루어지고 이야기되는가 하는 것들이 있을 수 있다.

작가인 내담자와 그 사람의 창작 과정의 관계에 영향을 주는 첫 번째 요소는 작품활동이 일어나는 상황이다. 스튜디오 미술치료의 접근에서는 창작이 말로 하는 표현을 위한 준비작업으로 하는 것이 아니라, 창작이 미술치료의 '그 길' 이다(Wix, 1995, p. 175). 내담자들이 자신의 작품에 관하여 이야기하면서, 그 작업의 의미를 다른 사람들하고 나누거나 나누지 않는 자유가 있고, 또한 다른 사람의 자의적인 해설을 받지 않을 수 있는 자유가 있다는 이해가 있을 때, 표현의 자유의 분위기가 조성된다. 어떤 내담자는 작품의 의미를 다른 사람들과 나누는 것을 중요한 치료적 과정으로 본다. 어떤 내담자들은 자신들이 만드는 것에 관하여 아무 말도 안 하기를 선택할 수도 있다.

창조적인 예술 경험(creative arts experiences)과 표현적인 예술 경험(expressive arts experiences)의 차이점을 들 수 있다. 창조적인 예술 경험에서의 초점은 작품을 만드는 것으로 감정을 표현하는 것이고, 새로운 상황에 맞추거나 문제풀이를 위한 창조적인 방법을 찾는 것이다. 표현적인 예술 경험의 초점은 생각과 감정을 나타내고 말하기 위한 수단으로 사용된다(Feder, & Feder, 1998; McGraw, 1995). 스튜디오 미술치료의 방법은 다양한 필요에 의해 유연하게 사용될 수 있다. 치료사와 내담자 사이에 일대일 혹은 공동으로 작품을 하는 방식으로, 어떠한 기대치를 강요하는 대신 작품에 대하여 토론하는 기회를 만들 수 있다.

대부분의 경우, 작품을 어떠한 방식으로 해석해야 한다는 생각은 창작의 과정에 방해가 된다. 여기에 전혀 다른 의미의 시스템인 언어의 시스템을 쓰는 것은 비언어적인 창작의 과정에 방해가 되고는 한다. 작품을 하는 사람들은 알다시피, 말을 이미지에 붙이는 것은 어렵고, 잘 한다고 해도 정확하지 않다. 의미가 떠오르게 하기 위해서 작품을 시간을 두고 보아야 하기도 한다(Maclchiodi & Catteneo, 1988). 다른 방면에서는 작품의 의미를 토론하는 기회가 어떠한 내담자의 창조적인 표현을 더 증진시킬 수도 있다. 치료적 관계라는 틀 안에서 작품으로 표현할 수 있다는 것에서 안도를 할 수 있고, 자신이 만든 작품의 이해를 깊게 할 수 있는 기회를 가질 수 있다. 작품의 의미를 말로 찾는 것은 어떤 사람들에게는 창조적인 표현을 북돋을 수 있다.

작품을 만들기 위해서 지정된 시간은 창작을 증진하거나 방해하는 두 번째 요소로서 이것은 미술치료 스튜디오의 분위기에 영향을 준다. 이것은 오늘날의 의료 시스템의 현실에서 미술치료사들이 가장 답답하게 생각하는 것이기도 하다. 단기치료로 중심이 바뀌어진 오늘날의 의료 현실에서 치료 세션의 수와 시간이 둘 다 줄었다. Malchiodi (1996b)가 말하는 것처럼, "복잡한 과정을 50분 세션으로 줄이는 것은 충분하지 않다" (p. 3). 하지만 그룹이나 개인 상담을 하면서 시간적인 압박은 치료사가 어찌하지 못하는 것 중의 하나이다. 가능하다면, 충분한 시간을 두고 작업을 하는 것이 좋다. 이것이 가능하지 못할 때는 다른 창조적인 방법들을 연구할 필요가 있다. 우리 사회에는 사회적인 원조나 경제적인 보상이 없는 경우에도 열정을 바치는 작가가 있는 것에서 용기를 갖자. 많은 사람들이 직장과 애 돌보기와 다른 책임들 사이 사이에서도 의미 있고, 가슴 울리고, 잘 만들어진 작품들을 만들어 내고 있다. 미술치료사인 우리 역시 시간이 촉박하고 해야 할 일이 많은데도 불구하고 작품을 만드는 사람들이다. 이러한 면에서, 미술치료 세션은 내담자들이 병원이나 시설을 떠나서 맞닥뜨려야 하는 현실을 반영할 수 있으며, 어려운 상황에서 우리 스스로 작품을 함으로써 건강한 역할 모델이 될 수 있다.

시간적 압박은 의미 있는 작품을 만드는 것을 방해하는 방해꾼으로 보기 쉽다. 그렇다면 시간적 압박에도 불구하고 의미 있는 작품을 만들 수 있다는 것을 증명하는 기회로 보거나 기회를 만들어 내는 것이 중요하다. 또한 우리의 직장에서 내담자를 위해서 작품을 할 시간을 늘리도록 노력해 볼 수 있다. 또한 내담자로 하여금 퇴원을 하고 나서도 창작을 계속할 수 있도록 격려할 수 있다. 무엇이 가능한지를 탐구할 수 있게 도울 수 있다. 혹시 정해진 미술치료 시간 외에 작품을 만들 수 있는 방법이 있는가? 세션 사이에 간단한 재료로 할 수 있는 '숙제'를 하게 하는 방법은 어떠한가? 그림을 포함하는 그림일기를 쓰게 하는 것은 어떠한가? 일기 쓰기는 편리의 입장에서 보면 한정된 것이어서 좋다. 가지고 다닐 수 있고, 개인적이며, 다양한 재료를 사용할 수 있으며, 많은 시간이 없어도 할 수 있다.

스케줄이 잡혀 있지 않은 조용한 시간에 개방형 스튜디오 시간을 마련하는 것은 어떠한가? 스튜디오의 운영이 미술치료사의 스케줄에 따라 조정되어야 하는 것인가? 시간이 없다면 개방형 스튜디오를 다른 스태프나 미술 자원봉사자가 주도하게 하면 어떨까? 내담자가 직접 주도하는 것이 가능한가? 또한 개방형 스튜디오가 정해진 스튜디오에서만 열리는 것이 아니라 간단한 재료를 사람들이 공동으로 사용하는 공간에 두어서 내담자가 사용할 수 있게 하는 것이 가능한가? 작가나 학생작가나 학생 미술치료사가 주거 작가(artist-in-residence)의 형식으로 이러한 개방형 스튜디오 시간에 참석하여 작품 활동을 함으로써 다른 이들에게 영감을 줄 수 있게 하는 것이 가능한가? 이러한 질문들은 시간제한에 관하여 현실적으로 가능한 대안과 기회를 찾고, 방해물을 재평가하게 한다.

시간제한의 인식은 단기치료에서 필요한 사후치료(follow-up care)에서도 중요한 요소이다. 미술치료 스튜디오에서 내담자나 환자가 퇴원하고 계속 작품 활동을 할 수 있는 공간이나 프로그램이 있는지 알아보고 그러한 정보를 줄 수 있다. 이것은 개인 미술치료사의 연락처를 주거나, 커뮤니티 안의 예술 프로그램이나 수업을 알려주거나, 전시장이나 갤러리, 아트 워크숍이나, 미술재료 카탈로그나 미술 개인교사 등의 정보를 제공해 줄 수 있다. 내담자에게 다른 프로그램을 추천할 때, 그 프로그램의 철학이나 방법을 미리 알아보아서 이것이 내담자의 필요(기술적인 도움이나 개인의 표현의 도움 등)에 부합하는가 하는 것을 먼저 알아보는 것이 좋다.

미술치료에서 기회나 장해물이 되는 세 번째 요소는 미술재료이다. 스튜디오 미술치료의 접근에서는 작품을 만드는 것이 강조되므로, 미술재료의 질은 중요한 요소이다. 품질이 나쁜 재료는 만족스럽고 성공적인 창작 활동을 만드는 데 반치료적 요소로 작용할 수 있다. 이상적인 미술치료 스튜디오는 다양한 미술재료와 도구들이 있고, 충분히 좋은 질과 충분한 양이 늘 비축되어 있다. 현실적으로는 미술재료 구입비가 한정되어 있는 경우가 대부분이다. 한정된 예산 안에서 좋은 질의 재료를 비축하려면, 한정된 종류의 재료들을 구비하고, 재료들을 잘 간수하는 것이 중요하다(예를 들어서 사용한 붓은 깨끗이 닦아 보관한다). 또한 재료들을 기증 받거나 '발견된(found)' 재료를 찾는 것도 좋은 방법이다. 시간이 없다는 것은 내담자가 퇴원해서의 현실을 잘 반영하는 것으로, 미술재료의 한계 역시 내담자가 미술치료실을 떠나면 만나게 될 현실이기도 하다. 다양한 재료를 충분하게 제공하는 것은 삶의 일상에서 오아시스 같은 곳을 제공하는 것이지만, 없는 것에서 재료를 찾는 재치는 어쩌면 치료를 넘어서 사용할 수 있는 더 유용한 기술일 수 있다.

미술치료의 기회 또는 장애물 역할을 할 수 있는 네 번째 요인은 작품이 어떻게 다뤄질까 하는 것이다. 작품들이 어떻게 보관되고 전시되고 이야기되는가 하는 것이다. "다른 사람들이 당신을 대하기를 바라는 대로 다른 사람을 대하시오." 하는 오래된 가르침을 돌려서 "다른 사람이 내 작품을 어떻게 대하기를 바라는 대로 다른 사람의 작품을 대하시오."라고 말할 수 있다. 이 지침을 따른다면, 만들고 있는 과정의 작품을 둘 장소가 충분히 있고, 스튜디오 안에는 작품을 존중하는 풍토가 깔려 있고, 작품은 작가-내담자의 허락 없이는 전시되지 않아야 한다(예를 들어서 케이스 컨퍼런스를 위해서라든지, 벽을 꾸미는 용도로라든지). 내담자들은 처음에는 이것이 이상한 방법이라고 생각하다가도, 이러한 지침을 따르다 보면 자신이 만들고 있는 작품과 협동적이고 존중하는 형태의 관계로 들어가며, 이것은 작품이 혹시라도 무시당하지 않도록 스스로를 '증명' 해야 하는 그런 관계가 아닌 것을 알게 된다. 이 이야기는 다음의 창작 과정/결과물의 관계에 관하여 논의될 때 계속될 것이다.

동기유발

작품을 만드는 일은 충분한 내적, 외적 동기가 필요하다. 무엇이 창조적인 상상력을 자극하는가 하는 것은 사람마다 너무나 다르다. 우리가 미술치료사로 할 일 중의 하나는 예술적인 비전을 꽃피울 수 있도록 개개인의 내담자에서 스파크를 줄 수 있는 다양한 가능성을 내포한 자극을 주는 것이다. 개별 내담자에 따라서 그들이 반응할 만한 동기유발(motivation) 요인에 자양분을 공급하려면 유연해져야 한다. 그것이 우리 스스로에게 낯선 것이라도 말이다.

어떤 사람은 재료로부터 영감을 받는다. 다양한 종류의 재료들 — 예를 들어서 유동성과 저항의 정도, 재료의 순은성, 부드러움, 딱딱함, 부피감, 섬세함, 담음, 열려 있음, 깨끗함, 더러움 등의 다른 성질을 가진 — 을 다 준비해 놓는 것이 개별적인 내담자가 반응하게 하려면 다 필요한 것일 수 있다. 하지만 너무 많은 재료들을 내담자에게 주는 것에 관한 경계의 목소리도 있다. Kramer(1961)는 신기한 재료를 쓰는 것은 새로움을 쫓아가고 겉도는 기술의 습득을 중요시 하는 풍토를 만들 수 있다고 주의를 주었다(p. 9). 비슷하게, Lachman(Kramer et al., 1974)은 많은 종류의 재료를 주는 것은 창조적인 표현이 흐트러지는 효과를 만들 수 있다고 하였다(p. 16). 또 다른 내담자에게는 너무나 많은 선택이 있는 것은 부담스러운 것일 수도 있다.

이러한 주의점들은 충분히 고려되어야 하지만 다양한 미술재료를 주는 것이 미술치료에서 효과가 없다고 이해되어서는 안 된다. 다양한 종류의 발견된 오브제가 어떤 사람에게는 너무나 많은 자극을 줄 수 있지만 똑같은 오브제들이 다른 사람에게는 진지하고 전념하는 창작 작업에 열중하게 할 수도 있다. 다양한 상황에서 얼마나 다양한 재료들을 제시할까 하는 것은 개개인의 내담자에게 가장 적절한 재료를 찾아서 어떻게 그들이 가진 예술적인 의도에 생명력을 불어넣을까 하는 질문이며, 이것은 미술치료사인 우리가 할 일이다. 예를 들어 소묘와 채색, 점토, 콜라주 재료와 그 외의 다른 많은 것들을 미술치료를 위한 재료로 쓸 수 있다.

미술치료사들은 아주 다양한 재료들을 써 왔다. 예를 들어서 유리(Somer & Somer, 2000), 환경, 발견된 오브제 조각(Davis, 1999), 퍼포먼스 아트(Boegal & Marissing, 1991), 영화(Arnott & Gushin, 1976; Horovitz, 1999) 등의 매체가 사용되어 왔다. 전통적인 재료가 현대의 필요에 의해 개조될 수도 있다. 예를 들어서 Vick(1999)은 콜라주 재료들을 가지고 단기간 치료에서 자극을 제공하고자 노력을 해 왔다. 보통 사용하는 재료라 할지라도 그 재료를 깊게 이해하고 그 재료를 이용한 경험이 많이 있다면 그 재료의 새로운 국면을 제시할 수 있다(예컨대, 상자 안에 만드는 작품 이야기; Kaufman, 1996).

내담자가 어떤 재료를 사용할 것인가 하는 것은 미술치료사가 그 재료에 대해 보여주는 선호도를 통해서 판단할 수 있다. 내담자와 같이 치료 세션 동안 작품을 같이 만들지 않는다고 하더라고 우리가 어떤 재료를 제공하는지, 우리가 어떤 재료나 도구를 더 잘 아는지 혹은 모르는지 하는 것과 내담자가 그들이 선택한 재료에 대해서 미묘하게 표현하는 찬성 또는 불찬성의 뉘앙스를 모아서 선택을 할 수 있다. 우리가 가진 우리 자신의 선호도가 우리의 선택을 장악하는 것을 막는 가장 좋은 방법은 자신이 가지고 있는 편견을 받아들이는 것이다. 우리가 어떤 재료를 선호하고 좋아하는 것을 누르기보다 인정할 때 내담자로 하여금, 재료의 성질에 관하여 궁금증을 가지게 하고 자신들이 왠지 모르게 끌리는 재료가 내포하고 있는 가능성에 유혹당할 수 있게 스스로를 열 수 있다.

또 다른 창작 작업에서의 공통적인 동기유발 요인은 작품을 보는 것과 다른 사람들이 작품을 만드는 과정에 노출되는 것이다. Alter-Muri(1996)는 미술관과 갤러리를 방문하는 것과 작가들의 작품의 슬라이드 프레젠테이션으로 보거나 작가들의 창작 과정에 관한 토론을 하는 것을 다양한 미술치료 환경에서의 영감을 줄 수 있는 방법으로 이야기한다. Allen(1985)은 '예술 강의' 의 모델을 사용하여, 슬라이드 쇼와 토론을 통해서 내담자가 만든 작품과 유명 예술가가 만든 작품들을 토론하며 이러한 작업이 미술치료 그룹에서 환자들의 참여도를 높인다는 것을 알 수 있었다. 내담자가 만들고 있는 또는 완성된 작품 옆에 예술작품 포스터, 전시, 예술 책, 예술 잡지 등을 두는 것은 창작의 창의적인 생각을 자극할 수 있다. 나는 내담자와 학생에게 자신이 끌리는 스타일의 예술 작업을 해 보라고 권한다. 창작의 아이디어는 진공상태에서 나오는 것이 아니다. 빌리고, 있는 것에 더하고, 우리 주위의 세계에 있는 아이디어를 새롭게 하기도 하고 다른 작가들의 작품에서 아이디어를 빌리기도 하는 것이다.

내담자들이 공감할 수 있는 작품 예를 준비해 놓는 것은 아주 중요하다. 대부분의 미술치료 내담자들은 '예술' 이란 것의 다양한 형식과 스타일에 노출되어 있지 않다. 자신들의 작품 활동에서 의식된 선택을 하기 위해서는 예술에서 무엇이 가능한지를 탐험할 수 있는 기회가 필요하다. 포토 사실주의, 인상파, 입체파, 초현실주의, 다다이즘, 포크 아트, 아웃사이드 아트 등 다양한 미술의 예를 보여 주는 것은 내담자로 하여금 '예술' 이라고 하는 것을 할 수 있는 기회를 주고, 식별력 있는 기호와 그들이 공감할 수 있는 스타일을 찾는 데 도움을 준다. 이 예를 제시하는 방법은 아트 책이나 아트 포스터나 슬라이드나 진짜 예술작품을 보여 주는 것일 수도 있다. 또 이 예들은 다양한 예술의 스타일을 반영하여야 할 뿐만 아니라, 문화적인 정체성(인종, 민족, 종교, 성, 성적취향 등)을 반영하고 지지해주는 것들이어야 한다. 이런 예로, 정신병이 있는 사람들에게 정신적, 신체적 장애가 있는 작가가 만든 작품의 예가 영감을 줄 수 있다. 문화적 다양성을 예술작품의 예로 보여 주는 것은 다양한 문화적 배경이 있는 작가들이 만든 작품과 문화적인 내용이 작품의 주제로 담겨 있는 것 둘 다 포함해야 한다.

세 번째로 작품 활동을 할 때 동기를 부여하는 공통적인 요소는 시각적으로 풍부한 환경이다. 시각적인 풍부함은 재료와 작품을 어떻게 진열하는가 하는 물리적인 공간과 그 주변 환경의 미적인 면에서 온다. 대부분의 미술 스튜디오에서는 작품을 만들 때 참조하기 좋은 시각적인 것들이 많이 있다. 예를 들어 팔다리가 움직이는 마네킹이나 사람의 신체를 그릴 때 도움을 주는 플라스틱 골격, 정물화를 위한 과일이나 꽃 등이 있다. 시각적인 참조(visual reference)가 될 만한 것은 자연에서 찾은 것들일 수 있고 화려한 색깔의 물고기가 헤엄치는 어항일 수 있고, 좋은 사진들이 있는 잡지나 책일 수 있고, 차 부품이나 다른 흥미를 유발할 물건들이 정물화처럼 배치되어 있는 것일 수도 있다. 어떤 것들은 디스플레이되어 있을 수 있고 치워져 있을 수도 있다. 중요한 것은 시각적인 풍부함은 단순히 많은 숫자의 물건들을 가져다 놓는다고 해서 이뤄지는 것이 아니라는 것이다. 시각적인 자극은 일단 아이디어의 씨앗이 뿌려지고 몰입할 수 있는 시각적으로 '조용한' 공간과 균형을 이루고 있어야 한다.

세 가지의 동기부여 요소(재료, 작품 예, 시각적 참조) 외에도 작가들이 영감을 얻기 위해 쓰는 수많은 것들이 있다. 음악, 움직임, 시, 이야기 등도 시각작품을 만드는데 동기를 부여할 수 있다. 간단한 말 한마디가 상상력에 불을 붙이는 역할을 할 수 있다. 어떤 사람들은 처음부터 투명하고 의식적인 목적을 가지고, 작품을 시작하기 전에 말로 풀어내야 한다. 또 어떤 사람들은 서로 경쟁하는 아이디어가 너무 많아서 어디서 어떤 것부터 시작해야 할지 모르는 경우도 있다. 또 많은 사람들은 '예술'이라고 부르는 것을 어떻게 시작해야 할지 전혀 모른다. 미술치료사인 우리는 다양한 예술의 동기유발 요소를 잘 알고 쓸 수 있어야 하며, 창작 표현을 자극할 수 있는 재료들과 방법들을 많이 준비하고 있어야 하고, 개개인의 내담자에게 필요한 것이 무엇인지 그것에 따라갈 수 있는 유연한 접근 방법을 사용할 줄 알아야 한다.

표현하기와 담아내기

작품을 만들 때 표현하기(expressive)와 담아내는(containing) 활동 중 어느 하나가 더 전면적으로 나올 수 있다. 하지만 작품을 만드는 활동은 생각과 감정과 아이디어를 외부로 표출하는 것과 이런 것들을 담는 형태로 변화시키는 것 둘 다를 포함하는 활동이다. Kramer(1961)는 예술에서 보여지는 이 양극의 힘을 '태고의 혼돈(primary chaos)과 고정된 정돈(stereotyped order)' (p. 7)이라고 말한 바 있다. 예술에서 극단적인 표현하기는 의식적이고 미적인 고려 없이 미술재료를 이용한 카타르시스적인 분출이다. 담기의 극단적인 것은 작품을 만드는 과정이 외부적이고 기술적인 방법에 완전히 빨려들어가 내면의 떨림을 누르는 것이라고 할 수 있다.

과거에 예외는 있었지만(가장 유명한 예외는 Edith Kramer), 미술치료사들 사이에서 창작을 하는 과정에 많은 중요도를 두고 상대적으로 만들어진 작품 결과물은 별로 중요하게 생각하지 않는 경향을 보여 왔다. 공예강사나 미술교사나 직업치료사 등과 차별성을 두려고 하면서 어디다가 중요성을 둘까 하는 것에 영향을 많이 받은 것 같다. 과정 중심의 포커스는 자신을 표현하는 것과 가장 많이 연관이 되어 있으며, 만들어진 작품 결과물에 주어지는 미적인 면에 관한 포커스에 대응하는 것이다. 표면상으로 이것은 작품보다 그것을 만드는 사람에 초점을 두는 것을 반영한다. 다행스럽게도 이 이분법적인 논리의 그릇된 생각을 여러 미술치료사들이 지적하면서 이 관점은 바뀌고 있다(Henley, 1992a; Maclagan, 1982; McNiff, 1992; B. Moon, 1994; Schaverien, 1992). 모든 작품 활동은 표현하기와 담아내기를 포함한다. 작품을 만드는 것은 온전히 표현의 발산에 치중되지 않으며, 어떤 형태로 만들어지는지, 그 표현이 그 형태에 어떻게 담기는지 하는 것도 중요하다. 충동적으로 만든 것 같아 보이는 작품이라 할지라도 어떤 색깔로 페인트를 칠할지, 어떤 부분을 파스텔로 색깔이 번지게 할지, 어느 부분에 구멍을 낼지 하는, 단계별로 존재하는 선택과 결정의 결과이다.

작품 활동에서 이러한 역설적인 역량은 미술치료의 특성 중 하나와 관계가 있기 때문에 중요하다. 그것은 바로 표현하기와 담아내기의 필요를 동시에 다룬다는 점이다. 이러한 역설적인 특성에 대해서 편해지고 이 특성을 잘 다룰 수 있는 가장 좋은 방법은 우리 자신의 작품 활동에서 이러한 점을 실험해 보는 것이다. 작품을 만드는 데 있어서 기술적인 면에 초점을 맞추어 장시간 노력하고 집중하는 편이라면, 좀 더 느슨하고 즉흥적인 방법으로 작품을 만드는 것을 해 본다. 빠르고 감정적으로 폭발적인 작품을 만드는 편이라면, 잘 다듬어지고 완성도가 있는 작품을 만들어 보는 것이 필요할 수 있다.

실제로는, Kramer가 말하는 감정적인 자유와 구조된 표현의 통합은 딱히 이루고자 하는 목표라기보다 그 사람이 작품을 만드는 과정에서 기꺼이 참여하는 역동적인 과정이다. 노력(discipline)과 즉흥 사이에서 균형을 한 작품에서 이루었다고 해서 이 균형을 다른 작품을 만들 때도 도달할 수 있다고 기대할 수는 없다. 하지만 드러내기와 담아내기 사이의 역동적인 과정에 스스로를 기꺼이 던지는 마음은 우리가 내담자들을 더 잘 보살필 수 있게 도움을 준다.

우리가 만약 예술적인 과정들에 놓여 있는 모순적인 면들에 대해 더 편해지고 잘 알게 되고, 표현과 기법 사이의 잘못된 이분법에 의지하지 않는다면, 우리가 갖고 있는 지식과 식견을 우리가 하는 미술치료 작업에 더 잘 사용할 수 있다. 공예에 대한 관심은 "창조적인 표현과 반대되는 것이 아니며, 대신 이것은 내적인 표현이 공감의 공적 물건이 된다는 것을 뜻한다"(London, 1989, p. 100). 우리가 즉흥과 연습 사이의 건강한 균형을 찾기 위해 노력할 필요가 있는 것처럼 우리의 내담자 또한 비슷한 노력을 할 필요가 있다. 미술적 기술에 너무 집착하는 것은 자기표현에 방해꾼 노릇을 할 수 있다. 우리 내면에 있는 표현과 담기 사이에 왔다갔다 하는 필요를 더 잘 알고 더 편해질 때, 미술치료를 받는 우리의 내담자의 필요에 더 잘 반응할 수 있게 된다.

썰물과 밀물

표현과 담기의 역동적인 과정은 썰물과 밀물 같이 늘 움직이는 창작 과정에서의 하나의 양상일 뿐이다. 창작 과정과 우리의 관계는 머물러 있는 것이 아니며 늘 움직이는 것이다. 우리의 관심, 욕구, 열광의 대상, 기술 등 예상할 수 있는 길을 따라가는 것이 아니라 빠졌다가 밀려나오고 들어가다가 멈추고 다시 시작하며, 영감적인 통찰의 순간과 죽음 같은 창조의 벽 사이를 왔다갔다 한다. 좋든 싫든, 이것이 창조 과정의 특징이다.

예측할 수 없는 창조 과정 앞에서, 우리가 계속 작품을 하겠다는 의지를 가지고 작품을 계속 만드는 것은 우리의 내담자를 위해서 할 수 있는 최선의 행위이다. 그리하여 그들의 창조 작업에 진심으로 기운을 줄 수 있게 된다(동기부여가 잘 안 되거나 자신감이 없거나 영감이 없다고 하더라도). 우리 스스로 동기부여가 안 되고 자기회의가 들고 영감이 안 올 때도 밀고 나가서 창작 활동을 하려고 노력할 때 다른 사람들에게도 그렇게 하라고 격려할 수 있는 정당성을 가지게 된다. 또한 이것은 작품을 만드는 데 필요한 끈기와 용기에 관하여 더 공감할 수 있는 능력을 준다.

창작 과정의 썰물과 밀물, 기복을 뚫고 창작을 계속하는 우리의 의지는 창작의 과정을 병리적으로 해석하는 것을 방지한다. 예를 들어 정형화된 작품을 만드는 것을 보고 그 사람이 방어적이라고 볼 수 있다. 사실 "아이디어의 살아 있는 그릇으로서의 형태와 내용물을 질식시킬 듯이 감추는 형태의 그릇을 구분하는 것은 쉬운 일이 아니다" (Kramer, 1967, p. 152). 정형화된 형태를 반복하는 것은 작가가 자신의 의도를 표현하는 가장 확실하고 명료한 방법일 수도 있다. 익숙한 형태를 반복하는 것은 어쩌면 덜 익숙하고 더 위험부담이 큰 이미지를 만드는 데 뛰어들기 전에 창작에 익숙해지기 위한 건강하고 정상적이고 유용한 방법일 수 있다.

창조성이 막히는 현상(creative block)은 창작 과정에서 보통 있는 것인데 미술치료에서 자주 병리적으로 해석되고는 한다. 작품을 안 만드는 내담자는 '반항 케이스'라고 불릴 수 있다. 어쩌면 그 내담자는 내면적인 또는 외적인 고민이나 육체적 불편함 때문에 주의집중이 안 되거나 작품에 집중할 수 있는 시간이 없거나 아이디어를 찾고 발달시킬 시간이 더 필요해서 막힘을 경험하고 있는지도 모른다. 작품을 안 만든다고 해서 이것을 진단 지표와 연결하여 판단할 수 있는 것이 아닐 수도 있으며, 이것은 창작을 업으로 하는 사람에게도 때때로 나타나는 것이다. Crosson(1982)이 우리에게 상기시키듯이 “활발하게 창조하던 내담자가 창조적인 활동을 갑자기 멈추거나 정형화된 이미지만 만드는 것은 어쩌면 그 사람의 감정적인 문제나 방어기제가 작동하는 것이 아니라, 창조 과정에서 꼭 일어날 수밖에 없는 단계에 들어갔음을 반영하는 것일지도 모른다”(p. 261). 내담자의 창작 과정 안에 존재하는 밀물과 썰물을 병리적으로 해석하는 것이 아니라 민감하고 공감적으로 반응할 때 내담자의 의미 있는 창작 활동을 더 잘 도울 수 있다.

효과와 영향

Franklin(1992)이 말하기를 “작품을 만드는 것은 용기가 필요한 어려운 일이다. 실패에 대한 두려움은 그 과정 전체에서 늘 있는 것이며 잘 된다는 보장이 없다”(p. 83-84). 그런데 왜 창작을 할까? 왜 내담자보고 하라고 격려하는 것일까? 우리 스스로가 때때로 버둥거리고 어떻게 시작할지 모르고 장애물을 만나 허덕거리고 좌절감을 종종 맛보는 이 작업을 하라고 하는 그 이유가 무엇인가? 창작 과정의 높은 지점들(영감이 활활 탈 때, 성공적인 ‘우연’을 만났을 때, ‘이거다’ 싶은 만족감을 경험했을 때)이 창작 과정의 낮은 지점들(어려움과 확실치 않은 불안감을 만나는 과정)을 정당화 할 수 있는 것일까?

우리가 창작의 긍정적인 효과가 이거다 저거다 하고 확실히 말할 수 있어서 내담자에게 권유하는 것은 아닌 것 같다. 우리 분야의 연구조사는 창작 과정이나 표현하는 과정이나 창작을 하는 것이 과연 치유적인가 하는 질문보다는 완성된 작품에 더 많이 중점을 두고 있다(Malchiodi, 1995a, 1999b; McNiff, 1998a). 과연 어떤 것이 치유 요인인지 치유를 돕는 작용제인지 확실히 말할 수 없다. 우리가 알기로 창작을 하는 것은 적어도 25만 년 이상의 오래된 행위라는 것이다. 인류학적인 관점에서 보자면, 작품을 만드는 활동은 언제나 어디서나 편재하는 활동이며, 대부분의 인간 사회에서 없어서는 안 될 중요한 것이었다. 또한 작품을 만드는 것이 즐거움을 주는 것과 연결되어 있는 것을 볼 때, 이 모든 사실은 예술이 인간이란 종에게 생존가치가 있을 수밖에 없다는 것을 말한다(Dissanayake, 1988). 이 인류학적인 이해가 미술치료에 튼튼한 토대를 주지만 개인의 예술 활동의 효과를 말할 수 있는 근거를 주는 것은 거의 없다. 우리는 미술치료의 창작 과정의 효과를 이해하기 위해서 여러 이론을 확장하여 이해점에 도달하려고 노력한다. 예를 들어서 창작 과정은 내적인 현실과 외적인 현실을 연결하고 혼돈 속에서 질서를 찾는 능력을 주고(Ulman, 1975), 자존감을 증진시키며(Franklin, 1992), 말로 표현할 수 없는 것에 형태를 주며, 놓아야 하는 것을 보내는 과정을 촉진하는 것(Feen-Calligan, 1995) 등을 이야기한다. 우리는 이론들을 창작 과정에 부응하는 방법으로 연구조사를 하여 이 이론들을 실험해 본다(Bloomgarden, 1998; Junge & Linesch, 1992, 1993; Kapitan, 1998; McNiff, 1998a).

동시에 포스트모던한 관점은 이런 이론들의 주관적이고 문맥적인 면을 이야기한다. 어떻게 언제, 작품을 만드는 것이 개개인의 내담자에게 긍정적인 효과가 있는지를 진정으로 알고자 한다면, 우리 내담자와 협업을 하여 어떻게 이론과 개인적인 의미가 교차하거나 갈라지는지를 연구하여야 한다. 미술치료사들은 작품을 만드는 것이 우리 내면의 무의식의 것들과 연결하고 표현한다고 하는 중요성을 주장해 왔지만, 내담자의 경험에서는 작품을 만드는 것이 자의식을 작품으로 돌려서 불안감을 감소하거나(Beard, 1979), 감정을 조정하고 자제심을 지속시키는 방법으로 의미가 있을 수 있다(Spaniol, 1998). 내담자의 경험을 통해서 창작 과정의 여러 면의 효과를 발견하고자 한다면 우리는 같이 배우는 사람으로서 사람과 작품을 만드는 과정 사이의 관계를 보다 더 넓게 이해할 수 있을 것이다.

작가와 창작 과정/결과물 사이의 관계

미술치료에서 완성물보다 과정을 더 중요시 하고 완성된 모습을 중요하게 생각하지 않는 태도(진단상의 도구로 사용될 때를 제외하고는)는 과정과 완성물 사이의 상호과정을 이야기하는 것을 미리 닫아버린다(Schaverien, 1992). 실제 미술치료에서 "과정은 변화하고 있는 상태에 놓여지고 있는 완성물이며, 완성물은 과정이 중지된 상태이다"(Yon, 1993). 과정과 결과물로 나온 창작물이 내포하는 관계지향적인 성질을 이해할 때, 질적으로 다른 방법으로 창작물과 관계를 맺을 수 있다. 완성된 창작물은 그것을 만드는 과정과 밀접하고 절대적으로 연결되어 있다. 이 깨달음은 창작물을 창작자와 과정에서 분리되어 비평되고, 분석되는 경향에 질문을 던진다. 그 대신, 작가와 창작 과정과 만들어진 창작물 사이의 관계에 대한 이해를 근본적으로 중요한 것으로 여긴다.

작품을 만드는 데 있어서 '창작물'을 다르게 보는 방법들도 제안되었다. Hillman (1975)은 꿈 이미지를 이야기하면서 이미지들은 꿈꾸는 사람이 생각하는 의미에서 벗어나 자율적으로 존재하는 고유의 명료함이 있다고 가정한다. 너무 성급하게 의미를 부여하지 않는다면, 꿈 속의 이미지들은 우리의 심리적인 삶에 다가온 손님 또는 방문자로서 우리를 깜짝 놀라게 하는 어떤 것을 새롭게 보여 줄 수 있는 가능성을 가지고 있다고 생각된다. McNiff(1991, 1998b)는 Hillman의 꿈 이미지에 관한 생각에 영향을 받아서 작품이 그 창조자에 관하여 어떤 것을 나타낼 수 있다고 동의하면서 이미지가 자율적으로 존재하는 면이 있음을 인정한다. 그는 창작결과로 나온 작품을 자식으로 보고, 이것은 '부모'인 창조자와 관련되어 있지만, 동시에 창조자를 넘어 그 자체로 생명을 가지고 있는 것으로 보는 것을 제의하였다. Yon(1993)은 만약 작품의 과정이 보류되어 있는 상태라고 한다면 창작 과정이 쉬고 있는 단계로서, 이전의 단계를 생각해보고 노력과 에너지를 모아 다시 창작 작업에 뛰어들 수 있도록 기운을 모으는 과정이라고 볼 수도 있다고 말했다.

이미지와 작품을 이해하는 이 여러 조언들에서 공통적인 점은 작품이 가지고 있는 고유의 명료함, 목적성, 우리의 상상력의 결과물에 대한 존중이다. 내담자와 그들의 작품 사이에서 존중의 관계를 조성하려고 '작품 뒤에서 욕하지 마세요'라고 나는 말한다. 본질적으로, 이것은 작품에 관하여 이야기하는 것이 아니라 작품과의 관계를 함부로 이야기하지 않는 것을 말한다. 또한 작품에 관하여 이야기할 때는 존중하는 태도를 가지고 이야기하는 것을 건의한다. 물론 바보스럽게 들리는 이야기여서 사람들은 이 조언을 하는 나를 놀리고는 한다. 하지만 이러한 장난스러운 방법에서 내담자와 그들의 작품 사이에 존중의 관계가 형성된다. 내담자들은 그들의 작품이 그들에게로부터 나온 것이지만 동시에 그 자체로 존재하는 것으로 인식하기 시작한다. 일반적으로 작품에 대하여 비난하듯이 말하는 것이 줄어든다. 왜냐하면 작품을 온전히 자아의 투영이나 결과물이라고 보는 자기의식이 줄어들기 때문이다. 대신 작품은 그들을 놀라게 하고, 불편하게 하고, 가르치고, 통찰력을 주고, 반사를 하고, 영감을 주고, 즐거움을 주는 개체로 본다. 짧게 정리해서 말하자면, 작품은 관계에 들어갈 수 있는 어떤 것으로 보여지는 것이다.

그래도 질문은 남는다. 예술이라는 이름 아래 만들어지는 모든 표시나 형태들이 똑같이 명료함, 목적성, 중요성을 가지고 있는가 하는 질문이다. 만약 과정과 결과물 사이에 상호관계성이 있다면, 노력의 투자가 적은 작품의 경우, 할 '이야기'가 적고 덜 중요한가? 창작 과정을 억제하는 요인들(기술이 부족하거나 예술적 능력에 대한 자신감이 부족하거나, 감정적인 안정감이 덜하거나 등)이 결과물의 중요성을 감소시키는가? 그렇다면, 이것은 미술치료의 실천에 어떠한 의미를 함축하는가?

과정과 결과물의 질

과정과 결과물에 관한 질문은 질적으로 다른 종류의 창작 활동을 구분하고자 하는 사람들에 의하여 이야기되어 왔다. London(1989)은 작품 활동의 목적이 우리에게 무슨 일이 있었는지를 나타내는 것이 아니라 발견하는 과정 자체라고 말한다(p. 39). 하지만 미술치료에 있어서 생각이나 감정이나 경험을 나타내는 방법으로 쓰는 내담자를 흔히 만날 수 있다. Deco(1998)는 설명하거나 도형을 그리는 듯한 방법으로 작품을 만드는 것은 개방형 스튜디오 그룹에서 표면에 나타나는 의사소통과 부합한다고 말한다. 의사

소통이 다른 층들이 있는데, 각각의 층은 내려갈수록 의사소통의 깊이를 더 깊게 한다. 이것은 장난스러운 활동을 통해 만들어진 심상(imagery)과 깊이가 있고, 감각적으로 연결된 활동을 통해서 만들어진 심상(imagery), 언어사용 이전의 초기 언어로 만들어진 심상의 층으로 나뉜다(p. 103).

Schaverien(1987, 1992)은 도식적인 이미지(diagrammatic imagery)와 내포하는 이미지(embodied imagery) 사이의 차이점에 대하여 많은 논의를 하였다. 도식적인 이미지는 마음에 이미 만들어진 이미지를 바탕으로 만드는 것으로, 의식적으로 알고 있거나 경험한 것을 나타내고자 하는 욕망에 의해 동기 유발된 것이다. 도식적인 이미지는 그 작업과정이 통제적이고 내용적인 면에서 구체적인 성향이 있다. 내포하는 이미지는 이미 알고 있는 것을 알려주거나 설명하는 것이 아니라 발견을 유도하는 과정이라고 설명할 수 있다. 내포하는 이미지를 만듦에 있어서 미리 생각해놓은 이미지가 없거나 그 결과물을 통제할 필요가 없다. 대신 작가는 무엇을 만든다는 신체적인 활동에 몰입하여, 작품이 기대하지 않은 방법으로 발전되는 것을 허락한다. 내포한 이미지는 의식적으로 아는 것을 초월하며 말로 쉽게 설명되지 않는다.

창작 과정과 창작물의 질은 내담자의 태도나 능력과 미술치료 스튜디오의 환경이 치료적 결과에 어떻게 영향을 주는지 생각하게 한다. 창조적인 과정에 적은 노력을 투자한 내담자의 작품에 그리 많은 의미가 없을 거라고 생각하기 쉽다. 그렇다고 하더라도 그런 작품이 상관이 없다거나 중요하지 않다는 것은 아니다. 아무리 대충 하더라도 무의식적인 내용이 빠져나왔을 수 있다. 하지만 일반적으로 말할 때, 작품의 풍부함, 시각적인 매력, 깊이, 무의식적인 내용의 복잡성, 작가 자신이 부여하는 중요성 등이 부족할 것이다. 에너지나 감정적인 투자가 적은 작품 과정을 무엇인가가 부족한 작품과 연결해 생각하기 쉽다. 하지만 그렇다고 하더라도 예술적인 기술이나 능력이 부족한 사람이 영감이나 목적이나 중요성이 떨어지는 작품을 만들 것이라고 말하는 게 편하거나 쉽지 않다. 이러한 말은 우리가 미술치료에서 근본적으로 생각하는 믿음 중 하나인, 모두에게 공평한 예술의 치료적 효과를 거스르는 듯한 말로 들리기 때문이다.

우리는 주로 작품을 만든 경험이나 기술이나 자신감이 부족한 사람들과 작업을 하며 그러한 어려움에도 불구하고 의미 있는 작품을 만들 수 있다고 믿는다. 미술에 기반한 스튜디오 모델의 미술치료에서 미술치료사는 내담자가 경험과 기술을 얻고 자신감을 키울 수 있도록 지지하고 도와주어 예술 활동이 가지는 치료적인 힘을 더 키울 수 있도록 돕는다. 전반적으로 볼 때, 우리는 의미 있는 작품 만들기를 지지한다. 작품을 만드는 창조적인 과정은 이미지로 단순히 이야기를 하는 것이 아니라 살아 있음을 경험하는 것으로 이 과정에 몸담을 때만 가질 수 있는 경험이다. 우리는 완성된 작품의 질에 따라 치료를 평가하지 않는다. 자신감이 부족하고 감정적인 내용이 부족하고 도식화되었거나 기술적으로 잘 만들어지지 않은 작품이라고 해서 자동적으로 중요하지 않은 것으로 치부하거나 무시하거나 부족한 작품이라고 옆으로 치워버리지도 않는다. 우리가 작품을 대하는 태도는 관계미학적인 것으로, 작품이 작품을 만드는 과정과 연결되어 있고, 그것을 만드는 사람과 연결되어 있고, 그 사람이 표현하고자 했던 의도와 이 작품을 보는 사람에게 미치는 영향과 다 연관이 있다는 점에서 바라본다. 우리는 우리의 감각을 더 잘 키워서 개별 내담자의 창조적 과정에 도사리고 있는 '가능성' 을 보다 더 잘 키우도록 노력한다. 우리는 그들이 보다 예술적인 방법으로 작품을 만들게 도와줄 뿐만 아니라 치료적인 의도를 어떻게 더 잘 표현할지 도움을 준다.

크게 볼 때 스튜디오 모델의 미술치료는 의미를 내포하고 있는 작품을 만드는 것에 치중하지만 도식적인 이미지나 삽화 같이 설명하는 이미지를 만드는 것 역시 창작 과정에서 나타나는 정상적인 방법이며 이것이 때로는 내담자가 표현하는 것을 가장 잘 표현하는 방법일 수 있다는 것도 받아들인다. 발달의 관점에서 보자면 고정되거나 도식화된 형태를 그리는 것은 치료사와 그룹에 같이 있는 다른 내담자와 창조적 과정과의 믿음을 키워나가는 단계에 나타나는 형태의 이미지일 수 있다. 낯선 상황에서 안정감을 가지고 미술재료를 더 깊은 방식으로 사용하기 위한 준비단계일 수 있다. 미학적인 관점에서 볼 때, 익숙한 형태를 잘 만들어 넣는 것이 작품을 완성하기 위해서 '꼭 필요한' 요소일 수 있다. 장식적인 아웃라인을 그려넣는 용도로 쓰이거나 '겁먹어 딱딱해진' 것을 표현하는 것일 수도 있다. 즉, 작가의 의도에 꼭 맞는 것일 수도 있다는 것이다. 이렇게 과정과 결과물의 질은 '좋은 작품'이나 '나쁜 작품'으로 쉽게 분류될 수 없다. 대신 관계미학적인 입장에서 볼 때, 치료적인 창작 활동은 여러 가지 측면에서 평가되어야 하며, 이 평가는 사람과 과정과 작품과 보는 사람과 주변 환경의 관계들 사이에 존재하고 깊고 복잡한 미적인 면을 포함하는 것이어야 한다.

해석에서부터 관계 맺기

우리가 작가라는 정체성에 연결되어 있을 때 내담자의 작품에 다가가는 길을 찾을 수 있다. 우리 자신이 창작 과정, 그리고 작품과 보살피는 관계에 들어갈 때, 내담자도 그러한 관계에 들어갈 수 있게 돕는 것을 더 잘할 수 있다. 내담자의 창작 과정에 잘 반응하는 것이 우리의 역할인데, 이것은 "맞는 해석을 끌어낸다기보다, 창조된 이미지들과 보다 더 밀접한 관계를 맺고, 내면으로부터 어떤 반응이 나오게 하는 것이다"(Levine, 1995, p. 15). 우리의 미적인 감수성에 예민하게 연결되어 있을 때, 작품을 풀어야 할 문제라고 보는 대신 호기심과 놀라움과 모름의 입장에서 다가갈 수 있다. 우리가 작품 앞에서 이런 질문을 하는 것이 유용할 것이다. "머리로 이해하고 정의내리려고 하는가? 아니면 이미지가 우리에게 보여 주고자 하는 것에 우리 자신을 열어두고 있는가?"(Lanham, 1998, p. 50) 이것은 우리가 해석을 절대 안한다는 뜻은 아니다. 예술품을 만날 때, 완전히 무시하고자 노력하지 않는 이상 그 작품을 파악하려는 노력을 완전히 피하기는 어렵다. 이 '파악하기'는 일종의 해석의 방법이다. 우리가 작품을 볼 때, 우리는 그 작품에서 정신적인 영향만 받는 것이 아니라 보고 냄새맡고 느끼고 듣는 감각이 영향을 받는다. "보는 것을 이해하고자 하는 것은 객관적인 관찰이 아니라 이미 창조된 것을 해석하고자 하는 활동이다"(Maclagan, 1999, p. 307).

해석에 관한 질문은 미술치료가 처음 생기기 시작했을 때부터 따라다니는 질문이다. 미술치료의 처음 시작부터 작품에 대하여 말로 설명하는 것은 조심스럽게 해야 한다고 믿어져 왔다. 왜냐하면 "작품에 관하여 다른 언어로 번역될 때 놓치는 의미나 노력이 있기 때문이다"(Champernowne, 1971, p. 141). 현재 공유되는 생각은 작품 안에는 여러 가지 측면에서 의미를 해석할 여지가 있음을 인정하고 내담자가 스스로의 작품에 관한 의미를 명명할 수 있는 권리를 가지고 있다고 하는 쪽으로 기울어지고 있다. 하지만 복잡하고 여러 층이 있는 작품을 미술치료사나 다른 영역의 사람이 단순한 방법으로 해석하였을 때 우리가 믿는 이러한 가치들이 위협을 받는다. 한쪽에서는 작품을 해석하는 것 자체가 '작품을 죽이는 것(imagicide)'으로 보며(B. Moon, 1990, 1992, 1997a), 다른 한쪽에서는 해석은 조심스럽게 다가가야 하는 것이나 다른 정신보건 전문가의 맥락과 용어들 사이에서 작품을 말로 번역하여 설명하는 것이 필요하다고 보기도 한다(Horovits, 1999).

포스트모던한 관점에서의 의미와 진실은 개별적인 사람 안에 있는 것이지 이론이나 전문가에게 있는 것은 아니다라는 관점을 지지한다. 이러한 관점에서 볼 때 미술치료사는 대화를 통하여 작품의 (언어적, 언어 이전) 의미를 같이 찾아가는 사람이라고 볼 수 있다(Alter-Muri, 1998; Byrne, 1995).

주관적이고 문맥적인 의미에 대한 믿음은 내담자와 그들의 작품에 대하여 보다 존중하는 방법을 지지하나, 이것을 너무 극단적으로 밀고 나가서 상대주의적인 입장을 택한다면, 해석이라는 것이 제한이 없고 무한한 것이라고 말할 수 있다. Franklin과 Politsky(1992)는 "모든 것이 포함되는 것은 아니기 때문에 예술작품에서 다양성과 개방성은 한계가 있다"라고 말한다(p. 171). 예술작품이 복합적인 의미를 가지고 있을 수 있지만, 하나의 작품은 모든 가능한 의미를 내포하고 있지는 않는다. 그렇다면 작품의 개방성과 복수의 의미를 내담자에게 가이드 역할을 하는 우리의 책임과 어떻게 균형을 이룰 것인가? 이미지에 '속한' 것들에 대해 열려 있으면서 동시에 어떻게 내담자로 하여금 '속하지 않는 것' 또한 볼 수 있게 도움을 줄 수 있는가?

개방성과 식견(discernment) 사이에서 균형을 유지하는 것은 어려운 것이다. 우리가 전문적 지식을 가진 가이드로서의 책임을 거부하고, 극단적인 상대주의적인 포지션으로 방향을 확 바꾸는 것에 유혹당하기 쉽다. 그리고 개방성이라는 이름으로 내담자가 스스로 의미를 찾으라고 그냥 놔둘 수 있다. 또한 극단적인 권위주의로 가는 것 또한 유혹적이다. 이것은 우리의 가이드 역할을 잊고 전문가라는 타이틀을 가지고 내담자보다 우리가 더 많이 알고 그들의 작품에서 의미를 더 잘 찾을 수 있는 듯 행동하는 것이다.

창작 과정에 어떻게 적극적으로 관여하며 동시에 작품이 그 자체로 갖고 있는 명료함을 어떻게 존중할 것인가 하는 것은 여러 명에 의해서 논의된 바 있다. London(1989)은 예술작품을 경직된 이론적 틀에서 판단하거나 해석하는 것을 경고하면서, 대신 감상자로 하여금 작품과의 개인적인 만남을 주관적인 관점에서 설명케 하는 것을 강조한다(p. 60-66). Betensky(1995)는 현상학적인 방식을 주장하는데 이 방법은 머릿속에 미리 그려진 의미 없이, 내담자가 그 작품을 만들기까지의 내면의 경험을 발견하게 가이드 하는 방법이다. Linesch(1994)는 해석학적인(hermeneutic) 방법을 제시하는데 해석학적인 미술치료는 대화에 참여하는 내담자와 치료사 간의 상호-주관적인 창조라고 개념화한다. Franklin과 Politsky(1992)는 문학비평에서 사용하는 다양한 해석의 전략에 영향을 받아 5단계 접근법을 제안한다. 그들이 제시하는 바는 이렇다. 미술치료사가 판단을 보류하고 작품을 본다. 조심스럽게 작품의 형식적인 면들을 관찰한다. 개인의 창작 과정과 창작물에 영향을 미치고 기여하는 요소들을 생각해 본다. 철학적인 틀에 의하여 가정들을 설정하고, 유연한 결과에 도달할 수 있는 정보와 지식에 근거한 인상들을 이야기한다. Hillman은 McNiff(1986a)와의 인터뷰에서 이미지에서 의미를 발견하는 3단계 방법을 추천하였다. 첫 번째로 해석을 보류하고, 두 번째로 가능한 여러 개의 의미들을 인식하고, 세 번째로 어떤 의미가 가장 진정성 있고 풍부한지를 정한다. Hillman은 "이미지처럼 상상력이 풍부한 반응이 충분한 반응이다"(p. 104)라고 말하였다. McNiff(1992)는 해석을 "창조 과정의 또 하나의 단계인 창조적인 담론의 과정으로서 이것은 다양한 미적인, 심리적인, 영적인 가능성을 따라갈 수 있는 자율성을 가지고 있다"(p. 97)라고 말한 바 있다. 그는 그의 워크숍의 참여자들이 작품과 '말하는 명상'에서부터 작품과 이야기하기, 작품을 퍼포먼스 하는 등 여러 가지 방법으로 반응하기를 권유한다. Bruce Moon(1999)은 이 아이디어를 임상에서도 사용하는데 내담자가 만든 작품에 대하여 반응하는 작품을 만들며, 내담자는 그의 예술적인 반응에 대하여 반응하는 작품을 하는데, 그는 방법을 '창의적인 대화' 라고 부른다(p. 81).

작품을 만드는 과정을 결과물과 연결할 수 있는 수많은 방법들이 있다. 작품에 관한 반응은 지적인 것, 한 발짝 떨어진 것, 분석적인 것까지, 또한 감정적, 개입적, 공감적인 연결이 있을 수 있다. 이상적으로는 미술치료사 스스로가 우리 자신의 창조적인 능력을 잘 사용하여, 작품의 의도와 내담자에게 가장 도움이 될 수 있는 공감적인 방법으로 반응하는 것이다. 이것은 우리가 작품과 내담자를 유연성 있게 대하는 것을 요구한다. 한 내담자의 작품과 연결하는 '꼭 맞는' 방법이 다른 내담자에게는 치명적으로 안 좋을 수도 있다. 우리 자신의 판단과 선입관을 배제하고 그 상황에서 '꼭 맞는' 방법이 무엇일지 찾아나서는 것이 아주 중요하다.

다음은 내담자와 그들의 작품과 연결할 때 가장 좋은 접근방법을 찾는 데 도움을 줄 수 있는 가이드라인을 몇 가지 적었다.

첫째, 내담자가 준 실마리를 사용한다. 그들은 그들 자신에 대해서, 그들이 필요로 하는 것이 무엇인지에 관하여 전문가이다. 우리가 그 치료의 길을 같이 갈 때에 그들의 말과 행동들은 길을 알려주려고 떨어뜨려 놓은 빵 부스러기 같은 역할을 한다. 그 순간을 놓치기 전에, 지혜의 빵 부스러기를 따라가보자. 예를 들어, 13살짜리 소년이 마지막 세션에서 말을 한마디도 안하고 버티는 것을 치료의 종료(termination)에 관한 어려움을 회피하려는 것으로 처음에 해석했었다. 다행히도, 나는 그 소년이 앞장선 그 길을 따라갔으며, 대화를 나누는 대신에 마지막 세션을 같이 작품을 같이 만드는 데 썼다. 마지막 세션이 끝나가고 그 소년이 일어나 나가면서, 내 어깨를 톡톡 두드렸다. 그는 자신만의 수화를 이용하여 '사랑합니다' 라는 심플한 메시지를 주었다. 나는 그 소년이 우리의 작업을 너무나 훌륭하게 매듭짓는 능력에 놀랐다. 여기에는 회피하려는 구석이 없었다. 이 지혜로운 소년은 우리의 시간 중 어떤 것이 가장 중요한 것이었는지 알고 있었다. 우리의 만남에서 가장 중요한 것은 어떤 이야기가 오갔는가가 아니라 행동을 통한 소통이었던 것이다.

둘째, 특정 세션에서 무엇이 일어났는가 알기 위해서 작품과 연결하여 그 지혜를 읽는 것이 도움이 되는 것을 알았다. 내가 무엇을 해야 할지 잘 모를 때는, 내담자가 나에게 이야기하는 것에 초점을 맞추기도 하지만, 동시에 내 자신의 미적인 반응에도 주목한다. 이 작품이 원하는 반응은 어떠한 종류의 반응일까? 내가 어떻게 반응할지 몰라 할 때, 작품은 내게 설 자리를 마련해준다. 나는 내 직관적인 반응을 듣기도 하지만, 작품에 나타나는 구체적인 정보를 인정하기도 한다. 예를 들어서 어떤 소묘가 '가장자리가 울퉁불퉁하다' 라고 하는 이 간단한 표현이나 그림 안에 있는 사람의 모습이(캔버스의 가장자리로 인하여) 잘려진 모습이라고 있는 그대로 말하는 것이 내담자의 지적인 이해를 통과하여, 작품의 의미와 중요성과 깊은 연결을 가능케 하는 말일 수도 있다. 은유적인 언어의 사용은 우리 앞에 놓여 있는 작품에서 한 발짝 멀어지게 하는 해석적인 읽기의 위험에서 벗어나서 작품이 보여 주는 것을 인정하게 한다.

셋째, 작품에 '정확한' 해석은 없다는 것을 기억한다. 직관적인 반응이 있을 뿐이며, 경험과 지식에 근거한 느낌과 추측만이 있을 뿐이다. 내담자가 자신의 작품에 의미를 부여할 수 있는 권한을 가지고 있으며, 때로는 한 가지 이상의 의미와 해설이 있을 수 있다는 것을 기억하고 다양한 의미를 찾아보도록 노력하자. Maclagan(1989)은 "어떨 때는 내가 미술치료사로 할 일은 이미지를 합리적인 해석의 포로가 되어 있는 것으로부터 자유롭게 풀어주는 것을 돕는 것일 때가 있다"고 말했다. 여기서 초점은 의식적으로 표현하고자 했던 의미를 거부하는 것이 아니라 다른 의미가, 이것이 본인이 원했던 것과 다른 것이라고 하더라도, 서로 공존할 수 있게 하는 관용을 키우는 것이다(p. 12).

넷째로, 내가 모름(not-knowing)의 위치에 있을 때 작품과 가장 적절한 방법으로 연결하는 방향을 가장 잘 찾을 수 있다. 이 겸손한 자세는 놀라움, 경이, 발견을 경험할 수 있는 많은 여지를 남겨놓는다. 때로는 그 작품에 어떻게 반응할지 모르겠다고 말해줌으로써 내담자와 이 '모름' 을 나눈다. 이 잘 모르는 위치가 내담자와 치료사 자신을 둘 다 낙담시키는 것일 수도 있겠지만, 이 위치는 의미의 무한한 가능성을 향하여 열려 있게 한다. 이것은 확고하게 안다고 하여 의미 있는 탐험을 처음부터 막는 것보다 훨씬 나은 위치이다. 내담자가 모르는 것을 다 아는 내게 의존하는 것이 아니라, 우리는 둘 다 탐험가가 되어 (경험의 수준이 다른 탐험가라 하더라도 말이다) 길을 나서며 작품을 이 탐험의 가이드로 삼는다. 작품이 우리를 신기하게 만들고, 놀랍게 하고, 심란하게 하고, 흥미를 유발시킬 때 우리의 탐험이 시작된다.

다섯 번째, 내가 가진 지식의 토대와 직관을 똑같이 사용하려고 노력한다. 수년간 예술적인 표현의 다양한 지대를 여행한 '탐험가'로서, 그 지형을 전혀 모른다고 하는 것은 책임 없는 행동이다. 내가 가진 교육의 경험, 특히 더 중요하게 내 경험을 통해서 쌓아온 지식은 이미지와 관계를 맺는 데에 있어서 나에게 어느 정도의 솜씨와 편안함과 노하우를 주었다. 하지만 아무리 많은 경험이 있다고 하더라도 충분하지 않다. 내담자 각각의 만남과 그 내담자의 작품을 만나는 것은 곳곳에 놀라움의 요소를 내포하고 있다. 그 특유함을 잘 사용하려면 나의 직관에 의지해야 한다. 이것은 어떨 때는 놀랍게 신선하고 어떨 때는 동요시키는 요소이다.

여섯 번째, 작품이 가진 고유의 시각적 표현의 언어와 공감적인 방법으로 작업과 연결하려고 노력한다. 예술적 표현을 작품과 연결하는 방법으로 쓰는 미술치료사들이 있다(Franklin et al., 1998, 2000; McNiff, 1992; Moon, 1992). 그들은 작품과 연결하는 본래 고유의 언어를 찾는 우리의 노력을 한 발짝 나가게 한다. 말로서 소통하는 것은 가장 흔하게 쓰이는 방법이지만, 작품을 연구하고 반응하는 데 가장 좋은 방법은 아니다. 9장에서 다른 방법으로 작품과 연결하여 반응하는 방법들을 다루게 될 것이다.

하나의 작품 이미지에 여러 개의 의미들이 있는 것처럼 작품에 반응하는 방법에도 다양한 길이 있다. McNiff(1993)는 "즉흥적이고 상상적인 표현은 작품을 만드는 데 근본적인 것이라고 생각되어 왔다. 하지만 이러한 원리는 일단 표현이 되고 난 후에 작품을 어떻게 다룰지 더 이상 가이드 역할을 해 주지 않는다"라고 말했다(p. 3). 우리가 예술가임을 기억하고 내담자의 작품에 상상력을 가지고 반응하는 것은 그 작품이 가진 고유의 명료함에 경의를 표현하는 방법 중의 하나이다.

예술적인 반응은 '같은 언어로 말하고자' 하는 노력이며 그로 인하여 번역에서 놓치는 의미를 최소화하려는 것이다. 예술적인 반응은 드라마적인 요소나 노래나 음악, 비디오제작, 악기연주, 춤, 퍼포먼스 아트, 시각예술 등의 다양한 형태를 포함한다. 말의 언어가 예술작품을 탐험하고 이미지에 반응하는 방법으로 쓰일 때는 시적인 반응이나 스토리텔링이나 창조적인 글쓰기의 방법이 보통 치료에서 하는 대화의 방법보다 더 잘 맞는 형태일 수 있다. 창조적으로 반응하는 방법의 한계는 우리의 상상력의 한계일 뿐이다. 그렇지만 너무 거칠거나 기이한 상상력이 제일 좋거나 제일 적당하다고 할 수 없다. 작품의 고유 언어와 공감적이고 일관된 방법으로 작품과 관계 맺기를 하는 것은 한 손을 가슴에 대고 깊게 한숨을 쉬는 것처럼 아주 간단한 행위일 수 있다. 또는 불의 이미지를 손에 들고, 불을 쬐거나 불에 데이는 듯한 행위를 간단히 보여 줄 수 있다. 또는 소묘에 써 있는 단어를 감정을 담아 큰 소리로 읽는 것처럼 간단한 행위일 수 있다.

결론

예술가적인 관점은 우리가 내담자와 하는 작업의 모든 면들에 영향을 끼친다. 미술에 기반한 방법은 예술가인 치료사와 예술가인 내담자 사이의 관계를 다루며, 내담자가 치료적 동맹을 맺은 작가일 때 그들의 저항을 어떻게 이해하고 반응할까 하는 것도 포함한다. 이러한 관점은 관계의 여러 가지 면을 이해하는 데 도움을 준다. 이것은 표현의 장애물과 도움, 동기유발 요인들, 표현과 견제 사이의 변증법, 창조 과정에서 정상적으로 있는 기복을 이해하게 도와준다. 또한 미술에 기반을 둔 관점은 예술가인 내담자와 그들이 만든 작품과의 관계를 명확히 이해하는 데 도움을 준다. 작품의 질, 과정, 완성된 작품에 예민하게 반응하고, 해석하고, 관계를 만드는 것은 치료를 더욱 더 높은 단계로 상승시키도록 도움을 준다.

08

예술가인 치료사의 역할

치료 과정에서 환자와 치료사는 둘 다 자기 자신 안에 있는 예술가를 찾는다 (Robbins, 1987, p. 21).

몇 해가 훌쩍 지났는데도, 나는 아직도 단(Dan)에 대하여 생각한다. 그의 시무룩한 침묵 안에 감추어져 있던 비밀들이 어떻게 되었나 궁금하다. 그것들이 아직도 그곳에 있을까, 그의 그림에서 보여 주었던 무겁고 어두운 하늘처럼 무거움이 그에게 아직도 걸쳐 있을까? 돌멩이들이 쌓여 있던 그림처럼 그것들이 아직도 그의 발을 걸어 넘어지게 하고 있을까? '너무 뜨거워서 걸을 수 없다' 던 그 뜨거운 땅처럼 길을 걸어가려 할 때 뜨거운 기운이 아직도 그의 신발 창을 뚫고 살을 태울까? 그 붉은 땅에 밑동이 두 개로 갈라져 있던 나무처럼 부러져 있다고 느끼고 있을까?

여러 해 전 그를 몇 달 간 외래환자 미술치료 프로그램에서 만났을 때 이런 점들이 궁금했었고 지금도 그의 침묵이 궁금하다. 그는 우울증으로 다니던 의과대학에 잘 적응하지 못해 정신과 의사의 소개를 받아 내게 온 내담자였다. 그는 별 말이 없었고 말을 하더라도 몇 마디의 빈약한 세부사항으로 인해 나를 더욱 더 궁금증에 휘말리게 하였다. 대부분의 침묵의 대화에서 어떠한 중요한 드라마가 펼쳐지고 있다는 느낌이 들었지만, 그 드라마의 줄거리가 과연 무엇인지는 한번도 확실하지 않았으며, 나에게 주어진 역할 또한 무엇인지 잘 몰랐다. 그는 순간적으로 분노에 북받쳐 하거나 통곡을 터트리는 경우가 종종 있었다. 괴로운 기억 때문이라고는 하였지만, 그 분노가 어디서 나오는 건지, 무엇 때문에 통곡하는지, 어떤 기억을 가지고 있는지, 무엇이 그를 그렇게 동요시키는지 이야기를 해 주지 않았다. 하지만 그는 아직 나에게 말해 줄 준비가 되지 않는 것들이 있음을 알려주었다. 하루는 병원 입원 팔찌가 소매 밑으로 삐져나온 것을 보고 어떻게 된 영문인지 물었다. 그제야 그는 지금 병원에 입원해 있으며, 치료 세션에 참석하기 위해 외출증을 받아서 나왔다고 말해 주었다. 내가 그것을 보고 묻지 않았다면 몰랐을 사실이다.

| 그림 8.1 |

단의 침묵은 나를 곤란하게 했고 내 중심을 잃게 하여, 이 치료가 어떤 방향으로 나아갈지 잘 모르게 하였다. 하루는 우리의 관계에 관하여 그림을 그려 보기로 하였다. 나는 우리를 바람이 많이 불고 비가 많이 오는 대지에 서 있는 두 마리의 새로 표현해 보았다(그림 8.1). 그는 큰 파랑 새로 보였다. 그는 피곤에 싸여 앞에 있는 바위에 쓰러져 있는 것처럼 보인다. 나는 작은 빨강 새이며, 주위 배경에 싸여 잘 보이지 않지만 작은 바위 뒤에 서 있는 듯 보였다. 나는 파랑 새를 쳐다보고 있는 것처럼 보이나 그는 나를 보지 않는다. 어쩌면 그는 너무 피곤하거나 내가 잘 안 보이는 듯했다. 어쩌면 나는 그에게 보이고 싶지 않은지도 모르겠다. 나는 단에게 이 빨강 새는 조심스러워 보인다고 말하였다. 더 가까이 가야 할지 잘 몰라 한다고. 단은 우리 둘 사이에 거리가 있음은 확실히 보인다고 하였다. 몇 주 후, 그는 그 그림 이야기를 다시 꺼냈다. 이것은 단이 내게 먼저 무엇을 물어본 극소수 경우의 하나였다. 어떻게 했는지는 모르겠으나, 이 그림은 나와 단 사이의 임시의 연결을 만들어 주었고, 이것은 지금껏 말로 한 것보다 훨씬 더 큰 연결이었다.

이 그림을 통해서 단을 미술치료 세션에서 만난 지 수년이 지난 후에야, 내가 이 침묵의 드라마에서 한 역할을 알아차린다. 이 그림에서 숨어 있었던 존재는 단이 아니라 나였다. 그는 말로는 몇 마디 안 했는지는 모르겠지만, 그의 행동과 그의 그림은 그를 뚜렷하게 표현하였다. 움츠리고 있었던 존재는 나였으며, 그가 필요로 하는 것을 보고만 있으면서 반응을 안하고 있었던 사람이었던 것이다. 이 조심스러움은 나의 실수였다. 들리지 않는 말을 계속 기다리고 있었으니 말이다. 그가 내가 원하는 언어로 언젠가는 말할 것이라고 생각을 하였으며, 또한 그렇게 될 것을 기다리겠다고 생각했으니 말이다. 하지만 그가 내 언어로 이야기하는 일은 한번도 일어나지 않았다. 4개월 정도가 지나고 단은 의과대학으로 돌아가기를 결정하고 갑자기 치료를 그만두었다. 나는 그를 다시 보지 못했고, 아직도 그가 어떻게 되었을지 궁금하다.

단과 같이 말이 없는 내담자 유형은 내가 미술치료사로 활동하는 데 가장 큰 도전을 주는 대상이다. 또한 그들은 나의 가장 큰 스승이기도 하다. 다른 대안이 없었으므로 나로 하여금 미술을 기반으로 한 미술치료에 대한 생각들을 발전하게 하였다. 그들은 내게 툴툴거림과 딱딱거림, 팔짱과 고통스러운 표정과 떨리는 손과 슬쩍 엿보는 눈길과 종이에 찍은 색 점 몇 개와 주물럭거린 찰흙 덩어리와 설명으로 내뱉는 한두 마디의 말 정도를 준다. 어떨 때는 나를 향해서 몇 마디를 던지기도 한다. 나는 배고픈 나머지 그 말들이 내 것인 양 끌어 안았다. 이것은 내담자와 나로 하여금 더욱 길을 잃게 하였지 길을 찾게 하는 것은 아니었다. 나는 내뱉어진 몇 마디의 말들이 내 것인 양, 내가 가지고 있는 것인 양, 내가 그 길을 아는 것처럼 행동했다. 그게 아니다. 나는 사실 그들이 내가 그들을 데리고 어떠한 길을 가고 있는지를 알고 있다고 생각하기를 바랐다. 때때로, 내가 그 툴툴거림과 딱딱거림과 팔짱 끼는 자세와 고통스러운 표정과 떨리는 손과 슬쩍 엿보는 눈길과 종이에 찍은 색 점 몇 개와 주물럭거린 찰흙 덩어리와 설명으로 내뱉는 한두 마디의 말 정도에서 내가 궁금해하는 것을 발견하고, 놀라워하고, 작은 통찰의 경험을 갖는다고 생각하고 싶었던 것이다. 나는 중간중간 길을 잃어버린 것을 인정하기 싫어하였다. 길을 잃는다는 것이 자신의 길을 찾기 위해서는 꼭 지나쳐야 하는 것임을 까먹고는 말이다.

말이 없는 내담자들이 나로 하여금 '길 잃어버림'의 경험을 하게 도왔다. 왜냐하면 내가 삶 속에서 대부분 길을 찾을 때 의지했던 언어를 사용하지 않기 때문이다. 평범하게 소통되는 말들조차 떨어져나가면서 내가 할 수 있는 것, 줄 수 있는 것이 무엇일까를 고민하게 하였고, 예술을 표현과 소통의 대안적인 방법으로써가 아니라 표현과 소통의 방법으로 사용하게 하였다. 내담자가 몇 마디 안 하거나 어떤 말도 안 할 때, 미술치료는 필요에 의해서 창작을 기반으로 하는 치료가 된다. 길을 잃어버리고, 논증적이고 설명적인 언어에 의존하지 못하게 됨으로써, 내가 미술치료사로서의 역할에 관한 비평적인 질문들을 더 날카롭게 하였다. 예를 들어서, 치료적인 관계의 맥락에서 어떻게 나의 창작활동이 잘 쓰여질 수 있을지 고민한다. 이러한 질문들과 이 질문들이 환기시키는 생각들은 나의 길을 다시금 찾을 수 있게 도움을 준다.

미술치료사의 창작

내가 미술치료사나 미술치료 학생들을 대상으로 발표를 할 때 자주 받는 질문 중의 하나는 내담자와 작업을 하면서 치료사인 내가 작품을 같이 만드는가에 대한 질문이다. 이 질문이 나오는 것에는 두 가지 이유가 있는 것 같다. 첫째로, 많은 미술치료사들은 내담자와 함께 작업하면서 작품을 만드는 것에 관하여 훈련이 되어 있지 않으며, 많은 이들은 이런 작업 방식을 반대하기도 한다. 많은 미술치료 학생 역시 이러한 방법을 소개 받거나 노출되지 않았기 때문에 졸업 후에도 함께 창작하는 방법을 사용하지 않는다. 둘째로, 그들은 작품을 만들고 있는 내담자 옆에서 나란히 창작을 하는 방법에 관하여 진정으로 궁금해 하는 것 같다. 이러한 방법을 소개 받았거나 노출되어 있지 않았기 때문이다. 다른 미술치료들에서는 작품을 같이 만드는 것이 시간이 지나감에 따라 자연스럽게 발전된 방법이다. 하지만 치료사 스스로가 작품을 만들지 않는 것이 역사적으로 볼 때 일반적으로 인정된 방법이기 때문에 그들 또한 이렇게 일하는 방법이 합당한 것인지 확인을 원한다. 내담자와 작품을 만들면 안 된다고 확고히 생각하는 미술치료사들은 이 방법에 관하여 토론하고 싶어 한다.

Bruce Moon(1999)은 청소년들과 창작을 하는 것에 관하여 이야기할 때, 이러한 방법은 창작작업을 삶의 '닻, 심장, 뿌리' 라고 보는 입장에서 자연스럽게 나온 것이라고 말하며, 미술치료사는 반드시 내담자와 같이 작품을 만들어야 한다고 주장한다(p. 78). Allen(1992)은 Bruce Moon 못지않게 강하게 주장하는데, "미술치료사는 훈련을 받는 동안 작품을 만들 정당성과 의무가 있으며, 이것은 훈련 후 일할 때 역시 그렇다" (p. 26).

이러한 최근의 관점은 이전의 견해들에 영향을 받는 것임이 확실하다. Don Jones (1983)의 정신병원 환자들이 그린 섬세한 초상화들은 그림을 그리는 행위가 공감적 연결을 만드는 방법이라는 것을 잘 말해 주고 있다. 내담자와 연결하기 위한 방법으로 그림을 그리는 방법은 그가 캔사스 토페카에 위치한 메닝거 재단 클리닉(The Menniger

Foundation Clinic in Topeka, Kansas) 그리고 나중에는 오하이오의 워싱턴 하딩 병원(Harding Hospital in Worthington, Ohio)에서도 지속된 방법이다. Millie Lachman-Chapin은 1970년대 초반에 내담자와 같이 작업하기를 시작하였고, 1974년 미국미술치료협회 컨퍼런스에서 이러한 방식에 대한 발표를 하였다. 그녀는 내담자와 치료사가 각각의 작업을 만들지만 비슷한 작업을 하는 상호소통적인 기법을 개발하였다. 그녀는 자신의 작품을 가지고 내담자의 감정을 지지하고 반영하고, 반응하고 피드백을 주었다(Lachman-Chapin 1983a). Frances Kaplan(1983)은 내담자와 하나의 작품을 만드는 데 이것은 내담자로 하여금 건강한 관계의 결합을 경험케 하기 위해서이다. Martha Haeseler(1989)는 내담자와 같이 작품을 만드는 것에 관한 다른 방법과 이유들을 지적했다.

이 주제에 관한 나의 견해는 미술치료사가 세션에서 내담자와 같이 작업을 할 때, 미술에 기반한 미술치료를 하는 치료사에게 이것은 열려 있고 살아 있는 질문 같은 것으로 남아 있어야 한다는 것이다. 이런 방법으로 미술치료를 하는 것에 관한 지적된 문제점을 이해하지만, 그렇다고 해서 완전히 창작 활동에 개입하지 않는 것을 대안이라고 볼 수 없다. 우리는 내담자에게 작품을 만드는 것을 자기표현과 커뮤니케이션의 방법으로 제시한다. 그렇다면 미술치료사가 작품을 커뮤니케이션의 방법으로 쓰는 것을 포기하는 것은 별로 수긍이 가지 않는 일이다. 이것은 마치 독일어 선생님이 수업시간 동안 독일어로 말하는 것을 거부하는 것과 같다. 하지만 다른 면에서 볼 때, 기초 독일어 수업에서 선생님이 오로지 독일어로만 말한다면 이것 또한 학생 입장에서는 황당한 일일 것이다. 그래서 미술치료사는 어떤 방식의 표현과 커뮤니케이션 방법이 어떠한 상황에서 쓰여질지 결정을 잘 해야 한다. Skaife(1995)는 "만약에 미술치료사가 말만 하고 그림을 그리지 않는다면 어떠한 무의식적인 메시지를 전달하는가? 반대로 미술치료사가 그림만 그린다면, 어떻게 깊은 감정을 솔직하게 표현하는 것을 모델로 보여 주면서, 그 치료 세션의 초점을 자신 스스로에게 돌리지 않을 수 있을까?"라고 묻는다(p. 7). 우리가 섬기는 사람들에게 뭐가 가장 도움이 될까를 고려하는 것이 가장 중요하다. 미술치료의 경우, 내담자와 같이 창작 작업을 할 것인가 안 할 것인가 하는 결정은 임상적인 의미를 깊게 고려하는 것에서 출발해야 할 것이다.

미술치료사가 치료 과정에서 내담자와 같이 그림을 그리는 것을 반대하는 데는 가장 대표적인 세 가지 이유가 있다. 첫째, 시각 미술에서의 작품 활동 안에 빠져들 수 있는 나르시시즘(narcissism)의 위험이 있고, 둘째, 관심을 치료사 자신에게 돌려서 내담자에 초점을 맞추고 반응하는 것에 방해를 줄 수 있으며, 셋째, 미술치료사의 미술 실력이 내담자의 기를 죽이는 것이 될 수 있다는 이유들이다. 임상적인 치료 세션에서 내담자와 같이 작품을 만드냐 안 만드냐 하는 것을 결정하기 앞서 이러한 반론들이 충분히 고려되어야 한다.

나르시시즘

치료 과정에서 내담자와 작품을 만드는 것의 가장 큰 반론은 시각 미술이 내포하고 있는 자기애적인 면과 관련이 있다. 작가가 자신의 작품을 만드는 데 너무 빠져들어서 내담자에게 주는 주의가 줄어들 수 있는 위험이 있기 때문이다. 창조 작업의 과정에서 어떨 때는 깊게 몰입하는 것을 필요로 한다. 예를 들어서 작품 아이디어를 떠올리고 있을 때나 만들고 있는 작품과 깊은 감정적인 연결을 맺을 때이다. 또한 기술적인 면에서 그 작업에만 집중하고 있을 필요가 있을 때도 있다. 많은 작가들은 창작을 외딴 작업으로서 자신과 작업에 마음껏 집중할 수 있다는 점을 즐긴다. 물론 미술치료사가 내담자와 세션을 하는 동안 이러한 외딴 작업으로서의 창작작업을 한다면 치료 관계에서 해로울 것이다. 그래서 Kramer(McMahan, 1989)는 미술치료사는 작가보다 좀 덜 자기애적이어야 한다고 주장한다.

나르시시즘을 확실히 주의해야 하지만, 작품을 만드는 것이 자기애적인 작업이라고 받아들여진 생각을 반박하는 관점도 있다. 첫째로, 혼자 외롭고 외딴곳에서 작업을 하는 것이 언제나 시각 예술 분야에서 행해졌던 방법은 아니라는 것이다. Dissanayake (1988)는 인류학의 관점에서 창작의 목적을 이해하려는 연구에서, 창작을 하는 것은 인류의 생존과 관계가 있으며, 거의 모든 인간 사회에서 예술활동은 삶의 여러 분야에서 뗄 수 없는 활동이었음을 밝힌다. Dissanayake는 "원시시대 예술의 가장 놀라운 점은 이것이 일상의 삶과 뗄 수 없는 것이다"라고 말한다(p. 44). 또한 "예술이 무엇인가 하였던 것 — 사회적으로 공유되었던 의미들의 구체화이자 강화 — 은 우리가 오늘날 원하고 열망하는 것이다"라고도 한다(p. 2000). 이러한 생각들은 예술세계에서 나오는 글을 통해서도 나타난다. Suzi Gablik(1991)은 세상의 필요에 더 많이 부합하는 예술이 필요하다고 주장하면서 "예술이 거리를 둔 시각이 아니라 뛰는 가슴에 뿌리 내리고 있다면, 르네상스 시대부터 시작된 홀로 하는 고립된 행위가 아니라, 우리가 다른 이들과 함께 하는 무엇이 된다"(p. 106)라고 말했다.

나르시스적인 방법 외에 내담자와 창작에 참여하는 방법이 있다. 창작을 같이 할 때 공감과 더 깊은 관계를 만들어 내는 상호적인 기반에서의 창작활동에 초점을 두는 방법이다(Franklin, 1990; Haeseler, 1989; Jones, 1983; F. Kaplan, 1983; Lachman-Chapin, 1983a; B. Mooon, 1999). 자기 자신이나 작품에 푹 빠지는 것을 당연시하지 않고 창의적인 방법과 과정에 의식적으로 연결함으로써, 미술치료사의 창작활동이 치료에서 창작 작업의 일부가 될 수 있다.

창작의 과정 중에서 임상환경에서 일하는 미술치료사에게 적절하지 않는 부분들이 있을 수 있다. 예를 들어서, 처음 작품의 아이디어를 개발하고 있는 단계에서 나는 이미지와 느낌과 감정과 생각들을 모을 조용하고 방해 받지 않을 시간이 필요하다. 감정적으로 연약하고 스스로를 자해할 가능성이 있거나 예술 작업 과정과 재료에 익숙하지 않은 내담자와 작업을 하고 있을 수도 있다. 나의 창작 작업에 진정성 있게 참여하고 동시에 그들의 필요에 부응하는 것이 현실적으로 불가능할 수 있다. 또한 어떤 경우에는 그들의 요구에 나의 모든 주의를 필요로 하는데 그럴 때 동시에 작품을 하기가 힘들다. 예를 들어서 젖은 아크릴 물감으로 그리는 'wet-on-wet' 기법을 하고 있다면, 물감이 마르기 전에 빨리 해야 하므로 이러한 작업은 개인의 작업 시간에 하는 것이 가장 적절할 수 있다. 치료 세션에서 내담자와 어떤 작업을 같이 할 수 있을까 생각할 때 고려해야 하는 또 하나의 사항은 감정적인 내용이다. 내가 만드는 작품의 내용이 강렬하게 나를 사로잡고 있는 감정이고, 그중에서도 아직 소화되지 못한 날 것의 감정들을 담고 있는 것이라면, 이 또한 개인 작업 시간에 하는 것이 가장 좋을 수 있다.

그렇다고 하더라도 창작 과정에서 미술치료사가 치료 세션에서 같이 하는 것을 긍정적으로 검토할 여러 가지 이유들이 있다. 미술치료사의 의무와 윤리의 토대에서 다른 이들과 같이 작업을 하는 적당한 방법을 개발할 수 있다. 작품을 시작할 때 경험하는 강렬한 과정을 혼자 하고, 그 과정이 지나고 나면, 작품을 내담자와 같이 하는 치료실에 가져와서 함께 작업을 하는 방법이 있다. 또는 미술치료실의 복잡함 속에서도 노력과 고투하는 모습을 내담자에게 보임으로써 그들이 하는 것(이러한 방법이 그들에게 요구되는 것이므로) 동질감을 이끌어낼 수 있다. 또한 다른 경우에는 아직 해결되지 않은 문제들과 갈등들을 담은 작업을 할 때, 이러한 노력의 과정을 통해 해결점에 도달하는 과정을 내담자에게 보여줌으로 해서 모델링하는 것이 가능할 뿐만 아니라 치료 과정에 도움이 되는 방법을 찾을 수 있다. 이럴 경우에 어떠한 부분을 내담자와 공유할지는 선택적인 투명성을 요구하는 점이다. 이것은 내가 내담자에게 어떤 말을 할지 선택적인 투명성을 유지하는 것과 같은 이치이다. 또한 나의 주의집중을 요구하는 테크닉의 작업을 치료 세션에서 하는 것이 유용할 수 있는데 만약 그 테크닉이 내담자도 똑같이 힘들어하고 노력하는 경우일 때 평행한 방식으로 작업을 하는 것이다.

나르시시즘에 빠지지 않고 우리의 창작 과정을 치료 세션에 도용하는 것이 가능하다. 작품을 만드는 과정에 진정성 있게 몸을 담그면서 미술치료사로서의 의무에 충실할 뿐만 아니라 미술치료 스튜디오에 참여하는 모든 사람들의 예술적 경험을 풍부하게 할 수 있다. 또한 이것은 개인적으로 의미 있고 선택적으로 스스로를 나타내는 행위일 수 있다.

내담자에 대한 책임을 방해함

치료사가 내담자와의 세션에서 작품을 만들지 말아야 한다는 두 번째 믿음은 내담자에게 주의를 집중해야 한다는 우리의 기본적인 믿음과 밀접하게 관련되어 있다. 창작활동을 포함하여 치료사가 내담자에게 초점을 맞추는 것 외의 어떤 것을 하든 이것이 내담자에게 관심을 주는 것에서 방해요소가 될 것이라는 생각이다.

이러한 생각의 밑바탕에는 내담자에 관한 우리의 자세가 담겨 있다. 치료사들은 치료 세션 동안 전화를 받지 않고, 임상 기록을 쓰는 데 집중하거나 다른 서류 작업을 하지 않는다. 치료시간은 삶의 다른 요소들로부터 따로 떨어져 나온 시간이라는 생각이며, 그 시간만큼은 내담자에게 집중하고 그 사람이 필요로 하는 것에 온전히 집중한다. 그렇다. 이 시간은 치료사가 자기 자신을 위해 작품을 하는 시간이 아니다. 내담자들은 치료사가 자기 작품에 몰두하는 것을 보고 그러한 작업이 자기 자신에게 올 관심과 그들이 치료실에 가지고 온 당면한 문제로부터 멀어지게 하는 요소라고 생각할 것이다.

하지만 그렇다고 해서 치료사가 작품 활동을 하는 것이 언제나 방해요소인가? 치료사는 자신의 관찰 능력을 더 또렷이 하는 훈련을 계속하면서 창작 과정에 들어갈 수 있으며 이것이 내담자와의 공감을 증진시키거나 치료적 관계의 역동적인 형태를 보여 주는 것일 수도 있다. 우리가 미술 기반의 스튜디오 모델을 가지고 미술치료를 하려면 이러한 가능성을 깊이 고려할 필요가 있다.

자신의 작품을 하면서 내담자의 필요에도 100% 관심을 가지는 것이 상상도 못할 치료사도 있을 것이다. 개개인의 치료사들은 그들만의 스타일이 있고 정보를 받아들이고 반응하는 방법이 다 다르다. 어떤 치료사의 경우에는 내담자에게 집중하고 예민하게 반응하고자 작품 만드는 것을 삼갈 수 있다. 하지만 그렇다고 하더라도 미술치료사가 창작을 아예 포기한다고 한다면, 미술치료사가 창작 과정에서 Gardner(1993)가 말했던 다중지능으로 사고할 수 있는 능력을 얕보는 것이다. 어떤 사람들은 듣는 것과 관찰하는 것을 같이 할 수 있으며, 정신뿐만 아니라 몸을 사용하는 어떠한 것도 정확하게 잘 할 수 있는 사람도 있다. 어떠한 미술치료사들에게는 내담자와 창작작업을 나란히 하는 것은 지각적 의식과 관찰의 처리를 동시에 증가시키는 것일 수 있다. McNiff (1986b)가 말한 것처럼, "예술의 힘은 다양한 방법의 커뮤니케이션 방법으로 의식을 고조하고 집중시키는 데 있으며 이것은 예술적인 기술과 임상적인 기술 사이의 다양한 협력적 관계의 가능성을 열어놓는다"(p. 189).

예술적인 위협(Artistic intimidation)

미술치료사들이 세션 동안 창작을 하는 것을 삼가는 세 번째 이유는 미술치료사의 창작이 내담자의 기를 죽이는 효과가 있을 수 있다고 생각하기 때문이다. 대부분의 미술치료사들은 미술도구를 사용하지 않았거나 기술을 거의 모르는 사람들과 작업을 하거나 스스로를 예술가라고 생각하지 않거나 자존감이 낮거나 자신의 미술적 기술에 자신감이 없는 사람들과 주로 작업을 한다. 미술치료사가 자신감을 가지고 기교 있게 작품을 만드는 것이 그러한 내담자들을 주눅들게 할 수 있다는 주장이 있다. 또한 추가적으로 개인의 '열정적이고 감정적이고 동시에 예술적으로 완성도가 있는' 작품을 만들거나 보여 주는 것이 내담자의 기를 죽이는 효과가 있을 수 있다는 것이다(Allen, 1995b, p. 162).

치료 세션 동안에 미술치료사가 창작 과정에 개입하는 것이 기를 죽이는 효과가 있는가 하는 것은 심각하게 고려해야 할 요소이다. 치료사와 내담자 사이의 힘의 불균형은 도움을 주는 전문가와 도움을 받으러 온 내담자 사이에 일어나는 것이다. 이러한 관계에서 문화와 계층 차이 역시 힘의 불균형을 초래한다(Pinderhughes, 1989). 미술치료사가 치료 세션 동안에 작품을 만든다면 이것은 그 둘의 힘의 불균형이 창작 테이블에서 일어날 수 있는 가능성이 있다. 자칫 재료를 다루는 기술이 더 좋은 치료사가 기술이 덜 좋으며 동시에 의존적인 내담자 위에서 힘의 위치를 강화하고 조정하는 방법으로 창작작업을 쓸 수 있다. 치료사는 표현적 기술을 통해서 자신의 취약점이나 다른 영역에서의 자신 없음을 가리는 것일 수 있다. 어쩌면 미술치료사들은 자신의 창작 과정을 이용하여 내담자의 창작에 영향력을 미쳐서 자신이 가지고 있는 선입관, 어떤 것이 '좋은' 예술이고 어떤 것이 '나쁜' 예술인지를 판단하는 영향력을 행사할 수도 있다. 치료사가 내담자를 자신이 가진 예술에 관한 가치와 생각을 전수하는 제자로 삼고자 하며 그로 인하여 치료사의 힘이 더 커지는 것을 추구하는 것일 수도 있다. Agell(1986)은 다음과 같은 도전적인 질문을 치료사들에게 던진다. "우리가 … 어떤 면에서는 취미 작가처럼 예술가로 사는 것에서 실패했기 때문에 우리가 성공하지 못한 부분에서 내담자 역시 실패하기 쉬운 조건과 환경을 만드는 것은 아닌가?"(p. 52)

이러한 혹은 다른 방법으로 힘을 남용하는 것은 반드시 견제되어야 한다. Pinderhughes(1989)는 "힘이 있고 없고에 관한 경험과, 느낌과, 자세와, 행동을 이해하고 있는 것은 그러한 행동의 경각심을 키우는 데 아주 중요한 과정이다"(p. 111). 또한 이러한 이해는 우리가 창작을 내담자와 하는 모든 면에서 고려되어야 할 점이다. Wadeson (1986)은 우리가 하는 작업의 특성상 다른 심리치료의 분야에 비해 더 많이 경험할 수 있는 전이와 역전이의 역동적 관계에 더 민감해질 필요가 있다고 말한다. 미술 재료가 보살핌의 의미로 주어지기 때문에 부양자, 평론가, 지지하는 부모, 질투하는 자매나 형제간의 역동성이 더 악화될 수 있다. 예술과 창작에 대한 우리의 개인적인 역사와 '문화적인 미적 가치와 선호' (Cattaneo, 1994, p. 185)를 잘 아는 것이 너무나 중요하다. 예술과 힘의 관계를 우리의 경험을 통해서 더 잘 알고자 노력하고 이해하고자 할 때 예술을 누군가를 누르는 방법으로 쓰는 것을 피할 수 있다.

분명히 치료사가 작업을 같이 하는 것이 기를 죽이는 경우가 있을 수 있기 때문에 내담자의 발달 단계, 육체적인 능력, 창작의 경험, 예술적인 기술력, 자존감, 내적인 또는 다른 사람과의 관계적 역동성 등을 고려해야 한다. 예를 들어, 내담자의 발달 단계로 인하여 미술도구를 다루는 데 어려움이 있을 수 있다. 또한 낮은 자존감 때문에 못할 것이라고 지레짐작하는 내적인 역동성에 빠질 수 있다. 이러한 요소들은 치료사가 세션 동안 창작을 하는 것이 내담자의 입장에서 기를 죽이는 요소가 될 수 있으며 이것은 치료를 역행할 수 있다. 두 번째 예는 원래 작업을 하는 사람이 내담자인 경우로 최근 육체적인 병이나 고통으로 인해 작품활동이 힘든 경우이다.

작품을 만드는 것은 스스로를 보여 주는 하나의 형태이다. 치료사가 내담자와 같이 창작을 할 때 작품의 내용적인 면에서 부분적인 투명성을 가지는 것뿐만 아니라 스타일적인 면에서도 부분적인 투명성을 가지는 것이 이상적인 방법이다. 치료사가 스스로의 창작기술의 레벨을 조정하는 것도 예술적인 기술을 세심하게 사용하는 방법의 한 가지이다. 특히 기를 죽이는 것이 가능해 보일 때에 더 그렇다. 치료사가 자신에 대하여 얼마만큼 또는 어떤 것을 나눌지를 정하는 것과 마찬가지로 기술적인 면에서도 얼마만큼을 보여 줄지를 정해야 한다. 창작을 할 때 언제나 진정성을 가져야 하지만, 주어진 모든 상황에서 자신이 갖고 있는 예술적인 기교를 보일 필요는 없다.

기를 죽일 수 있다는 가능성과 더불어, 미술치료사가 세션 동안 작품을 만드는 것은 이와 정반대로 긍정적인 결과를 가져올 수 있다. 이를 통해서 내담자가 긍정되고 격려되고 자신의 작품에 대하여 더 편하게 느껴질 수 있도록 인도할 수 있다. Haeseler(1989)는 자신이 창작 과정에 임할 때 내담자는 어느 정도의 개인적인 시간을 가져서 좀 더 편안함을 느끼며, 그들 또한 자신이 만든 작품을 의미 있는 것으로 생각하게 하는 데 도움을 준다는 것을 배웠다고 했다. Michael Franklin(1996)은 뉴질랜드에서 '정신병을 극복한' 사람들을 위한 오픈 스튜디오를 관찰하면서 감정적이고 기술적인 도움을 주도록 고용된 사람들이 그들 자신의 작업에 관여하는 것을 본 것을 이야기했다(p. 129). Perdoux(1996)는 심각한 정신병이 있는 사람들과 같이 작업을 하는 미술치료사인데, 그는 이렇게 썼다. "나는 내 창작 과정이 환자들의 기를 죽이는 효과가 있다고 느낀 적이 한번도 없다. 그 대신, 내가 참여함으로써 사람들로부터 비경쟁적인 미술 스튜디오에서의 참여를 점차적으로 이끌어낼 수 있음을 발견했다"(p. 287). Cheney(1993)는 주정부 병원에서의 미술치료 스튜디오에 관하여 이야기하면서, "창조적이고 표현적인 활동에서 한 발짝 떨어져서 콧대를 세우고 앉아 있는 미술치료사는 환자들 사이에서 인위적인 기운을 만드는 데 한몫한다"라고 말했다. 반면, 적극적인 참여는 창조적이고 치유적인 과정을 통한 존중과 발견의 기운을 만드는 데 도움을 준다.

한발 더 나가서, 더 마음을 울리는 예는 정신장애가 있는 사람의 미술치료 경험담이다. Spaniol(1998)은 정신장애가 있는 사람들을 상대로 '그들의 미술치료 경험 또는 그들이 미술치료를 하기를 바랐는지' 에 관하여 인터뷰를 하였다(p. 33). 그들의 어떤 이야기들은 미술치료사의 창작이 그들을 주눅이 들게 할 수 있다는 아이디어의 발상 자체를 의심하게 한다. Spaniol의 인터뷰에서 어떤 사람은 미술치료사가 창작 과정에 같이 참여하는 것을 적극 권장했는데 그 이유는 그들이 미술치료사의 지식과 기술로부터 배울 수 있을 뿐만 아니라 감정적인 면을 다루는 법도 배울 수 있기 때문이라고 말했다(p. 34).

치유의 과정에 치료사가 예술가로서 적극적으로 참여하여 주눅이 들게 하는 느낌을 줄일 수 있다. 치료사가 창작 과정 안에 있을 때, 내담자는 자신들이 '관찰 당하고 있다' 는 느낌을 덜 가질 것이며 그 결과로 덜 자의식적이게 될 것이다. 미술치료사가 창작에서의 힘의 불균등을 잘못 사용할 우려가 있어서 조심해야 한다면, 치료사가 참여를 통해서 힘의 불균등을 줄일 수 있는 방향으로 나아갈 수도 있다. 치료사와 내담자가 동시에 창작 과정의 힘든 점과 보상을 같이 공유한다면 더 많은 '놀이 공간' 이 형성될 수 있다. 미술치료사가 창작을 통해서 자신의 약한 점을 기꺼이 보이고, 창조적인 위험부담을 마다하지 않고, 어려움을 극복하며, 조정할 수 있는 유연성을 보여 주고, 작품 아이디어를 시작으로 마지막에 열매를 맺는 충실함을 보여 준다면, 미술치료사가 내담자와 함께 작업을 하는 것은 내담자를 주눅이 들게 하는 것이 아니라 그들을 지지하고 영감을 주는 요소일 것이다.

역할의 연속체

우리가 미술치료의 영역 안에서 예술가로서의 정체성을 키워나가면서, 이 정체성이 임상의 장에서 어떻게 다양한 모습으로 나타나는가 하는 것을 알아볼 필요가 있다. 이미 논의된 것과 같이 우리의 예술가라는 정체성은 우리가 하는 일 곳곳에서 우리가 미술치료사로 살아가는 데 있어서의 모든 것에 막강한 영향력을 행사한다. 우리가 하는 일의 초점은 미술치료 환경과 도움을 받으러 찾아온 이들과 상호 소통하는 데 있다. 작가라는 정체성의 여러 면모는 — 예를 들어 작품을 어떻게 생각하고 어떻게 내담자를 이해하려고 하는가 — 우리가 그들과 상호작용하는 것에 영향을 미치게 되어 있다. 미술치료 문헌에는 반전이 이슈를 다루기 위해서 세션이 끝나고 나서 창작을 하는 것을 이야기하고 있다(Fish, 1989; Kielo, 1991; Lavery, 1994; Wadeson, Geiser & Ramseyer, 1990). 세션 후 뿐만이 아니라 미술치료 세션 안에서 언제, 어떻게, 왜 우리가 창작작업을 할지를 생각해 볼 필요가 있으며, 이것은 아주 중요한 이슈이다.

치료사가 세션 중에 작품을 만드는 것을 반대하는 의견들을 금지라기보다 주의점이라고 생각한다면, 그럴 수 있는 여러 가지 방식들을 찾아보는 것이 가능해진다. 즉, 내담자와 치료 세션 동안에는 '절대 작품을 하지 마라' 또는 '언제나 작품을 만들어야 한다'의 양극의 한쪽을 선택할 필요가 없다. 우리가 미술치료사로서 임상적 판단을 통해 작품을 만들 것인가 말 것인가 또는 어떻게 창작작업에 개입할 것인가 하는 적절한 판단을 해야 한다.

Kramer(1986)는 미술치료사의 제3의 손(Third Hand)이 예술가로서의 미술치료사의 역할을 설명하는 데 도움을 준다고 말하였다. 제3의 손은 '의미를 왜곡하거나 시각적인 아이디어나 선호하는 바를 내담자에게 요구하지 않는 손으로, 침입적이지 않고 대신 그들의 창작 과정을 돕는 손'이다(p. 71). Kramer는 창작을 하지 않고도 할 수 있는 제3의 손의 몇 가지 예를 꼽았다. 예를 들어서, 창작에 도움을 주는 환경을 만들거나, 미술용품을 잘 관리한다거나, 적절한 시기에 맞추어 적절한 미술도구나 재료를 주는 것, 내담자의 작품의 진실성이 위협당할 때 도움을 주는 것을 말한다. 미술치료사의 제3의 손의 활동은 타인을 공감하는 태도로부터 돕고자 하는 입장에서 나와야 하며, 사용하는 재료를 잘 알고 있고 치료적 진실성과 자기인식을 가지고 있어야 한다(p. 71). 그녀의 임상적 예들은 치료사가 작품을 만드는 것이 내담자의 창작 스타일을 존중하고 섬세하게 반응하는 것을 보여 준다. 또 다른 예로 제3의 손 방법이 실패하는 경우를 드는데, 이때는 자신의 예술 스타일이나 선호하는 바를 강조하고 동시에 내담자의 시각언어를 무시할 때이다. 내담자와 작업하는 이러한 이야기들에서 우리가 어떻게 돌봄의 태도와 임상적이고 전문적인 견해를 가지고 치료 세션 동안에 작품을 만들지를 판단할 수 있는 예를 보여 준다.

다른 주의점들도 논의된 바 있다. Gantt(1985)는 "지루함, 자의식 또는 내담자가 작품을 하는 동안 무엇을 해야 할지 모른 채 작품을 하는 것은 치료사가 그림을 그릴 이유가 못 된다"(p. 125)라고 말하였다. De Knegt(1978)는 자신이 인턴으로 일할 때를 회상하면서 자신이 그림을 그리는 것을 통해서 내담자를 더 잘 이해하고 그들과 더 잘 연결할 수 있다고 하였다. 또한 그 방법은 때때로 '긴장된 상황에서 보호의 울타리' 안으로 일단 후퇴하는 방법이었다고 하였다(p. 94). Wadeson(1980)은 자신이 작업에 빠지는 경향과 내담자를 주눅이 들게 할 수 있는 가능성과 자신의 작품에 관하여 이야기하는 것이 내담자의 소중한 시간을 뺏는 것을 염려하여 세션 동안에 작품을 안 하는 이유로 들었다. Gilroy(1989)는 내담자와 작품을 하는 것을 포기하였는데 그 이유는 내담자에게 온전히 주의집중을 할 수 없고 치료사의 무의식에 있는 내용들이 작품을 만드는 과정에서 의식 위로 떠오르는 피할 수 없는 과정이 있기 때문이라고 말했다. Haeseler(1989)는 경계가 흐트러짐, 두려움, 치료사의 작품에 관한 시기심 등을 자신이 작품 활동을 하지 않는 이유로 들었다. 예를 들어, 치료사 자신이 자신의 미술 기술에 대한 자신 없음, 작품을 완성할 수 없음에 관한 답답함, 개인의 감정조절의 어려움 등을 상황을 복잡하게 하는 이유들로 들었다. 같이 창작을 할지 말지에 관한 임상적으로 바른 결정을 내리려면 높은 자기인식과 내담자의 필요에 관한 예민함이 필요하다. 훈련, 슈퍼비전, 개인치료, 개인 시간에 작품활동을 충실히 하는 것이 언제 또는 어떻게 치료 세션에서 창작을 할지 말지 하는 점을 결정할 때 도움이 된다.

우리의 역할의 스펙트럼을 잘 이해하고 있을 때, 우리 자신의 작품활동에 관한 임상적으로 현명한 결정을 할 수 있다. 치료사인 예술가의 역할 중에서 한 발짝 떨어져 있는 관찰자로부터 내담자와 동료 예술가까지 다양한 역할의 스펙트럼을 생각하는 것이 도움을 준다. 다음에 설명된 역할들은 분석가, 증인, 협조자, 역할모델, 동료이다.

내담자와 같이 작품활동을 하는 것에 관심 있는 치료사들을 위해서 이러한 역할들이 미술치료사의 활동에 어떻게 나타날지 설명한다.

분석자와 동료

분석자와 동료(analyst and peer)는 치료적인 역할들의 연속체의 반대 끝에 위치해 있다. 분석자의 역할은 치료사의 활동들과 내담자의 활동들 사이에 분명한 선을 긋는다. 동료의 역할은 유동적인 경계를 가지고 있으며 누가 치료사이고 누가 내담자인지 확실히 구분하기 어렵다. 분석자의 역할은 가장 분명하고 불투명하며 동료의 역할은 가장 유동적이고 투명하다. 이 두 역할을 가장 먼저 설명하는 이유는 미술치료사의 역할의 가장 바깥쪽 선이 무엇인지를 먼저 설립하고 나면 그 안의 여러 모델들을 이해하는 것이 쉬워지기 때문이다.

분석자는 내담자의 작품을 연구하고 평가하고 진단하는 사람이다. 여기에서 미술치료사는 내담자가 가능하면 방해를 받지 않고 치료 세션의 공간과 시간을 채우게 돕는다. 미술치료사는 조심스럽고 객관적으로 내담자의 행동을 관찰하고 분석한다. 이러한 역할은 분리되어 있는 입장이며 치료사는 가능한 한 중립적인 존재가 되고자 한다. 실제로는 아무 영향력 없이 치료 세션에 존재할 수 없지만 가능한 한 영향을 주지 않고자 한다. 여기에서 치료사가 작품을 한다는 것은 치료적인 중립을 흔드는 것이므로, 미술치료사가 창작을 할 여지가 없다.

이 스펙트럼의 반대에는 둘의 관계가 평등한 동료의 모델이 있다. 동료 상담에서는 상담자와 피상담자 또는 치료사와 내담자 사이의 힘의 불균등한 관계를 버린다. 두 명의 동료 상담자가 서로의 건강과 웰빙을 돕기 위한 동료로서 서로를 돕는다. 이 상황에서는 미술치료사가 치료사의 역할을 버리고 자신의 성장을 위해서 작업을 하고 있는 동료를 돕는 방법으로 작품 만들기에 전념한다. 여기에서 두 명의 역할이 다르지 않다. 대신, 이 관계에 들어가는 두 사람은 자신과 상대방의 문제를 풀고 성장을 위해서 상호관계의 창작 작업에 전념한다.

이 두 가지의 역할은 이 책에서 깊게 다루지 않겠다. 이 두 모델의 예는 미술치료사의 역할의 가장 바깥 테두리를 설립하는 방법으로 언급하였다. 설명한 것처럼 분석자의 역할은 분석과 진단을 주로 다루는 미술치료 문헌에서 다뤄진다. 동료 상담 모델은 내가 아는 한 미술치료의 문헌에서 아직까지는 다뤄지지 않았다. 미술치료사가 자신의 문제를 다루기 위해서 작품을 만드는 것에 대하여 논의된 것은 있지만, 내가 아는 한 다른 사람과의 관계에서 창작을 사용하는 것에 대하여 논의된 바가 없다. 발표된 글이나 문헌은 우리가 하는 활동이 미술치료사의 커뮤니티에서 받아들여진 것들의 표현이며, 이것이 하는 이야기는 미술치료사가 한 발짝 떨어져서 내담자보다 힘이 있는 위치에서 일을 하는 것이 보다 받아들여진 방법이라는 것을 말한다.

나는 이 글에서 이러한 역할들 중 어느 한쪽이 맞다고 말하고자 하는 것이 아니다. 하지만 나는 우리의 전문적인 역할의 가장자리를 다루는 것이 필요하며, 우리가 당연하다고 생각하고 있는 역할의 형태에 대해 도전하고 질문하는 것이 중요하다고 생각한다. 예를 들어서, 왜 우리 자신의 창작활동이 설 자리가 없이 창작을 안하는 미술치료사가 전반적으로 받아들여진 것일까? 왜 우리가 동료상담자의 역할을 더 쉽게 의심하는 것인가? 같은 인간으로서 작품활동을 통해서 서로에 대해 열려 있고 연약한 모습을 서로 보이고자 하는데 말이다. 질문없이 받아들여진 미술치료사와 내담자의 역할의 불균형을 바로잡을 필요가 있지 않을까?

다음에 설명하는 세 가지의 모델인 증인, 협력, 롤 모델(role model)은 예술가로서의 정체성을 치료에서 활용하고자 하는 모델들로서 분석가와 동료의 역할의 양극 사이에 있다. 다음에 설명하는 모델들만이 적절하다고 하는 것은 아니다. 어떤 상황에서 가장 적절한 역할은 분석자일 수 있고, 다른 상황에서는 협력자일 수 있다. 역할의 유연성은 자신이 누군지 잘 알면서 동시에 내담자의 필요에 대하여 예민하게 반응할 수 있는 유연성이 있을 때 가질 수 있는 것이다. 다른 형태의 역할모델 사이에서 편안하게 왔다 갔다 할 수 있는 능력은 연습과 경험에서 온다.

증인

증인(witness)의 역할은 증인으로서 보고 듣는 것을 반영해 주는 것이다. 미술치료사의 역할은 개인 환자나 그룹의 분위기를 반영하는(Gantt, 1979) 거울 반응이라고 불리기도 한다(Lachman-Chapin, 1979). 또한 내담자의 경험들을 그의 삶의 증언으로 받아들이는 것이라고 설명된 바 있다(Learmonth, 1994). Wolf(1985)는 내담자의 투사를 받아들이고 담아내고 종합하는 방법을 쓰는 것을 설명한 바 있다. 증인은 해석하지 않고 평가하거나 판단하지 않으며, 개인적인 의제를 옆으로 밀어놓고 내담자들의 경험과 이야기와 표현에 온전히 포커스를 맞춘다(Allen, 1995a).

미술치료사들은 보통 내담자의 창작 과정을 증인으로서 관찰한다. 증인이 되는 것은 몇 가지 다른 목적으로 사용될 수 있다. 첫째, 내담자를 지지하는 것이다. 느껴졌거나 관찰된 것을 내담자에게 반영하는 것을 통해서 내담자로 하여금 인정받고 이해 받았다는 느낌을 가지게 한다. 이것을 통해서 치료사는 내담자와 치료적인 동맹을 맺고 그들에게 지속적인 지지를 줄 수 있다. 둘째, 증인이 되는 것은 치료사 내면의 공감능력을 키우게 도움을 준다. 치료사는 내담자에게 완전히 집중하여 그들의 경험에 자신을 열어 놓는 공감의 자세를 취한다. 증인이 되는 것은 치료사의 모든 감각을 사용하는 것이다. 이러한 공감의 자세를 통해서만 진정성 있게 다른 사람의 경험을 반영해 줄 수 있다. 셋째, 증인으로서의 미술치료사는 내담자가 스스로를 더 잘 볼 수 있게 거울을 들어주는 역할을 한다. 그로 인해서 내담자들은 다른 사람을 보는 것처럼 자신을 볼 수 있게 된다.

미술치료사들이 자신의 창작 활동으로 증인의 역할을 실행하는 데는 여러 방법이 있다. 가장 간단한 방법은 초상화를 그려주는 것이다. 초상화 작업은 미술치료사와 내담자가 동맹을 맺거나 공감적인 연결을 만드는 방법으로 설명되고는 한다(Costello-Du Bois, 1989; Franklin, 1990; Jones, 1983; McGraw, 1995; McNeil, 1983). 나는 간혹 나와 같이 작업을 하는 것을 거부하거나 미술재료를 사용하기를 거부하는 내담자의 초상화를 그린다. 일단 내가 무엇을 하려고 하는지 밝히고 이의가 있는지 묻는 것으로 시작한다. 그들이 돌린 얼굴의 뒷모습이나 테이블 쪽으로 푹 숙인 그들의 팔이나 어깨밖에 보여 주지 않는다 하더라도 그들이 이것을 거부하는 경우는 극히 드물다. 그들을 이런 모습으로 그리는 것은 그들의 행동에 대한 증인이 되는 것이며 그들의 감정을, 그들의 푹 숙인 모습을, 돌아 앉은 모습을 내 손가락 끝으로 느끼고자 하는 것이다. 그러다 보면, 궁금증 때문에라도 내가 어떻게 그렸는지 고개를 들어서 본다. 내가 그들을 본 모습을 그들이 보고, 그들의 행동을 판단하는 것이 아니고 그들의 행동을 있는 그대로 인정하는 것을 본다. 나는 그들이 이렇게 돌아 앉는 것을 공감적인 연결을 할 가능성의 순간으로 본다. 이런 것이 다 소용없다고 할지라고 그들은 그들이 예측하지 못한 반전에 대하여 궁금증을 갖는다. 보통 그들은 저항의 태도를 조금 누그러뜨린다. 누군가의 초상화를 그린다는 것은 그들을 관찰하는 시간을 갖는 것이며, 또 어떤 면에서는 내가 당신을 상관한다라는 표현을 하는 것이다.

내담자의 초상화로 그들의 외적인 모습뿐만 아니라 내적인 경험을 반영하려고 노력할 수 있다(그림 8.2). 내담자의 상징적인 초상화를 그릴 때 그를 보는 나의 지각 또한 선명해지고 명료하게 된다는 것을 발견하고는 한다. 애매한 느낌들과 정확하지 않은 아이디어들을 이미지를 통해서 명료하게 하는 것이다. 내가 이러한 그림을 내담자에게 보여 줄 때, 나는 이것이 나의 느낌이라는 것을 알려준다. 나는 그들의 내적인 경험을 안다고 주장할 수는 없지만 겸손하고 조심스럽게 이것은 그들의 경험을 이해하고자 하는 나의 노력임을 알려준다. 이런 방법으로 그들의 경험에 증인이 되는 것은 "부족할 수는 있으나, 이것의 진리들은 확고하다"(may reflect a restricted range, but its truths are unshakable)(London 1989, p. 85). 왜냐하면 이것은 그 사람에 관한 나의 경험을 그 사람에게 보여 주는 것이기 때문이다.

현실적인 초상화나 상징적인 초상화를 그리는 방법 외에도 미술치료사는 창작을 통해서, 즉 내담자가 사용하는 매체나 스타일이나 주제나 소제를 반영함으로써 그들에게 증인이 되어줄 수 있다. 이것은 세션이 끝나고 포스트 세션(post-session)에서 사용될 수 있는 방법으로 논의되었다(Kielo, 1991). 하지만 이것은 세션 중간에도 사용할 수 있는 가능성이 많다. 내가 이러한 방법을 학생들에게 제시할 때 그들은 자칫 이러한 방법이 내담자가 그들이 자신을 따라하거나 놀리는 것이라고 생각할지도 모른다는 염려를 표현한다. 그럴 수도 있지만, 치료사가 증인이 되고자 하는 의도가 확실하다면 이러한 행동을 보일 가능성은 거의 없다고 생각된다. 증인의 역할과 연관해서 필요한 공감의 자세로 임할 때 치료사의 동기가 오해 받을 가능성은 별로 없다고 생각한다.

하지만 그렇다고 하더라도, 섬세함은 필요하다. 내담자와 같이 작업하면서 그들이 눈치채지 못하지만 그들의 행동을 반영하고 있을 수 있다. 이런 예가 있었다. 한 내담자가 오일 파스텔을 종이에 꾹꾹 누르면서 도화지에 반복적으로 원을 그리고 있었다. 나는 내 이미지 작업을 하고 있지만 이렇게 꾹 누르는 행동을 따라할 수 있다. 말없이 우리가 종이에 질끈 눌러지는 재료의 소리가 같이 하모니를 이루었다. 시간이 지나면

| 그림 8.2 |

누르는 힘과 반복적으로 그리는 동그라미 때문에 팔 근육이 아파왔다. '그녀도 이럴까?' 하고 생각해 보았다. '그녀도 이렇게 지속적으로 무거워지는 압박과 빙빙 도는 삶의 궤도들로 인해서 아플까?' 그녀가 종이를 두껍고 찐득거리는 색깔로 그 선 안을 채우자, 나도 그렇게 했다. 우리가 이 작업을 끝내자 내 윗입술 위에 땀이 송골송골 맺혔고 그녀 또한 그랬다. 우리는 같이 작업을 하였고 같이 땀이 났고 같이 분투하였다. 그녀는 내가 그녀를 따라한 것을 알까? 아마 처음에는 몰랐을 것이다. 어쩌면 '내 치료사가 내가 했던 것과 똑같이 오일 파스텔을 꾹꾹 누르면서 동그라미를 그렸어' 라고 의식적이고 구체적으로 알지 못했을 수 있다. 하지만 다른 면에서 그녀는 이 작업을 하면서 혼자가 아니라는 것, 그녀를 지지하는 다른 존재가 있었음을 느꼈을 것이다.

협력자

협력을 한다는 것은 다른 이들과 같이 하거나 어떤 일에 협조하는 관계로 같이 한다는 것을 뜻한다. 치료사가 내담자와 협력자(collaborator)로 일할 때 이 치료는 일종의 파트너십으로 보여진다. "이것은 우리가 내담자로 하여금 했으면 하는 행동을 취하는 것이 아니다. 협력이란 공동의 작업인 치료의 한 과정으로 예술활동에 진정으로 같이 협력하는 것을 말한다"(Phillips, 1992). 각각의 파트너는 이 협력의 관계에서 전문적인 역할을 수행하고 있으며, 치료사는 미술치료의 전문성을, 내담자는 자기 자신에 관한 전문성을 가지고 협력한다. 이상적인 그림은 내담자와 치료자가 공동의 목표나 결과를 향해 같이 가는 것이다.

미술치료사가 이러한 협력의 파트너십에 들어갈 수 있는 여러 문이 있다. 가장 분명하고 가장 기본적인 방법으로는 치료사와 내담자가 같은 작품을 가지고 함께 작업하는 방법이 있다. Franklin(1981)은 치료의 마무리 과정(termination)에서 자신과 상처받은 아이들이 헤어짐에 관한 감정들을 표현하고 발견할 수 있는 방법으로 '공통의 장(common ground)' 이라고 부르는 공동의 작업 방법을 사용한다. '그림으로 하는 대화' 는 심각한 정신병이 있는 사람과 작업할 때 서로에 관한 믿음을 키우고 소통을 돕는 방법으로 쓰이며(Boenheim & Stone 1969; Landgarten, 1981), 융합하고자 하는 소원을 만족시키는 방법으로 사용하였다(F. Kaplan, 1983).

미술치료사는 그룹 환경에서도 협력자로 참여할 수 있다. 나는 라틴 아메리카 이민자들의 자녀로 구성된 중고등학생들의 그룹과 작업을 한 적이 있다. 이 프로젝트의 목적은 그들의 문화적인 정체성을 표현하는 커뮤니티 작품을 만드는 것이었다. 나는 그룹으로 진행하는 작업에 관한 나의 전문성을, 특히 청소년과 작업하고 소묘와 채색 기법 등의 기술에 관한 전문성을 제공하였다. 그들은 자신이 가지고 있는 문화적인 가치, 취향, 상징, 역사, 자부심을 자신들이 알고 있는 미술의 개인적인 취향과 덧붙여 제공하였다. 벽화는 내가 그들과 함께 작업한 협동 작업의 결과였다. 그들은 자신이 가진 아이디어로 결과물을 내기 위해서 내가 가진 전문성을 필요로 하였고 나는 그들의 문화적 정체성에 관련하여 그들의 전문성에 의존하였다.

다른 방법의 협력은 창조적인 활동에서 치료사가 내담자의 보조자의 역할을 자청할 때 일어난다. 내담자는 장애로 인하여 도움 없이 작품을 만들 수 없거나, 육체적인 장애가 아니더라도 감정적인 이유로 도움 없이 작품에 임하기 어려울 수도 있다. 병 때문이거나 다쳤거나 장애 때문에 작품을 육체적으로 만들지 못하는 경우는 수도 없이 많다. 이런 경우에 치료사는 그들에게 손이 되거나 눈이 되거나 에너지원이 되거나 작품을 만들 수 있는 장애 없는 육체, 즉 그들의 불편하거나 약한 부분을 채워 넣는 역할을 할 수 있다(Kern-Pilch, 1980; Rosner, 1982; Simon, 1982). 이러한 작업은 내담자의 의도에 충실하고 창작 과정에서의 그들의 선택을 따르는 방법으로 내담자를 보좌하고 지지하는 역할을 한다.

감정적인 문제를 다룰 때, 치료사가 내담자의 보조역할을 하는 것이 좋은 선택인 경우들이 많이 있다. 이 역할을 다음의 예를 통해서 이야기해 보자. 지나라는 24세 여성과 작업을 한 적이 있다. 지나는 여러 해 동안 성 학대의 고통을 받았었다. 한번은 그룹 세션에 도착해서야 다른 멤버들이 취소하고 안 나왔음을 알게 되었다. 나는 이때, 그녀도 그룹을 취소하고 가거나 일대일로 만날 수 있다는 선택권을 주었다. 그녀는 나와 일대일로 작업을 하기로 선택하였고 이웃에게 불과 2주 전에 강간당한 것을 그리게 도와줄 수 있는지 물었다. 그녀는 고소를 한 후로 경찰로부터 많은 질문을 받아왔다. 그녀는 이 경험을 이미지로 옮기고 싶었으나, 이 그림을 직접 그리는 것에서부터 올 감정적인 스트레스를 견디기 힘들어했다. 그녀는 자신의 기억에 있는 그림을 세세하게 설명하였고, 나는 그녀의 '제3의 손'이 되어서 그림을 그렸고 질문을 통해 그녀의 그림을 더 명료하게 그려나갔다. 이 방법은 그녀로 하여금 기억에 있는 이미지를 밖으로 끌어내는 동시에 그녀의 감정적인 안정감을 위협하지 않았다.

또한 내가 9달 동안 만났던 13살의 내담자 소년이 유목(drift wood)을 보트 모양으로 조각하기를 원했다. 나는 그가 자신의 능력과 주의지속 시간을 넘어가는 일을 하고자 하는 것 같아 걱정하였으며, 이것은 그가 자주 하는 일이었다. 내가 걱정하고 있다는 것을 표현하였지만 만약 내가 도와준다면 할 수 있다고 믿는다고 했다. 나는 동의하였다. 그는 나의 도움을 구하였고, 나무의 어떤 부분을 조각 칼로 도려내야 할지 어떤 부분의 표면의 질감을 어떻게 처리해야 할지 알려주었다. 우리는 이 나무를 파내고 도려내면서 같이 작업을 했다. 그는 마치 감독 같았다. 나는 그를 위해 일했고 그와 같이 일했다. 여러 주가 흐르고 나서 그 보트는 완성되었다. 그는 이 협력에 기반한 파트너십으로 인해서 성공을 경험했고, 혼자 이 프로젝트를 했다면 아마 경험하기 힘들었을 성공이었다.

Bruce Moon(1997b, 1999)은 협력의 방법의 세 번째 예로 반응작품(responsive art making)을 예로 들었다. 그는 이러한 방법을 "작가-치료사가 치료적인 중재를 하는 방법으로 작업을 하는 것이다"(1999, p. 78)라고 말했다. 이것은 내담자가 만든 작품에 대한 반응을 하는 협력적인 작품 만들기이다. 이것은 상상에 기반한 해석적인 대화에 들어가는 방법으로 내담자의 작품에만 반응하는 것이 아니라 내담자에게 반응하고, 내담자와 치료사의 관계에 대하여 반응하는 것이라고 생각한다. 이 장을 연 이야기는 내담자인 단과 치료사인 나와의 관계에 반응하여 만든 작품이었다. 다른 예도 있다. 한 내담자가 치료실에서 다루고 있는 문제들에 반응하는 방법으로 작은 콜라주

시리즈를 만들었다. 그녀가 자신의 삶에서 조각나 있는 여러 부분들을 맞추려고 하는 노력은 나로 하여금 콜라주 기법을 자연스럽게 선택하게 하였다. 내가 만든 이미지들은 그녀로 하여금 그녀의 조각난 삶을 이미지와 언어로 더 깊게 파고 들어가게 도움을 주었다.

협력의 네 번째 모델은 내담자와 치료사가 평행한 관계로 작업을 하는 경우이다. 이런 경우에는 미술치료사는 내담자가 만드는 작품의 주제, 매체, 스타일에 연관된 작업을 한다. 증인의 역할로 작업을 하는 때처럼 똑같이 따라하는 것이 아니다. 대신 내담자와 함께 나란히 같은 공간에서 같은 목적을 가지고 함께 작업하는 것이다. 한 예로 45세 여성인 레나와 했던 작업을 소개하고자 한다. 그래서 그녀로 하여금 가족여행 전에 미술치료로 마음을 준비하였다. 그녀는 자칫 여행을 즐기기보다 자신의 가족을 보살피느라 시간과 에너지를 다 쓰거나 자신의 남편과 십대 자녀와의 싸움을 말리는 역할을 하는 것에 지칠 것을 미리 걱정했다. 그녀가 '진정한 휴가'의 그림을 그려보게 하였다. 그녀가 자신의 작품을 만드는 동안 나 또한 그녀가 지속적으로 어려워하는 힘든 싸움에서 벗어나 진정으로 쉬는 모습이 어떤 것일까 상상하며 이미지를 만들었다. 그녀는 열대 지역의 숲에서 해먹에 누워 있는 모습을, 나는 그녀가 호숫가의 뗏목 안에 떠 있는 것을 그렸다. 나는 그녀와 함께 진정으로 휴식을 취하는 휴가의 모습을 그렸으며 그녀는 우리가 만든 이미지에서 비슷한 점이 있음을 발견하고 기뻐하였다. 이것은 자신이 휴가를 필요로 한다는 생각을 지지하는 것이었으며, 현실에서 일어날 휴가 때이 상상 속에 나오는 이미지를 어떻게 융합시킬 수 있을지 또렷이 표현하려고 노력하였다.

또 다른 예는 '창조적인 대화 : 창조의 공통된 의지(Creative Dialog : A Shared Will to Create)'라는 제목의 1999년 시카고에서 열린 전시였다. 치료사와 내담자가 같이 한 작업의 전시에서 시카고의 미술대학(The School of the Art Institute of Chicago)의 학생들과 그들이 인턴 생활을 하면서 작업을 했던 내담자와 같이 만든 작품들을 전시하였다. 제목이 말하듯이, 이 전시의 초점은 병리적인 것이나 장애가 아닌

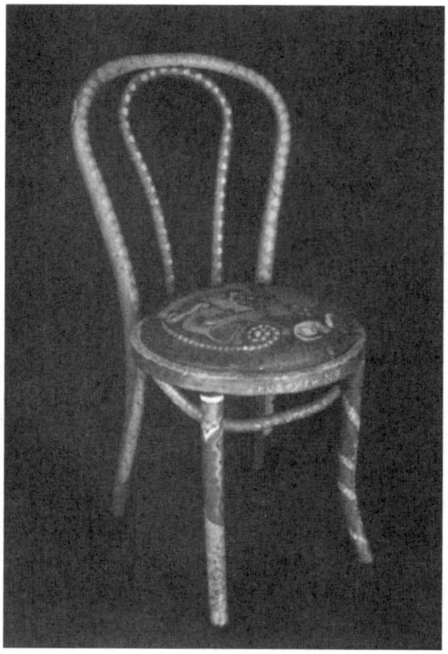

| 그림 8.3 |

| 그림 8.4 |

창조하고자 하는 공통된 의지였다. 그들의 협력작업은 다양한 방법으로 나타났으며 이것은 각각의 학생-내담자의 파트너십 안에서 나온 다양하고 창조적이면서 그 관계 안에서의 특별한 결정들을 나타내는 것이다(Vick, 2000).

협력 방법의 다섯 번째 형태는 속해 있는 커뮤니티의 정체성을 표현하고자 하는 주거작가(artist-in-residence)의 형태이다. 이 경우 미술치료사는 커뮤니티의 공간에서 협력자로 활동한다. 이런 경우, 일정 시간에 걸쳐서 작업이 완성되며, 내담자, 스태프, 방문자 등에게 작업의 과정이 공개된다. 이 작품을 만드는 데 있어서 치료사가 혼자 작업을 할 수도 있고 내담자나 다른 사람들과 함께 작품을 만들 수도 있다. 여기에서 이 과정을 협력의 작업으로 만드는 것은 누가 누구와 작업을 완성했는가뿐만 아니라 협력의 관심 또한 포함시킬 수 있다.

어느 날인가 길가에 버려진 나무 의자를 주운 적인 있다. 이 의자를 미술치료 스튜디오로 가져와서는 의자의 시트 부분을 캔버스로 바꾸었고, 그룹 미술치료의 참여자들에게 이렇게 말하였다. "이것은 우리의 의자입니다. 이것은 사람들이 눌러 앉는 것들 … 그러니까 감정적으로 눌러 앉아버리는 것에 관한 것입니다. 이것을 칠하려고 하는데 여러분이 여기에 무엇을 그릴지 아이디어를 주시기 바랍니다." 한 명이 "분노"라고 말하자 다른 사람이 "가장 밑바닥에 있는 두려움" 그리고 또 다른 사람은 "다른 사람들 … 그들이 조종하려고 하는 것"이라고 말을 더했다. 하루가 지나고 이틀이 지나고, 내가 이 의자에 작업을 하는 동안 그들은 아이디어를 주었고 점차 공동의 작업으로 발전해 나갔다. 이 의자의 시트는 동물들과 새와 물고기와 삶의 여러 가지 상징들로 채워졌으며 우리가 어떻게 감정들을 누르고 앉는지 그리고 동시에 우리가 억누르려고 하면 툭 하고 튀어나오는 것들을 그려 넣었다. 또한 의자의 가장자리에 핀들을 그려 넣어 '날카로운 것에 앉아 있음'을 표현하였다. 등받이의 앞쪽에는 '모든 것을 뒤로 두고 나아가시오'라는 정신병이 있는 사람들에게 값싸게 주는 조언 아닌 조언을 써 넣었다. 그리고 그 등받이 반대쪽에는 "말할 수 없고, 말하지 않는 것"이라는 말을 써서, 말 뒤에 존재하고 있는 것들이 있음을 표현하고자 하였다(그림 8.3, 그림 8.4).

협력 방법의 여섯 번째 모델은 내담자와 소통을 하는 방법으로 창작작업을 쓰는 것을 들 수 있다. 작품을 하는 것이 다 소통의 방법이라고도 볼 수 있겠지만, 내가 여기에서 말하는 것은 대화하는 것처럼 작품을 하는 것으로 치료사나 내담자가 주거니 받거니 하는 방법으로 작품을 하는 것이다. 이 경우 서로가 만든 이미지에 덧붙이거나 지지하거나 바꾸거나 지우거나 하는 방법으로 미술을 통해서 대화에 참여한다. 이것은 반응작품을 만드는 것과 비슷한 면이 있으나 그보다 빠르게 움직이며 이것은 대화를 시작으로 점차적으로 스토리텔링이나 드라마를 만드는 것과 비슷한 면이 있다.

제이크는 16살의 소년으로 그의 보호자인 할머니와 집에서의 갈등 상황을 이야기하고 있었다. 그들의 갈등상황은 반복적인 패턴을 가지고 있는데, 그들은 그들의 상황의 그물에 완전히 엉켜 있어서 그들이 만들고 있는 관계의 패턴을 보지 못했다. 그래서 나는 제이크로부터 지금 느끼고 있는 감정을 점토로 표현하게 하였다. 처음에는 이 아이디어에 '화가 나 있음' 을 어떻게 보여줄지 모르겠다며 콧방귀를 뀌었다. 하지만 '화가 나 있음' 의 색깔과 질감 등에 관하여 질문하는 것을 통해서 그는 울퉁불퉁하고 딱딱한 가장자리를 가지고 있는 정육면체를 만들었다. 그 다음에는 할머니도 똑같은 작업을 하게 하였다. 제이크는 빠르게 끼어들어서 할머니의 작품은 파도 같아야 할 것 같다고 말했다. 이것이 그녀가 보기에 맞는지 안 맞는지 상관없이 할머니는 파도 모양을 못 만든다며 제이크의 말을 무시했다. 이때 내가 그녀의 보조자로 나서서 그녀가 만들고자 하는 물결 모양의 형태를 만들게 도움을 주었다.

이때 단어가 아닌 찰흙으로 빚은 형태들로 이야기를 나누기 시작했다. 나는 제이크의 정육면체와 할머니의 파도 형태를 가깝게 다가오게 해서 서로를 부딪쳤다. 제이크가 이제는 파도를 두 번 접더니 정육면체 위를 덮는 모양으로 만들었다. 할머니는 킥킥 웃더니 머뭇거리다가 손자의 행위를 따라서 참여하였다.

그리고 이번에는 내가 정육면체를 파도에 정면으로 부딪치는 게 아니라, 옆으로 비켜가는 것을 연기했다. 나의 다른 손으로는 파도를 정육면체에 위협을 주지 않는 부드러운 방법으로 움직였다. 그러자 할머니는 제이크가 정육면체를 파도에 자꾸 부딪치려고 앞으로 움직이는데도 불구하고 내가 그랬던 방법으로 보다 부드럽게 움직이도록 노력을 하였다.

이 작업이 있은 후 제이크와 할머니는 그들이 어떻게 서로의 관계에서 제이크는 공격적인 행동으로, 할머니는 질식시키듯 하는 행동으로 주도권을 가지려고 하는지에 관하여 생산적인 토론을 할 수 있었다. 또한 그들은 제이크가 자라면서 관계의 형태를 바꾸고 싶으나 잘 안 되는 것에 대하여서도 이야기를 나누었다. 그들이 말을 통해서 하지 않은 것들이 있다. 할머니가 어떻게 제이크의 요구를 무시하는지, 연결하고자 하는 그들의 노력이 어떻게 그토록 빨리 서로에게 상처를 주는 행동으로 변질되는지 말이다. 나는 그들이 말로 다룰 수 있는 내용들은 말로 다루고, 그 외의 것들을 예술적이고 상징적인 앎의 방법을 통해서 알아가는 그들의 지혜를 믿었다. 그들은 말로 하기 어려운 미묘한 관계의 요소들을 소통하는 방법으로 작품을 만들었다.

역할 모델

역할 모델(role model)이 된다는 것은 사회적으로 예상되는 행위를 보여 주고 보고 따라해도 좋을 예를 보여 주는 것을 말한다. 역할 모델로서 활동하는 미술치료사는 자신의 삶에서 창작을 하는 것이 어떻게 사용될 수 있는지를 보여 줌으로써, 때로는 아프고 때로는 어렵고 때로는 보람 있는 삶의 순간들을 어떻게 예술로 다룰 것인가 하는 것을 보여 준다. 이 역할을 하는 미술치료사는 삶이라는 것에서 노력하고 힘들어하는 인간으로서 내담자의 가이드이자 동료로서 참여한다. 그들은 주거작가(artist-in-residence)의 형태로서 창작을 하면서 동시에 내담자가 예술적인 의도를 표현할 수 있게 도움을 준다. 이러한 방법으로 주거작가의 형태로 일하는 것은 미술치료사가 협력자로 일하는 것과는 다르다. 작품이 커뮤니티를 위해서 만들어지는 것이 아니라 이런 경우에 미술치료사는 자신의 삶에서 나오는 작품들을 만드는 것이 어떤 것인지 하는 것을 보여 주는 역할 모델이 된다.

문제와 가능성 둘 다를 다루는 것이 작품을 만드는 과정 그 자체를 통해서 보여 줄 수 있는데 그 이유는 작품을 만드는 과정에는 실패뿐만 아니라 성공이 포함되어 있기 때문이다. 내담자는 미술치료사인 예술가가 딱 맞는 색깔을 만들지 못하거나 찰흙 작품이 부서지거나 지금 만들고 있는 작품의 다음 단계가 무엇일지 몰라서 고심하는 과정을 보는 기회를 갖게 된다.

또한 미술치료사가 자신의 작품의 내용을 부분적으로 내담자와 나눔으로써 문제와 가능성을 어떻게 다루는가 하는 것을 보여 줄 수 있다. 이렇게 할 때 어떤 경우에 또는 어떤 내용을 밝히는 것이 내담자에게 도움이 될지 또는 오히려 방해를 할지를 판단하는 능력이 필요하다.

역할 모델에서 내담자가 보는 앞에서 만든 작품의 어떤 면을 나눌까 하는 것을 결정하는 데 도움을 주는 두 가지 측면이 있다. 하나는 감정적인 내용은 그 세부적인 내용을 일일이 열거하지 않더라도 나눌 수 있다는 것이다. 예를 들어, 미술치료 그룹 안에서 '화'에 관하여 작품을 만들 수 있다. 하지만 이 그림을 만들게 된 상황적인 세부사항 — 동료가 내뱉은 말에 상처를 입었다든지 — 은 밝히지 않을 수 있다. 하지만 말하지 않는다고 해도 감정적인 내용은 이미지의 색이나 형태나 질감 등을 통해 전달되며 그것을 막을 수 없다. 이러한 방법으로 작품을 만드는 것이 화를 다루고 표현하는 방법인 것을 역할 모델링을 통해서 보여 줄 수 있다.

두 번째 가이드라인은 내담자에게 짐이 될 만한 것은 밝히지 않아야 한다는 것이다. 이것은 미술치료사가 자신을 잘 알고 있고 내담자가 겪고 있는 상황과 필요를 예민하게 잘 알고 있는 것을 필요로 한다. 만드는 작업의 내용이 아직 감정적으로 풀리지 않은 것이라면 이러한 세부내용을 내담자에게 밝히지 않는 게 맞는다고 생각한다.

진실성에 관한 질문은 미술치료사가 자신이 세션 동안 만드는 개인적인 작품에 대한 정보를 밝히지 않는 것과 관련되어 있다. 이러한 주장도 있다. 우리는 내담자가 자신이 만드는 작품에 대한 의도와 의미를 밝히기를 기대한다. 그렇다면 우리가 만드는 작품에 관한 의도나 의미를 내담자로부터 숨기는 것이 맞는가? 우리가 숨기는 것이 느껴진다면 그들이 우리의 자신감 없음이나 불확신을 읽지 않을까? 여기서 진정성이라는 것은 개인적인 정보를 완전히 드러내는 것과 똑같은 이야기가 아니라는 것을 기억하는 것이 중요하다. 이것은 미술치료사나 내담자 둘 다에게 해당되는 점이다. 미술치료사인 Elinor Ulman의 "오직 진실만을 말하돼 모든 진실을 말할 필요는 없다"라는 말이 미술치료사가 자신의 개인적인 사실을 밝힐지 말지 협상할 때 지혜를 빌려줄 수 있다. 선택적인 투명성은 모든 것을 다 밝히는 것보다 더 진정성 있는 행동일 수 있다. 또한 어쩌면 어떤 것을 밝히거나 밝히지 않는 결정은 개인의 사생활과 개인의 경계를 지키고자 하는 절실한 필요성에서 나오는 것일 수도 있다. 치료사의 선택적 투명성의 의도적인 사용은 영혼을 다 까 보이는 것이 아닌, 무엇을, 언제, 누구한테 밝힐지 등의 결정을 하는 것으로 이러한 결정을 할 필요가 있는 내담자에게 좋은 역할 모델이 될 수 있다.

이러한 역할을 하는 미술치료사는 자신을 잘 알고 있고 스스로를 모니터링 할 수 있는 능력이 있어야 한다. 무엇을 밝히고 무엇을 안 밝힐지의 문제에서 어떻게 해야 내담자의 필요가 가장 중요한 것으로 나올지 여러 가지 복잡한 것들을 풀어 볼 수 있도록 슈퍼비전을 받는 것은 꼭 필요하다. 훌륭한 슈퍼바이저는 미술치료사가 가진 질문들 중에서 어떤 것들은 가장 중요하게 고려해야 하며, 선택적 투명성에 대하여 임상적으로 적절한 선택을 할 수 있게 돕는다.

미술치료사가 자신의 역할에 대해서 분명하게 알고 있는 것이 중요하다. 우리는 자신의 예술적인 표현을 다른 사람을 위해서 쓰는 사람들이다. 이것을 분명하게 알고 행동으로 나타낼 수 있는 가장 중요한 길은 치료환경 밖에서 개인의 작품을 하는 것이다. 미술치료 세션에서 내담자와 작품활동을 할 때 그 작업을 즐기거나 그것에서 어떤 개인적인 만족감을 얻는 것이 잘못된 것이라고 말하는 것은 아니다. 이것과 정반대로, 창작 과정에 있어서 진정한 열정을 표현하는 것은 미술치료사가 내담자에게 보여 줄 수 있는 가장 값진 것 중의 하나이다. 하지만 내담자와 같이 작업을 하는 것이 창작을 하는 유일한 시간이라면, 이것은 문제가 될 소지가 있다. 이런 경우에 미술치료사가 자신의 창조적 표현을 다른 이를 위해서 사용하기보다 내담자와의 시간을 자신의 욕구를 채우고자 하는 데 이용할 수 있는 위험이 있다(Lanham, 1989).

선택적인 투명성의 예로, 내가 역할 모델의 의도를 가지고 치료 세션에서 같이 한 작업들을 소개하고자 한다. 내가 설명하는 여러 작품은 치료 세션에서 만들어졌으나 또 다른 여러 작품들은 치료 세션에서도 만들고 치료 세션 밖에서도 만들어졌다. 여기에서 소개하는 작품들은 완성 작품이지만 내담자가 완성작을 볼 뿐만 아니라 만들어지고 있는 창작 과정을 보는 것이 아주 중요하다. 어떤 내담자들은 내가 내면적인 경험을 외부의 재료로 표현하는 것의 일부만을 보았고, 어떤 내담자들은 시간을 두고 작품이 전개되는 과정, 즉 작품을 만들고, 고치고, 멈추고, 다시 그리고, '이거다' 싶을 때까지 작업을 하는 것을 보았다.

나는 작품을 만드는 과정을 보여 주는 동시에 내 내면의 과정에 관하여 간단하게 나누기도 한다. 어떨 때는 이것이 피드백이나 아이디어를 묻는 방식으로 나올 때도 있고 어떤 때에는 나한테 하는 '혼잣말'의 형식을 띄기도 한다. 내가 내면적인 과정을 혼잣말로 할 때, 내 말을 들을 수 있는 거리에 있는 사람들은 내 생각이나 내가 하는 작업에 관한 이야기를 듣는다. 어떨 때는 내담자와 창작 과정에 관하여 대화하기도 하고, 작업을 하다가 기쁜 순간이나 답답하게 잘 안 될 때를 말로 표현하기도 한다. 이렇게 내면적인 경험을 표현하는 것은 역할 모델로 기능하는 미술치료사에게 중요한 것들이다. 단순히 외적으로 만들고 있는 작품들의 과정을 보여 주는 것뿐만 아니라 우리 내면에 존재하는 과정적인 경험 또한 보여 주는 것이기 때문이다.

내가 만드는 개인 작업 중의 일부분은 미술치료사로 일하면서 영감을 받아 하는 작업이다. '나는 너희 하나하나를 기억해(I Remember Every Single One of You)' (그림 8.5)는 내가 그 당시 일하고 있는 병원에서 너무나 많은 숫자의 학대를 받은 경험이 있는 환자들이 입원하는 것에 관하여 압도당하는 느낌을 그린 것이다. 이 작품은 내 안에 있는 이원적인 것 — 순진하게 믿지 못하겠다는 반응과 깊은 슬픔을 아는 것 — 을 표현한 그림이다. 이 작품의 제목은 내가 얼굴과 이름들을 다 외우는 것이 불가능한 점과 또한 어떤 면에서는 한 명 한 명을 잊는 것이 불가능한 것을 다룬다. 이 작품은 친구가 내어 준 숲 속의 집에서 혼자 지내면서 그린 것이다. 나는 그 당시 격한 감정들이 나올 수 있도록 혼자 있을 필요가 있었다. 내가 가진 감정들이 너무나 설익고 너무나 크고 너무나 위협적이어서 내담자와의 세션에서 보여줄 수 없는 것이었기 때문이다. 이런 작품을 그리면서 내담자들의 필요에 응답할 수는 없는 노릇이었다.

혼자만의 시간이 끝나고 미술치료실로 돌아왔을 때, 거의 완성된 이 그림을 치료실로 가져와서 마지막으로 몇 가지만 수정을 하였다. 나는 이 작품을 이 단계에서 내담자들과 나누는 것이 중요하다고 생각하였다. 그들 중 여러 명은 나처럼 그들이 노출된 많은 학대의 이야기들을 힘들어하였다. 이것은 특히 자신들이 학대의 이야기의 주인공일 경우 특히 더 그랬다. 학대의 경험을 말하고, 다른 이들이 그 경험의 이야기들을 들어주는 것이 얼마나 중요한지 알고 있다. 동시에, 다른 내담자의 트라우마적인 이야기들을 듣고 또 듣다 보니 지치고 힘들어진다. 그들은 다른 이들의 이야기를 잘 들어주고 싶어하면서 동시에 들리는 이야기로부터 귀를 막고 싶어한다.

| 그림 8.5 |

나의 작품은 이러한 양면적인 감정을 어떻게 다룰 수 있는지를 작품을 통해 보여 준다. 이런 방법으로 내가 역설적이게도 그들의 이야기로부터 한 발짝 물러나고 싶어 하면서도 동시에 그들의 이야기가 내면에 쑤셔넣는 감정들, 그것들과 연결을 할 필요를 느끼는 것을 표현한다. 이 작업을 설명하면서, 나도 뒤로 물러날 때가 있으며 내가 나를 보살필 필요를 느껴서 뒷걸음칠 때가 있음을 알려준다. 이런 것을 예로 보여 주는 것은 특히 개인적인 경계 맺기를 어려워하는 여자들을 위해서 아주 중요한 태도라고 믿는다.

내가 곧잘 그러듯이, 내 작품을 보여 줄 때, 개인적인 내용을 얼마나 알려줄지 말지의 결정은 그들이 주는 힌트를 따라서 한다. 어떤 내담자들은 전혀 관심을 보이지 않고 그냥 자기 작업에 몰두하지만 어떤 내담자들은 호기심과 흥미를 표현한다. 호기심을 보여 주는 대부분의 내담자는 학대의 역사가 있는 경우가 많았다. 그들은 자신의 경험을 이야기하지 않았지만 대신 내 작품에 대하여 호기심 어린 질문들을 하였고 나의 대답을 열심히 들었다. 그런 후, 그들 또한 자신의 작품을 만들기 시작하였다.

'부서짐에 관한 어떤 것(Something About Brokenness)' (그림 8.6)은 미술치료사로서 일하면서 받은 영감을 바탕으로 만든 또 하나의 작품이다. 이 작품은 의미가 무엇인지 확실하지 않은 상태에서 시작되었다. 모양을 색칠하기도 하고 배치를 바꾸고 배치를 또 바꾸면서 재료들을 놀이하듯 움직였다. 이 유희적인 창작 과정 속에서 떠오른 말들이 있다. '부서짐에 관한 어떤 것과 고치고 끈으로 묶여 있고, 그럼에도 불구하고 일어나는 어떤 것' 이었다. 이 작품에 이러한 단어들을 써 놓고 나니 내가 같이 작업하는 내담자들이 얼마나 대단한지 놀랍게 여겨졌다. 그들은 그들이 감당해야 하는 그 많은 부서짐에도 불구하고 희망을 가지고 일어나니 말이다. 나는 이 작품이 움직이는 그 과정에 나를 맡김으로써 창작의 과정이 나를 이끌게 하였다. 나는 내가 어떻게 이미지를 '찾는' 지 그 여러 가지 방법의 길을 알려준다. 나는 이 작품을 보여 줄 때, 이 작품의 의미를 말해야 한다는 필요성을 느끼지 못했고 그들도 그리 궁금해하는 것 같지 않았다. 대신 그저 이 작품과 같이 존재하면서 이 작품을 읽고 '듣고자' 하는 이들에게

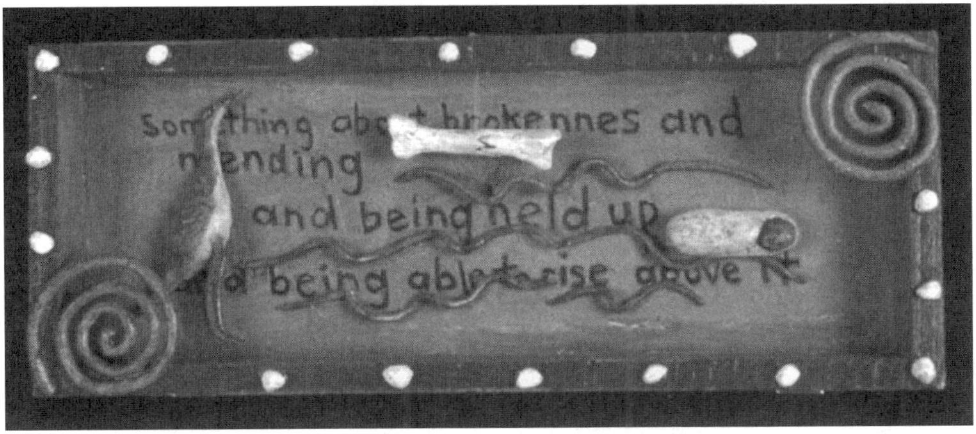

| 그림 8.6 |

들려주는 이야기에 귀를 기울였다.

때때로 나는 나의 역할에 관하여 다루는 작품을 만들기도 하였다. 내가 일하던 병원이 감원을 하고 있는 과정에서 이러한 변화에 많은 동요를 느낄 때였다. 늘 있다고 믿고 있었던 안정감이 흔들리는 경험이었다. 내담자들 중에서 오랫동안 이 병원을 안전한 공간으로 이용하던 환자들 역시 이런 변화에 동요를 하였다. 이 시기에 내가 만든 작품 '슬퍼하기(Grieving)' (그림 8.7)는 이 불안한 시기를 반영하는 작품이었다. 뼈와 묘비와 꽃과 머리를 한쪽으로 숙이고 팔을 든 여자의 모습을 그렸다. 그리고 종이의 오른쪽에는 이렇게 썼다. '그들이 온실을 무너뜨리고 있어요.' 이 말은 병원이 점차적으로 원예치료의 공간을 줄이면서 정원의 공간을 더 키우는 것을 말하는 것이었다. 하지만 장미 밭과 작은 연못이 없어지는 것은 병원 전체에서 일어나고 있는 현상의 일부이면서 전체를 보여 주는 일이었다. 병원의 직원들이 이 문제에 관한 자신들의 감정을 개인적인 일이라고 개인적인 경계 안에서 다루는 것은 병원의 환자들로부터 마치 이 이야기가 금기된 사항인 것처럼 느끼게 하였다. 이 작품을 만듦으로써 슬픔과 격분에 대해 건강한 표현을 할 수 있게 길을 터 주는 것을 모델링하였다. 내담자들은 이런 이야기를 할 수 있음에 안도하면서, 두려움과 분노와 곧 버림받을 것 같은 감정들에 대하여

| 그림 8.7 |

이야기를 나눌 수 있었다.

개인적인 삶과 직업적인 삶이 겹치는 영역에서 작품의 영감을 받기도 한다. '고함치기와 미쳐 날뛰기(Ranting and Raving)' (그림 8.8)가 좋은 예이다. 이 작품은 16살의 소녀인 자넷이 소년들과 데이트를 하는 것에 관한 두려움에 대해서 이야기할 때 그것을 들으며 하던 낙서로부터 시작한 작품이다. 그녀는 어린 나이에 아버지로부터 성학대를 받은 경험이 있어서 남자애들을 믿을 수 있을지 의심스러워하였다. 세션이 끝난 후에 돌아보며 생각하다보니 나의 16살짜리 딸아이가 떠올랐다. 데이트 신청을 하는 남자애들로부터 이 두 소녀를 지킬 수는 없으며 그 남자애들이 믿을 수 있는지 없는지 알 도리가 없다.

나의 이러한 걱정이 점점 커져서 과잉 반응과 유머가 뒤섞인 작품이 나왔다. 야생의 동물과 인간의 형태가 이 그림의 중간에 자리잡고 있다. 소년의 반쪽 얼굴은 착하고

| 그림 8.8 |

순진하게 보이며 다른 쪽에는 악의적인 모습의 삐딱한 웃음과 음흉한 눈빛을 하고 있는 다른 반쪽의 얼굴이 나타난다. 그리고 이 그림 위에 이렇게 썼다. '내가 어떻게 너를 믿고 내 딸아이를 같이 보낼 수 있지? 착해 보이기는 하지만, 찰스 맨슨도 착해 보였다고 하더라. 어떻게 정말 알 수 있지? 딸아이는 너무 늦어서야 알 수 있을 거야. 어디 어둡고 으슥한 곳에서 말이지.' 이 말들이 꿈틀거리는 작품의 가장자리를 따라 빼곡하게 물결 모양으로 스르르 움직이는 것 같은 찰흙으로 만든 뱀의 형태를 따라 쓰여 있다. 이 작품은 내담자와의 세션에서 시작하였다. 하지만 작품이 발전하면서 혼자 작업할 필요를 느꼈다. 나는 나의 두려움과 걱정을 이미 걱정에 찬 자넷을 더 걱정시키거나 부담감을 주지 않고 표현할 필요를 느꼈다.

어떤 경우에 나의 작품은 '풍족의 땅(In the Land of Plenty)' (그림 8.9)과 같이 사회적인 이슈를 다루기도 한다. 이 작품은 이 풍족한 나라에서 존재하는 가난에 관한 작품이다. 이러한 작품을 만들면서 미술치료실 밖에 존재하는 이슈들에 관한 나의 관심이나 의식을 역할 모델로서 보여 준다. 자신의 문제로 짐이 무거운 내담자에게는 이런 이슈를 다루는 것이 짐을 가중하는 것일 수 있다. 하지만 보편적으로 사회적, 문화적 문맥을 검토하고 비평하고 질문을 던지는 것은 치료에 중요한 요소이다. 때에 따라서는 치료가 사회적, 경제적 불이익을 개인의 역사나 성격에만 포커스를 맞추기 때문에 개인과 사회가 엉켜 있는 문맥에 관한 의식이 필요하다"(Lupton, 1997, p. 1).

사회적이고 문화적인 쟁점들을 치료사의 작품을 통해서 접하게 하는 것은 개인에게 치중한 치료의 편협한 관점을 넓히게 하는 방법 중의 하나일 수 있다. 이것은 개인과 정치적인 것의 상호연결성을 받아들이고 그들이 치료에서 다루고 있는 문제가 사회

| 그림 8.9 |

| 그림 8.10 |

문화적 맥락이 미치는 영향에 대하여 비판적인 태도로 보게 한다. 또한 그들이 건강과 치유를 더 넓은 시각에서 바라보게 하며, 사회와 관련된 생각과 행위들이 치료 과정의 일부분이 될 수 있게 한다.

또 어떤 경우에는 내 작품이 그 당시 겪고 있는 개인적인 이슈를 담고 있기도 한다. 이 이슈들은 '두 개의 나(Two Selves)' (그림 8.10)에서 보여 주고 있는 것처럼 관계적인 것일 수 있다. 이 작품은 차갑고 계산적인 내가 예민하고 연약한 나와 상호작용하는 것을 담고 있다. '나와 내 그림자(Me and My Shadow)' (그림 8.11)는 나의 '그림자'가 끈질기게 나의 관심을 요구하는데도 다루기를 거부하고 있는 것을 표현하고 있다. 이 두 가지의 파스텔 소묘는 그룹 세션에서 시작한 것이었지만 나중에 따로 색깔을 깊게 하는 추가 작업을 하였다. 이 각각의 경우, 내가 어떤 개인적인 이슈를 다루고 있는

| 그림 8.11 |

지 설명을 깊게 하지 않고 작품이 가지고 있는 감정적인 내용에 대해서만 잠깐 언급하였다. 이런 방식으로 내담자에게 부담을 주지 않았고 또 다른 사람들이 내가 두 가지의 상반된 것을 다루는 작품의 이미지를 '보여 주어' 그들의 그림자들을 어떻게 표현하고 다룰지에 관한 예를 보여 주었다.

또 때로는 작품의 내용이 관계적인 것일 수 있다. '새가 아는 것(What the Bird Knows)' (그림 8.12)은 치매에 걸린 나의 아버지와의 관계를 지속하고자 하는 노력을 다룬 작품이다. 처음에 이러한 내용의 그림을 그리고자 한 것은 아니었다. 처음에는 즉흥적으로 한 작업이었는데 점점 더 하다 보니 이것이 나와 아버지에 관한 초상화임을 알게 되었다. 이 작업은 그룹 미술치료 스튜디오 환경에서 각자의 개별 작품을 하고 있는 상황에서 만들어졌다. 이 작품은 애매한 부분이 많아서 물어보지 않는 이상 그 내용

| 그림 8.12 |

을 파악하기 어렵다. 내담자들은 내가 하고 있는 작품의 과정을 보면서 몇 가지 말을 하기는 했지만 이 사람들이 누구를 상징하는지 묻지는 않았다. 그들이 묻지 않았으므로 나는 말할 필요가 없었다. 우리는 이 작품을 내포하는 많은 겹겹의 의미의 가능성을 그저 내버려두었다.

'사랑에 관하여(It' s About Love)' (그림 8.13)는 보는 즉시 이게 무엇이지 몇몇 내담자에 의해서 읽히는 작품이었다. 이 작품은 Debra DeBrular를 기억하면서 만든 작품이었는데 Debra는 미술치료사이며 가까운 친구로 최근 비행기 사고로 목숨을 잃었다. 사고를 당했을 때 그녀는 더 이상 내가 일하는 병원에서 일하지 않았지만, 최근까지 일했었기 때문에 여러 환자들은 그녀를 기억했고, 우리가 가까운 친구임을 알고 있었다. 나는 이 혼합 매체 작품을 내 개인 작업실에서 시작하였다. 이 작업을 하면서 그녀의 슬픔을 슬퍼할 나만의 시간과 공간이 필요했기 때문이다. 작품이 만들어지면서 병원의 미술치료실에 가져가 내담자들과 나누는 것이 중요하다고 판단되었다. 그녀의 죽음에 대한 나의 슬픔을 나만의 것으로 숨길 수는 없었기 때문이다. 그녀를 잃은 것은 그들을 보살피는 마음으로 대했던 한 사람을 잃는 것이었고, 그녀를 잃은 슬픔은 당시 병원 전체의 감원으로 인하여 환자들이 느끼는 상실의 감정과도 공감되는 경험이었다.

| 그림 8.13 |

나는 이 작품을 미술치료 스튜디오에서 작업함으로써 창작이 깊은 슬픔과 상실을 다루는 방법으로 사용되는 것을 보여 줄 수 있었다. 또한 나는 나의 작품을 '우리의' 작품이 되게 하였고 우리는 함께 Debra뿐만 아니라 다른 상실의 슬픔을 나누었다.

나는 내 작품의 대부분이 '축제를 통한 위안의 형태' (Lippard, 1990, p. 81)를 하고 있는 것 같다고 생각한다. 견딜 수 없는 슬픔을 다루는 작품이라 할지라도(내 친구 Debra를 기리는 작품처럼) 내가 재료들을 다루는 방법에는 축제 같은 면이 있다. 깨진 타일의 조각들은 깨어진 나의 가슴을 표현하기도 하지만 동시에 그녀의 삶의 색과 그렇게 좋은 친구를 두었던 나의 행운을 표현하기도 한다. 나는 삶의 이렇게 역설적인 면들을 작품에 가져와서 슬픔 안에서도 위안을 찾는 것이 내가 역할 모델로서 할 수 있는 중요한 것이라고 생각한다. 미술치료 스튜디오는 슬픔과 힘든 고통을 나누는 곳이기도 하지만 유머와 웃음을 나눌 수 있는 곳이 되는 것이 중요하다고 생각한다. 어떤 것을 축하하는 작품을 만들어 삶의 좋은 것들을 축하하고 표현하는 것은 역할 모델을 하는 미술치료사가 해야 할 중요한 일이다. 왜냐하면 우리의 내담자들이 그들의 문제들을 다루고 나아갈 때 삶의 좋은 것들 역시 찾아가기를 원하기 때문이다.

'시장(Marketplace)' (그림 8.14)과 '발톱 매니큐어를 한 여자(Woman with Painted Toenails)' (그림 8.15)는 삶의 좋은 것들을 축하하는 작품들이다. 이 두 개의 그림은 즉흥적으로 만들어졌으며 무엇을 만드는가 하는 것을 미리 알 필요 없이 그 즉흥적인 에너지가 창작의 과정을 끌어나갔다. 이 작품의 소재가 환영하고 축하하는 것이기도 했지만, 작품을 만드는 것 자체를 축하하는 것이기도 하다. 만약 미술치료실에서 만드는 나의 모든 작품이 이렇다면 미술치료실에서 표현되고 이야기되는 많은 내담자의 경험들과 부딪칠 것이다. 하지만 표현되는 다양한 종류의 감정의 한 예로서 제시될 때, 내 안에 있는 희망을 표현하고 고통 가운데에서 그들의 희망의 수호자로서 예술이 쓰일 수 있다는 것을 보여 주는 행동이다.

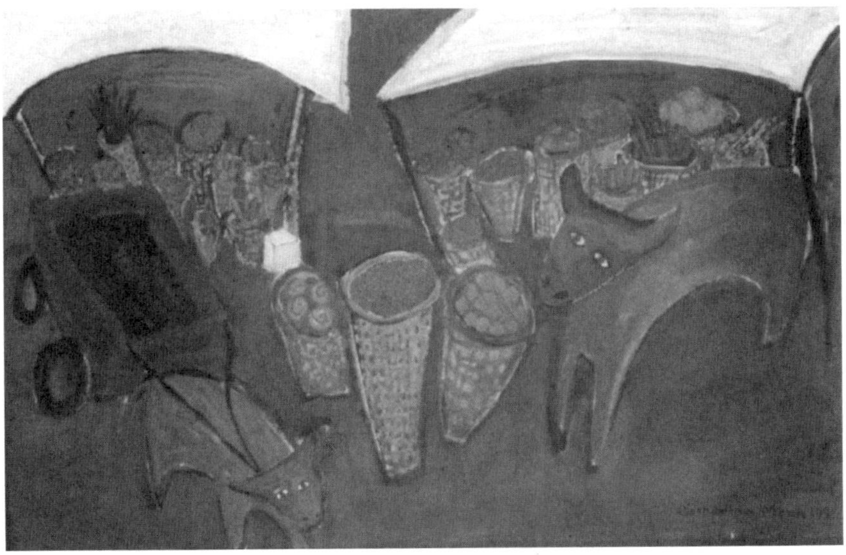

| 그림 8.14 |

| 그림 8.15 |

결론

미술치료사가 치료 세션 동안 내담자와 작품 활동을 하는 것은 스튜디오 모델의 미술치료에서 너무나 중요한 것이다. 어떤 경우에는 내담자와의 시간에서 작품을 하지 말아야 할 타당한 이유들이 있지만 세션 중에 우리 스스로 창작 작업에 임하는 것은 우리가 치료 작업에 기여하는 것 중에서 가장 중요하고 가능성이 충만한 것이기 때문에 발전시켜야 한다. 내담자와 같이 작품을 하지 않도록 하는 전통적인 입장을 비판적으로 분석하고 치료사의 작품활동과 관련한 여러 가지 요소의 정교한 이해를 바탕으로 언제 또 어떻게 치료 환경에서 치료사의 창작 활동을 내담자를 위해서 쓸 수 있을까 하는 임상적인 결정을 내릴 수 있다.

우리가 창작을 표현의 매체로 제공한다면 우리 또한 같은 예술적인 언어로 반응하고 연결하는 것이 마땅하다. 그림으로써 미술치료 스튜디오에서 미술은 단순히 대안적인 방법이 아니라 주된 표현의 방법이 된다.

09

우리가 하는 작업에 대하여 다른 사람들과 소통하기

이야기와 그림은 서로를 만든다(Goodman, as quoted in Tomson, 1997, p. 102).

내 딸이 태어났을 때 그 작은 몸이 움직이는 것을 보고 그제야 내가 얼마나 딸을 원했는지 알 수 있었다. 내가 이 말을 소리 내어 했는지 안 했는지 모르겠지만, 내 안에서 올라오는 말은 "나는 딸이 있다!"라는 말이었다. 언젠가 내 친구 뎁에게 내가 얼마나 여러 관계를 망쳤는지 고백하듯 말한 적이 있다. 그때 뎁은 그녀의 초록색 눈에 눈물이 그렁그렁한 채 이렇게 말했다. "사랑은 언제나 조금은 미친 짓 아니니?" 내 아버지의 장례식에서 신부님이 어머니 앞에 서서 슬픔에 잠긴 어머니의 이름을 연민이 가득한 목소리로 불렀던 일도 기억한다. 나는 그날 신부님의 추도 연설에서 이 부분만을 기억한다. 이것은 나의 슬픔을 정곡으로 찌르는 것이면서 동시에 위안을 주기도 한 것이다.

마리안이 검게 염색한 긴 머리로 얼굴을 가리고 아직도 빨간 상처 자국을 가지고 그룹 미술치료에 나타났을 때, 나는 그녀가 자신의 작품에 대하여 많은 이야기를 해 주기를 기대했었다. 그러나 도발적인 그림을 그리고 또 그리면서도 내게도, 다른 그룹 참여자들에게도 일체 설명이 없다. 아무리 물어도 그녀는 돌처럼 차디찬 동시에 이글

거리는 듯한 침묵을 계속할 뿐이었다. 당시의 나의 답답함을 그때의 나는 초보 미술치료사였다는 점으로 돌릴 수도 있다. 하지만 그렇다고 하더라도 왜 그때는 삶의 가장 중요한 것들은 긴 말로 설명되거나 이해되거나 소통되지 않는다는 것을 모르고 있었을까? 내 경험으로 볼 때, 눈빛이나 비명, 무엇을 움켜잡는 것, 헉 하고 숨을 멈추는 것, 중얼거리는 것, 껴안는 것, 큭큭대고 웃거나 하는 이런 것들이 삶을 가장 잘 명료하게 표현하는 것이다. 깊은 것들을 표현하는 기본적인 규칙은 한두 문장을 넘어가지 않거나 아예 말을 하지 않는 것이다. 하지만 마리안과의 관계에서는 어떻게 된 건지 이 사실을 기억하지 못하고 있었다.

지난주 나에게 슈퍼비전을 받는 미술치료사가 자신의 내담자인 청소년이 치료 시간 동안 작품은 매번 만들지만 한번도 입을 열지 않는 것에 관하여 이야기를 하였다. 지금은 그때 내가 마리안과 작업했을 때보다 훨씬 많은 경험을 갖고 있지만 그래도 이 치료사가 어려워하는 점을 동감할 수 있었다. 나는 아직도 내 내담자가 치료에 관하여 이야기를 거의 안 할 때 우리의 작업이 잘 되고 있다고 어떻게 알 수 있는지 스스로 자문할 때가 있다. 예술의 치료적 힘에 관한 나의 믿음은 여전히 흔들릴 때가 있다.

내 부족한 믿음에 관해서는 스스로를 용서하고 또 용서한다. 하지만 예술에 관한 믿음을 지탱하는 것은 어려운 일이다. 예술적 활동 자체가 가지고 있는 지혜로움을 믿는다는 것, 즉 예술을 이해하고 전달하고 소중히 다루고 또 어떨 때는 경험을 바꿀 수 있다고 믿는다는 것은 사회 전반의 견해가 예술활동을 장식적인 것으로 여기는 풍토에서 지켜나가기 어려운 믿음이다. 직선적이고 설명적인 언어를 더 가치 있게 생각하는 사회에서 예술의 표현은 낮은 위치를 점한다. 언어 사용에 있어서는 지배하는 문화의 소리나 문체, 문법, 어휘에 부합해야 하는 미묘한 압박이 존재한다. 그렇기 때문에 인종적으로, 계층적으로 민족, 성, 직업 등의 문화적인 면에서 낮은 위치에 있는 사람들의 언어는 '표준'이 아니므로 받아들여지지 않는다. 이러한 언어와 시적인 언어가 진정성 있는 자기표현이나 경험을 이야기할 가능성이 살균된 언어에 의해 뒷전으로 밀려난다.

미술치료사가 일하는 시스템과 시설은 지배적 세력을 지지하고 어떤 사람들을 무시하는 사회의 축소판이다. 그렇기 때문에 우리 또한 이러한 억압적인 시스템으로부터 자유롭지 않다. 우리는 지배 문화의 언어에 의해 주변으로 밀려나고 잘못 표현되는 내담자들에게 예술이라는 대안적인 언어를 제공한다. 또한 내담자나 동료들과 소통할 때 시적인 언어를 존중하는 방식의 소통 방법을 사용할 수 있다. 이렇게 하기 위해서는 강력한 지배 문화의 언어 사용 습관의 압박을 이겨내고 미술과 미술치료사에게 내재한 언어 사용에 보다 더 익숙해지고 명료해지지 않으면 안 된다.

미술치료에 맞는 언어를 사용하는 것은 지배 문화의 여러 층위에 도전하는 행위이며, 이것은 몇 가지 특징을 기초로 한다. 첫째로 미술치료를 한다는 것은 예술로 하는 무언의 소통방법에 관한 깊은 존중과 믿음에 기초해야 한다. 이것이 당연한 소리처럼 들릴 수 있겠지만, 미술적 언어를 말로 '통역' 하라는 압박이 많이 있으며 그런 통역을 했을 때 미묘하게 보상을 받는 것을 많이 본다. 미술치료 역사의 초기 단계부터 의학 커뮤니티에서 언어를 훨씬 중요시하는 것은 우리가 이미 알고 있었던 것이며(Ulman, 1966), 아직까지도 감당해 나가야 할 부분이다. 말은 언제나 미술치료의 한 요소가 될 것이나 "당신 스스로와 타인과 소통하는 열린 문으로서 무언의 언어이며 상징적이고 꼭 말로 옮겨질 필요 없는 소통의 방식이 있다"(Koodrin, Caulfield, & McGarr의 책에 언급된 Kramer의 말, 1994, p. 181)는 것을 계속 기억할 필요가 있다. 미술치료에 적합한 언어로 더 잘 소통하고자 한다면 내담자와 그들이 만든 작품과 더 예술적인 언어로 연결할 수 있는 기술을 발달시켜야 한다.

둘째로, 미술치료만의 고유의 언어를 주장하고 명료화하는 작업은 먼저 미술치료의 전문 분야에서 우리가 언어를 어떻게 사용하는가를 돌아보는 것을 필요로 한다. 우리는 내담자와 이야기할 때 주로 말로 소통한다. 임상기록을 쓸 때나 미술치료 세션에서 일어난 일을 동료들과 나눌 때, 우리가 하는 일을 관심 있어 하는 사람을 만나거나, 강의나 워크숍에서 미술치료에 대해 논의할 때도 말에 의존한다. 이 각각의 예에서 우리는 지배적인 언어의 습성을 얼마나 따라가며, 우리가 하는 미학적이고 관계적인 작업의 형태에 걸맞은 언어를 구사할지 선택한다. 만약 스스로를 명명하고 정의하는 것이 정치적인 행위라면(Becker, 1996; Aldridge, 1993), 지배적 언어를 완전히 따라가는 것은 우리의 정체성을 부인하는 행위일 수 있다.

다중언어 사용하기

미술치료의 고유한 소통 방법을 사용할 줄 하는 능력은 다중언어(multilingual)를 어느 정도는 사용하는 것을 요구한다. 언어적 소통과 비언어적 소통을 잘 하는 것에 추가로, 모순적인 용어들이나 가치 체계의 다른 '언어들' 로 말하고 들을 수 있어야 한다. 진실의 말과 허구의 이야기 사이에서, 예술적인 언어와 치료적인 언어 사이에서, 보편적인 것과 문화적인 것과 개인적인 것 사이에서 왔다갔다하는 우리의 작업은 때로는 어렵고 때로는 흥미진진하며, 이것은 언제나 우리를 도전하게 한다.

진실과 허구

말에 관한 잘못된 믿음 중의 하나는 말이 구체적이고 확고한 의미를 전달한다는 것이다. 실제로 미술과 말은 둘 다 상징 시스템으로 시간의 흐름에 따라서 의미가 바뀌고 누가 어떻게 사용하는가에 따라서 상대적으로 변한다. 이미지와 단어들은 다양하고 풍부한 경험들을 나누는 사회적 도구이며 우리가 생각하고 느끼고 행동하는 것에 영향을 미친다. 단어들의 세계에서 '진실' 은 제한적이고 한계적이다. 우리가 무엇을 말할 때, 진실을 말하거나 거짓말을 하고 있다고 생각하게 된다. 그렇지 않은 경우는 시적인 언어를 구사할 때이거나 창조적인 글쓰기를 하고 있을 때 등이다. 예술의 경우에는 상징적인 방법으로 진실을 구현할 방법이 훨씬 넓게 존재한다. 진실이 흘러가는 아이디어, 모호한 기억들, 미묘한 감각들, 짧은 경험들, 생각들, 일상들, 반복되는 것들, 환상, 꾸며낸 이야기를 넘나들며 존재할 수 있다.

미술치료사로서 우리는 사실에 기반한 진실을 찾는 말의 영역에서 활동할 필요가 있다. 예를 들어, 자살 성향이 있는 성인 남자 내담자에게 자살할 구체적인 계획이 있는지, 다음에 만날 때까지 그 사람이 안전하게 살아 있을 수 있는 방법이 있는지 등을 구체적인 언어로 말할 필요가 있다. 하지만 이와 동시에 시적인 언어의 영역에서 그와 연결할 수 있으며, 그의 표현에서 겉으로는 거짓이라고 보이지만 안에 있는 진실을 찾을 수 있다. 그가 그린 빈 들판에 서 있는 묘비를 보고 그 이미지가 가지고 있는 진실과 거짓 사이를 왔다갔다할 수 있다. 이 이미지는 그의 자살의도에 대해서 말해 줄 수 있지만 그의 가족들이 죽어서 묻힌 고향인 러시아를 그린 것이라면, 그의 이미지를 통해서 말하고자 하는 다른 층위의 진실을 읽을 수 있다. 이러한 진실들은 어쩌면 죽음을 기다리는 자세일 수도 있고, 그의 지난 과거에 대한 향수일 수도 있고, 고향에 두고 온 이들과 다시 연결되고 싶은 바람일 수도 있다.

만약 그가 뉴욕에서 태어나고 자랐다면, 이 이야기의 진실이 바뀌는 것일까? 논리적인 설명으로 돌아가 사실에 입각한 정보가 무엇인지 찾거나, 그가 거짓말하고 있다고 혹은 혼동이나 정신착란을 일으키고 있다고 판단할 수 있다. 하지만 또 한편으로는 그의 이미지가 가지고 있는 다른 영역의 진리를 볼 수 있으며, 이 진리는 그의 이미지와 말들이 가지고 있는 은유적인 표현으로 나타나는 미묘한 진실들일 수 있다. "상상력이 없는 세상의 개념을 완곡 어법으로 '현실' 이라고 부른다. 하지만 시인인 Wallace Stevens가 말한 '상상력이 없는 것은 상상할 수가 없다' 라는 역설을 해결할 방법은 그 안에 들어가는 수밖에 없다"(Sexson, 1992, p. 69). 예술은 이러한 역설에 들어가는 방법을 제시하며, 상상력은 현실을 보게 하고, 허구는 진실을 보게 한다.

예술적인 언어와 치료의 언어

미술치료의 경험을 명료하고 진정성 있게 표현하는 언어를 찾는 동시에 의학적이고 진단적이고 행정적이고 임상적인 언어로 말할 수도 있어야 한다. 일반적으로 사용되는 공동의 언어는 Ulman(1962)이 명명한 '치료언어(therapse)' 이다. 이것은 가짜 과학과 가짜 지식과 가짜 우아함의 포장 뒤에 생각이 없음을 은폐하는 언어이다(p. 77). 예술과 연관된 전문 용어는 미술치료사를 제외한 모든 스태프들에게 낯선 외래어이다. 거의 모든 미술치료사는 심리치료와 미술의 언어 두 가지를 다 사용하는 이중언어 사용자이지만, 우리가 일하는 환경에서 예술에 관하여 논의할 수 있는 장은 거의 없다(Semekoski, 1998). 소수자의 입장에 놓여 있는 것 역시 미술치료사에게는 짐이 된다. 다수의 입장에 있는 치료방법과 동등한 효과가 있음을 증명하기 위해서 표준으로 받아들여지는 언어도 구사할 수 있어야 한다. 이와 동시에, 전문적인 정체성과 진실성을 갖기 위해서는 미술치료사인 우리의 일의 성격과 활동에 근거하는 언어를 써야만 한다. 그리하여 우리에게 주어진 숙제는 "한편에서는 과학의 언어를 사용하고, 또 다른 한편에서는 세계를 시인의 눈으로 재해석하는 언어를 사용하는 것 그리고 이 둘을 합하는 것이다"(Lachman-Chapin, 1983b, p. 49).

우리가 지배적인 치료 문화의 언어와 우리의 진정성을 말하는 것 사이의 균형을 찾으려고 하는 노력은 주로 지배적인 문화 쪽으로 기울곤 한다. Buchard(1998)는 인접 분야의 전문가들과 소통하기 위해서 정신병리학 분야의 언어를 사용해야 한다는 생각은 정신건강 분야에서 더 힘을 가지고 있는 세력과 우리 스스로를 결부시키려는 노력은 아닌지 질문한다. "만약 우리가 미술치료 자체에서 나온 언어를 쓰기 시작한다면 어떻게 될까? 만약 우리가 '상상력 장애' 라든지 '막힌 창조적 의지' 등의 진단을 하기 시작한다면 어떻게 될까?"(p. 161) 또 다른 관점은 회복의 패러다임에서 나오는 것으로, 질병에 초점을 둔 의학적인 모델에서 벗어나 인간의 가능성과 질병의 결과에 대해 논하는 관점이다(Spaniol, 2000). 이 관점에서 볼 때, 미술치료에서 시각적 언어의 발전은 전문가인 내담자와 협력자의 관계에 들어감으로써 가능하다. 이 협력의 노력은 미술치료 언어가 내담자에게도 진실성 있게 들리기 위해 필요하며, 이것은 자칫 더 힘센 세력(미술치료사)이 힘이 약한 사람(내담자)에게 언어를 부여하는 것을 막을 수 있다.

미술치료사와 미술치료 내담자의 경험에 부합하는 언어를 발달시키는 것은 노력의 합심을 필요로 한다. 이것은 미술치료보다 더 큰 전문적인 커뮤니티가 긍정하고 수용하는 경계를 넘어서는 것을 포함한다. 불편하게 느끼거나 바보 같다고 느끼는 것을 감수하는 것이 우리만의 고유의 언어를 찾는 과정에서 필요하다(C. Moon, 1988, 1997a). 동료들에게 임상적인 내용을 말과 함께 제스처, 단어, 그림, 시와 이미지로 발표하려면 용기가 필요할 것이다. 또 어떤 경우에는 미술을 병리적으로 해석하고 미술치료와 미술치료 내담자를 도외시하는 태도로 대하는 다른 전문가들과 소통하는 방식으로 요령 있고 부드러운 대립이 필요할 수도 있다. 때로는 표현의 자유를 위해, 명료함과 정확성을 포기하지 않기 위해 참을성과 끈질김을 필요로 할 것이다. 우리가 하는 일의 관계적이고 미학적인 바탕을 반영하는 언어는 아마 당분간은 만들어지는 과정에 있을 것이다.

말과 재연

보통 미술치료는 내담자가 작품을 만들고 치료사와 내담자가 만든 작품을 두고 이야기를 나누는 형식으로 진행되곤 한다. 우리는 "말로써 표현되지 않는 것을 표현하기 위해 미술을 사용"(Goodman et al., 1998, p. 39)하는 데도 작품의 의미를 알기 위해서 말을 자주 사용한다. 이러한 방식으로 치료 세션을 운영하는 것은 내담자가 전문가라는 것을 존중하고 그들의 의견을 잘 듣는다면 도움이 되거나 의미가 있을 수 있다. 하지만 작품에 연결하는 방법으로 말로 의논하는 것이 전부라면, 미술치료의 가능성은 많이 축소된다. 아이들과 작업을 할 때, 그들이 자신들의 경험을 이야기할 언어가 없을 수도 있을 뿐 아니라, 어려운 상황을 다루기 위해서 상상력을 방어기제로 사용할 수 있는데 이 방어기제를 무너뜨리는 방법의 소통은 전혀 도움이 안 될 수 있다(Klorer, 2000). 이렇게 미술치료가 지속된다면, 창작작업이 '내담자가 당면해 있는 문제에 대한 해결책을 찾기 위한 방도' 정도로 축소될 위험을 가지고 있다(Allen, 1992, p. 22). 미술을 단순히 조사해 보아야 하는 증거로 본다면 중요한 경험, 예를 들어 변화의 상징, 중요한 것을 만드는 과정, 구현의 기쁨, 개인적으로 의미 있는 것을 만드는 것 등을 구현할 수 있는 이 모든 가능성이 축소된다.

Cohen Cox(1995)는 작품의 의미를 파악하려 할 때 작품의 과정, 구조, 내용을 다 보아야 한다고 말했다. 과정은 작품을 만드는 과정과 작품에 대하여 말하는 과정을 다 포함하며, 구조는 작품의 스타일을 형성하는 다양한 방법으로 시각적인 구조를 만드는 것을 가리키며, 내용적인 면은 주제와 관련된 이야기를 말한다. 추상적인 작품일 경우 구조적인 논의는 요소들이 역동적인 관계를 어떻게 이루고 있는가를 중심으로 한다. 과정과 구조와 내용적인 면이 미술치료에서 만들어진 작품의 요소라고 흔히 생각하지만, 과정보다 완성작의 내용적인 면에만 치중하는 경향이 있다. 미술치료가 완성물보다 창작 작업을 더 중요하게 생각하는 풍토에서 이 점은 아이러니하다(Spaniol, 1998). 우리가 작품과 연결할 때 가장 잘 쓰는 방법, 즉 작품에 대하여 말하는 것은 작품을 창작 과정보다 완성품으로 대하는 경향을 나타낸다. 미술치료사인 우리에게 과정적인 예술작품, 즉 역동적인 움직임에 관한 이해와 실험과 작품에 관한 관계적인 이해를 포함하는 것은 중요하고, 이 점이 우리가 하는 작업을 미술교육과 미술계에서 구분 짓는 것이다. 그럼에도 불구하고 내담자가 자신이 만든 작품을 이해하는 데 도움을 줄 때 미술이 움직임이 가득한 언어임을 잊곤 한다. 우리는 너무나 쉽게 말로 후퇴하여, 미술 그 자체의 언어로 작품과 관계 맺을 기회를 놓치곤 한다.

언어적으로 작품을 논하는 것에만 치중한다면 미술치료사들이 가지고 있는 우리만의 능력을 제대로 사용하지 못한다. 내담자의 미술작품 앞에서 그 고유의 언어인, 미적이고 섬세한 예술적인 방법으로 반응할 수 있는 것을 무시한 채 내담자의 이미지에 연결하는 방법으로 언어에만 의지한다면, 내담자 역시 자기 작품과 그렇게만 연결하는 법을 배운다. 그룹의 경우, 말로 하는 토의는 아주 쉽게 꼬리표를 붙이거나 해석하거나 판단하거나 조언을 주는 것이 될 가능성을 많이 가지고 있다. 그 이유는 작품을 경험하는 것과 작품을 이야기하는 것이 아주 멀리 떨어져 있는 현상이기 때문이다. Aldridge, Brandt, & Wohler(1990)는 창작 예술 치료 분야의 공통된 언어의 필요성을 이야기하면서, 예술 작업의 '문법'은 동사에 기초한 것이라고 하였다. 심리학이나 다른 언어에 기반한 치료 언어는 "우리가 하는 활동과 몇 단계는 떨어져 있는 것이다"(p. 193). 설명적인 언어로 미술치료 세션에 관하여 논의할 때, 예술 고유의 행위적인 면과 지금 이 순간에 벌어지는 경험의 특징을 포기하게 된다.

미술 자체의 언어로 반응하는 예로 시적인 감수성으로 이야기하거나 재연하는 방법을 들 수 있다. 재연(enactments)은 예술적인 행위를 의도적으로 사용하는 것이다. 예술적 재연은 내담자의 작품에 대한 반응으로 시각예술 작품을 만드는 것뿐만 아니라 움직임, 드라마, 춤, 음악, 소리, 시, 이야기를 쓰는 것을 포함한다. 행위 중심의 소통을 글로써 반응하는 것은 다소 아이러니가 있다. 내담자의 작품에 반응하여 글을 쓰는 것보다 재연을 하는 것이 훨씬 쉽고 더 효과적인 방법일 것이다. 치료의 맥락에서 재연을 다루는 일의 어려움을 가중시키는 것은 어떻게 하라는 요리법 같은 처방이 없다는 점이다. 내담자와 그의 작품에 가장 울림이 있는 예술적인 방법으로 반응하려는 노력은 그 내담자와 작품과 상황 요인들이 지금 여기에서 나타나고 있는 것과 관련 있기 때문이다.

요리법 같은 처방은 없지만, 다음에 보여 주는 사례들과 예를 통해서 앞으로의 논의를 확장시키고자 하며, 예술 고유의 행위 중심 언어로 풀어 보는 시도들을 제시하고자 한다. 이러한 예시를 읽고 내담자와 그들의 작품과 어떻게 관계 맺을지 다른 생각들을 고무시키기를 바란다. 기본적으로 미적인 반응은 촉각, 청각, 미각, 후각, 움직임, 소리 만들기, 시각적 표현, 드라마, 시적인 언어 등 우리의 감각적이고 표현적인 능력을 사용하는 것이다. 다음에 제시하는 예들은 간단한 것인데, 그 이유는 간단한 반응이 가장 효과적일 수 있기 때문이다. 이 목록이 전부라는 생각 대신 열려 있는 가능성에 대한 생각을 키워주기를 바란다. 미술치료사가 오페라를 부르거나 셰익스피어를 읊거나 린디 합(Lindy Hop, 스윙댄스의 한 종류)을 추거나 마르셀 마르소처럼 마임 연기를 할 수 있다면, 이런 기교들은 가끔씩은 유용하게 쓰이겠으나 대체적으로 필요한 게 아니고 때로는 반생산적이고 내담자가 주눅이 들게 하는 효과를 가져올 수도 있다. 작품에 대한 친절한 반응에 필요한 통찰력과 표현력은 치료사와 내담자 그리고 모두에게 원래 있는 능력이다.

1. 달시는 자신이 방 구석에 있는 의자에 앉아서 몸을 동그랗게 말고 있는 모습을 그렸다. 이것은 자신이 그리고자 하는 의도를 잘 표현하고자 하는 것이 아니며 "맞지 않게 보인다"며 짜증을 낸다. 나는 그 그림대로 방 구석에 의자를 가져다 놓고 그림 속 사람처럼 몸을 말았다. 달시에게 나처럼 해 보라고 초대를 한다. 이 자세의 어떤 점이 맞는지 안 맞는지 몸으로 느껴보자고 한다. 신음과 한숨, 다른 자연적인 소리들이 우리가 만들고 있는 그림의 배경 음악을 만든다.
2. 내 친구 데보라 드브루라는 가끔 자신이 이끄는 십대 소녀들의 미술치료 그룹에서 빵을 굽는다. 빵을 굽는 냄새, 따끈따끈한 빵의 온도, 큰 덩어리를 쪼개는 모습, 오븐에서 갓 구워져 나온 빵을 입에 넣을 때의 맛이 그 소녀들이 가지고 있는 내적인 허기와 부서져 있는 상태와 서로를 보살피는 것과 자신을 변화시키는 주제들을 다루는 감각적인 경험을 만든다. 경험을 통해서, 미술치료에서 그들이 다루는 주제들이 빵과 연관된 은유들을 통해서 더 깊어진다.
3. 나로부터 슈퍼비전을 받고 있던 미술치료 학생이 발달장애가 있는 어른들의 그룹 미술치료를 진행하고 있다. 그들은 작품을 만드는 것에는 잘 참여했지만, 이미지들에 관하여 이야기를 나누고자 하는 노력은 늘 수포로 돌아갔다. 그러다가 어느 날 새로운 것을 해보기로 결심했다. 하루는 내담자들이 자신의 작품을 다 만들고 난 후, 그들을 자신이 만든 그림이 살아 움직이는 것을 조정하는 감독이 되게 했다. 감독들은 다른 구성원들이 자신의 그림에 나타나는 요소들이 되도록 (예컨대 소년, 개, 태양, 호수, 물고기, 바람, 풀 등의) 역할을 부여했다. 각각의 배우는 어디서 무엇을 하고 있을지 지시를 받았으며, 언제 움직이고 어떤 소리를 낼지도 감독의 연출에 따랐다. 이러한 방법으로 이미지들이 살아 움직였고, 내담자들은 서로서로와 그리고 그들 작품과 관계가 더 깊어졌다.
4. 메리우드 대학교에서 열린 미술치료사이자 저자인 Pat Allen이 이끄는 워크숍

에 참여한 적이 있다. 그녀는 '증인으로 글쓰기' 라는 방법으로 이미지와 연결하는 방법을 가르쳤다. 작품을 만들기 전과 완성한 후, 꽤 많은 시간을 작품의 증인으로서 반응하는 글쓰기 작업에 할애하였다. 어떤 사람들은 작품에 관해 썼고, 어떤 이들은 작품의 관점에 대해, 또 다른 사람은 자신들과 작품들 사이의 대화를 옮겼다. 우리가 증인으로 쓴 글은 서로에게 소리내어 읽어주어도 좋고 안 읽어도 좋았다. 전체적으로는 서로의 그림에 관하여 아무런 피드백을 주지 않은 채 비판과 비평과 칭찬이 없는 환경을 만들었다.

5. 나는 청소년 그룹과 벽화 작업을 하고 있다. 그중 한 소년은 힘이 넘친다. 그러다 보니 장시간 주의 집중을 하고 있기가 어렵다. 그는 다른 소년들의 주의 집중도 방해한다. 가끔씩 그가 가지고 있는 넘치는 기운을 발산하려고 방 안에 있는 물건들을 북처럼 이용한다. 필요에 의해 한계설정(limit-setting)을 하고 지금 만들고 있는 그림에 주의를 돌리게 돕고자 한다. 하지만 나는 그의 드럼소리가 그의 예술적 표현의 한 가지 측면임을 안다. 그래서 나는 세션이 끝날 무렵, 그에게 숙제를 준다. 다른 청소년들을 이끌어서 방 안에 있는 물건들을 찾아서 드러밍 시간을 갖게 한 것이다. 이 소년의 행위에 다른 맥락을 부여함으로써 그는 그룹 안에 공동체 의식을 만드는 데 참여하였고 그의 행동은 긍정적으로 지지 받을 수 있었다.
6. 클라라가 미술치료 세션에 무언가를 흥얼거리면서 들어온다. 그룹 성원들은 편안하게 수다를 떨고 있다. 폴이 클라라에게 지금 흥얼거리는 노래가 무엇인지 묻는다. 그녀는 곡명은 모르지만 뼈 위에서 노래 부르는 것(Singing over the bones)에 관한 노래라고 대답했다. 간단한 그룹 토론이 있은 후, 구성원들은 오늘의 주제를 '뼈 위에서' 로 정한다. 주제가 정해지고 나자 작품을 만드는 데 여념이 없다. 어떤 사람은 작은 못을 나무에 못질하고, 어떤 사람은 단추와 조개 껍데기를 채운 골판지 튜브에 끈을 감고 또 감는다. 몇 명은 그림을 그린다. 한 명은 상자 안에 벨벳 원단을 붙이고 있다. 아무도 이야기하는 사람이 없다. 다들 작

업이 끝나자, 우리는 다시 원으로 둘러앉는다. 그러자 그룹의 분위기가 달라졌다. 마치 장례식에 관한 언급이 그들을 보다 엄숙하고 사색적인 분위기로 바꿔놓은 듯 그룹 분위기는 훨씬 차분해졌다. 자신의 그림에 관하여 이야기하고 싶다면 나누자고 말했지만 다들 침묵했다. 뭔가를 해야겠는데 뭘 할지 모르겠다. 그래서 나는 그룹 성원들에게 이 작품들이 필요로 하는 것이 무엇일까 물었다. 폴이 그의 거친 목소리로 "제대로 된 장례식이요"라고 말한다. "흠" 하고 대답한 후, 천을 안에 댄 상자를 꺼냈다. 다른 구성원들도 자신의 작업을 쉬게 할 어떤 것을 찾고 있다. 이 작업이 끝나자, 우리가 찾은 것을 동그랗게 모아놓았다. 이렇게 했는데도 불구하고 뭔가가 더 빠진 것 같다는 느낌이 든다. 우리의 주제에 대해서 한번 더 생각해 보고 나서야 뭐가 빠졌는지 알 것 같다. 노래하는 목소리에 별로 자신은 없지만, 나는 허밍을 하기 시작한다. 조금 시간이 지나자 다른 사람 목소리가 나의 소리에 더해지고, 또 시간이 지나자 우리가 쉬게 한 뼈 위로 같이 합창을 하고 있다.

7. 타냐는 미술치료를 받고 있는 외래환자이다. 그녀는 지난 6번의 만남을 통해서 만들어 왔던 그림을 완성하고 있다. 살짝 열려 있는 문과 그 열린 문 틈 사이로 나오는 빛의 그림이다. 그림의 결과에 대해서 만족하지만 이 그림의 의미에 관하여 이해하지 못하는 것이 답답하다고 말했다. 그 작품에 제목을 주자고 말했다. 잠깐 생각하더니 '희망이 틈새로 나오다' 라고 말했다. 그 주제를 가지고 '옛날 옛날 먼 옛날에' 로 시작하는 이야기를 만드는 게 어떤가 하고 물었다.
8. 오늘 여성 그룹에서 '예민한 부분' 에 중점을 두기로 정하였다. 살면서 트라우마를 경험한 이들은 아직은 덜 아물어서 만지기 고통스러운 이미지를 만들었다. 그 작품들을 보면서 마치 이 방 전체에 상처들로 가득한 것 같다고 말했다. 그들은 고개를 끄덕이며 내 말에 동의해 준다. 한 여성이 말하기를, "이건 보기 힘드네요. 이렇게나 많은 고통에 대해서 들을 준비가 되었는지 모르겠어요"라고 말한다. 다른 그룹 멤버들 또한 고개를 끄덕거린다. 그들이 이 많은 상처들을 어떻

게 할지 묻는 듯 나를 쳐다본다. 어린 시절, 유리조각을 밟았을 때가 생각난다. 그때 병원에서 상처를 꿰맸으나, 며칠 후 곪아서 다시 병원에 가서 상처를 열고 깨끗하게 소독하고 다시 봉합해야 했었다. 그때 꿰맨 것은 잘 기억나지 않지만 상처를 다시 열 때 얼마나 아팠는지는 생생하게 기억한다고 말했다. 그러자 그들도 어렸을 때 다쳤던 이야기며, 상처를 꿰매거나 뼈가 부러진 이야기 등을 내놓았다. 그들의 이야기를 듣다가 내가 말을 연다.

"우리 여자들은 상처에 대해서 참 많이 알아요, 안 그래요?" 그들이 일제히 고개를 끄덕거린다. 내가 다시 입을 연다. "하지만 이것은 우리가 상처를 어떻게 다룰지 잘 알고 있다는 말이기도 하죠. 안 그래요?" 그들은 서로를 빙 돌아보더니 "맞아요. 그렇죠!"라고 동조한다. "그렇다면" 내가 이어서 말한다 "그 지식을 지금 사용해 봅시다. 이 방 안에 있는 상처를 다루는 어떤 것을 만들어 봅시다"라고 말하며 방 안의 작품을 한아름 안는 시늉을 한다. 그러자 한 여성이 말한다. "무슨 말씀이세요? 우리가 사용할 뭘 만들라고요? 이해가 안가요." 나는 일어서서 방 안을 휘 둘러본다. 물감 통을 집어 들고, 천 조각을 들고, 구슬 상자를 흔들어 본다. "잘 모르겠지만…… 아마 우리가 찾을 수 있을 거예요. 우리 여자들은 뭐가 없어도 방법을 잘 찾잖아요." 하고 살짝 웃어준다. 한 여자가 벌떡 일어나더니 벽에 매달려 있는 구급약통 쪽으로 간다. 장난기 있는 웃음을 지어 보이며, "여기 있는 거 사용해도 돼요?"라고 묻는다. "그럼요! 왜 안 되겠어요?" 갑자기 이 방 안이 살아 있는 듯 느껴진다. 이들은 더 이상 상처 때문에 약하고 뒤로 물러나 있는 것처럼 느껴지지 않는다. 대신 자신의 상처를 치유할 무엇을 찾는 동안 힘에 차 있다.

9. 나는 병원에 입원한 성인 환자들을 대상으로 미술치료 그룹을 하고 있다. 방 안이 덥고 답답하게 느껴진다. 오늘 기분이 어떤가 하는 질문에 사람들은 어깨를 들썩거리거나 한숨을 쉬거나 외마디로 답을 자른다. 서로를 쳐다보지도 않고 말하지도 않는다. 공통의 주제를 찾을 아이디어도 없는 듯하다. 한 명이 딱히 감

흥을 받아서라기보다 조용함을 견딜 수 없어서 오늘 기분이 어떤지를 그리자고 제안한다. 딱히 마땅한 다른 아이디어가 없어서 그렇게 하기로 한다. 환자들은 피곤한 듯이 몸을 움직이며 그림들을 대충 그린다. 자신들이 만든 그림에 대해 이야기해 보자고 하니 그저 '우울함', '희망 없음', '가치 없음', '무감각' 등의 짤막한 단답형 위주이다. 육감으로 뭔가를 해야 함을 안다.

일어나 선반에서 가위가 든 상자를 꺼낸다. 조금 움직였을 뿐인데 기분이 좀 낫다. 가위를 사람들에게 돌리면서 콜라주 기법에 대하여 이야기한다. 괜찮다면 자신의 이미지를 잘라서 그룹 콜라주에 쓰자고 한다. 만약 자신의 이미지를 자르기 싫다면 잡지에서 이미지를 오려도 된다는 선택권을 준다. 그들은 다 자신의 이미지를 자른다. 아마도 그냥 그렇게 하는 게 쉬워서 그런 것 같다. 나는 큰 재생지를 가지고 와서 몇 명에게 벽에 테이프로 부착하게 도와달라고 한다. 일단 벽에 붙여지자 자신이 자른 이미지를 큰 종이의 어딘가에 붙인다. 예상한 대로 이미지들은 모이지 않고 큰 공간 여기저기에 퍼져 있다. "우리 뒤로 가서 같이 보죠"라고 말한 뒤 "뭐가 또 필요할까요?" 하고 묻는다. 그룹에 있는 한 남성이 눈을 굴리면서 이렇게 말한다. "많이 필요하네요." "예를 들어서 어떤 것이요?" 그 남자가 말한다. "한두 살배기가 아무렇게나 그림을 여기저기 발라놓은 같잖아요." 그리고는 방안을 둘러보면서 "내가 누구를 기분 나쁘게 한다면 미안해요. 하지만 이건 완전히 바보 같군요"라고 말한다. 사람들이 킥킥거리고 웃거나 미소를 지으며 다들 같은 의견이라는 것을 알린다.

"하지만 당신은 여기 이미 있는 것을 이야기하고 있어요. 그러니까 당신이 말하는 것은 여기 있는 것이 두 살배기가 만든 것 같다는 거죠. 그렇다면 이 그림이 무엇을 필요로 하나요? 여기 없는 것이 뭐가 있나요?" 그렇게 말하고 방 안을 휙 둘러본다. 한 여성이 주저하며 말한다. "더 많은 색이요?" 또 누군가는 배경이 필요하다고 한다. 내가 "여기 있습니다"라며 선반에서 유성 파스텔과 물감과 잡지와 가위를 내려서 앞에 둔다. "이 그림에 색과 배경을 줍시다." 작품은 아주 천천히 만들어졌고 처음에는 주저하다가 움직임이 더 많아지면서 서로의 순서를 기다리기도 하고 부딪히기도 한다. 그렇게 만든 작품은 시각적으로 아름답다고 말할 수 없고, 자신들이 얼마나 미술 능력이 없는지 장난스레 말하기도 하지만, 그래도 이것은 그들이 연결되고 서로를 건드리고 나눈 맥락의 이미지이다.

10. 마리아는 자신이 집에서 만든 작품을 개인 미술치료 세션에 가져왔다. 이 그림을 나에게 내밀면서 "여기 있어요. 난 이것에 대해서 말 못해요"라고 간단히 말한다. "하지만 당신이 이것을 들어주길 원해요. 이것을 너무나 오랫동안 가지고 있었어요." 이 말을 하는 그녀의 눈은 절망적으로 보인다. 순간적으로 어디에 딱, 하고 걸린 것 같다. 내가 이 작품에 대해서 질문을 하기를 원하는 것일까? 아니면 그녀가 한 말을 존중하고 가만히 있기를 바라는 것인가? 그녀가 한 말을 다시 생각해 본다. 이것에 대하여 말할 수는 없지만 내가 들어주기를 바란다. 잠시 생각한 후에 이 그림에 소리를 주면 어떠냐고 제안하였다. 소리를 만들어내거나 소리 나는 물건을 찾아도 좋다고 말한다. 그 그림을 들을 수 있게 말이다. 만들고 싶은 소리가 있는데 도움이 필요하면 보조역할로 도와주겠다는 말도 덧붙인다.

처음에는 조심스럽게 시작하더니 점점 더 편하고 자유롭게 소리를 만든다. 한 가지 소리를 내는 대신 여러 소리가 합창이 되어 그림의 이야기를 대신 한다. 다른 소리들과 실험을 하면서 내가 무엇을 할지 알게 된다. 소리를 언제 크게 내고 언제 작게 낼지, 언제 빠르고 느리게 할지, 어떤 소리가 먼저 나오고 어떤 소리가 따라 나올지 안다. 결국, 우리는 그 곡을 같이 연주한다. 이것은 아주 간단하고 거칠지만 아주 아름답기도 하다. 나는 그 소리가 말하는 이야기가 정확히 뭔지 모른다. 하지만 그 이야기를 "들었다." 세션이 마칠 때가 다가오자 그녀는 훨씬 편안해 보였다. 나에게 미소를 보이면서 드디어 자신의 이야기를 누구한테 할 수 있어서 마음이 시원하다고 말했다.

보편성, 문화적 맥락, 개인적인 표현

예술은 보통 보편적인 언어라고 불린다. 좋은 의도로 그렇게 불리지만 이것은 마치 예술적인 언어가 문화의 경계를 자유롭게 넘어 소통할 수 있는 것처럼 들린다. Cattaneo (1994)는 이런 말을 조심하라고 경고하면서 '보편적'이라고 부르는 것이 자칫 주류 문화를 표현하는 것일 수 있으니 비판적으로 볼 필요가 있다고 한다. 미술의 보편성에 관한 생각은 색과 기호와 이미지의 문화 특수적인 의미들의 차이를 무시하고 비슷하다는 이유로 차이를 왜곡되거나 오해되거나 잘못 제시될 가능성이 있다 (Pinderhughs, 1989). Lippard(1990)는 자신과 자신의 문화적 정체성이 드러나는 행위가 지지를 못 받는다면, 그 문화적인 특수성이나 차이가 무시되거나 무관심의 대상이 될 수 있다고 말하였다. 또한 "'예술은 스스로를 위해 말을 한다'는 잘못된 생각 때문에 다양한 인종의 예술가가 침묵 당했으며 그들 작품(그래서 또한 그들)의 문화적 맥락이 희석되어 왔다"(p. 8). 우리는 미술치료사로서 내담자의 작품을 잘못 이해하거나 그들의 문화적 맥락을 무시하지 않기 위해 미술의 다문화적인 언어에 관한 지식과 의식과 섬세함을 키울 의무가 있다. 주변인으로 몰린 경험이 있는 내담자들에게 대안적인 언어를 주고자 한다면 언어의 다른 '언어학'이 인정되고 존중되어야 한다.

이와 동시에 미술이 보편적인 언어라는 것에는 진실의 알맹이가 있는 듯하다. 다양성을 존중하고 차이를 인정하는 것이 어떠한 공통분모와 연결되었다는 느낌을 거부해야 한다는 뜻은 아니다. 미술이 공통적으로 가지고 있는 의미는 주어진 스타일이나 형태나 기호의 공통된 이해 때문이라기보다는 다른 방법으로는 표현하지 못하는 것을 미술이라는 형태로 표현하는 인간의 성향이 공통적이기 때문이라고 생각된다. 어쩌면 보편성은 행위의 결과물에서 찾을 수 있는 것이 아니라, 행위 자체에 있는 건지도 모르겠다(Dissanayake, 1988, 1992). 미술이 보편적인 언어라면 이것은 기본이 되는 언어의 기초가 보편적인 것으로, 여기에는 아주 다양한 사투리와 문맥적인 뉘앙스의 다른 점들이 있다. 이상적인 것은 아니지만 각기 다른 언어를 구사하는 사람들이 모인 미술치료 그룹을 상상해 볼 수도 있다. 미술은 공통된 의미에 관한 공통분모를 제시하기 때문이다. 이것이 의미를 전달하고자 하는 인간의 나약한 노력이라 하더라도 말이다. 미술이 어떻게 우리를 연결시키는지 딱히 말할 수 없다고 하더라도, 우리는 미술이 어디에나 편재해 있고 영향력이 있다는 점에는 동의하는 것 같다.

우리가 미술 언어의 다양한 사용을 잘 알고 있어야 내담자들을 잘 도울 수 있다. 미술적인 표현의 공통된 점과 다른 점을 다 잘 알아야 한다. 우리의 특정적인 미술의 언어가 우리가 속해 있는 문화의 스타일과 형태에 의해 영향을 받았음을 알아야 하고, 그렇기 때문에 내가 잘 알고 있는 문화 이외의 다른 문화의 예술적 표현을 경험해 보는 것이 중요하다. 다양성에 관하여 한마디 덧붙이자면, 다양한 언어를 구사한다는 것은 미술의 보편적인 성질을 표현의 방법으로 존중하는 동시에 다양한 미술 형태의 문화적인 언어들에 관하여 예민함과 섬세함을 보여 주는 것을 말한다. 그래서 미술적인 표현의 특별한 성질이 개인의 경험의 렌즈를 통해 나올 때 이것이 어떻게 보이는가 하는 것을 존중하는 것이다.

전문적인 진실성과 말의 사용

미술치료사들이 알듯이, 작품의 의미나 작품의 과정을 말로 옮기는 것은 불가능하지는 않더라도 매우 어렵다(Goodman et al., 1998; Tinnin, 1990). 그럼에도 불구하고 말로 하는 언어의 사용은 미술치료가 행해지는 데 꼭 필요한 부분이기도 하다. 우리가 어떻게 말을 쓰고 어떻게 이용하는지는 우리가 미술치료사로 활동할 때 날마다 고민하고 깊이 생각해 봐야 할 부분이다. 언어는 사회적인 도구로서 사회를 반영하기도 하지만 우리 경험의 모양을 바꾸기도 한다. 언어를 의도적으로 사용하는 것은 언어 사용의 부정적인 가능성과 긍정적인 가능성, 양측을 모두 이해하고 받아들이는 것이다.

Arnheim(in M. B. Franklin, 1994)은 언어 사용을 각각 다른 지향성을 가지는 세 가지 유형으로 나눈다. 현실적이고 실용적인, 과학적이거나 개념적인 그리고 시적인 유형이다. 현실적이고 실용적인 언어 사용은 일상에서의 의무와 행위에서 사용되는 유형이다. 과학적이거나 개념적 언어는 개념적인 구상을 구분하고 표시하고 조직하는 데 사용된다. 시적인 언어의 사용은 '말의 감각적인 촉각' (p. 263)을 강조한다. 여기서는 말의 표현과 의미가 녹아 들어가거나 말이 의미를 내포한다. 미술치료사들은 이 세 가지 유형의 언어를 다 사용하며 각각의 유형은 중요한 위치를 점한다. 이 책에서 초점을 두는 언어 사용은 미술치료에서의 시적인 언어 사용이다. 이 책에서 다뤄지는 다른 주제들과 마찬가지로 나의 관심은 우리가 예술가의 입장에서 타인을 돕는 전문가로서 고유하게 기여할 수 있는 부분이 무엇인가 하는 이해를 키우는 것이다.

말은 정보와 생각을 주고받는 가장 보편적인 수단이며, 우리는 말을 다양한 분야에서 사용한다. 내담자와 소통할 때, 내담자에 관한 임상 기록 등을 작성할 때, 치료 팀과 회의할 때, 강의와 발표할 때 등 말은 우리가 하는 일을 알리고 다른 이들과 소통하는 데 쓰인다. 이런 모든 경우에 우리가 사용하는 언어는 우리가 미술치료에서 하는 일을 반영할 뿐만 아니라 다른 사람들에게 미술치료에 관한 사고의 틀을 전달한다.

우리가 언어로 하는 작업

앤은 큰 재생지 종이를 벽에 붙이더니 드로잉을 하기 시작한다. 부드러운 파스텔을 이용하여 밀도 있고 강렬한 색을 종이에 칠한다. 그룹에 들어온 지 여러 주가 흘렀지만 그녀는 그룹이 전체적으로 정한 주제와는 무관하게 매번 비슷한 이미지를 그린다. 소용돌이치는 색이 종이를 덮는다. 작업이 끝나자 그녀의 팔 위와 바닥에 가루가 뿌려져 있다. 우리가 그날 한 작업을 성찰하고 이야기하는 시간이 왔지만, 그녀는 그림을 설명할 어떠한 단어도 찾지 못한다. 그룹 성원들에게 사과를 하지만 누구도 뭐라고 하는 사람이 없다. 일부러 그런다고 생각하거나, 무엇을 숨기고 있다고 생각하거나, 답답해서 그녀를 대신해 설명하거나 하는 행동을 보이지 않고 다들 앤이 그 이미지를 이야기할 단어를 찾지 못해 말을 못하는 것임을 믿어 의심치 않는 것 같다. 대신 그녀의 설명 없음에 관하여 고개를 끄덕거린다.

오늘은 그녀의 그림에 새로운 요소가 있다. 검고 끝이 뾰족한 화살촉과 깃털 같은 것을 화살대에 붙인 그림이다. 그 화살의 모양은 꼭 움직이거나 막 날아갈 것처럼 보인다. 왜인지 설명할 수 없지만 이 화살이 그림에 나타난 게 걱정스럽다. 앤의 얼굴 표정을 살피자, 마치 고속도로에서 차의 헤드라이트에 놀라서 눈만 크게 뜨고 있는 동물처럼 두려움과 혼란이 그 눈에 어려 있는 것 같다. 하지만 확실하지는 않다. 그 눈빛은 너무나 미세하다.

나는 그녀를 도와서 자신의 그림을 이해하게 이끄는 가이드가 되고 싶다. 그 그림과 어떻게 연결할지 몇 마디로 시도해 본다. "이 그림에 들어간다면 그건 어떤 느낌일까? 이곳에 사람이 걸어들어갈 수 있다면 느낌이 어떨까? 무슨 소리가 들릴까? 어떤 발자국 소리가 들릴까?" 자신의 그림을 눈에 힘을 주어 쳐다보더니, 그림에서 떨어지면서 당황한 기색이 돈다. 그러면서 하는 말이, "나는… 난 못하겠어요."

"정말 힘들어 보이네요." 그렇게 말하자 그녀는 고개를 끄덕인다. "하지만 왜 그런지 알 수가 없네요. 앤도 이 그림에 대해서 많이 알고 있는 것 같지 않아요." 이 그림을 손짓으로 가리키며 계속 말한다. "이곳이 앤에게 좋은 곳인지, 안 좋은 곳인지도 모르겠어요." 앤은 한숨을 쉬더니 말했다. "별로 안 좋은 곳 같아요. 왜 그렇게 생각하는지는 모르겠어요." "혹시 앤만 괜찮다면, 이 그림에 얼마나 가까이 가는 것이 안전할지 알아보고 싶어요. 괜찮으면 내가 손을 천천히 이 그림 가까이로 움직일 테니, 내가 언제 그만두어야 하는지 때가 되면 멈추라고 말해 주세요." 앤은 "그래요"라고 말하고 내 손이 천천히 벽을 따라서 그림 근처로 가는 것을 1m쯤 떨어져서 본다.

손을 움직이면서 아직도 괜찮은지 그녀의 표정을 살핀다. 그러다가 그녀가 쥔 손에 힘이 들어가는 것을 본다. 손을 멈추고 계속 가야 할지 말지를 묻자 "멈춰요"라고 말한다. 내 손은 그림의 가장자리에서부터 약 30cm 정도 떨어져 있다. "혹시 뒤로 더 물러나야 할까요?" 하면서 뒤로 물러나니 눈에 보일 정도로 긴장을 푼다. "알았어요. 더 이상 가까이 가지 않을게요." 내가 그녀의 경계를 존중한다는 것을 알려주고 싶다. 그런데 이렇게 말하고 나니, 다른 참여자들에게도 한 말임을 알게 된다. 앤은 나를 보며 슬픈 표정으로 미소 지었다. 그녀는 아직도 혼란스럽고 두려워 보였다. "내가 더 설명할 수 있었으면 좋겠는데… 나는… 난… 잘 모르겠어요. 그냥 당신이 더 가까이 가기를 원치 않았어요." "앤, 괜찮아요. 지금은 그림이 숨쉴 수 있는 많은 공간이 필요한 것 같고 아직 언어로 나타날 준비가 안 된 것 같아요. 그것만큼은 지금 선명해지는군요." "네 맞아요"라고 그녀가 답한다. 어떤 것이 선명할 수 있다는 것에 놀라는 듯하다. "네 맞아요."

우리의 직업에서 내담자와 언어를 사용하는 것은 예민한 문제이다. 작품과 공감하는 방법으로 언어가 사용된다면 언어는 작품의 가능성으로 꽃피울 수 있게 돕거나 그 의미의 여러 면을 보여 주기도 한다. 하지만 단어들은 의미를 담아내고 제한하고 침묵시킬 수 있는 힘을 가지고 있다. 미술치료에서는 선별된 단어와 함께 목소리, 음의 높낮이, 말의 타이밍 등을 포함한 예민하고 숙련된 언어 사용을 필요로 한다.

미술치료에서는 언제나 말과 이미지 사이의 교류가 있으며 항상 꼭 맞는 관계를 찾기란 쉽지 않다. 균형의 관계를 찾기 어려울 때는 개방형 스튜디오 모델을 사용하는 것도 좋은 방법이다. 개방형 스튜디오 모델은 말이 너무 대립적이라는 생각에서 창작을 중요시 하는 방법이다(McGraw, 1995, p. 168). 작품을 만드는 동안 치료사가 말을 하는 것은 그들의 침묵에 침투하는 것일 수 있으므로 내담자가 창작에 몰입할 수 있도록 말을 아끼는 게 좋다(Clarson & Geller, 1996, p. 316). 미술이 미술치료의 주된 언어로 사용될 수 있는데, 이것은 미술의 언어가 말로 하는 언어와 다르게 시스템적으로 힘의 불균형을 내포하고 있지 않기 때문이다. Jones(1997)가 말한 것처럼 미술의 힘은 '다른 점'에 있는지도 모른다. 작품이 스스로를 표현하게 하는 것은 그 작품의 작가가 다른 이에게 말로 대신해 주는 것을 방지할 수 있다(p. 75). 어떤 내담자들에게는 자신의 작품을 언어로 푸는 것은 이해를 더 깊게 하는 아주 중요한 치료방법일 수도 있다.

말로 하는 언어가 미술치료의 실제에서 아주 중요한데도 불구하고, 어떻게 언어 사용을 할 것인가라는 주제는 미술치료의 문헌에서 찾아보기 힘들다. 이 주제가 언급될 때는 언어가 다른 치료 분야에서도 공통적인, 예를 들어 카운슬러의 말하기 기술(Adrus, 1991)의 입장이나, 질의응답 형식의 대화를 이끌어나가는(Bloomgarden,

2000) 방법으로 다뤄진다. 치료적 관계의 힘의 불균형을 담은 언어 사용을 비판적으로 보는 시각도 있다(Joyes, 1997; Spaniol & Cattaneo, 1994).

미술치료 기법은 현상학적 접근을 통해서 내담자가 자신의 작품의 의미를 찾고 소통할 수 있는 가이드라인을 주는 데 중요한 기여를 하였다(Betensky, 1987; Nucho, 1987). 이러한 방법들은 내담자의 작품에 우리의 해석을 주입시키지 않고 존중을 기반으로 연결할 수 있는 방법을 알려 주며, 앞으로 나아갈 수 있는 튼튼한 기반을 만든다. 미술치료 학문은 치료사가 해석을 주는 것에서 벗어나, 내담자가 자기 작품의 의미를 만드는 것을 중요시하는 방향으로 움직이는 것 같다(Betnsky, 1995; Cheney, 1993; Goodman et al., 1998). 이러한 존중의 태도를 유지시키는 것은 우리가 덜 조직적이고 더 상상력이 풍부한 방법으로 언어를 대할 때도 너무나 중요한 방식이다.

우리가 의료계와 정신치료 전문 분야에서 물려받은 언어 사용에 불만족을 표시하는 예가 많이 있다. 미술치료에서 나오는 언어를 발견하고 개발하는 것은 지배 세력의 언어를 비판하고 그 안에 내포하고 있는 편견을 질문하는 것부터 시작하여야 한다. Spaniol과 Cattaneo(1994)는 의료 모델에서 나타나는 편견뿐만 아니라 예술 분야에서 유럽의 전통에서 물려받은, 질문 없이 넘어가는 것들 또한 잘 살펴봐야 한다고 말한다. 이들은 상상력의 공감대를 형성하는 대안적인 언어의 필요성을 강조하면서, 이러한 언어는 내담자의 경험과 경험에 대한 그들의 권한을 존중하며, 시적인 언어의 특별함과 정확성에 신뢰성을 주는 언어여야 한다고 보았다.

어떤 미술치료사들은 미술치료의 언어를 개발하는 데 이론적이고 실제적인 형태의 모형을 제시하기도 한다. 이 언어는 우리가 알고 있는 창작에 기반한 지식과 능력에 기반한 것이다. Knill(1994)은 통합적인 표현예술치료를 하는데 이것은 결정화(crystallization) 이론에 근거한 것으로 "예술 자체의 다양성과 시적인 면에 기반하여 현상학적으로 해석과 의미 찾기를 하는 것이다. 그것은 곧 상상력이 풍부하고 구체적이고 정확한 언어 사용을 기반으로 한다"(p. 322). 이 이론은 의미 창출이 관계의 맥락 안에서 이뤄진다고 믿는 이론이다. 미술치료사는 내담자가 자신이 가지고 있는 예술적인 표현의 '씨앗' 들이 꽃을 피울 수 있도록 돕는 사람이다. Knill은 작품이 가지고 있는 고유의 언어, 즉 시적인 언어를 통해서만 그 작품과 관계를 맺을 수 있다고 믿는다.

Wix(1995, 1997)는 미술치료에서 말로 하는 대화에서도 '치료사와 환자가 이미지의 은유와 이야기를 듣는' 방법으로 미술이 초점이자 핵심이 되어야 한다고 말한다(1995, p. 176). 이것은 미술을 단순히 문제 풀이의 도구로 사용하는 것과는 다르다. Wix는 이미지와 작업하는 전형적인 방법인 시적인 언어와 작품과 내담자의 관계를 설명하는 설명적인 언어를 사용하다. Wix 역시 이것이 가장 힘든 경우는 세션이 끝나고 정리하는 포스트 세션이 아니라 치료 세션이 진행되는 와중에 시적으로 생각하고 시적으로 말하는 것이라고 말한다(Wix, 1997).

Thomson(1997)은 미술치료에서 무의식과 대화하는 것에 관하여 말하면서 말의 사용은 작가와 작품 사이에 처음 상호작용이 있었던 그 본래의 언어와 상응해야 한다고 말한다. 이러한 언어의 사용은 "그림을 지나치게 가치 평가하는 대신 가치 있게 하며, 그 안에 불어넣어진 삶을 거울로 보듯 반영한다"(p. 103)라고 말한다.

Riley(Riley & Malchiodi, 1994)는 이야기 치료에서 영향을 받아 미술치료의 언어 사용에 대하여 논의한다. 내담자의 예술적 스타일이 더 상징적인지 더 실용적인지에 맞추어 조정하는 언어 사용이 필요하다고 말한다. 내담자의 스타일에 맞추어 이야기한다는 것은 주어진 작품의 시각적인 은유를 사용하는 것을 필요로 하며 이것은 치료사로 하여금 '그들이 세상을 보고 상황을 이해하는 독특한 방식을 반영하는 사전' 을 가지고 있는 것이다(p. 49).

이러한 모델들은 미술치료에의 창작에 기반한 치료에 맞는 언어 사용의 방법들을 제안한다. 미술치료사의 역할은 내담자의 고유한 예술적 표현이 앞으로 나와서 형태를 만들고 의미를 담을 수 있도록 내담자가 사용하는 언어적, 시각적 은유에 반응하는 시적인 언어를 사용하는 것이다. 이러한 언어가 어떻게 미술치료에서 사용될지 이야기하는 것은 어렵다. 치료적 환경에서 상상력을 통해 만들어진 내담자의 은유적인 언어를 어떻게 시적으로 반응하는가에 관한 안내서는 어디에도 없다. 하지만 이러한 기술을 발전시키기 위한 다음과 같은 가이드라인을 제시한다.

1. 미술치료 밖에서 시적인 언어를 개발하는 시간을 가지도록 한다. 창조적 글쓰기, 특히 창조적인 논픽션 쓰기나 내담자와 하는 우리의 일을 시로 만들어 보는 것은 우리의 시적인 상상력을 '연습'하는 좋은 방법이다. 다른 사람이 쓴 시를 읽어보는 것도 좋다. 특히 소리를 내어서 읽는다면 말이다. 소리를 내어서 시를 읽는 것은 언어의 주어진 의미에 초점을 맞추는 것을 넘어 소리의 뉘앙스를 통해 전해지는 의미까지 얻을 수 있다. 치료 세션 밖에서 시적인 언어를 더 잘, 더 편하게 쓰게 될 때, 치료 중에서도 더 잘 사용하게 될 것이다.
2. 내담자에게 무엇을 할지 지시를 한다면 그 설명을 보다 은유적인 방법으로 하도록 노력해보라. 이 방법은 보다 더 상상력 있는 방법으로 작품을 만날 수 있게 하고 작품에 반응하는 시적인 언어를 찾는 것을 도울 수 있다. 예를 들어, "당신이 겪고 있는 문제를 그린 후 어떻게 그 문제를 해결할지를 그리시오"라고 말하는 대신, 똑같은 개념을 은유로 말해 본다. "가시가 많은 나무들이 빼곡한 숲을 지나간다고 상상해 보십시오. 가다 보니 앞을 가로막는 것이 있습니다. 어떻게 이것을 넘어가겠습니까?" 또는 그냥 "가로막는 방해물과 열려 있는 것"이라고만 제시할 수도 있다. 이야기와 시는 주제를 은유적으로 전달하는 다른 방식이다. 이야기의 한 부분이나 시를 읽어주어 작품을 위한 영감을 주는 방법도 있다.
3. 내담자가 작품을 만드는 과정과 만든 작품을 이야기할 때도 내담자의 은유를 가능한 한 많이 활용한다. Hoffman(as Riley, 1997에 인용)은 "조언이나 문제 풀이는 언제나 어떤 잘못이 있음을 지적하는 데 반해, 은유는 누가 무엇을 잘못하고 있다고 비치는 경우가 거의 없다"(p. 283)라고 말한다. 예를 들어, 가족치료에서 한 가족이 최근에 집 안에 있는 옷장이란 옷장은 다 들쑤셔대며 정리를 하려고 했다는 이야기를 한다. 자신들의 작은 아파트에 공간이 너무 없음을 불편해 하였고, 옷장 청소를 하면서 무엇을 버리고 무엇을 가지고 있을지에 관한 싸

움을 하기 시작했다. 이 이야기 안에는 작품을 만들거나 치료적으로 접근하기 아주 좋은 은유적인 주제들이 있다. 이야기에 나오는 요소인 상자, 통, 문, 물건들은 그들이 만드는 작품의 요소들이 될 수 있다. 또한 그 이야기가 말하는 행위들, 정리하기, 정돈하기, 버리기, 버리지 않기 등도 창작 과정에서 나오는 행위일 수 있다. 이야기에 등장하는 주제들 역시, 숨겨져 있던 것을 발견하거나, 뭔가가 안 보이거나, 밖으로 꺼내고 버리고, 모두에게 맞는 적당한 것을 찾고 하는 것들은 치료에서 탐구하기 좋은 주제들로서 작품을 만드는 것을 가이드 할 수 있다. 예를 들어서, 발견된 오브제들의 어울림을 상자 안에 같이 만드는 작업을 할 수 있다. 어떤 것은 포함하고 또 어떤 것은 포함하지 않는 결정과 정리와 정돈을 하면서 지금-여기의 시점에서의 그들의 삶의 은유에 몰입할 수 있다. 그들이 하고 있는 행위를 설명할 때, 그들의 경험을 설명하는 단어들을 잘 듣도록 하자. 이러한 단어들이 작품을 더 깊게 이해하게 도와줄 수 있다.

내담자와 이미지를 통해 관계 맺기를 할 때, 직접적인 질문은 자제하는 것이 좋다. 어떤 질문들이 필요할 때도 있지만, 질문은 상상력이 풍부한 대화를 유도하는 언어 사용이 아니다(B. Moon, 1994). 그 대신, 내담자와 시적인 피드백을 주고 받는 행위에 초대하자. 이러한 방법으로 내담자와 그의 작품 사이의 관계나 의미 형성이 더 깊어질 수 있다. '궁금한 걸…' 하는 식의 표현이나 작품의 어떤 점이 당신 안에 궁금증을 유발하는 것을 표현하는 것은 더 많은 것을 요구하는 것과 달리 부드러운 방법으로 더 듣고 싶다는 것을 알리는 방법이다. 작품이 당신에게 미치는 영향에 관한 정직한 피드백 또한 유용하다. 작품의 있는 그대로를 말하는 것, 예를 들어서 "그 나무의 뿌리 밑부분이 잘렸네요"라는 등의 말이 판단이나 해석의 말투로 나오는 것이 아니라 궁금증 또는 호기심으로 들린다면, 내담자로 하여금 설명을 더 하고 싶게끔 할 수 있다. 이미지를 보고 진정성 있게 말하는 간단한 설명이나 단어들은 내담자로 하여금 작품과 더 상상력 있는 방법으로 관계를 맺고 싶게 유도할 수 있다. 내담자의 상상력을 환영하는 게 중요하다. 내담자의 상상력을 자극하는 열려 있는 문장도 내담자로 하여금 자신의 작품과 더 깊은 관계를 맺게 도울 수 있다. 내담자가 자신의 작품에 관하여 이야기를 만들게 하거나 즉흥시를 짓게 하는 것도 좋은 방법이다. 질문을 하는 것이 정보를 찾는 가장 빠른 방법으로 보이기는 하겠지만, 직접적인 질문은 환영하는 것보다 침입적으로 들릴 수 있다. 직접적으로 묻는 방식보다 창조적으로 작품과의 관계를 깊게 하고자 하는 의도와 상응하는 환영 형식의 말의 사용을 개발하는 것이 필요하다.

4. 그룹치료를 할 때에는 내담자가 어떤 식으로 어떤 톤으로 서로에게 말로 코멘트할 수 있는지 예를 보여줘서 진행되는 방식을 미리 알려주는 것이 좋다. 작품에 대하여 다른 사람의 의견을 듣는 것은 그 사람의 눈을 잠시 빌리는 것이라는 말을 하곤 한다. 이 이야기를 통해서 작품을 보는 다른 방법들이 있다는 것을 알린다. 서로에게 피드백을 주는 것을 서로에게 옷을 빌려주는 것으로 생각해 볼 수 있다. 다른 사람이 한 피드백을 빌린 옷처럼 입어 보는 것이다. 그 말이 잘 맞는다고 생각되거나 그때의 몸이나 감정적인 사이즈에 적당한 모양이라고 생각될 수 있다. 다른 경우에는 그 말들이 몸에 완전히 안 맞을 수도 있다. 너무 딱 달라붙거나 너무 크거나 자신의 스타일이 아니거나 말이다. 작품에 대하여 이야기하는 것도 이렇게 다른 사람의 입장은 타인의 옷을 빌려 입어 보는 것처럼 '입어' 볼 수 있다. 누가 내 작품에 대하여 피드백을 주면, 그 견해가 마음에 들든 안 들든 그 말을 정직하게 들어보려고 한다.
5. 단어를 조심스럽게 선택해야 할 뿐만 아니라, 어떻게 그 단어들을 전달하는지도 잘 봐야 한다. 목소리의 톤, 소리의 크기, 단어와 얼굴 표정 또는 제스처의 일치, 말하는 속도, 리듬, 침묵의 사용, 타이밍 등이 단어가 어떻게 전달되는가에 중요한 역할을 한다. 이러한 요소들은 시 낭송이나 구연동화를 듣거나 드라마의 주인공이 연기하는 목소리를 듣는 때처럼 시적인 말하기에 다 중요한 것들이다. 우리가 하는 활동에서 시적인 언어를 사용하려면, 단어들의 효과적인 전달을 중

요시하는 것이 필요하다. 이 '효과적인 전달' 은 목소리가 지닌 미묘한 표현의 가능성에서 온다. 이것은 또한 '가슴으로부터 말하기' 를 배우는 것에서 나오기도 하는데, 이것은 진정성과 진실성의 자리로부터 말하기를 하는 방법이다.

동료들과의 소통을 위한 대화

늦은 오후이다. 내담자들은 모두 집으로 돌아간 시간에 컨퍼런스 룸에 앉아서 다른 직원들과 내담자들에 관하여 이야기하고 있다. 앤의 치료 진행 사항을 이야기하고 있다. 그녀의 그림에서 나오는 회오리치는 색들과 그 작품들에 대해 아무 말도 찾지 못했던 것을 기억한다. 그녀의 이미지가 최근 어떻게 발전하고 있는지도 생각한다.

다른 사람들이 앤이 얼마나 잘 하고 있는지 이야기하는 것을 듣는데, 몸이 가만히 있지를 않고 꼼지락거린다. 그녀는 다정하고 협조적이다. 다른 내담자를 지지하고 커뮤니티 행동에도 잘 참여한다. 그런 면에서는 나의 생각은 직원들의 의견과 다르지 않다. 그럼에도 불구하고 그들이 말하는 것 외에 또 뭔가가 있는 것 같지만 그들이 그 부분에 대한 이야기를 듣고 싶은지 모르겠다. 우리는 트라우마와 뇌 화학물질의 불균형과 내담자의 팔에 나타나는 새로운 상처들의 이야기에 지쳐가고 있다. 그들의 자살 성향과 시도는 끝이 나지 않는다. 퇴원한 환자가 한 달 후, 두 달 후 다시 들어오는 것은 아주 흔하다. 이런 상황에서 앤은 우리 안의 밝은 빛이다. 어떤 면에서 앤은 잘 지내고 있다.

나는 내 생각을 말해야 하는 것을 안다. "앤이 미술치료 그룹에서 어떻게 하고 있는지 몇 마디 하고 싶습니다. 여러분께서 보시는 것과 다른 면을 보여줍니다. 조만간 어려운 시기가 닥치지 않을까 걱정이 됩니다." 다른 직원들이 일제히 나를 본다. 사회복지사인 로저가 나를 보며 농담을 한다. "이제 그림을 보면서 미래의 점도 치세요?" 다들 불편하게 웃는다. 아무도 내가 하고자 하는 말을 듣고 싶어하는 것 같지 않다. 나에게도 역시 불편한 말들이다.

"아뇨, 수정구를 보고 점치는 것은 아니에요. 그저, 앤이 그리는 그림에 변화가 보이기 시작해서요. 일단 작품을 하면 완전 몰입을 한다고 이전에 말씀드린 적 있죠? 그녀가 그림을 그리는 것은 마치 색들이 소용돌이치는 듯한 모습인데 이것이 꼭 그녀의 어떤 점이 소용돌이치는 것처럼 보입니다. 세션 끝에 그룹 성원들이 자신의 그림에 대해서 몇 마디 나눌 때 앤은 늘 입을 닫습니다. 사용할 언어를 찾지 못하는 것 같아 보이는데, 꼭 맞는 단어를 찾지 못해서라기보다 꼭 맞는 단어가 없어서 그런 것 같습니다." 프로그램 코디네이터인 바비가 내 말에 끼어든다. "그러니까 앤이 미술치료 그룹에서 무언으로 뭔가를 표현한다는 것이네요. 그게 미술치료가 있는 이유 아닙니까? 왜 걱정이 되시나요?" 바비의 질문은 초점이 뭔지 묻는 것인 줄 안다. 바비는 회의에서 시간을 관리하는 사람이고 아직 많은 내담자를 의논하여야 한다. 생각을 잠시 모으며 내가 하고자 하는 말을 어떻게 잘 말할 수 있을지 생각하다가 내가 앤과 그룹에 있을 때 무엇을 보았는지 설명하기로 한다.

"앤은 그룹 참여에 관해서는 전혀 문제가 없어요. 열심히 참여하거든요. 하지만 그녀의 이미지가 변화하기 시작했어요. 그녀의 이미지는 마치 드라마가 종이 위에서 펼쳐지고 있는 것 같이 보이는데 이게 좋은 이야기 같지는 않다는 말이지요. 내가 이전에 말했듯이 몇 주 동안 선명하고 소용돌이치는 색으로 칠하고 뭔가가 빨아당기는 듯한 그림을 그렸었어요. 그 이미지들은 강력했지만 위협적이지는 않았어요. 그런데 지난 2주간 똑같은 이미지에 새로운 요소들이 나타나기 시작했지요."

이때 로저가 끼어든다. "캐티, 무슨 말이지요? 이미지가 '나타나기' 시작했다는 게 무슨 말이죠? 꼭 그녀가 그림을 만들고 있지 않고 누가 하는 것처럼, 좀 으스스하게 들리는데요."

"아니에요. 으스스한 이야기는 전혀 아녜요. 하지만 그녀의 이미지가 자신의 어느 부분에서 나오는데 그것에 관해 의식적으로 알아차리는 게 없는 듯해요. 그룹의 대부분의 사람들은 무엇을 그릴지, 어떻게 그릴지 생각하는데, 앤의 이미지는 그냥 나오는 것 같아요. 지난 2주 동안 강렬하고 소용돌이치는 색깔들 외에 활과 피 같은 것이 보였어요. 처음에는 활의 이미지를 그냥 우연이라고 생각했는데, 그 활을 그림의 후반부에서 뚫고 나가는 것처럼 그렸고, 활을 둘러싼 피 같아 보이는 점들도 있어요. 말로 설명을 하지 않으니 확실하지는 않네요. 하지만 오늘은 그녀의 그림에 새로운 요소들이 있었습니다. 소용돌이치는 색 중앙에 아기를 그려 넣었고, 화살이 피 같아 보이는 붉은 색들을 튀기면서 뚫려 있는 부분으로 날아가고 있는 그림이었습니다. 아까 말한 대로 그 그림의 의미가 뭔지는 모르겠지만 좋은 예감이 아닙니다."

바비가 말하기를 "앤이 뭔가를 두려워한다면 아직 치료를 마칠 준비가 안 되었다는 것을 말해 주는 것은 아닌가요? 아니면 직접적으로 잘 표현하지 못하는 화를 이런 간접적인 방법으로 표현하는 것은 아닐까요? 어쩌면 더 나아지고 있는 것이 싫은 것일까요?"

'앤의 그림을 내가 지금 가지고 있으면 좋을 텐데' 하고 생각한다. 하지만 그녀는 세션이 끝나면 늘 자신이 그린 그림을 돌돌 말아서 가져간다. 또한 그 그림이 지금 내게 있더라도 문맥적인 전체 이야기를 다 알려줄 순 없을 것 같다. "내가 하고자 하는 말을 어떻게 해야 할지 모르겠어요!" 답답함에 손을 허공에 들어올리고는 한숨을 푹 쉰다. 그리고는 다시 시작한다.

"바비, 앤의 그림이 무엇을 뜻하는지 정확하게 모르겠어요. 그녀 또한 그 그림이 무슨 뜻인지 말을 해 주지 못해요. 하지만 내가 그녀와 함께 있을 때 내가 내 안에 어떤 느낌이 드는지는 말해 줄 수 있어요. 파스텔을 얼마나 세게 짓누르는지 가루가 그녀의 팔 주위에 모이죠. 꼭… 미친 듯이 작업을 해요. 막혀 있던 문이 열려서 갑자기 자유가 된 것처럼요. 안도의 느낌이 들기도 하지만, 뭐가 나가는지 몰라서 불편하기도 해요. 그렇게 작업을 하고 그림이 끝나면 뒤돌아 나를 쳐다보는데, 그 눈빛 말이에요……, 마치 무엇인가 그녀의 몸을 빠져나간 듯이 피곤해 보이고 조금은 안도감도 있지만 공포 또한 그 표정에 있어요. 어쩌면 공포라는 단어가 너무 센 단어일지도 모르겠어요. 이 공포는 무슨 무서운 것을 봤거나 사고가 난다거나 했을 때의 그 상황에 대한 공포가 아니라 그런 것보다는 훨씬 모호해요. 마치 무슨 불길한 일이 일어날 것 같다고 느끼지만 그 불길한 일이 무엇인지 모를 때 느끼는 어떤 것이요. 그런 그녀를 보면 내 속이 불안으로 뒤틀리는 것 같아요. 나는 두렵습니다. 하지만 내가 왜 두려운지 설명을 못하겠어요."

내가 말을 멈추자 방 안이 싸하게 조용하다. 말을 하면서 생각보다 더 흥분을 했나 보다. 차분하고 전문적인 목소리를 유지하지 못했다. 다른 직원들이 뭐라고 생각하고 있을까? 내가 앤과 감정적으로 지나치게 연결되었다고 생각할까? 내 미술치료 그룹이 이상하다고 생각할까? 내가 무슨 말을 했는지 무엇을 이야기하고 싶은지도 잘 모르겠다. 내가 마치 앤의 그림을 이해할 수 있다는 것처럼 들리기를 바라지 않는다. 그저 그녀와, 그녀의 그림과의 내 경험을 나누고 싶었다. 내 말이 부족한 건 알지만 좀 더 숨쉬는 게 쉬워졌다. 그래서 내가 내 경험을 할 수 있는 한 최선을 다해서 말한 것을 안다. 심리학 용어로 내 말을 꾸미거나 앤의 그림을 해석할 수 있다고 말하지도 않았다. 그저 내가 본 것을 말했으며, 내가 어떤 느낌을 받았는지, 그 자리에 그녀와 있는 것이 어떤 경험인지를 말했다.

Hillman(1972)은 마음을 다루는 사람의 언어는 "참여를 유도하는 언어이어야 한다고 한다. 말하는 내용 안에서 말하는 사람과 참여를 하는 것으로, 통찰력과 새로운 생각을 듣는 사람이 가질 수 있게 말이다. 이것은 마치 시의 구절이 다른 시상을 유도하고 노래의 영감에 불을 붙이는 것과 같다"라고 말한다(p. 206). 심리치료 언어의 문제는 말에 대한 사회의 불신이 크다는 것이다. 메시지를 전달하는 전달자와 말의 원래 역할을 찾아야 한다(Hillman, 1975, p. 9). 미술치료 세션에서 일어나는 일을 직장동료들과 나눌 때는 문서를 통해서든 사적인 대화에서든 공식적인 회의 석상이든, 그 경험을 언어 그림(word picture)을 통해서 가능한 가장 가깝게 묘사할 의무가 있다.

동료들과 소통할 때, 단어를 단순히 지적인 수준에서 쓸 뿐만 아니라 감성적이고 공감적인 수준에서도 써야 한다. 의료 분야에 쓰이는 용어들은 우리의 경험으로부터 우리를 멀어지게 하는 경향이 있다. 아마도 미술치료에서의 활동을 설명하기란, 이 활동의 시적이고 역동적인 바탕 때문에 다른 의료 건강 부분의 전문가보다 더 어려울 것이다. 미술치료의 경험을 더 잘 전달할 수 있는 언어는 시적인 것에 기반한 언어일 것이다. 하지만 우리가 주로 일하는 환경이나 기관에서 쓰는 언어를 사용하도록 요구 받거나 맞추다 보면, 시적인 언어를 사용하는 것이 불편해지거나 오히려 이상해질 수도 있다. 여기에서 중요한 질문이 도출된다. 어떻게 지배 문화의 언어를 유창하게 사용하면서 동시에 우리 고유의 언어를 놓치지 않을 것인가?

우리의 직장에서 우리의 생각을 효과적이고 분명하게 표현하려면(art-iculate), 우리가 먼저 미술치료사의 정체성에 굳건히 뿌리 내려 있고, 동시에 우리가 하는 작업에 대한 이해를 지속적으로 넓혀가고, 가끔은 바보 같이 들릴 수 있다는 것을 감수해야 한다(C. Moon, 1997a). 말할 때 바보 같고 어색하게 들리는 것은 우리가 아직 유창하지 못한 언어를 사용하기 때문에 자연스럽게 일어나는 현상이다. 마땅한 단어를 몰라 머뭇거리거나 경험이나 느낌을 '적절한 단어로' 표현하지 못해 답답해 하거나, 전문가가 아닌 것처럼 혹은 지식이 없는 것처럼 들리는 것에 대한 두려움들은 모두 새로운 언어를 배울 때 겪는 것이며, 이 언어가 지배적인 언어가 아닐 때는 특히 더 그렇다. 그렇다면 왜 우리는 미술치료에 더 적절한 언어를 찾으려고 노력하는 것일까? 어떤 이들은 미술치료가 다른 분야의 존중과 인정을 받기 위해서 그들이 말하는 어법을 받아들여야 한다고 주장한다. 또 다른 이들은 미술치료의 맥락에서 쓸 수 있는 시적이고 역동적인 언어가 필요함을 인정하지만, 이런 언어가 과연 다른 인근 전문 분야의 전문가와 이야기할 때 사용될 수 있는 것인지 질문을 하기도 한다.

미술치료의 활동에 걸맞은 언어를 개발하는 것의 필요성을 나타내는, 적어도 세 가지의 이유가 있다. 첫째로, 우리의 경험을 우리의 언어로 말할 수 있는 것은 전문가적 정체성을 키우는 데 꼭 필요한 것이다. 인정받고 받아들여지는 언어로 이야기하라는 압박에 못 이겨 그렇게 따라가는 것은 미술치료 분야의 인정이나 존중이나 신뢰를 보장하는 것이 아니라 우리가 하는 일이 보조적인 역할로 밀려나는 것을 자처하는 것이다. "명명하는 것은 정체성을 능동적으로 만들어 내는 것이며, 외부의 상황을 받아들이고 그 안에서 스스로의 모습을 만들어가는 외적인 모습이다"(Lippard, 1990, p. 19). 우리가 하는 일에 대하여 우리의 단어로 우리 나름대로 밑줄을 치고 우리 관점에서 그것에 스스로 이름을 주는 것은 우리의 존재 이유를 주장하는 것이다. 이것은 정치적인 행동이다(Aldridge, 1993; Aldridge, Brandt & Wohler, 1990). 언어는 반영할 뿐 아니라 경험을 만들기도 하므로, 언어를 우리가 어떻게 쓰는가 하는 것은 바깥에서 어떻게 우리를 보는가 하는 것뿐만 아니라 우리가 어떻게 스스로를 보며 우리의 역할을 수행하는지 나타낸다.

둘째로, 우리는 우리의 내담자를 정확하게 대변해야 할 의무가 있기 때문에 미술치료를 미술치료에 맞는 언어로 보고하는 것은 중요하다. 미술치료에서의 그들의 경험을 존중과 공감과 정확한 언어로 묘사하는 것은 우리의 의무이다. 우리가 사용하는 언어가 아직 완벽하지 않다면 동료들이 우리를 어떻게 볼지 걱정이 될 수 있겠지만 전문용어로 매끈하게 포장된 치료 언어(therapese)로 말하는 것 역시 걱정할 필요가 있다. 미술치료에서 내담자의 경험을 이야기할 때는 약간의 망설임과 약간의 겸손이 필요하다. "어쩌면 그들이 자신을 보는 것과 다른 방법으로 타인에 대해서 추정하는 것이 어떤 언어의 체계를 통해서 논의될 때, 이러한 추정들은 지속적으로 질문될 필요가 있다" (Wiener, 1998, p. 168). 질문하고, 궁금해하고, 도전하고, 다시 생각하고, 해보고, 조정하고, 또 다시 시도하는 것은 언어를 개발하는 과정에 있어서 필요한 건강한 활동들이다.

셋째로 미술치료적인 언어 개발이 중요한 이유는 환자들은 잘 모른다는 가정 아래 사용되는 병리학 중심의 의료의 언어들이 보다 인간적이어야 할 필요가 있기 때문이다. 예술이 보다 인간적인 의료 언어에 기여할 점들이 많이 있다. 시에 기반한 언어는 전문 용어로 포장된 언어나 미사여구와 만족스럽게 공존할 수 없다. 예술적인 언어는 정확하며 동시에 어떤 것을 떠올리게 하는 표현을 추구한다. 은유법에 의지하는 이 언어의 형태는 의미와 진실의 여러 가능성을 열어두는 언어이다. 이것은 인간을 이해하고자 하는 데 있어서 건강한 입장이며, 의료 모델의 환원주의적인 태도에 반하여 중심을 다시 찾게 도와준다. 시에 기반한 언어는 우리의 머리뿐 아니라 미적 감각들을 건드린다. 이 감각들을 통해서 공감적이고 경험적인 측면에서 타인을 이해할 수 있는 영역을 넓히게 돕는다. 시적인 언어는 듣는 사람을 끌어당기는 힘이 있으며, 공감적인 참여를 환영하는 것은 진정성 있는 답변을 환영하는 것이기도 하다. 시적인 언어의 이러한 성격들은 의학과 정신건강 분야의 지배적이고 단절적이고 진단적인 언어의 힘에 맞서서 균형을 찾게 도와준다.

미술치료에 걸맞은 언어를 찾는 것은 한번에 이뤄내는 것이 아니라 지속되어야 할 단계이다. 언어 사용과 그 효과에 관한 우리의 의식을 고양하고, 미술치료에 더 잘 맞는 새롭고 대안적인 방법으로 말을 하는 것을 해보는 것을 필요로 한다. 다음은 미술치료에 맞는 언어를 개발할 때 생각해 볼 수 있는 몇 가지 제안이다.

1. 시적인 언어에 노출될 기회를 많이 갖자. 직장에서 '시 타임'을 갖든가, 자기 전에 몇 페이지의 소설을 읽고 자든가, 연극 공연을 보거나, 관심을 끄는 단어나 문장을 적어 놓거나, 어떤 단어들이 같이 연결됐을 때 어떻게 들리는지 관심을 가지고 그 단어들의 집합을 조용히 읽어 본다. 즉, 시의 뮤즈가 당신 삶의 구석구석에 들어오게 하라. 이렇게 일상에서 연습을 하면, 단어들이 같이 어울리게 연결될 때 느끼는 소리를 사랑할 수 있을 것이다. 또 이미 알고 있었던 것도 새롭게 보게 하기 때문에 몇 단어가 가슴에 와 닿을 수 있는 것처럼 새로운 감성의 경험을 이끌어낸다. 직선적이고 논리적인 언어의 체계에서 느끼는 답답함은 시적인 언어와 비교되면서 더 그렇게 느껴진다. 동시에 시적인 언어의 적합성과 가치의 인식이 조성된다.
2. 당신의 직장에서 사용되고 인정받는 언어를 잘 구사하도록 한다. 어떤 언어체계의 장점과 문제점은 그 언어를 잘 사용할 수 있을 때에만 정확하게 알 수 있다. 대안적이거나 보완적인 대화나 글쓰기의 방법을 다른 동료들에게 소개하려면, 먼저 공통의 언어로 잘 소통할 수 있어야만 한다.
3. 당신의 직장에서의 공통된 언어를 일단 잘 사용하게 되면 질문을 하기 시작하자. 당신이 사용하라고 예측된 단어의 사용이, 써서 내야 하는 리포트의 내용이,

빈칸을 채워서 제출해야 하는 표들이 미술치료의 경험을 정확하고 긍정적으로 반영하는가? 예를 들어, Kramer(1996)는 치료가 시작될 때 치료의 목적을 쓰고 시작하는 것을, 미술치료가 중요하게 생각하는 유연성, 독창성, 예상치 못한 것에 열려 있음, 내적인 소리를 따라가는 점 등을 거스르는 것임을 비판적으로 질문했다. 동일한 비판적인 질문을 입력하는 서류로부터 지나가면서 직원들끼리 하는 수다의 방법까지 모두 적용해 볼 수 있다.

4. 조금씩 더 설명적이고 시적이고 인간적인 언어를 사용한다. 가끔 일반적인 언어 사용에서 벗어나서 시적인 단어 몇 개, 문장 한두 개 정도부터 시작하라. 그러다가 점점 더 발전된 시적인 언어 사용을 하라. 여기에서 목적은 우리의 창조적인 언어 사용으로 폼내려고 하거나 인접 분야의 전문가들을 깔보려고 하는 그런 종류의 것이 아니다. 대신, 내담자와 그들의 작품에 대하여 이야기하는, 더 인간적이고 정확하고 공감적이고 우리가 미술치료에서 하는 활동에 더 가까운 언어를 소개하고자 함이다.
5. 가능하다면 내담자가 미술치료 경험을 이야기하면서 쓴 단어를 사용하자. Spaniol & Cattaneo(1994)가 제안한 것처럼 보고서를 작성할 때 내담자를 보완자 또는 컨설턴트로 쓰는 것도 고려해 볼 만하다(p. 269).
6. 아무리 시적인 언어라 하더라도 언어 자체가 경험을 진정성 있게 나타냄에 있어서의 언어의 한계에 관하여 겸손해지자. 내담자의 허락을 받고 그의 작품을 빌려서 치료 팀 미팅에 간다면, 몇 분이라도 침묵의 시간을 두어 미술 작품이 '스스로 말하기'를 할 수 있게 한다. 세션 안에서 어떠한 일들이 벌어지는지 확실히 이야기해 줄 수 있다면, 이것이 관찰 사항인지, 느낌인지, 해석인지, 개인적인 반응인지, 내담자가 한 말을 풀어서 말하는 것인지, 정확하게 말할 수 있어야 한다. 전문가가 하는 말은 자주 '사실'인 것처럼 들리는 것을 기억하자. 당신이 말하는 것의 문맥을 정확하게 해야 한다.
7. 가능한 한 자주, 미술치료에서 일어나는 창작작업을 외래적이고 이론적인 측면

에서 분석하여 설명하려 하지 말고 있는 그대로를 말하려고 노력하라. 설명적인 단어들은 내담자에 대하여 축약하여 말하려는 이론적인 치료 세션의 실제적인 경험과 가깝게 다가가 있다. Aldridge, Brandt, & Wohler(1990)는 미술치료 세션에 대하여 이야기하는 두 가지의 수준에 관하여 이야기한다. 첫 번째 수준은 예술 분야에서 나온 용어들을 사용하여, 일어나는 행위를 객관적이고 증명 가능한 방법으로 설명하는 것이다. 두 번째 수준은 다른 시스템에 입각하여 (예를 들어 심리학으로) 또는 치료의 과정에 관련하여 설명하는 해석의 방법이다. 설명은 그 경험과 한 발짝 물러나 있지만, 해석은 여러 발자국 물러서 있다.

8. 미술치료사의 경험을 정확하게 전달하기 위한 언어를 개발할 때 다른 미술치료사와 미술치료를 이해하는 동료들에게 의지하도록 하자. 점점 더 정확한 언어를 찾을 수 있도록 서로를 돕자.
9. 내담자를 대신해서 말하는 것은 우리의 의무가 아니라는 것을 기억하자. 대신 우리가 하는 일은 그들의 이야기를 전하는 전달자가 되고 그들이 우리를 통해서 말하도록 하는 것이다.

발표와 발표된 글

앤이 낮 프로그램을 그만둔 지 1년쯤 후의 일이다. 직장에서 온 우편물을 뒤적여 보다가 메모와 서류와 화구 카탈로그 사이에 낀 앤이 보낸 엽서를 발견하고 미소를 짓는다. 그녀에게서 소식을 듣는 것은 언제나 반가운 일이다. 앤을 알았을 때가 생각이 난다. 미술치료에서 그린 이미지들은 점차적으로 그녀가 아동기에 학대 받은 일로 안내를 하였다. 그 프로그램을 떠나서는 외래병동의 개인치료를 계속 받고 있고, 가끔씩 이전의 직원들과 나에게 자신이 어떻게 지내고 있는지 안부를 전한다. 감사하게도 그녀는 잘 지낸다. 그녀로부터 마지막 소식을 들었을 때는, 파트타임 일과 자원봉사를 하고 있었고, 긍정적인 이성 관계도 맺고 있었다.

이번 엽서에는 미술 전시에 갔다가 내 작품을 보고 얼마나 기뻤는지 하는 이야기를 담았다. 그녀가 말한 작품은 '우리는 더 이상 아기들을 가질 수가 없어요(We can't Have Any More Babies)'(그림 9.1)라는 제목의 작품이다. 내가 내 삶의 이슈들을 미술을 통해서 다루는 것을 보는 게 얼마나 자신에게 긍정적인 효과가 있었는지 말하였다. 그 작품만을 이야기하는지, 아니면 미술치료실에서 내가 작업하는 것을 보았던 여러 작품을 이야기하는지 모르겠다. 나의 친구이자 미술치료사인 마이클 프랭클린은 스튜디오나 갤러리에서 작품을 보여 주는 것은 "미친 삶의 좋은 해독제이다"라고 말한다. 미술은 나로 하여금 해방구 역할을 하며, 자극이 필요할 때 자극을 주고, 더 이상 못할 때 편안함을 준다. 나의 작품이 내담자에게 때로는 해방구, 때로는 자극, 때로는 편안함을 주는 것을 안다. 나는 참여자이자 가이드로서 이런 점이 내가 미술치료사로서 하는 중요한 역할임을 안다. 앤의 엽서의 내용을 읽고 꼭 미술치료 환경이 아니더라도 커뮤니티 환경에서도 참여자로, 가이드로 활약할 수 있는 가능성이 있음을 알게 된다. 미술치료사로서의 나의 일은 병원의 마당을 벗어나면 벗어 던지는 그런 일이 아님을 알게 한다.

| 그림 9.1 |

참여자이자 가이드라는 이 생각은 내가 발표나 공개 강좌를 할 때도 드는 생각이다. 앤이 병원을 떠난 지 6년이 흐른 후, 미국 미술치료협회의 컨퍼런스에서 퍼포먼스 작품을 선보였다. 이것은 '버려진 삶의 파편과 조각들로 작품 만들기(Making Art from the Bits and Pieces of lives Discarded)' 라는 제목의 낭송 작품(spoken word)이다. 재활용, 발견된 오브제, 내 친구 뎁의 죽음, 내담자와의 작업, 우리에게 무엇이 주어졌든 그 삶을 되찾는 것 등에 관한 텍스트를 짠다. 앤에게 이 작품의 영감에 대한 크레딧을 주지는 않았지만 앤은 크레딧을 받을 만하다. 그녀는 내가 단어와 이미지 사이, 내담자와 치료사 사이, 공공과 개인 사이의 상호작용에 대하여 이해하도록 도움을 주었다. 나는 이제 내가 하는 일에서 불변하는 벽이나 경계는 없으며 만들어지고 세워지는 벽이 있을 뿐이라는 것을 안다. 이 책을 쓰는 책상 위에는 앤의 엽서가 놓여져 있다. 이 책을 쓰는 것 또한 내가 미술치료사로 하는 여러 역할 중 하나일 뿐임을 상기시켜 주는 것이다.

미술치료에 대한 프레젠테이션과 발표된 글은 우리의 전문직 커뮤니티 전체에게 보여 주는 방법이기도 하지만 미술치료사가 하는 일의 효과를 알리는 기회이기도 하다. 언어는 우리의 경험을 반영할 뿐 아니라 우리의 경험을 만들기도 하므로, 우리가 단어를 사용하여 미술치료 이론과 실제를 나눌 때는 깊이 생각하고 책임감을 가져야 한다. 공개적으로 이야기할 때나 글을 출판할 때 우리의 개인적인 생각이나 견해를 밝히고 미술치료 분야의 믿음을 대표로 발언하는 것이다. 또한 내담자의 경험을 말할 때 공적인 포럼과 출판물로 그들을 대신해 그들의 입장에서 말할 기회는 그보다 확연히 적다. 또한 프레젠테이션과 글을 통해서 발표를 할 때, 우리가 예술을 통해서 감정과 심리적인 것과 영적인 치유에 관하여 소통하는 것처럼 우리의 이야기를 듣는 사람들에게 깊은 영향을 줄 수도 있다. 우리의 발표를 통해서 정신병이 있거나 장애가 있거나 의료적으로 복잡한 문제가 있는 사람들에 관한 편견을 바꿀 수 있고, 예술이 건강과 치유와 회복에 미치는 역할에 대하여 사람들에게 알려 줄 수 있다.

우리가 일하는 환경에서 우리가 어떻게 말을 사용하는지 잘 살피고 있어야 하는 것처럼 미술치료의 실제와 호응하는 방법으로 미술치료를 발표하는 언어를 개발하는 것도 중요하다. 말한 단어와 말하지 않은 단어들은 우리가 다른 이들에게 어떻게 보이며, 스스로를 어떻게 보고, 우리의 직업을 어떻게 펼쳐 나가는지 잘 보여 준다. 단순히 지배적인 언어에 순응하는 언어의 사용을 선택하는 것이 아니라 우리의 경험에 진정으로 다가가는 언어로 우리가 하는 활동을 쓰고 발표할 때, 이것은 정치적인 활동이 된다. 이것은 "다른 사람들이 동일시 할 수 있는 행동과 가치를 보여 주는 것이다"(Sandel, 1987, p. 112). 안에서 밖으로 스스로를 닦는 것이며, 우리를 둘러싼 사회적인 맥락에 영향을 받을 뿐만 아니라 영향을 미치는 행위이다.

보여 주는 것이 더 많이 발달할수록 책임감 또한 증가한다. "우리의 목표는 우리의 메시지를 정확하게 전달하고 우리의 언어를 분명하게 사용하는 것이다"(Gantt et al., 1997, p. 48). 동시에 언어 사용에 있어서 너무 조심스러워 하거나 너무 위축되어 있을 필요는 없다. 여성학자들이 우리의 이해를 도왔듯이 경험을 정확하게 전달하는 것은 쉬운 일이 절대 아니다. 우리가 가지고 있는 지금의 언어는 우리가 해야 할 일에 대하여 부족할지 모른다(Surrey, 1991). '분명' 하다거나 '정확' 한 것은 어둠 속에서 손으로 더듬더듬 찾아보는 것과 같은 시행착오를 통해서만 얻을 수 있는 것이다.

미술치료 전문가 외의 더 큰 관객을 대상으로 발표를 할 때, 우리가 누구이며 우리가 하는 일이 무엇인지 설명하고자 할 때, 남성 중심적이고 직선적이고 과학적인 패러다임과 연구와 전문적인 정체성의 한계에 도전할 수 있어야 한다(Burt, 1996; C. Moon, 2000; Talbott-Green, 1989; Wadeson, 1989). 다른 곳에서 내가 말했듯이(C. Moon, 2000), 여성학적인 미적 패러다임에서 보는 전문성의 가치는 유연성, 창조성, 폭넓음, 다학제 간의 만남, 관계 안에 들어가기, 평범한 일상과 관계 맺기, 감성 등의 예술적인 감수성을 모두 포함한다(p. 9). 이러한 성질들이 우리의 정체성을 만드는 데 근본적인 것으로 받아들여진다면, 이러한 가치들이 우리가 하는 발표나 글에도 드러나야 한다. 미술치료의 분명하고 정확한 소통은 임상 기록보다는 이야기 형태가, 멀찌감치 떨어져 있는 분석보다는 개인적인 발견에 관한 글이, 진단보다는 설명이, 사례 연구보다는 내담자에 관한 시가 더 적절할 수 있다. 전문 언어의 이러한 대안적인 형태는 미술치료사로서 우리의 활동의 유효함을 성찰하게 하고, 지지하고 정당화하는 거울로 활약한다.

결론

우리가 미술치료사의 활동에 적합한 언어를 개발하려고 할 때 맞닥뜨리는 어려움이 많다. 결과적으로 우리는 다중언어자가 되어야 하며, 우리의 직업이 필요로 하는 여러 가지 '언어들' 을 유창하게는 아니더라도 어느 정도는 소통할 수 있는 기술이 있어야 한다. 이러한 언어들은 사실과 허구를 포함하고, 미술과 치료의 언어를 아우르며, 보편적인 것과 문화적인 것과 개인적인 것까지 표현할 수 있어야 한다. 무언의 예술적인 표현에 대한 우리의 깊은 존중과 믿음에도 불구하고 우리는 우리가 하는 일을 말로 나누어야 할 필요가 아주 많이 있다. 내담자와 동료와 발표와 출판에서 예술과 공감하는 언어를 사용하는 것은 미술치료를 가치 있게 하는 것이다.

미술치료에서 만나는 여러 형태의 소통 방법 안에서 잘 협상하는 것과 우리의 경험을 잘 담아내는 언어를 개발하는 것은 쉬운 일이 절대 아니다. 이 노력을 함에 있어 나의 아들에게서 영감을 얻는다. 내 아들이 7살인가 8살이 되었을 때, 그의 공책에 다음과 같은 말이 적혀 있는 것을 보았다. '발가락으로 쓰고 대충 손으로 쓰기.' 이 말이 무슨 뜻인지, 그 아이한테 무슨 의미인지 전혀 알 수가 없었다. 하지만 이 말은 정확하고 적절한 언어를 찾는 것은 우리가 이미 아는 것을 전혀 다른 방법으로 사용해야 할 필요도 있다는 것을 기억하게 한다. 이 말은 노는 것과 실험하는 것과 유머를 가지는 것이 미술치료의 경험을 효과적인 소통으로 번역하는 데 중요한 것이라는 것을 내게 알려준다.

10

미술치료와 사회적 의무

공공의 귀에 속삭이는 것으로 시작하자. 당신에게 가장 좋은 예술은 (지금과 미래를 통틀어) 상품인 예술이 아니라 영감이다(Kuryluk, 1994, p. 19).

"그래서, 이게 무엇에 관한 것입니까? 잘 모르겠습니다"라고 조셉이 말한다. 일곱 쌍의 눈이 나를 쳐다보고 있다. 우리는 커뮤니티 미술 갤러리 뒷방의 낡은 테이블 주위에 앉아 있다. 새해의 전시 일정을 짜려고 여기 모여 회의를 하고 있는 중이다. 조셉이 정말 몰라서 질문하는 것인지, 아니면 내가 하는 것이 마음에 안 든다는 뜻인지 모르겠다. 그가 정말 이해 못한다고 생각하고 설명을 잇는다.

"저는 다양성 연합, 미국 흑인 예술 연맹, 연합 문화 위원회의 사람들과 일을 하고 있습니다. 이 전시의 초점은 '다양성' 입니다. 제가 하는 말은 주제와 관련하여 무엇이 예술이라고 생각되는지 포괄적인 방법을 찾아보자는 겁니다. 그러니까 순수미술뿐만 아니라 목공품, 바느질 수공예, 전통적인 민예품과 기타 공예품들을 포함해야 한다는 거죠. 보통 갤러리에서 전시되는 작가나 보러 가는 대상을 뛰어넘자는 겁니다. 이것은 어쩌면 자신들을 작가라고 부르지 않는 사람들을 포함하는 일일지도 모릅니다."

조셉이 갑자기 고개를 든다. 그의 검은 긴 머리가 허공에서 움직이고 검은 눈빛이 강렬하게 노려보는 듯하다. 그가 공격적으로 묻는다. "그렇다면 나는 여기에 낄 수 없나요?" 그를 쳐다본다. 농담인지 진담인지, 그냥 자극하려고 도발하는 것인지 잘 모르겠다.

위원 중의 한 명인 더글러스가 농담을 한다. "물론 참여할 수 있고말고! 자네는 유색인종이잖아!" 로버트도 같이 웃는다. 내 안에서 분노가 밀려 올라온다. 백인인 더글러스와 로버트가 중심의 위치에서 말하자 조셉은 '타자(other)'의 위치로 밀려났고 이에 따라서 '다양성'이 정의된다. 나는 그들이 조셉과 좋은 친구이고 나쁜 의도로 그런 게 아니라는 걸 안다. 그들의 유머는 이 주제에 대한 불편함을 덮는다. 화가 치미는 이유는 내가 이 작가 그룹에 거는 기대가 높았기 때문이다. 나는 그들이 더 의식적이고, 더 감수성 있고, 더 열려 있고, 더 이해할 줄 알았다. 깊고 길게 한숨을 내쉰다.

그러고 나서 다시 시도한다. "우리는 다 나름대로 고유한 민족이지요." 의도적으로 조용하게 이야기한다. 프랑스가 고향인 미미가 고개를 끄떡끄떡 하는 게 보인다. 조셉을 쳐다보며 말한다. "그래요, 조셉, 당신이 이 전시에 작품을 내는 것은 환영입니다. 가능한 한 다양한 사람들을 포함하려는 것이 우리의 의도라고 생각합니다. 모두를 환영하는 전시를 하고자 하며 이것은 보통 미술전시에 오지 않는 사람들도 포함합니다. 그렇지 않습니까?"

"아니, 별로 이해가 안 가는데요"라고 조셉이 대답한다. 그러고는 다음 주제로 넘어간다. 지금은 회의 중이고 논의할 안건들이 너무나 많이 있다.

회의가 끝나고 집에 오는 길에 오늘 있었던 일을 생각해 본다. 조셉의 질문과 더글러스의 농담이 이 전시에 대한 더 큰 문제들을 암시하는 게 아닌가 싶다. 누구를 포함시킬까 하는 질문과 연관하여, 무엇이 포함될 것인가 하는 무언의 질문이 있음을 안다. 우리는 예술계에서 인정받고자 하는 비영리 예술단체로서 이 전시가 우리가 간신히 지키고 있는 예술계의 엘리트 정신을 위협하는 것임을 안다. 나는 이 단체가 엘리트 단체가 되기를 원하지 않는다. 하지만 전시에 뭐가 나올지 걱정이 되기는 한다. 코바늘로 뜬 티슈 커버? 싸구려 도자기상? 뭐가 나올지 어떻게 안단 말인가!

내가 더글러스보다 낫다고 생각하고 싶다. 나는 다양성을 존중하고 관용을 중시하는 폭넓은 다양성의 사회에 관하여 열정을 가지고 있다. 더글러스의 농담과 부족한 의식과 불충분한 세심함에 대해 화를 내고 싶다(그는 작가일 뿐만 아니라 배울 만큼 배운 사람이기도 하다!). 하지만 내가 더 낫다고 느껴지지 않는다. 다양성에 관한 이슈가 처음 나의 열정을 이끈 것도 내 안에 있었던 무감각과 은밀하게 잠복한 인종차별과 내면화된 억압을 발견한 충격적인 사건 이후부터였기 때문이다. 그러한 경험들 때문에 나의 분노는 연민과 섞여 누그러진다. 나를 용서하면서 더글러스도 용서한다. 하지만 이것을 변명 삼아 넘어갈 생각은 없다. 분노가 행동에 불을 지른다.

그날 밤 집에 도착해서 컴퓨터 앞에 앉아 전시에 관하여 글을 쓰기 시작한다. 이 전시를 하는 것만으로 충분하지 않다는 걸 알 수 있다. 좋은 의도에도 불구하고 이러한 전시는 다양한 문화적 집단의 사람들이 만드는 작품들과 그것들을 가르는 경계들 사이의 엘리트적인 태도를 증대시킬 수 있다. 갤러리 소식지를 위한 이 글을 쓰고 고치고 또 고치면서 전시를 통해 나타나는 이슈들로 하여금 독자들의 방어벽 대신 그들의 의식을 높이고자 노력한다. 의식을 높이고, 생각을 자극하고, 우리의 문화적 정체성과 예술을 보는 더 폭넓은 입장에 대한 대화에 불을 지폈으면 좋겠다. 힘든 일인 줄은 안다. 몇 단락 쓰는 것만으로도 기운이 빠진다. 하지만 역설적으로, 원고를 끝내자 다시 기운이 난다. 작은 일이지만 무엇이라도 하고 나니 기분이 좋아진다.

이 전시나 이 원고를 대단하게 생각해서 이러는 것이 아니다. 내가 예술에 대한 태도나 사회의 '타자'라고 낙인 찍힌 사람들을 사회 언저리로 밀쳐버리는 것을 극적으로 바꾸지 못하리라는 것을 안다. 하지만 몇 사람이라도 다양성에 관한 생각을 할 수 있을지도 모른다. 또한 사회에 의해서 보이지 않고 침묵 당하는 어떤 사람이 이 전시를 보고, 이 원고를 읽고 자신의 삶이 반영되는 경험을 할 수 있을 것이다. 내가 사는 이 보수적인 커뮤니티에서 작은 흔들림이라도 일으킬 수 있을 것이다. 이것이 잔물결 파급효과의 시작일지 모르지 않는가? 어쨌건, 나에게는 이 작고 조용한 정치적인 행위가 아무것도 안 하고 있는 것보다 백 배 더 낫다.

우리 미술치료사들은 사회에서 가장 힘이 없는 사람들을 보살피는 일을 주로 한다. 힘이 거의 없는 그들에게 힘을 주고, 고통을 당하는 사람에게는 위안을 주고, 무엇을 해야 할지 몰라 하는 사람을 돕고, 삶을 잃어버린 사람들이 삶을 다시 찾을 수 있도록 미술을 통해 돕는 일을 하는 사람들이다. 우리가 하는 일이 미술치료 스튜디오나 사무실 안에서 일어나는 일로만 생각하기 쉽다. 역사적으로 치료는 따로 떨어진 개인에게 초점을 두거나 가족이나 소집단만을 대상으로 한다고 생각되어 왔다. 하지만 '개인성은 인간의 커뮤니티와 역사 안에서 다른 구성원과 떨어져서 있는 것이 아니라 관계 안에서 만들어지는 것' (Becker, 1996, p. 89)이라는 사실을 기억할 때 사회와 정치적인 힘은 치료가 이뤄지는 맥락을 만들고 영향을 끼친다. "내담자와 치료사는 역사적 시간과 문화적 상황에 불가분하게 연결되어 있다"(Junge, 1999; Wadeson, 1987). 이 사실을 무시하는 것은 위험하다. 우리가 이 사실을 잊는다면, 사회적이거나 정치적인 측면에서 다뤄져야 할 문제를 개인의 문제나 성격 탓으로 돌릴 수 있다(Lupton, 1997).

현재, 미술과 심리학 학계에서 사회적 책임에 관한 도전이 제기되고 있다. Hillman과 Ventura(1992)는 심리치료가 개인적, 개별적, 내면적인 것에 초점을 맞추는 것의 타당성에 의구심을 던진다. 개인을 구하는 데만 초점을 두는 것은 사회의 문제들을 부인하는 문화를 조성하는 데 한몫을 한다는 것이다. 그들이 개인치료의 필요성을 묵살하는 것은 아니다. 하지만 내담자가 세계에 대해 걱정하는 것을 개인의 문제로 보고 이러한 걱정의 현실적인 연관성을 무시한다면, 심리학을 문제에 속해 있는 것으로 보지, 해결책에 속해 있는 것으로 보는 것이 아니다.

Gablik(1995) 또한 비슷한 방법으로 미술 분야를 비판한다. 그녀는 "치료 분야와 마찬가지로 미술 분야는 분리와 객관성과 자율성의 패러다임에 의해 만들어져 왔다. 이 두 가지의 학문이 문이 닫힌 방 안에서 행해져 왔던 것이라는 공통점은 어쩌면 우연이 아닐지 모른다"(p. 178)라고 주장하며, 예술을 위한 예술이라는 미명 아래 행해진 예술의 상품화를 비판하고, 대신 배려의 윤리에 근거하고 세상과 밀접하게 관계하는 예술 형태의 필요성에 대하여 이야기한다. 비슷한 생각으로, Levine(1992)은 "예술가가 살아 있는 커뮤니티와의 연결을 잃을 때 예술의 치료는 힘을 잃는다"(p. 12)라고 말하였다.

우리의 활동은 관계지향적이며 배려의 윤리에 의해 움직인다. 작품을 상품으로 보지 않고 삶을 구하고 풍요롭게 하는 방법으로 쓴다. 하지만 우리는 심리학이나 미술계의 유행에 영향을 받는다. 보편적으로 볼 때 작품을 만드는 활동은 여전히 비교적 분리된 스튜디오나 미술치료 스튜디오에서 하는 활동으로 여겨진다. 우리가 내담자와 하는 활동은 개인이 처한 삶의 환경에서 적응 능력을 발전시키는 경우가 많은 데도 말이다.

Junge와 동료들(1993)은 우리의 미술치료 훈련은 내담자의 창작 작업을 돕고 그 사람 내면의 풍경을 탐험하게 돕는다고 하였다. 하지만 이러한 훈련 자체가 '내담자가 직면한 싸움에 활동가적으로 같이 동참하는'(p. 150) 우리의 역할을 못 보게 한다. 만약 우리가 내담자의 사회적, 문화적 맥락을 묵인한다면, 그들이 할 수 있는 범위를 훨씬 넘어가는 것조차 개인의 변화에 돌리는 지나친 부담을 그들에게 지울 수 있으며, 그로 인해 현실적이지도 않고 상처를 줄 수 있는 치료의 목표를 세울 수 있다.

미술치료에서 더욱 더 사회적으로 반응하고 책임감을 가지려고 할 때, 개인에 대한 초점을 꼭 포기해야 할 필요는 없다. 개인을 보살피는 것과 세계를 보살피는 것은 불가분의 밀접한 관계를 가진다는 설을 지지하는 치료사들도 많이 있다. 개인 작업실에서 활동하고자 하는 욕망과 사회적 문제점을 다룰 방법을 찾는 작가의 내면에는 긴장이 있다. 한 사람의 마음에 여러 가지 욕망이 공존하지 못할 이유가 없다. 따라서 내면을 들여다보는 것은 세상에서 활동을 하기 위한 활동의 기반이다(Kapital, 1997; Kumar, 1995). 홀로 작업하는 작가에게도 어쩌면 본질적으로 사회적인 가치를 찾고자 하는 열망이 있는지도 모른다. 예를 들어, 그들은 참관인으로 밖에서 안을 들여다보는 시점에서 사회비평가(Lacy, 1995, p. 184)나 집단적 사고를 깨는 목소리의 역할을 할 수도 있다(Kuryluck, 1994).

실제로, 여성학이 우리에게 준 것 중 가장 중요한 것은 개인적인 것이 정치적인 것이라는 깨달음이다. 이것은 개개인의 주관적인 경험이 사회와 정치로까지 연결되어 있음을 말하는 것이다. 사회적인 책임에 관해 이야기할 때 개인적인 경험이 공적인 것과 관련되어 있을 뿐만 아니라, 먼저 자신을 바꾸기 전에는 세상을 바꾸는 것이 불가능하다고 주장하는 사람들도 있다. Majozo(1995)는 군국주의, 억압, 유독성 폐기물, 인종차별, 성차별과 같은 것들은 검토하고, 각성하고, 대항하지 않는다면, 우리의 내면으로, 우리의 지구로, 우리 안으로 들어올 수 없으며, 더 나아가 우리가 그렇게 된다"라고 주장한다(p. 88).

내적인 의식을 계발하는 것은 우리가 미술치료에서 하는 중요한 일 중의 하나이다. 개인과 사회 간의 역동적인 관계의 맥락에서 활동한다면, 우리의 일은 사회적으로 책임 있고 사회에 반응하는 행위가 될 수 있다. 자기 삶의 내용을 바탕으로 창작을 하는 것은 내담자에게는 해방을 위한 한걸음이 될 수 있다(Cohen-Cruz, 1995). 미술치료사 또한 자기 삶의 내용들로 창작함으로써 경험을 통해 예술의 힘을 잘 알게 되고, 다른 이들의 삶의 이야기에 더 잘 공감할 수 있게 된다. 작품을 만드는 것과 미술치료를 하는 것이 사회적으로 연결된 활동으로 나올 때, 개인과 정치 간의 경계는 없다. 우리의 가장 개인적인 발견이 사회적인 현실의 맥락에서 의미를 찾게 되며, 우리의 가장 큰 사회적이고 정치적인 업적은 우리 개인 삶의 풍경을 바꾸고자 하는 것이다. 이것은 개인의 진실성(integrity)과 헌신(commitment)에서부터 비롯된다.

여기에서 중요한 질문은 이 내적인 의식의 성찰이 완전한가 불완전한가가 아니라, 이것이 충분한가 하는 것이다. 미술치료사가 사회적으로 책임 있게 활동한다는 것은 무슨 뜻일까? Kramer(1971)는 미술치료가 전문 직업으로 상승한 것은 우리 사회에서 충족되지 않는 예술에 관한 갈증 때문이라고 말하였다. 하지만 그녀는 우리 사회가 처한 문제들도 잘 알고 있었으므로 "보통 사람이 창조적 활동을 할 수 있는 적당한 환경이 미술치료실 외에 없다면, 창조적 수용력의 기능을 하는 곳이 미술치료 환경 밖에 없다면 미술치료를 살아 있는 경험으로 만들기 어렵다"(p. 4)라고 하였다. 사회에서 의미 있는 창작 활동을 돕거나, 막혀 있는 사회의 상황들 안에서 미술치료를 살아 있는 경험으로 만들 우리의 책임은 무엇인가? 우리의 활동 근거가 되는 사회적 맥락을 무시하거나 단절되어서 아무것도 없는 진공 상태에서 활동하는 것이 윤리적인가? 아니면 가난과 부당함과 폭력이 없는 더 나은 세상을 주장하는 것이 우리의 역할일까? 개인적인 것과 정치적인 것 사이의 상호작용이 미술치료에서 어떻게 나타날까? 사회적인 책임의 관점에서 미술치료의 활동을 하려면 이러한 질문들이 반드시 고려되어야 한다.

미술치료 교육

두 명의 학생들이 장애인 전용 주차장에 관하여 의식과 대화를 이끌어내려는 발표를 하고 있다. 어떤 학생은 직업과 계급의 차이에 관한 의식을 고양시키기 위해 즉흥적인 퍼포먼스를 하고, 또 다른 학생은 라틴계 아이들과 백인 청소년들을 모아서 자신의 문화적 정체성에 관한 팝업 그림책을 같이 만들고 있다. 또 어떤 학생은 사회 보장 연금을 받고 있는 사람들에 대해 사회 전반에 만연한 편견을 직설적으로 성토하고 있다. 나머지 두 학생들은 익명의 사람들의 가슴에 번호들만 쓰여 있는 그림을 같이 그렸는데, 그 번호들은 진단표를 나타낸다. 또한 사람들을 지칭할 때 그들의 병을 먼저 말하는 게 아니라 '사람들 먼저' 의 언어 사용이 중요함을 알리는 정보도 전시하였다.

오늘은 내가 가르치는 수업의 학생들이 각자가 한 프로젝트를 서로에게 발표하는 날이다. 이 수업은 '미술치료에서의 다문화' 라는 수업이다. 수업은 거의 끝나가고 있고 우린 다 피곤하다. 학기말에 밀린 일을 하느라 오는 피곤함이 아니라 제기된 인종과 억압에 관한 문제의식 때문에 그렇다. 우리 인간이 서로에게 한 나쁜 행위를 생각하면 변화에 대한 희망을 잃기가 너무나 쉽다. 그들이 서로의 발표에 어떻게 반응하는지 보기 위해서 학생들의 얼굴을 살핀다. 나는 그들이 변화를 가지고 올 수 있다는 것을 기억하기를, 희망을 가지기를 바란다.

마무리로 이 수업으로부터 얻어가는 것이 무엇인지 나누는 이야기로 수업을 마친다. 다른 학기의 이 수업의 마지막에서 흔히 듣는 이야기보다는 더 긍정적인 반응들이 나온다. 하지만 한 학생은 우리가 하는 것이 과연 충분할 수 있는가라는 질문을 한다. 나는 그 질문의 답으로 이야기 하나를 해준다.

여러분들이 다 알고 있듯이, 나는 교외의 산 쪽에 살아요. 불행하게도 그곳에 살고 있는 사람들은 자연을 존중하는 사람들이라고 말할 수가 없어요. 내가 결심하고 아침마다 하는 일은 조깅을 하고 오는 길에 있는 쓰레기를 줍는 겁니다. 끝이 없는 일이지요. 어제 없었던 맥주 캔이나 담배갑이나 다른 쓰레기가 어디선가 늘 나타납니다. 치우고 또 치워도 소용이 없어요. 지금은 특히 할 일이 많이 있습니다. 눈이 녹고 나니까 그동안 눈 속에 싸여 있던 쓰레기들이 다 보이는 거예요. 너무나 할 일이 많다 보니 이거 해서 뭐하나 싶을 때가 있습니다. 하지만 나는 조금씩 이 일을 하고 있지요.

이틀 전쯤 길에서 쓰레기를 주우며 집으로 돌아가고 있는데 차로 내 옆을 지나가던 어떤 남자가 차를 멈추고 창문을 내려서는 "고맙습니다"라는 거예요. 내가 몇 년 동안 이 일을 했지만 누구한테 고맙다는 인사를 받은 것은 이번이 처음이었습니다. 그리고 그 사람은 조금 있다가 트럭을 가지고 와서 내가 모은 큰 쓰레기 봉지를 실어 버리는 것을 도와주겠다고 하였습니다. 그래서 나도 고맙다고 인사를 하고, 쓰레기 봉지를 다 채우자 그 사람이 와서 가져갈 수 있도록 길가에 놔두고 집에 돌아왔습니다.

다음날 그 자리로 돌아와 보니 그 사람이 쓰레기 봉지를 가져갔을 뿐만 아니라 더 치운 것이 보였습니다. 나무들 옆에 부서진 가구나 큰 쓰레기들을 사람들이 하나 둘 버리기 시작한 곳이 있었는데 그곳에 있던 큰 쓰레기들이 싹 없어진 것이에요. 지금은 그곳이 얼마나 아름답게 변했는지 모릅니다.

그 사람이 한 일을 보니 정말 기분이 좋았어요. 이것은 내가 늘 바라던 일이었거든요. 아마 이런 일은 이렇게 한 사람씩 움직여지는 것 같습니다. 그래서 나는 그런 희망을 가지고 내 몫을 합니다. 어쩌면 내가 하는 일이 누군가 한번 생각해 보게 하는 일일 수 있습니다. 어쩌면 작은 희망을 주는 일인지도 모릅니다. 어쩌면 그들이 혼자가 아니라는 것을 알려주는 것일 수도 있습니다. 그리고 어쩌면 그들도 그들의 몫을 할지 모르지요.

이야기가 끝나고 우리가 하는 일이 과연 충분할 수 있을까 질문했던 학생을 쳐다보았다. 그 학생은 미소를 지으며 고개를 끄덕였다.

미술치료가 개인을 보살피는 것뿐만 아니라 사회를 보살피는 것이라는 의식을 키우는 것은 미술치료 교육에 꼭 포함되어야 할 내용이다. 미술치료사로서의 훈련이 사회적 책임에 기반한 것이라면 그 학생은 졸업해서도 자신의 활동에 이러한 생각을 담을 것이다. 사회적 책임에 관한 의식을 발달시키는 미술치료 교육은 다음 세 가지를 포함하여야 한다. 첫째, 미술치료의 시작인 스튜디오 예술 활동이 사회적으로 응용된 학문이라는 우리의 뿌리에 대한 이해를 가지고 있어야 한다. 둘째로, 남을 돕는 것이 우리 활동의 정신이라면 이를 교육 과정에서 배워야 할 것이다. 셋째로 변화하는 시장에 발맞출 뿐 아니라 사회의 변화하는 필요에 반응하는 새로운 교육의 패러다임이 필요하다.

스튜디오 예술의 사회적 응용이라는 뿌리

역사를 배우는 이유는 우리가 지금 이곳, 이 시점에 어떻게 왔는지 이해하기 위함이며, 이 지식은 우리에게 가이드가 되어 역사가 우리 삶의 역사와 어떻게 엮여 있는지 알려준다. 역사적인 관점이 우리에게 가르침을 주기 위해서는 우리가 역사의 연결선상에 있음을 알아야 한다.

미술치료사가 사회의 부당함을 이야기할 수 있으려면, 우리의 뿌리가 예술의 사회적 응용에 있음을 알아야 한다. 흔히 사람들은 역사를 단순하게 본다. 때로는 흥미롭고 대부분 케케묵은, 별로 상관없는 이야기로 역사를 간주한다. 그 결과 지금 일어나고 있는 일에 어떻게 반응하고 책임 있게 관계를 맺을까라는 생각보다는 역사와 우리가 동떨어진 것이라는 생각을 하게 된다. 미술치료 역사가 알려주는 것은 우리의 뿌리가 창작 활동을 개인과 커뮤니티의 치료를 위해서 쓰고자 하는 열정과 헌신으로 만들어진 튼튼한 뿌리라는 점이다. 근본을 알고 이를 유지하는 것은 남을 돕는 우리의 기본적인 가치와의 연결을 지속시키는 것이다. 이러한 연결은 시장의 압박이 우리의 주의를 흩트리는 것으로부터 보호해 줄 수 있다.

미술치료 역사의 지나치게 쉬운 이해는 스튜디오 모델의 미술치료가 지금의 시장

추세와 상관 없는 것이라고 치부하게 할 수도 있다. 역사의 대안적인 이해를 위해서는 나의 교수님이 말씀하셨던 '사랑이 가득한 비판적 태도' 로 역사를 볼 필요가 있다. 이러한 태도는 역사적 현상이 일어났던 시간과 장소의 상황에 공감을 갖도록 돕는다. 공감의 자세로 역사를 읽을 때 역사가 우리의 삶과 어떻게 만나는가에 귀 기울이게 되며, 지금 현실의 맥락과 관련이 없다고 무시하는 것과 달리 훨씬 더 복잡하고 상관이 있음을 알게 된다. 사랑이 가득한 비판적 태도는 기본 가치를 만드는 역사의 부분들에 귀를 기울이게 하며, 어떤 것들이 이미 지난 것이고 어떤 것들이 계속 발전되어야 할 기본적인 가치인지 더 잘 판단할 수 있게 한다. 스튜디오 모델에 기반한 미술치료를 무시하는 대신, 이것이 과거에 어떻게 실행되었으며 지금 상황에 어떻게 응용할 수 있을지 판단할 수 있다. 또 스튜디오 모델의 미술치료가 지금 현실 상황에 관계성을 어떻게 계속 가져갈지에 관해 변화를 꾀할 수 있다.

스튜디오 모델 미술치료사의 발전에는 많은 작가, 미술 교육자, 미술치료사들의 공헌이 있었다. 미국(Junge & Asawa, 1994; Wix, 2000)의 Cane, Kramer, Huntoon, Jones와 영국(Adamson, 1984; Waller, 1991)의 Hill, Petrie, Adamson이 그 장본인들이다. 미술치료에 기반한 그들의 활동과 사회에 관한 관심은 우리가 미술치료사로서 어디에 서 있는가를 알려준다. 예를 들어, Don Jones(1983)의 미술치료 활동은 2차 세계대전 당시 양심적 병역 거부자로 병원에서 대체복무한 경험에서부터 시작하였다. 미술치료가 사회적으로 연관한 활동에서부터 나온 것임을 알 때, 역사 의식과 더불어 우리 활동의 미래에 관한 비전을 선명하게 가질 수 있다.

미술사와 마찬가지로 미술치료의 역사에도 잊혀진 목소리들이 있다. 초기 미술치료사들 중에서 유색 미술치료사들의 이야기, 예를 들어서 미국 흑인 미술치료사인 Lucille Venture, Georgette Powell, Sarah McGee, Cliff Joseph 등의 이야기가 묻혀져 왔다(Boston & Short, 1998; Riley-Hiscox, 1997). 많은 미술치료사들은 내담자와 일하고, 미술치료협회를 위해 일하느라, 우리가 하는 작업에 대하여 글쓰기를 할 시간이 거의 없다. 어쩌면 이보다 더 중요한 점은 미술치료 내담자의 목소리가 문헌에서 사회적으로 부재하다는 점이다. 이렇게 빠진 목소리를 되찾고 그 안에 담겨 있는 지혜를 들을 수 있는 공간을 만드는 것도 사회적으로 책임 있는 미술치료사의 중요한 활동임을 우리의 역사는 가르쳐 준다.

봉사

역사적인 기초를 탄탄히 하는 것 외에 미술치료 교육은 봉사(service) 중심의 활동에 기초해야 하며 봉사는 우리가 하는 일의 정신으로 남아야 한다. 봉사는 다른 이의 복지와 건강에 기여하는 것이다. 너무도 다양한 요구들 속에서 미술치료 학도들이나 미술치료사들은 이 정신을 망각하기 쉽다. 이를테면 비싼 교육비와 졸업 후 학자금 대출을 갚아야 한다는 압박, 자격증을 따는 부담, 나날이 늘어가는 전문 과목들의 수, 실습 자리를 따는 경쟁, 그것과 연결되는 구직 활동 등 모든 일들은 봉사에 입각한 우리 일의 초점을 쉽게 잃어버리게 한다. 하지만 교육 과정에서 봉사에 관한 방향성은 매우 중요한 것이며, 교육 과정에 이러한 방향이 확실히 정립된다면 미술치료사로 활동하는 내내 영향을 미칠 것이다.

봉사에 입각한 활동은 겸손에 근거한다. 겸손은 우리 각자의 능력과 한계를 아는 것이다. 우리는 우리의 기술과 능력과 열정을 타인을 위해 쓰고자 하는 의도를 지니고 있으며, 우리가 가진 것을 주고 다른 사람들도 그렇게 할 것이라고 믿는다. 이럴 때 우리의 한계는 다른 이들의 힘으로 벌충할 수 있다. 이상적으로 봉사는 아무런 기대 없이 나눠주는 것이다. 이것은 상대방이 어떻게 받을까를 조정하려 하지 않고 주는 것이며, 우리가 준 것에 대해 금전적인 대가를 기대하는 것도 아니다. 우리는 "자비심과 인류에 대한 봉사 정신으로 개인적인 소유나 전문적인 정체성의 권한을 주장하지 않고 나눠준다"(Malchiodi, 2000, p. 159).

하지만 타인의 건강과 행복을 위해서 자신의 건강과 행복을 포기하는 것은 개인의 한계를 부정하는 것이므로 봉사 정신에 입각한 우리의 활동과 맞는 것이 아니다. 그렇기 때문에 삶을 유지할 적당한 임금을 기대하는 것은 우리의 봉사 정신과 타협하는 것이 아니다. 하지만 권력이나 인정이나 명망이나 지배를 갈망하는 것은 봉사 정신으로부터 확실히 멀어지게 하는 것이다.

삶의 수많은 방해 요소와 복잡성에도 불구하고 봉사 정신을 지속하는 것은 누구를 어떻게 돕는 것인가라는 초점을 개발하는 것이며 이것은 미술치료 교육에 필수적인 것이다. 사회의 필요에 대하여 효과적으로 반응하려면 학생들은 미술치료의 힘과 세상의 필요가 어떻게 만나는지 볼 수 있는 넓은 시야를 가져야 한다. Hillman(1995)은 개인주의와 미술의 상품화가 초래하는 문제들을 받아들일 때 중요한 질문은 '무엇을 할 것인가' 가 아니라 '누구를 도울 수 있을까' 라고 하였다. Fene-Calligan(2000)은 이와 비슷한 생각이 미술치료 교육에도 영향을 미쳐야 한다고 이야기한다. 학생들은 내담자들과 어떤 기술로 어떤 것을 할 것인가에 집중하다 보니 타인을 위해서 한다는 목적을 망각하곤 한다.

예술이 사회와 어떻게 만나는가 하는 도전을 경험을 통해서 받아들일 때, 학생들은 미술치료의 봉사 정신에 기초한 예술의 치유적 가능성과 잘 연결해 나갈 수 있을 것이다. Feen-Calligan(2000)은 미술치료 대학원 프로그램에서 문맥적인 능숙함과 조정하는 능숙함, 이 두 가지의 숙련도를 개발하는 것을 추천한다. 문맥적인 능숙함은 미술치료 활동이 일어나는 '광범위한 사회적, 경제적, 문화적 환경에 관한' 이해력과 연결되어 있다(p. 85). 조정하는 능숙함은 빠르게 변화하는 사회의 새로운 조건을 볼 수 있고 그에 따라 조정함으로써 학생이 개인적인 기술과 관심 그리고 새로운 의식을 어떻게 응용할 것인가 하는 것과 관련이 있다. Vick(1996)의 '봉사의 차원(service dimensions)' 모델은 미술치료 활동에서 개인의 소망과 현실의 행위 사이의 간극을 잘 보아낼 수 있는 방법을 제공한다. 개인적인 지식과 전문적인 기술을 가지고 사회가 필요한 것들을 알아차리는 경험을 통해 학생들은 문맥적으로 조정하는 능숙함을 개발할 수 있다.

이러한 경험을 통한 배움의 예로, 내가 가르친 미술치료 개론 학부 수업의 사례를 들어 보자. 이 수업에는 학부의 여러 전공을 가진 학생들이 모였다. 사회적인 이슈를 찾아서 이것에 반응하는 사회적으로 책임 있는 예술 활동을 하는 것이 이 수업의 중심 프로젝트였다. 학생 중의 한 명은 헤비타트(Habitat for Humanity, 국제적인 집짓기 운동 단체)에 연락해서 한 가족을 소개 받았다. 이 가족은 어머니, 아버지, 12명의 아이로 이루어진 대가족이었다. 그 학생은 집 짓는 일을 돕기보다 지금 지어지고 있는 집에 어떠한 작품을 들이고 싶은지에 관해 이야기를 나누었다. 그들이 무엇을 원하는지 이해한 다음, 미술학과 학생들을 모아서 미술 작품을 기증받거나 집 벽에 벽화를 그렸다. 이를 통해 그는 사회적, 경제적, 계급적 문제를 다루는 경험을 하게 되었다. 미술이 보통 사람들에게 어떤 역할을 하는가를 엘리트적인 대화가 아닌 공감의 연결을 통해서, 활동가들이 하는 것처럼 작가들의 공동체를 운영한 경험을 통해서 배웠다. 이 경험은 또한 작가들이 불참하거나 가족들이 마음을 바꾸거나 지역 미디어가 관심을 보일 때 조정하는 능숙함을 개발할 수 있는 충분한 기회를 얻게 했다.

누구를 위해서 미술치료를 하는가에 초점을 맞출 때 효과적인 방법 중의 하나는 내담자를 수업의 초청강사로 초빙하거나 지역의 미술 프로젝트에 참여시키는 것이다. Spaniol(2000)에 의하면 '힘의 불균형을 역전시키는 방법으로 장애가 있는 사람들은 자신들의 상태와 예술을 이용하는 법을 학생들에게 알려줄 수 있는 전문가로서' (p. 79) 초대하는 것이다. 내 경험으로 볼 때 내담자를 학생들의 교육에서 전문가로 포함시키는 것은 여러 면에서 긍정적인 효과가 있다. 학생들은 미술치료에 관하여 배울 수 있고 미술치료를 받는 사람들의 입장에서 나올 수 있는 이슈와 경험에 좀 더 민감해질 수 있다. 도움을 받는 입장에 있는 내담자는 도와주는 입장과 전문가의 입장에 설 수 있으며, 이것은 그들 자신에게 힘을 실어주는(empowering) 경험이 될 수 있다.

미술치료의 새로운 패러다임

단순히 미술치료가 전문 직종으로 살아남고자 하는 게 아니라면 교육의 모델 또한 변화하는 사회와 시장의 필요에 반응해야 한다. 목적이 확고하고 사명에 헌신하는 미술치료는 사회의 환경에 기여할 수 있는 것을 받아들이는 교육 모델에서 발전 가능할 것이다.

이 병든 세계에서 미술치료사들이 무엇을 줄 수 있는지 확실히 하려면, 미술치료 교육의 이론적인 틀에서부터 미술치료가 다른 종류의 치료 모델과 달리 어떻게 미술을 치유적으로 사용하는지 확실하게 설명할 수 있어야 할 것이다. 이것은 '스튜디오에서 발전하는 미학적인 것과 교실에서 채워지는 좀 더 선형적인 지식을' 다른 것으로 나누지 않을 때라야 가능하다(Becker, 1996, p. 29). 미학적/교육적인 것 사이의 통합이 일어나려면, 스튜디오에서 창작에 전념하는 것을 학부교육에만 필요한 것으로 맡겨 두어서는 안 된다. 작가의 정체성과 예술적 방법으로 치료 작업을 상상하는 것을 대학원 과정에서도 계속하는 것이 졸업 후에도 이런 식으로 활동할 가능성을 높인다. 이것은 일반적인 교과 과정에 미술 수업 하나 추가하는 개념이 아니다. 커리큘럼의 구조가 예술적인 관점을 중심으로 재편되는 것이며, 그리하여 이론과 실기가 작품을 만들고 작품에 반응하는 것에서부터 자연스럽게 개발될 수 있게 하는 것이다.

미술치료 대학원 교과 과정에 미술과 작품 활동의 초점이 흐려진 것에 대한 우려의 목소리가 많이 있다(Agell, 1994; Allen, 1992; Cahn, 2000; McNiff, 1986b; Semekoski, 1998; Wix, 1995, 1996). 이렇게 미술에 대한 초점이 흐려진 것에 대응하는 새로운 교육 모델이 만들어지고 있다. Allen(1992)은 미술치료 교육에서 꼭 필요한 인턴 과정에서 학생들이 거주 작가(artist-in-residence) 역할을 하는 것을 추천한다. Wix(1995)는 인턴들을 위한 인턴 스튜디오를 제의하였는데, 이것은 미술치료 인턴 학생들이 일주일에 한번 스튜디오에서 창작 시간을 가지면서 자신의 교육 활동을 창작 활동과 접목하고 동시에 동료들과 내담자의 이야기에 연결할 수 있도록 돕는다.

Cahn(2000)은 스튜디오 미술치료에 입각한 새로운 패러다임의 미술치료 교육을 제시하였는데, 이것은 건축교육에서 빌어온 형태이다. 이 모델에서 일차적인 교육의 구조는 스튜디오이며, 이곳은 다양한 이론과 방법과 기술을 통합적인 방법으로 가르치는 곳이다. 보통 4학점, 6학점 과목을 따로따로 이수하는 것과 달리, 과목들이 합쳐져서 미술과 임상에 대한 전문교육이 지속적이고 종합적인 방법으로 행해진다. 이 방법은 교실을 실험실로 풍부하게 사용하는 방법이다. 이 패러다임은 교육의 첨가적 방법론이 아니라 변화의 방법론이며, 이것은 예술을 교육의 장에서 일어나는 모든 것의 중심이 되게 하는 것이다. Cahn(2000)의 이 교육 모델의 의도는 '학생들의 창작 과정이 그들의 전문가적 삶의 모든 면과 통합을 이루게 도움을 주고자 하는 것이다' (p. 181).

미술에 기반한 치료 방법이 어디에서, 누구에게 가장 효과적일까 하는 질문은 어떤 개인, 그룹, 커뮤니티, 사회 등의 렌즈를 통해서 이러한 질문을 하는가와 관련이 있다. 대학원 교육은 그들 자신이 누구이고 사회적인 맥락에 어떠한 기여를 할 수 있는가를 고민할 수 있는 중요한 기회로, 인턴직이 개인 치료든, 커뮤니티 예술 프로젝트든 그런 것은 상관이 없다. 사람들은 모두 사회적인 맥락에서 존재하며, 권력, 인종, 민족, 계급, 성, 라이프 스타일 등의 문화적인 이슈들과 우리가 하는 일은 밀접한 관계가 있다. 이러한 이슈를 어떻게 해야 가장 효과적으로 다룰 수 있는가라는 것은 우리의 일에 가장 큰 도전이다. 학생들이 이러한 도전을 받아 중요한 질문을 하고, 질병에 중점을 두는 기존의 치료 모델을 초월한 미술치료의 활용을 탐험하는 것을 도울 때, 그들은 지속적으로 발전하고 있는 우리의 학문에 기여할 수 있다.

Semekoski(1998)는 미술치료 학생들에게 작가라는 정체성의 중요성을 거론할 뿐 아니라 협력과 커뮤니티에 기반한 예술 작업을 하는 작가의 정체성이 중요하다고 강조한다. '예술과 사회의 다른 미래를 위해' 작가들과 협력 관계에서 작업하는 넓은 비전이 필요하다고 이야기한다(p. 240). 질병에 초점을 두는 방법이 아니라, 커뮤니티의 작업과 연결되는 포스트모던한 치료 방법이 필요하다고 말한다. 미술치료 분야 문헌 외에 현재의 커뮤니티 기반 예술 활동과 관련된 주제들인 생태심리학, 다른 문화의 종교활동, 현재의 미술사 논의에 관한 책이나 글 읽기를 추천한다. 이렇게 해서 학생들이 자신이 속한 문화의 맥락을 더 잘 알게 되면 세계를 보는 다른 문화의 렌즈에 대해서도 더 많이 예민해질 수 있다.

교육이 교육기관의 벽을 넘어갈 때, 학생들은 더 큰 세상을 배움의 장으로 볼 수 있는 기회를 갖게 된다. 이러한 경험들이 중요하지만, 교육 과정에서의 배움을 통한 관점의 변화는 단순히 하나의 관점에서 다른 관점으로 옮겨가는 것일 뿐일 수 있다. 이 관점은 더 큰 사회와 비교하면 미시적인 한 관점에 불과할 수 있음을 명심하자. 미술치료 교육이 학생들로 하여금 중요한 사회적 이슈들을 보고 문제를 해결할 수 있게 행동을 취하고, 보다 거시적인 측면에서 보고 생각할 수 있도록 효과적으로 자극할 수 있어야 한다. 사회 단체들, 미술치료 수혜자 모임, 예술 단체들, 다양한 문화적인 그룹들과 운동 단체들과 협력할 때, 미술치료 학생은 우리보다 더 큰 커뮤니티와 관계하는 법을 직접적인 경험을 통해 배우게 된다.

학생들은 사회에 반응하고 책임지는 미술치료 활동을 개발하게끔 격려 받을 수 있다. 아무리 미미하고 보잘것없어 보이는 노력이라 해도 이것이 더 큰 것을 위해서 중요하다는 것을 알게 되는 것은 중대한 교훈이다. 이러한 교육적인 경험에서 평생 지속될 미술치료에 대한 태도와 사회적 책임에 관한 고찰이 고양된다.

미술치료 활동

미술치료 교육은 봉사에 입각하고 사회적인 의식을 키울 수 있는 확고한 발판을 만들 가능성을 가지고 있다. 하지만 배움은 졸업과 함께 끝나지 않는다. 사회적으로 책임 있는 활동을 개발하는 것은 지속되어야 할 과정이다. 내담자를 전문가로 보고, 미술치료의 체제 전복적인 가능성을 알고, 미술치료에서의 운동(activisim)에 대한 이해를 증진시키는 것이 이 과정에서 중요한 핵심이다.

전문가로서의 내담자

호숫가 근처의 주차장에 차를 세운다. '올드 블루' 라고 적절하게 이름 지어진 오래된 학교 버스를 운전하고 있다. 차문을 열고 모두 내린다. 외투를 여미고 후두까지 덮어쓰고 차 밖으로 나간다. 오늘은 내가 일하는 정신병원 성인 낮 프로그램 커뮤니티의 야유회 날이다. 날씨가 화창한 이번 주 초에 내담자들은 이 공원에 오는 것을 야유회의 목적지로 정하였다. 하지만 날씨가 어젯밤 갑자기 바뀌었다. 아직 겨울이 완전히 안 지났음을 알리는 듯하다. 나의 슈퍼바이저인 프랭크는 날씨가 그리 좋지 않지만 원래 계획대로 하는 것을 주장했다. 그는 내담자들이 날씨가 조금이라도 나쁘면 너무나 쉽게 그들의 계획을 포기하곤 한다는 것을 상기시키며, 야외에 나가는 것이 우리 모두에게 좋을 거라고 말하였다.

기본적으로는 그의 말에 동의한다. 야외에 나가서 움직이는 것은 거의 모든 경우 우리에게 긍정적인 효과가 있는 것 같다. 나는 늘 이러한 활동에서 에너지를 받는다. 하지만 프랭크가 날씨가 추운데도 불구하고 계획대로 밀고 나간 것은 마음에 들지 않는다. 몇몇 내담자의 항의를 무시하고는 "갈 시간이야! 버스에 탑시다!" 하고 자신의 권한을 주장한 것이 탐탁지 않다. 마치 그가 내담자들보다 그들에게 좋은 것이 무엇인지 아는 것처럼 하는 행동은 내담자를 존중하지 않는 태도로 보였다.

손을 주머니에 깊게 찔러 넣고는 물가를 걷는다. 바람이 내 얼굴을 스친다. 몇몇의 내담자들과 이야기를 나누며 우리가 준비해온 마른 빵 부스러기를 갈매기에게 먹인다. 시간이 천천히 지나간다. 이 나쁜 날씨에도 불구하고 잘 보내려고 노력하지만 추위에 내 이빨이 계속 떨리고 부딪친다. 떠날 시간이 되자 기꺼이 버스에 올라탄다.

돌아가는 차 안은 조용하다. 병원에 돌아와서는 커뮤니티 방에 다 모였다. 아직 코트를 입고 두 손을 비비면서 그 방에 있는 커다란 테이블에 둘러앉아 오늘의 경험을 나누고 이번 주 경험에 대하여 묻고 대답한다. 이 커뮤니티 야유회를 결정하는 과정에 대한 나의 불만을 프랭크와 이야기해 보겠다고 결심한다.

일주일 후, 우리 내담자의 한 명인 엘렌이 종이 한 장을 내민다. 우리의 야유회에 관한 시가 적혀 있었다. 시의 제목은 '은혜(Grace)' 이다. 이 시를 읽고 뭐라고 말해야 할지 모르겠다. 이건 너무나 아름다운 시였는데, 내 반응은 단순히 시의 미적인 면에 대한 반응이 아니었다. 반응을 이해하기까지 조금 시간이 걸렸다. 나중에 안 것은 그 '은혜' 라는 제목이 그 시에 딱 맞는 제목이었다는 것이다. 이 시는 내게 과분한 선물 같았고 이 선물은 마치 나에게 주어진 가르침처럼 느껴진다.

엘렌은 이 여행의 나쁜 점, 즉 '레크리에이션을 표방한 야유회의 의문스러운 효과'를 자각하고 있음을 표현했다. 내 생각도 그랬다. 하지만 이 시는 나의 이해를 훨씬 넘어가는 어떤 것을 표현한다. 이 시는 그룹에서 떨어져 갈매기들에게 빵 조각을 던지고 있는 한 남자에 관하여 이야기한다. 우리가 어떻게 이 남자를 중심으로 빵과 날개가 우리 주변을 채우면서 커뮤니티가 되었는지를 말한다. 남자가 누구인지, 내담자인지 직원인지는 묻지 않는다. 모르는 것이 맞는 것 같다.

그녀는 자신의 이해를 나누면서 이 과정을 통해 경험을 바꾸어 이 여행에 의미를 부여하였다. 그날 오후의 경험에서 시적인 것을 본 것은 나에게 많은 영감을 주고, 내가 무엇 때문에 이 일을 하는지를 상기시켜 주었다. 사람들로 하여금 그들의 경험을 변화시키는 것, 거의 불가능한 상황에서 개인들이 모여 커뮤니티가 되어 우리가 같이 희망의 새로운 모습을 찾을 수 있게 돕는 것이 내가 이 일을 하는 이유이다.

우리의 미술치료 활동이 사회와 관련되어 있으려면, 내담자와의 관계가 반드시 존중과 존엄에 기초를 두고 있어야 한다. 치료에 관한 우리의 주장을 기꺼이 질문하고, 내담자를 그들의 삶에 관한 전문가로 보는 것은 이 기초를 다지는 데 꼭 필요한 것이다. Colli(1994)는 미술치료사가 미술치료의 장에서 그대로 받아들여지고 있는 것들을 질문하는 것이 동반하는 위험부담을 경고한다. 내담자가 필요로 하는 것이 기관의 기대보다 이차적인 것으로 보일 때, 내담자가 그것에 맞춰 행동하도록 조장하는 데 미술치료가 이용될 수 있다. "환자들이 정상이 되는 것은 그들의 광기에 포함된 활력의 가능성을 잃거나 부정해서 얻는 것이 아니라, 그들의 정신병에 의미를 주고 이를 밖으로 끌어내어 변화시키는 책임을 지게 하기 때문이며, 그리하여 그들은 바깥의 세상과 실제로 관계를 맺을 수 있는 가능성을 받아들이기 때문이다"(Colli, p. 111).

내담자와 협력자로 활동하는 것은 우리가 가지고 있는 치료자/내담자 간의 기존의 수직적 관계를 흔드는 것이다. Gerrity(2000)에 의하면, 다양한 질감과 색깔과 형태에 매료되어 사물을 다른 입장에서 보고자 하는 예술가의 입장과 부분의 관계를 전체의 관계에 비추어 보는 시선은 다양성을 존중하고 내담자와 협력하고자 하는 발판을 만든다.

내담자의 예술적인 면은 내게 많은 것을 가르쳐주었다. 그들은 '그들의 경험을 가지고 지식을 만드는 공동의 행동을 통해 개인적인 혹은 커뮤니티적인 힘을 키우는 과정' 을 더 잘 이해할 수 있는 도움을 주었다(Ciornai, 1983, p. 65). 엘렌처럼 그들은 예술을 통해서 경험을 변화시키고, 커뮤니티를 만들고, 아주 작은 희망이라도 그릴 수 있었다.

전복적 활동으로서의 미술치료

전복성은 미술의 특징 중의 하나로, 우리가 하는 일의 전복적인 가능성은 미술치료로 하여금 사회적인 문제를 다루게 하는 토대를 만든다. 예술은 때로는 미묘하게 때로는 대담하게 근본적으로 사회적인 이념의 변화를 이끌어내는 역할을 할 수 있다. 창조를 한다는 것 자체는 우리가 가지고 있는 치료를 받는 사람들에 관한 장애, 힘 없음, 의존성에 관한 우리의 생각을 흔들어 놓는다. 더불어, 성, 신체, 가정 폭력, 가정 문제, 장애와 방치와 죽음과 상실에 관한 사회적 터부 등에 도전장을 내밀고, 미술을 통해 비밀로 속삭이던 것을 열린 장에서 토론할 수 있게 한다(Aldridge, 1998, p. 9). 가장 극적인 전복적인 활동은 사회의 문제가 겉으로 드러날 때, 즉 숨겨져 있던 것을 나타내는 것이다. 사실, 미술은 내담자로 하여금 거부되어 왔던 자신을 주장하고 나타낼 수 있게 한다. 자신을 정의하는 이러한 과정은 내담자에게 용기와 긍지를 줄 수 있다. 스스로를 명명하는 과정은 정치적인 활동이다.

미술치료의 전복적인 가능성을 이해하려면, 우리가 하는 일이 어떻게 전복적으로 사용될 수 있는가를 잘 들여다 볼 필요가 있다. 작가나 미술학도들이 표현의 자유와 사회적인 책임 사이의 관계를 잘못 생각하는 것처럼 미술치료사와 미술치료 내담자 또한 똑같은 혼란에 빠질 가능성이 많이 있다. Becker(1994, 1996)는 미술계에 퍼져 있는 자유에 대한 순진한 생각을 토론한다. 이 생각은 작가들이 거리낌이나 검열 없이 개인의 표현을 할 필요와 작품이 제작되고 감상되는 맥락에 관해 신중하게 결정할 필요 사이의 차이를 화해시키지 못하는 것이다. 자유란 '결정의 결과는 염두에 두지 않고 언제 어디서든 자기가 하고 싶은 것은 무엇이든 한다' (1996, p. 31)는 것이라고 생각되곤 한다. 그러한 생각은 작가를 더 큰 세상과의 대화에서 고립된 외로운 자리로 전락시킨다. 그녀의 주장에 의하면, 자유의 정의는 예술가로 하여금 마치 자신의 행위에 책임을 지지 않아도 되는 것처럼 생각하게 만든다.

사회적 영향이나 충격을 생각하지 않고 거리낌이 전혀 없는 예술적 표현을 내담자들에게 하라고 한다면 이것은 도움되는 것이 아니다. 이러한 강조는 그들의 작품이나 그들 자신이 현실 세계에서 어떻게 받아들여질까 하는 것에 대한 준비를 시키지 않는 것이다. 정신장애가 있는 내담자일 경우, 정신병 있는 사람을 아이처럼 취급하여 자기 행동의 결과에 대하여 책임을 지지 않아도 된다는 식의 위험한 고정관념을 강화시킬 우려가 있다.

Haeseler(1987)는 표현의 자유와 사회적 책임에 대한 미묘한 균형을 미술치료의 역동성으로 설명한다. 그녀는 혼자 만든 작품과 그룹의 맥락에서 만들어진 작품을 구분하면서 '환자들은 작품을 자신들과 관계하는 것으로 볼 수 있지만, 이것이 다른 이들에게 어떻게 받아들여지며 무슨 의미일까에 관해서도 이해하는 것을 배울 수 있다'라고 쓰고 있다(p. 11). Henley(1995b, 1997a) 또한 '작가의 창작할 권리와 전시할 특권' 사이의 차이를 이야기한다(1995b, p. 65). 어린이, 청소년과 작업하면서 헨리는 충격적인 내용의 작품을 어떻게 다룰까에 관한 예민한 이슈를 가지고 고민한다. 이것은 작가의 의도와 그 작품을 볼 학생이나 내담자의 필요 사이의 고민이다. 그에 따르면 "착취적인 작품을 다른 사람들로부터 숨긴다면 작가는 억압을 받는다. 고립되어 작품을 하게 하는 것으로는 충분하지 않다. 중재는 단순한 도발을 넘어서 작가의 성숙과 의식의 함양을 위해 노력해야 한다"(1997a, p. 45). 작가는 예술가의 창작에 대한 자유와 사회적인 책임 사이의 관계를 이해하여야 한다. 그럴 때에 검열은 자율권과의 균형을 이룬다.

어쩌면 충격적이거나 보는 사람을 불편하게 하는 공공작품은 문화가 치유되는 과정에서 '사회적, 정치적, 인종적, 종교적 시위를 통해 심리적 균형과 평등을 이루기 위한 필요에서' 일어나는 현상인지도 모른다(Politsky, 1995, p. 115). 다른 해석도 가능하다. 그러한 작품은 관계하고자 하는 사람들이나 돕고자 하는 사람들을 다치게 할 수도 있다. 내 경험에 의하면 어린 시절 학대 경험이 있는 성인들의 경우, 충격적이거나 불쾌한 작품을 만드는 것은 기억에서 잊혀지지 않는 이미지를 다루는 한 방법으로 치유의 한 과정일 수 있다. 하지만 이런 작품이 그룹의 맥락에서 만들어질 때는, 만든 사람에게는 치유적이나 보는 다른 사람에게는 충격적이거나 심리적으로 해로울 수도 있다. 이러한 그룹 참여의 딜레마는 트라우마의 역동성과 평행선을 이룬다. 이미지가 검열 당한다면, 이는 학대를 비밀로 계속 덮어두자는 메시지를 반복하는 것으로 경험될 수 있다. 그렇다고 작품의 해로운 효과에도 불구하고 인내해야 하는 상황이 되면, 이는 학대자와 관련하여 느꼈던 아무 힘이 없음(powerlessness)을 다시 경험하게 될 수도 있다. 그렇다면 이 딜레마를 극복할 쉬운 길은 없는 것이다.

내 경험으로는 표현의 자유와 사회적 책임 사이의 고민에는 그룹 참여가 가장 도움이 되는 것을 알 수 있었다. 이것은 트라우마의 복잡성을 받아들이는 더 열려 있는 대화의 장으로 역동성을 더 건강하게 변화시키는 효과가 있다. 그룹 성원들은 함축과 표현 사이의 변증법에 관해 자신만의 대답을 찾을 수 있는 기회를 가진다.

예술에 관한 위험의 한 가지가 전복의 가능성이라면 이 가능성을 부인하는 것 역시 위험하다. Skaife(1995)는 우리가 하는 일에 전복 가능성이 있음을 인정하기를 거부하는 세력에 대하여 주의를 준다. 그녀는 서양의 문화가 개인간의 혹은 공동체적인 관계들보다 물리주의를 중요하게 생각하고, 공동의 활동보다 경쟁 위주의 개인주의를 철학적 기반으로 하고 있어 왔으며 '우리 분야의 정직성을 위해 미술치료가 우리가 하는 일과 달리 이념에 따라 이리 밀리고 저리 당겨지는 것에 대해 반드시 경각심을 가지고 있어야 한다' (p. 2)고 경계했다.

미술의 전복 가능성에 지속적으로 연결되어 있으려면 우리의 정치성을 만들어 내는 기관의 전문적, 사회적 세력들을 잘 알고 있어야 할 뿐만 아니라, 이들을 향해 도전에 나서고 질문을 던지고 기꺼이 대화에 참여하고자 하는 마음이 필요하다. 물질주의와 개인주의로 설명되는 이 사회에서 봉사에 대한 우리의 헌신과 더불어, 민주적이고 편재해 있는 예술의 치유적 가능성에 대한 우리의 믿음을 굳건히 해야 한다. 미술치료의 전복 가능성에 연결을 지속하는 길은 운동가(activisit)의 역할을 통해서이다.

액티비즘과 미술치료

한편으로는 모든 미술치료 활동은 사회적인 문제를 다루므로 다 운동이라고 할 수도 있다. '해방은 우리로부터, 집에서, 내면에서' 시작한다는 믿음에서(Escobar, 1994, p. 52) 미술치료사는 우리 내면의 작업과 도움을 받기 위해 우리에게 온 내담자를 통해서, 한 사람 한 사람의 변화를 추구함으로써 사회변화를 도모한다. 어떤 미술치료사에게는 우리가 하는 일을 더 큰 사회적, 문화적 맥락에서 보고 우리의 역할을 운동가로 보는 것이 중요하다.

액티비스트 예술(activist art)에 대한 생각은 어떤 경우에 정치적인 예술작품과 혼동을 일으킨다. 액티비스트 예술의 의도는 단순히 그 의도를 말하고자 하는 것이 아니라, 그 작품을 보는 사람이 어떻게 이해하고 어떻게 참여할까 하는 것과 관련이 있다(Felshin, 1995). 예술은 충격적인 것을 보여 주거나 혼란스럽게 하는 대신 보는 사람을 변화의 과정에 참여시키고자 한다. 따라서 액티비스트 예술 방법은 미술치료의 정신과 공감대를 이루는 방법이며, 작품은 관계적인 맥락에서 변화를 일으키는 의도를 가지고 있다. Suzanne Lacy(1995)는 예술에서의 운동을 개인과 공적인 영역에서의 활동의 연결체로 파악하는 모델을 제공한다. 이 모델에는 네 가지의 측면이 있는데, 경험자로서의 예술가, 리포터로서의 예술가, 분석자로서의 예술가, 운동가로서의 예술가이다.

첫 번째 측면인 경험자로서의 예술가의 경우, 예술가는 사회 그룹의 경험을 연민과 주관성을 기초로 한 공감적인 형태로 반영하고 기록한다. 경험자의 역할로 기여하는 미술치료의 가능성은 Don Jones(1983)의 초상화 시리즈가 잘 보여 준다. 이 초상화들은 뉴저지의 말보로주립병원 환자들에 대한 그의 주관적인 반응을 그린 것이다. 1940

년대에 제작된 것으로 당시 기본적인 관리 외에 거의 보살핌이 주어지지 않았던 주립 건강 시스템의 환자들이 경험하는 고통을 잊혀지지 않는 이미지로 민감하게 담아낸 것이다.

내담자의 경험을 공감적인 형태로 반영하는 것이 우리가 하는 일의 아주 중요한 일이므로, 우리는 이런 측면의 운동가적인 예술을 하기 좋은 위치에 있다. 우리의 작품들로 일반인들 대상의 예술 전시(Fleming, 1993, 198; Frnaklin, 1993; Lachman-Chapin, 1993a, 1993b)와 퍼포먼스 예술(Henley, 1993; 1998; McComas & McComas, 1996, 1998; B. Moon, 1995, 1996; C. Moon, 1997b; Moon & Schoenholtz, 1998)을 하는 것은 여러 미술치료사들에 의해서 논의된 바 있다. 이러한 전시들과 퍼포먼스들은 사회의 구석으로 밀쳐져 있는 사람들, 예를 들어 심각한 정신병이 있는 사람들이나 에이즈가 있는 사람들의 경험을 새롭고 공감적인 측면에서 볼 수 있는 기회를 준다. 누가 이 작품을 볼 것인가 하는 것은 중요한 질문이다. 이미 이러한 이슈들을 잘 알고 있는 사람들(예컨대 미술치료사)에게 이 작품들을 보여 줄 것인가, 아니면 이러한 이슈들을 잘 모르거나 별로 관심 없는 사람들에게 보여 주도록 스스로에게 도전장을 내밀 것인가?

두 번째 액티비즘의 예는 리포터로서의 예술가이다. 사회의 측면을 단순히 반영하는 것만이 아니라 더 의도적이고 선택적으로 (흔히 해석과 설득의 목적을 가지고) 조사하는 것이다. 리포터로서 예술가의 역할을 하는 것은 내면적인 경험을 반영하는 것보다 한 단계 더 나아가는 것이다. 만약 '자유를 위해서 작품의 창작을 대중과 나누는 것이 중요하다면' (Hooks, 1995, p. 4), 예술가는 리포터의 역할을 받아들여서 이 자유를 의도적으로 사용하며, 이것은 사회적이거나 정치적인 함의를 가진 작품을 선택하여 보여 주는 것으로 나타날 수 있다.

'창조적인 대화 : 창작을 하고자 하는 공통된 의지(Creative Dialog : A Shared Will to Create)' 는 미술치료 대학원의 학생들과 그들의 인턴 과정 내담자들의 작품을 보여 주는 협업 전시로서(Vick, 2000), 예술가가 리포터로 활동한 예이다. 이런 경우에는 누구의 관점을 가장 가치 있게 보는가를 중심으로 계층적이고 가식적인 시스템에 의문을 던진다. 리포트의 대상이 되곤 하는 내담자는 (임상 기록이나 케이스 컨퍼런스나 미술치료사의 전문 발표회나 글을 통해서) 치료사와 동등한 위치에서 경험을 발표하는 평등한 파트너가 된다. 이런 관점은 힘없는 위치에 있는 내담자를 다른 눈으로 보게 하며, 내담자의 가능성, 창조력, 창조 의지와 치료적인 관계에 관한 전문성을 강조한다. Spaniol(1988)은 정신 장애가 있는 사람들을 리서치 프로젝트의 파트너로 삼으면서 기존의 내담자-치료사의 높고 낮음에 도전한다. 발표된 자료에 의하면 그녀의 이 프로젝트를 통하여 내담자가 생각하는 작품 활동과 미술치료에 관한 공통된 생각을 포함하고, 질문하지 않고 받아들이는 생각과 가치와 활동에 의문을 던진다.

세 번째 측면의 활동은 분석자인 예술가로서, 수용적이고 관찰적이고 직감에 의한 경험적인 자리가 지적인 작업의 뒤로 물러난다. 예술가는 사회적인 상황을 분석하고, 이론화하고, 도발적인 해설을 개발한다. 중요한 사회적 이슈에 관한 미술치료적인 반응을 비판적으로 분석하는 것은 분석자의 역할이다. 폭력에 관한 작가의 반응(Kapitan, 1997), AIDS(Frankloin, 1993; Junge, 1999; Weiser, 1989), 생태적인 위기(Kellen-Taylor, 1998) 등이 미술치료사의 책임과 관련되어 분석되고 검토된 이슈들의 예이다. 미술치료에 더 근접한 사회적인 이슈들, 예를 들어서 미술치료 내담자의 작업을 전시하는 것(Alter-Muri, 1994; Edwards, 1993; Knowleds, 1996; Spaniol, 1990a, 1990b, 1994)이나 대중의 '아웃사이더 아트' 에 관한 많은 관심이 미술치료에 미치는 영향(Esman, 1988; Haeseler, 1988; Marin, 1988; Parsons, 1986; Rubin, 1986; Sweig & Cohen, 1998)들도 논의되었다. 이러한 문헌에 나온 분석들은 의식을 고취하고 독자로 하여금 미술치료의 역할과 사회적인 환경에서의 책임에 대한 어려운 질문들과 씨름을 하게 한다.

마지막 측면은 운동으로서의 예술가이다. 이러한 예술가는 공공적인 영역과 협력하는 행동으로 특성화되며, 지역, 나라, 지구적인 이슈들을 내부 맥락에서 다룬다. 이러한 역할의 예술가는 그 이슈의 밖에서 기록하고 해석하고 논의하는 역할이 아니다.

대신, 그 이슈가 살아가는 현실인 커뮤니티의 멤버들과 함께 안에서 밖으로 나아간다. 미술치료사는 전문적인 미술 교육을 받지 않은 사람들과 작품을 만드는 것을 돕는 일을 한다. 그렇기 때문에 대중과 운동가로서 관계를 맺기 좋은 위치에 있다. 사람들이 모두 가지고 있는 창조적인 표현 능력에 대한 우리의 믿음을 운동가의 입장에서 사용할 때, 미술치료사는 지역과 나라와 지구 공동체에 대한 이슈들을 다룰 수 있다. 창작 활동은 다루고 있는 이슈와 떨어져 있는 것이 아니라, 그 이슈에 직접적으로 영향을 받는 사람들의 공동체 안에서 이루어진다.

운동가의 역할을 하는 미술치료사의 예로는 Timm-Botos(1995)의 커뮤니티에 기반한 아트스트리트(Artstreet) 프로젝트를 들 수 있다. 이 프로젝트는 노숙자 쉼터 회원들의 자긍심을 키우고 계급의 차이의 크기를 줄이기 위한 프로젝트로서 다양한 활동을 펼쳤다. 예를 들어 Vance & Clark(1995)의 평화 다리 프로젝트(Peace Bridge Project)는 사회에서 맞닥뜨리는 문제에 대하여 아이들이 창조적이고 비폭력적인 방법을 찾도록 돕고, Ault(1988)는 기업 조직의 사람들과 창작의 작업으로 더 인간적인 기업의 형태를 만들도록 지원하며, Speert(1989)는 핵무기의 존재에 대한 아이들의 두려움과 걱정을 미술에 담는다.

미술치료의 활동이 더 큰 사회적인 맥락과 관계를 지속적으로 만드는 것을 탐사할 때 Lacy(1995)의 모델을 기억하는 것이 도움이 된다. 운동은 여러 가지의 형태를 가질 수 있으며, 다른 형태는 다른 층위의 참여를 필요로 하다. 고정관념의 운동은 직접적이고 타오르고 짧은 형태의 행동으로 생각되고는 한다. 하지만 운동이 조용하고 차분하고 친밀하고 오래가는 형태를 띨 수 있다(Phillips, 1995). 또한 공감에 기반하고 사회적인 이슈에 점차적으로 관여하는 형태일 수도 있다. 여기에서 보여 준 예들과 같이 우리 미술치료 영역에는 앞으로 나아갈 액티비즘의 역사가 있다. 우리에게 지속적인 도전은 기술과 열정과 헌신을 우리가 속해 있는 지속적으로 변화하는 사회에 적용하는 것이다.

미술치료의 비전의 확장

나는 내 차 안에 있다. 코린과의 세션을 끝내고 집에 가고 있는 길이다. 우리가 같이 보낸 시간을 생각하니 한숨이 절로 나온다. 그녀가 늘 달고 다니는 육체적이고 감정적인 불편함이 내 힘을 쭉 빼놓았다. 그녀는 이제 50대 초반인데 그보다 훨씬 더 나이 들어 보인다.

내가 코린을 위해서 바라는 것들이 있다. 파트타임 직업, 주부의 역할과 알코올 중독자인 남편에 대한 피해자 역할을 버리고 개별적인 정체성을 갖는 것, 운전면허증 따기, 그리고 어느 정도의 삶 속의 기쁨이다. 그녀의 지역에 있는 알코올 중독자의 모임(Alcoholic Anonymous Group)에 관하여 내가 아는 바를 이야기해 주었다. 고개를 끄덕거리며 이 모임에 가는 것이 좋겠다고 하였다. 하지만 한번도 간 적이 없다. 언제나 이유는 있었다. 차를 태워줄 사람이 없든가, 혼자 가기 두렵거나, 무슨 일이 생겼거나 하는 이유를 든다. 그래도 최근에 그녀의 이웃과 친구가 되었는데, 이웃의 전 남편도 알코올 중독자였다고 한다. 그들은 가끔 만나서 커피를 마시고 그들의 삶에 대하여 이야기를 나눈다.

그녀는 작품을 만들 때 잘 못 만들어 미안하다고 사과를 하고는 한다. 자신을 깎아내리는 말을 하고, 자신의 작품이 2살짜리가 만든 것 같다고 한다. 자신이 하는 건 형편없다고 믿는다. 하지만 무엇인가가 그녀로 하여금 미술치료실로 다시 돌아오게 한다. 나는 그녀가 자신의 삶을 조금씩 다시 만들어 나갈 수 있도록 물감, 풀, 가위, 실 같은 것들을 제공한다. 지금까지는 이것이 충분했다.

나는 그녀가 해방을 맛보기를 원한다. 그녀가 남편을 알코올 중독 치료 프로그램에 보내거나, 남편에게 집에서 나가라고 요구하기를 바란다. 스스로를 자랑스럽게 여기고, 스스로 가능한 사람이라고 볼 수 있는 자신의 삶을 만들어 나가기를 바란다. 하지만 현실적으로, 금전적으로, 감정적으로 그녀는 남편에게 의지를 하고 있다. 고등학교를 마치지 못했고, 일을 한 경험이 적으며, 사랑이 있지만 혼란스러운 가족이 있다. 이러한 상황에 있는 여자에게 많은 선택이 있지는 않다. 그녀에게 남편과 헤어지라고 등 떠민다면 그 결과는 끔찍할 수도 있다. 나는 그녀가 무엇을 원하는지 자신의 소리를 듣게 되기를 바란다. 그녀에게는 친구와 커피를 마시는 것과 미술에 손을 살짝 담그는 것이 해방을 위한 첫 단추일 수도 있다.

내일은 내가 속해 있는 여성 그룹에 가는 날이다. 음식을 나눠 먹으며 이야기와 웃음과 우리의 약함을 나눌 것이다. 코린에 관하여 이야기하지는 않을 것이다. 하지만 이 여성들과 있을 때 코린을 생각할 것이다. 우리는 많은 것을 같이 만든다 — 작품, 커피, 대화, 이야기를 듣는 공간, 서로의 이야기를 경청하는 시간. 이런 방식으로 우리의 일상적인, 하지만 용기 있는 해방으로의 행동을 존중하는 행동을 한다. 미술치료의 확장된 비전이 사회적인 책임과 어떻게 관여될까? 코린과 하는 작업이 특별히 사회적으로 책임 있는 작업일까? 아니면 이것은 너무 제한적이고 그 사람의 개인에 대하여 너무 집중된 작업일까? 만약 이것이 사회적으로 책임이 있는 행동이라면 이것이 충분한가? 더 해야 하지 않을까? 어쩌면 나는 코린이 학교 졸업을 하고, 여성 그룹에 들어가고, 자원봉사를 하게 도와야 하지 않을까? 어쩌면 내가 문맹퇴치를 위해서 자원봉사 선생님으로 나서야 하지 않을까? 그래서 코린 같은 여성이 보다 자신감을 얻고 직업을 찾을 수 있도록 도와야 하지 않을까? 어쩌면 내가 창작을 언어수업에 포함시켜서 쓰고 읽는 것을 가르치는 것과 동시에 자신감을 증진시키는 것을 도울 수 있지 않을까? 아니면, 이 모든 아이디어를 합하여 자신감과 자존감과 능력 개발을 위한 성인 여성을 위한 프로그램을 시작하는 것은 어떨까? 그렇게 한다면 그것은 충분할까? 그렇게 한다면 내가 사회적인 책임을 수행하는 미술치료사일까? 사회적으로 책임감 있는 미술치료사라는 것이 무슨 의미일까?

다행히도 사회적으로 책임감 있는 미술치료사가 된다는 것은 여러 가지 다양한 형태로 존재할 수 있다. 사회를 바꾸기 위해서 영웅적이거나 엄청난 일을 하는 게 꼭 필요하지는 않다. 가장 기본적인 측면에서 사회적으로 책임 있다는 것은 사회적이고 정치적인 맥락이 사람들의 삶에 영향을 미치며, 문제들이 일어나는 사적인(private) 수준에서 공공적인 수준까지, 개인적인(individual) 수준에서 문화적인 수준까지, 개인적인(personal) 수준에서 정치적인 수준까지 다루고자 노력하는 것을 말한다.

사회적 행동의 연속체

Majozo(1995)는 운동가인 예술가를 거론하면서 미국 흑인들의 블루스 음악을 예술과 그 가능성에 관한 적절한 은유로 꼽는다. 이 형태의 음악에서 첫 소절은 부름(call)이고 다음 소절은 대답(response)이다. 그리고 세 번째 소절은 듣는 사람을 자유롭게 하는, 부름과 대답으로부터의 해방(release)이다. 그녀가 말하기를, 예술에서의 "부름은 세상 안에서의 우리의 경험, 즉 우리의 관심이나 의식을 일으키는 인간의 상태와 처해 있는 상황"(p. 91)이라고 한다. 이 부름에 대한 대답은 변화를 명명하고 인정하고 박차를 가하기 위한 예술적인 창조에 의해서 나온다. 부름과 대답 이후에 나오는 해방은 작품의 창조에 의해서 지속적으로 감흥을 받는 과정으로, 이것은 마치 예술이 그 자체로 생명력을 얻어서 계속 스스로를 보여 주고 반응을 끌어들이는 것 같다.

이 은유는 우리의 삶과 직업에서 사회적 책임이 어떻게 나타날까 하는 것을 고민하는 미술치료사에게 적절한 표현이다. 행동의 동기유발은 인간 삶의 경험들이 어떻게 우리의 관심이나 의식을 일깨우는가 하는 것으로 시작한다. 우리의 경험은 너무나 다양하기 때문에 우리의 반응 또한 다양할 것이다. 우리의 반응은 내부에서 동기를 유발하는 것뿐만 아니라 삶이 처해 있는 특수한 상황에 의해서도 영향을 받는다. 이러한 상황은 우리의 기술과 능력과 자원과 (육체적, 감정적, 금전적, 집단적 그리고 영적인) 헌신을 포함한다. 개인이 처한 상황에 따라서 어떤 미술치료사는 노숙자들의 초상화를 그려서 그들의 존엄성과 인간성을 보여 주는 프로젝트를 할 수도 있다. 다른 삶의 경험을 가진 다른 미술치료사는 같은 상황을 보고 커뮤니티 아트 모임 연합을 조직하는 것으로 반응할 수 있다. 이 경우 노숙자 쉼터에 있는 사람들이 스스로를 긍정적으로 볼 수 있게 그들을 예술가의 위치에서 활동하게 하므로 엘리트적인 미술과 풀뿌리 예술의 경계를 허무는 것이다. 이 두 가지 중 어떤 것이 더 낫거나 더 '맞는' 반응은 아니다.

그저 다른 반응들인 것이며, 개인이 처한 삶의 상황들에 따라 다양하게 나타난다.

미술치료에서의 사회적인 행동의 가능성을 볼 수 있게 하는 한 가지 반응은 개인-커뮤니티의 연속체에서 일어나는 활동을 생각해 보는 것이다. 직선이 아닌 원형의 연속체는 시작도 끝도 없다. 이것이 아마 사회적인 행동의 성격을 가장 잘 나타내는 형태일 것이다. 대부분의 우리는 연속체 안에서 움직이며, 개인적인 것과 공적인 것 사이에서 왔다갔다하면서 다양한 내적인 필요와 변화하는 외적인 사건들에 반응한다.

이 연속체의 한 지점에는 스스로 하는 작업이 있다. 내면의 풍경을 가꾸고, 환경이 자신에게 미치는 영향에 대하여 예민해지고, 의식을 가꾸고, 감정적인 것을 유지해주는 양식을 공급 받고, 세상에서의 활동을 준비한다. 미술치료사들에게는 이러한 내적인 작업은 여러 가지 형태로 나올 수 있지만, 개인적인 창작작업이 가장 일차적인 방법일 것이다.

그 연속체의 다음 지점으로는 친밀한 성격의 활동들이 있다. 활동에 대한 부름을 받고, 미술에 기반한 방법으로 다른 사람 또는 작은 그룹의 사람들과 관계를 맺는다. 이러한 친밀한 대인관계에 기반한 활동은 미술치료사가 하는 많은 작업의 성격을 말해준다. 이러한 작업이 개인적이고 사회적인 역동성에 대한 세심함을 바탕으로 이뤄질 때, 이것은 사회적으로 책임 있는 활동의 한 예가 된다.

이 연속체의 다른 지점에는 우리를 조직이나 공동의 측면에서 관계를 맺게 하는 활동들이 있다. 주정부나 전국적인 미술치료 조직에 연관되어 봉사를 할 수 있고(Minar et al., 1997), 다른 형태로 나올 수도 있다. 예를 들어 전국적인 예술-치유 단체들과 연계해서 작업할 수 있다. 이것은 정신건강 단체일 수 있고 지역의 비영리적인 예술 단체일 수 있다. 글을 발표하고, 퍼포먼스 예술을 하고, 작품을 전시하는 것 또한 내가 있는 직접적인 커뮤니티보다 더 큰 커뮤니티와 관계를 맺는 방법이다. 글이나 작품을 발표하고 공연하고 전시하는 것으로 참여할 수 있고, 우리의 단체를 홍보하는 일을 하거나, 다른 사람들의 작품을 대중에게 발표하는 작업을 할 수도 있다.

우리의 마음이 움직이고 그것이 가능하다면, 우리가 속해 있는 기관의 활동을 앞으로 더 밀고 나갈 수 있다. 우리가 열정적으로 생각하는 사회적인 이슈를, 우리가 속한 기관이나 단체가 다룰 수 있게 노력할 수 있다. 아니면 우리의 에너지를 이미 존재하고 있는 단체들의 힘을 모아서 상호보완적이고 협력적인 방법으로 기능할 수 있게 도울 수도 있다.

이 연속체 전체를 아우르는 생각의 기틀은 어떤 행동을 하든 우리가 가지고 있어야 할 사회적 이슈에 대한 의식과 사회적 행동에 대한 의지와 헌신이다. 사회적인 아픔 앞에서 우리가 부름을 받을 때, 우리의 가장 진정하고 관대한 반응은 우리가 예술가라는 정체성을 통해서 나타난다. 하지만 예술이 사회의 모든 필요에 반응하는 만병통치약은 아니다. Gomez-Pena(1995)는 때로는 예술의 안정구역을 벗어나서 "문화들 사이에서의 외교관, 경계에 위치한 철학자, 연대기 기록자, 활동가 등, 다수의 역할들 사이에서 조정을 하고, 접근권과 관용과 대화와 개혁을 실행하고 촉진하고 요구해야 한다"(p. 103)라고 말한다. 사회적 운동에 관한 부름은 우리로 하여금 예술적인 창조물을 만들게 할 수 있지만, 우리가 만드는 창작이 우리가 돕고자 하는 사람들의 삶과 분리가 되어 있거나, 더 큰 문화운동가의 노력으로부터 떨어져 있다면, 변화를 부추기는 데 별로 효과적이지 못할 것이다.

Becker(1996)는 남아프리카 여행에 관하여 이야기하면서, 그곳의 예술가들은 작품의 내용에 따라서 활동적 혹은 비활동적으로 분류되지 않는 것을 발견하였다고 했다. 대신, 다른 모든 사람들과 마찬가지로 그들은 삶의 헌신의 질에 따라서 평가를 받는다(p. 103). 미술치료사가 우리를 둘러싼 사회의 필요에 연민을 가지고 반응할 때, 우리도 이 개념을 마음에 두고 있는 게 도움이 될 것이다. 열정과 연민이 연결될 때, 우리의 작업은 우리가 만드는 것 또는 우리가 하는 것 이상이 된다. 우리 존재의 모든 구석구석에 침입하여 우리가 어떻게 삶을 사는가를 통해서 표현이 된다.

우리의 독특한 기여

타인을 돕는 직업 중에서 미술치료만이 기여할 수 있는 게 무엇인가 하는 것은 이 책에서 반복되어 다루어지는 주제이다. 내가 이 주제를 다루는 이유는 미술치료사를 다른 치료 영역의 전문가와 구분하고자 하는 것이 아니고, 우리가 하는 것이 더 넓은 대상을 위해서 어떻게 기여할까 하는 것을 더 명확히 알고자 하는 것이다. 나의 믿음은 우리가 가지고 있는 재능을 잘 알고 잘 아낄 때, 다른 사람들의 재능 또한 잘 보고 기뻐할 수 있게 된다는 것이다.

우리의 전문 영역에서 일어나는 고유의 특별한 기여는 미술치료 영역을 넘어서서 더 넓은 영역에서 영향을 미친다. 미술치료 분야는 '작품을 만드는 창조적인 과정은 치유를 하고 삶을 풍부하게 한다' (AATA Mission Statement, 2000)는 믿음에 입각한다. 우리는 물론 치유나 삶을 풍부하게 하는 것을 내 것으로 만들거나 통제할 수 없다. 할 수 있는 것은 그저 헌신적으로 전념하고 참여하는 것뿐이다. 그렇게 함으로써 예술의 회복력을 알아차리고 사용하는 많은 그룹들과 많은 사람들을 만드는 구성원이 된다. Arnheim(1990)이 제시하듯 치료 예술의 기능은 예술에서 기본적으로 무엇이 진리이고 도움이 되는 것인지 효과적으로 상기시켜 준다(p. 4). 우리가 주어진 일을 가장 잘 수행하고 있을 때 우리는 이 목적을 수행한다. 잘 수행한다는 것은 창조의 과정에 대하여 항상 열려 있고 지속적으로 배우는 것을 의미한다. 우리의 배움은 예술과 치유와 관련된 다른 단체들과의 대화를 통해서(예컨대 'The Society for the Arts in Healthcare' 라는 미국의 단체) 또는 미술치료 수혜자들의 미술 단체(예컨대 'Altered States of the Arts')나 그 외 사회적으로 깨어 있는 예술 단체들이나 내담자들, 다른 예술과의 대화를 통해서 지속할 수 있다(Hannah, 1992; Lachman-Chapin, 1998). Malchiodi(2000)의 주장에 의하면, "시각예술의 치료적 가능성을 변호함에 있어서, 예술의 치료적인 가능성에 우리의 헌신을 보태면서 미술치료사의 전문지식은 타인을 위하여 지지하고 연민을 가지고 도움을 주는 것에 대한 헌신으로부터 나온 것임을 찾을 수 있을 것이다"(p. 159).

결론

미술치료사는 커뮤니티에 줄 수 있는 많은 것을 가지고 있다. 타인을 돕는 것과 사회적으로 책임 있는 활동을 하는 것을 우리가 하는 일의 초점으로 둘 때, 우리는 사회에 적극 참여하는 구성원이 된다. 또한 다른 사람들과 협업하고 커뮤니티의 필요에 반응할 때, 예술의 치료 가능성을 변호하는 힘있는 목소리가 될 수 있다. 우리가 사회에 참여할 수 있는 몇 가지 방법을 제안하고자 한다.

우리는 Lippard(1995b)가 말하는 '시각적인 의식을 고취' 하는 데 있어서 중요한 일을 할 수 있다. 이것은 '모든 창작의 예술품들은 창조의 충동이 만들어 낸 평등한 결과물이며, 이것은 사회적인 결연과 개인적인 필요에 의하여 만들어지는 것이다' (p. 138)라는 생각에 기반한다. 우리는 이 작업을, 개인 작업실에서 개인 창작을 하는 면과 미술치료실에서 내담자와 작업을 하는 목소리들 사이에 대화를 오가게 하며, 이 작업을 자기와의 내적인 대화에 들어가는 것으로 시작한다. 우리가 스스로 예술가라고 말하기를 주저한다면 그 이유는 무엇일까? 미술 작품을 만드는 기술에 대한 자신감 결여 때문일까? 또는 예술가라는 이름과 관련된 엘리트적인 예술을 거부하기 때문인가? 또는 이 두 가지가 섞여 있는가? 이 내키지 않는 마음은 예술의 엘리트주의를 내면화한 것을 위장하는 것일까? 아니면 스스로를 예술가라고 보기는 하지만, 이 정체성을 미술치료사의 정체성과 다른 것으로 보는가? 우리가 이 차이를 나눈다면, 이것은 예술적인 활동의 계층을 나누는 것의 표현일까? 스스로에게 이런 어려운 질문들을 던져 봄으로써 우리의 시각적인 의식을 고취하는 데 참여한다. 그럼으로써 우리 스스로 반 엘리트적이고 반 계층적인 예술을 주장하는 위치에 서게 된다.

우리는 예술 활동을 연민의 작업으로 할 수 있다. 이것은 자기 자신, 다른 사람들, 사회적 또는 물리적인 공간과의 관계에서 나오는 행위일 수 있다. 이것은 세력을 가진 예술의 제도가 만들 수 없는 것으로 예술의 기반을 풀뿌리 층에서 듣고, 움직이고, 만들 수 있게(Brenson, 1995) 우리의 힘을 모으는 행위이다. 우리가 하는 일의 성격 때문에 우리는 예술을 더 인간적이고 덜 소비적이고 더 관계적인 방법으로 보는 것을 나눌 수 있는 위치에 있다. 개인의 표현을 하게 할 뿐 아니라, 이 표현이 고립된 상황에서 만들어져야 한다는 편견과 싸우고, 개인의 표현도 작가와 사회 사이의 역동적인 관계 안에서 일어난다는 것을 안다. 우리의 경험이 나타내듯이, 예술은 삶을 지탱하는 필수적인 재료이며, 우리가 모두 속해 있는 인간성을 인정하고, 개인과 커뮤니티의 변화를 위해 활동할 수 있게 하는 원동력이다.

끝으로 '예술'이 무엇인가에 관한 비전을 더 넓게 할 수 있다. 다른 예술가들과 더불어 예술을 새롭게 정의할 수 있다.

결과물을 만드는 것에 목표를 두는 것이 아니라, 만드는 과정을 의미 있게 하고, 사람들의 삶과 직접적으로 닿아 있는 이슈들을 다루고, 전통적인 것과 비전통적인 매체를 사용하고, 관계에 기반한 아름다움을 추구하고, 일반인들과 일상에서 창작하고 전시하며, 경제논리에 운용되는 미술시장과 관계없이 가치 있는 활동을 하고 변화를 일으키는 중개인으로 활동하고, 공감을 키우는 데 목적을 둔다. 이것은 사회의 모든 이들을 위한 것은 아니더라도 어떤 사람에게는 생존을 위해서 꼭 필요한 것이다.

에필로그

해변에 앉아 있는 것을 상상한다. 모래는 햇빛의 열을 아직도 머금고 있어서 따뜻하지만 하늘은 색색의 옷을 자랑하기 시작했다. 물에서 무엇인가 고개를 내미는 것이 보인다. 손을 이마에 대고 넘어가는 햇빛으로부터 눈을 가리고 그것이 무엇인지 잘 본다. 잔잔한 파도에 게으르게 올라갔다 내려갔다 하는 부표일 뿐이다. 속으로 생각한다. '물에 뛰어들어가서 저기까지 수영할 수 있는지 볼까?' 부표들이 얼마나 멀리 있는지 가늠해보려고 한다. 그리 멀리 있어 보이지는 않는다. 어쩌면 그 이상으로 수영해서 나아갈 수 있을지도 모르겠다. 천천히 일어나다가 마음을 바꾼다. 다시 모래 위에 앉아서 발가락을 모래 안으로 집어넣는다. 지금은 이렇게 그냥 있는 것이 만족스럽다. 물의 리듬을 들으면서 태양이 올라갔다 내려갔다 하는 부표들을 물 위에서 반짝거리게 하고 있다.

내일, 수영을 해야겠다.

내가 이 책에서 다루고자 하는 영역은 미술치료의 스튜디오적인 접근이다. 미술에 기반한 치료 이론의 개념적인 이해를 풀어내고, 내담자와 치료적인 공간을 만드는 것,

치료 방법을 개발하는 것, 내담자와 상호작용 하는 것, 작품과의 관계에서 일어나는 소통, 사회적인 책임에 대하여 다루고자 하였다. 또한 이론이 실제에서 활용될 수 있도록 구체적인 실례를 들었다.

하지만 이것은 요리책이 아니다. 미술치료 작업을 개념화하는 모델들을 제시했을 뿐, 이 모델들을 내담자와의 만남에서 응용하려고 할 때 창조적인 생각과 활용적인 탐험을 할 수 있는 여지를 많이 남겨 놓았다. 나는 그래야 한다고 믿는다. 미술에 기반한 활동은 아주 예민하고 정교해진 지각과 아름다움의 다양한 표현이 관계에서 어떻게 나타나는지 하는 이해로 나타난다. 더불어, 이 작업은 우리 자신의 미적인 감수성을 공감의 작업을 위해서 활동하는 것이다. 미술치료는, 그 자체로 예술이다. 이러한 것이 몇 가지의 규칙이나 방법으로 정리될 수는 없는 것이다.

미술치료에 관한 나의 생각들이 더 많은 대화의 시작을 촉발하기를 바란다. 어쩌면 우리가 미술치료의 '집' 이라고 부르는 영역을 표시하는 것으로 이미 작게나마 그러한 대화를 시작했는지도 모르겠다. 하지만 또한 중요한 것은 이 책의 생각들이 독자인 당신을 자극하여 우리가 미술치료라고 생각하는 그 끝의 경계를 계속 밀고 나아가는 것이다. 결국에는 이것은 책일 뿐이고, 이것을 살아 있게 하는 것은 당신에게 달렸다.

참고문헌

AATA Mission Statement (2000) *American Art Therapy Association Newsletter 33*, fall, 3.

Abbenante, J. (1994) "Commencement address at Vermont College of Norwich University, August 1993." *American Journal of Art Therapy 32*, 3, 83–4.

Adamson, E. (1984) *Art as Healing*. London: Coventure.

Addison, D. (1996) "Message of acceptance: 'Gay-friendly' art therapy for homosexual clients." *Art Therapy: Journal of the American Art Therapy Association 13*, 1, 54–6.

Agell, G. (1986) "Comment." *American Journal of Art Therapy 25*, 2, 51–2.

Agell, G. (1994) "Art therapy: The future." *Art Therapy: Journal of the American Art Therapy Association 11*, 1, 28–9.

Agell, G., Levick, M., Rhyne, J.L., Robbins, A., Rubin, J.A., Ulman, E., Wang, C.W, and Wilson, L. (1981) "Transference and countertransference in art therapy." *American Journal of Art Therapy 21*, 1, 3–24.

Aldridge, D. (1993) "Artists or psychotherapists?" *The Arts in Psychotherapy 20*, 3, 199–200.

Aldridge, F. (1998) "Chocolate or shit: Aesthetics and cultural poverty in art therapy with children." *Inscape: Journal of the British Art Therapy Association 3*, 1, 2–9.

Aldridge, D., Brandt, G. and Wohler, D. (1990) "Toward a common language among the creative art therapies." *The Arts in Psychotherapy 17*, 3, 189–95.

Allen, P.B. (1983) "Group art therapy in short-term hospital settings." *American Journal of Art Therapy 22*, 93–5.

Allen, P.B. (1985) "Integrating art therapy into an alcoholism treatment program." *American Journal of Art Therapy 24*, 1, 10–12.

Allen, P.B. (1992) "Artist-in-residence: An alternative to 'clinification' for art therapists." *Art Therapy: Journal of the American Art Therapy Association 9*, 1, 22–9.

Allen, P.B. (1995a) *Art is a way of knowing: A guide to self-knowledge and spiritual fulfillment through creativity.* Boston: Shambhala.

Allen, P.B. (1995b) "Coyote comes in from the cold: The evolution of the open studio concept." *Art Therapy: Journal of the American Art Therapy Association 12*, 3,161–6.

Alter-Muri, S.B. (1994) "Psychopathology of expression and the therapeutic value of exhibiting chronic clients" art: A case study." *Art Therapy: Journal of the American Art Therapy Association11*, 3, 219–24.

Alter-Muri, S.B. (1996) "Dali to Beuys: Incorporating art history into art therapy treatment plans." *Art Therapy: Journal of the American Art Therapy Association 3*, 2, 102–7.

Alter-Muri, S.B. (1998). "Texture in the melting pot: Postmodernist art and art therapy." *Art Therapy: Journal of the American Art Therapy Association 15*, 4, 245–51.

Andrus, L. (1990) "Art therapy education: A tool for developing verbal skills." *Art Therapy: Journal of the American Art Therapy Association 7*, 1, 29–38.

Arnheim, R. (1969) *Visual Thinking.* Berkeley, CA: University of California Press.

Arnheim, R. (1980) 'Art as therapy'. *The Arts in Psychotherapy 7*, 4, 247–51.

Arnheim, R. (1990) 'The artist as healer'. *The Arts in Psychotherapy 17*, 1, 1–4.

Arnheim, R. (1992) "Why aesthetics is needed." *The Arts in Psychotherapy 19*, 3, 149–51.

Arnott, B. and Gushin, J. (1976) "Film making as a therapeutic tool." *American Journal of Art Therapy 16*, 1, 29–33.

Atkins, R. (1990) *Art speak.* New York: Abbeville Press.

Audette, A. H. (1993) *The blank canvas: Inviting the muse.* Boston: Shambhala.

Ault, R.E. (1977) "Are you an artist or a therapist – A professional dilemma of art therapists. In R. Shoemaker and S. Gonick-Barris (eds) *Proceedings of the 7th Annual American Art Therapy Association Conference,* 55–56. Baltimore, MD: AATA.

Ault, R. E. (1988) "Art therapy in the great American wasteland; Implications for business and industry and the economic structures of society." In R. E. Ault, G. C. Barlow, M. Junge, and B. Moon, "Social applications of the arts." *Art Therapy: Journal of the American Art Therapy Association 5*, 1, 10–21.

Ault, R.E. (1989) "Art therapy with the unidentified patient." In H. Wadeson, J. Durkin and D. Perach (eds) *Advances in Art Therapy.* New York: John Wiley and Sons.

Ault, R.E. (1994) "How will the profession of art therapy change in the next 25 years? Responses by past award winners: In search of a vision." *Art Therapy: Journal of the American Art Therapy Association 11*, 4, 251–3.

Bachelard, G. (1958) *The Poetics of Space.* Boston: Beacon Press.

Banks, J. (1997) *Educating Citizens in a Multicultural Society.* NY: Teacher"s College Press.

Bayles, D. and Orland, T. (1993) *Art and fear: Observations on the perils (and rewards) of artmaking.* Santa Barbara, CA: Capra Press.

Beard, F. (1979) "One man"s treat is another man"s treatment." *American Journal of Art Therapy 18*, 2, 59–60.

Becker, C. (ed.) (1994) *The subversive imagination: Artists, society, and social responsibility.* London: Routledge.

Becker, C. (1996) *Zones of contention: Essays on art, institutions, gender, and anxiety.* New York: State University of New York Press.

Betensky, M. (1973) *Self-Discovery Through Self-Expression.* Springfield, IL: Charles C. Thomas.

Betensky, M. (1987) "Phenomenology of therapeutic art expression and art therapy." In J. Rubin (ed.) *Approaches to art therapy; Theory and technique.* New York: Brunner/Mazel.

Betensky, M. (1995) *What Do You See? Phenomenology of Therapeutic Art Expression.* London: Jessica Kingsley Publishers.

Bloomgarden, J. (1998) "Validating art therapists" tacit knowing: The heuristic experience." *Art Therapy: Journal of the American Art Therapy Association 15,* 1, 51–4.

Bloomgarden, J. (2000) "Drawing on questions." *Art Therapy: Journal of the American Art Therapy Association 17,* 3,183–87.

Boegel, K. and Marissing, L. V. (1991) "The healing qualities of art." *Art Therapy: Journal of the American Art Therapy Association 8,* 1, 12–5.

Boenheim, C. and Stone, B. (1969) "Pictorial dialogues: Notes on a technique." *Bulletin of Art Therapy 8,* 2, 67–9.

Boston, C.G. and Short, G.M. (1998) "Art therapy: An Afrocentric approach." In A.R. Hiscox and A.C. Calisch (eds) *Tapestry of Cultural Issues in Art Therapy.* London: Jessica Kingsley Publishers.

Bouchard, R. (1998) "Art therapy and its shadow: A Jungian perspective on professional identity and community." *Art Therapy: Journal of the American Art Therapy Association 15,* 3, 158–64.

Brand, P. Z. (1995) "Revising the aesthetic-nonaesthetic distinction: The aesthetic value of activist art." In P. Z. Brand and C. Korsmeyer (eds) *Feminism and Tradition in Aesthetics.* University Park, PA: The Pennsylvania State University Press.

Brederode, A. (1999) "Layer upon layer: A healing experience in the art studio." In S.K. Levine and E.G. Levine (eds) *Foundations of Expressive Arts Therapy: Theoretical and Clinical Perspectives.* London: Jessica Kingsley Publishers.

Brenson, M. (1995) "Where do we go from here? Securing a place for the artist in society." In C. Becker and A. Wiens (eds) *The Artist in Society: Rights, Roles, and Responsibilities.* Chicago: New Art Examiner Press.

Burt, H. (1996) "Beyond practice: A postmodern feminist perspective on art therapy research." *Art Therapy: Journal of the American Art Therapy Association 13,* 1, 12–19.

Byrne, P. (1995) "From the depths to the surface: Art therapy as a discursive practice in the post-modern era." *The Arts in Psychotherapy 22,* 3, 235–9.

Cahn, E. (2000) "Proposal for a studio-based art therapy education." *Art Therapy: Journal of the American Art Therapy Association 17,* 3, 177–182.

Cane, F. (1983) *The Artist in Each of Us.* (Rev. ed.), Craftsbury Common, VT: Art Therapy Publications.

Case, C. (1990) "The triangular relationship (3): Heart forms – the image as mediator." *Inscape: Journal of the British Art Therapy Association,* winter, 20–6.

Case, C. (1996) "On the aesthetic moment in the transference." *Inscape: Journal of the British Art Therapy Association 1,* 2, 39–45.

Case, C. and Dalley, T. (1992) *The Handbook of Art Therapy.* London: Routledge.

Cassou, M. and Cubley, S. (1995) *Life, Paint and Passion: Reclaiming the Magic of Spontaneous Expression.* New York: G. P. Putnam's Sons.

Cather, W. (1943) *The Song of the Lark.* Boston: Houghton Mifflin.

Cattaneo, M. (1994) "Addressing culture and values in the training of art therapists." *Art Therapy, Journal of the American Art Therapy Association 11,* 3, 184–6.

Champernowne, H. I. (1971) "Art and therapy: An uneasy partnership." *American Journal of Art Therapy 10,* 3, 131–44.

Cheney, J. (1993) "The development of Camarillo State Hospital's art therapy / fine arts discovery studio." In E. Virshup (ed.) *California Art Therapy Trends.* Chicago: Magnolia Street Publishers.

Chicago, J. (1975). *Through the Flower: My Struggle as a Woman Artist.* New York: Penguin Books.

Ciornai, S. (1983) "Art therapy with working class Latino women." *Arts in Psychotherapy 10,* 2, 63–76.

Clarkson, G. and Geller, J. D. (1996) "The Bonny Method from a psychoanalytic perspective: insights from working with a psychoanalytic psychotherapist in a guided imagery and music series." *The Arts in Psychotherapy 23,* 4, 311–9.

Cohen, B.M. and Cox, C. T. (1995) *Telling Without Talking: Art as a Window into the World of Multiple Personality.* New York: W. W. Norton & Company.

Cohen-Cruz, J. (1995) "The American festival project: Performing difference, discovering common ground." In N. Felshin (ed.) *But is it Art? The Spirit of Art as Activism.* Seattle: Bay Press.

Colli, L. M. (1994) "Aims in therapy and directives in society: Observations on individuation and adaptation." *The Arts in Psychotherapy 21,* 2, 107–12.

Costello-Du Bois, J. (1989) "Drawing out the unique beauty: Portraits." *Art Therapy: Journal of the American Art Therapy Association 6,* 2, 67–70.

Crosson, C. W. (1982) "Creative block: A brief inquiry." *Arts in Psychotherapy 9, 4,* 259–62.

Dalley, T., Case, C., Schaverien, J., Weir, F., Halliday, D., Hall, P. N., and Waller, D. (1987) *Images of Art Therapy; New Developments in Theory and Practice.* London: Routledge.

Davis, J. (1997) "Building from the scraps: Art therapy within a homeless community." *Art Therapy: Journal of the American Art Therapy Association 14,* 3, 210–3.

Davis, J. (1999) "Environmental art therapy – metaphors in the field." *The Arts in Psychotherapy 26,* 1, 45–49.

DeBrular, D. (1993) "Nest building: Children recovering themselves through art." *Proceedings of the America Art Therapy Association 24th Annual Conference,* 63. Mundelein, IL: American Art Therapy Association.

Deco, S. (1998) "Return to the open studio group: Art therapy groups in acute psychiatry." In S. Skaife and V. Huet (eds) *Art Psychotherapy Groups: Between Pictures and Words.* London: Routledge.

de Knegt, H. (1978) "The evolution of an art therapy intern's view of therapeutic process." *American Journal of Art Therapy 17,* 3, 91–7.

Devereaux, M. (1995) "Oppressive texts, resisting readers, and the gendered spectator: The new aesthetics." In P.Z. Brand and C. Korsmeyer (eds) *Feminism and Tradition in Aesthetics.* University Park, PA: The Pennsylvania State University.

Dissanayake, E. (1988) *What is Art For?* Seattle, WA: University of Washington Press.

Dissanayake, E. (1992) *Homoaestheticus: Where Art Comes From and Why.* New York: The Free Press.

Domash, L. (1981) "Facilitating the creativity of the psychotherapist." *The Arts in Psychotherapy 8,* 3/4, 157–163.

Dougherty, C. A. (1974) "Group art therapy: A Jungian approach." *American Journal of Art Therapy 13,* 3, 229–36.

Durkin, J., Perach, D. , Ramseyer, J., and Sontag, E. (1989) "A model for art therapy supervision enhanced through art making and journal writing." In H. Wadeson, J. Durkin and D. Perach (eds) *Advances in Art Therapy.* New York: John Wiley & Sons.

Edwards, D. (1992) "Certainty and uncertainty in art therapy practice." *Inscape: Journal of the British Art Therapy Association,* spring, 2–7.

Edwards, D. (1993) "Putting principles into practice." *Inscape: Journal of the British Art Therapy Association,* winter, 15–23.

Edwards, M. (1987) "Jungian analytic art therapy." In J. Rubin (ed.), *Approaches to Art Therapy.* New York: Brunner / Mazel.

Escobar, E. (1994) "The heuristic power of art." In C. Becker (ed.) *The Subversive Imagination: Artists, Society & Social Responsibility.* London: Routledge.

Esman, A. H. (1988) "Art and psychopathology: The message of outsider art." *American Journal of Art Therapy 27,* 1, 13–21.

Feder, B. and Feder, E. (1998) *The Art and Science of Evaluation in the Arts Therapies: How Do You Know What's Working?* Springfield, IL: Charles C. Thomas.

Feen-Calligan, H. (1995) "The use of art therapy in treatment programs to promote spiritual recovery from addiction." *Art Therapy: Journal of the American Art Therapy Association 12,* 1, 46–50.

Feen-Calligan, H. (2000) "Professing the creative process while striving to maintain ideals." *Art Therapy: Journal of the American Art Therapy Association 17,* 2, 82–86.

Feen-Calligan, H. and Sands-Goldstein, M. (1996) "A picture of our beginnings: The artwork of art therapy pioneers." *American Journal of Art Therapy 35,* 2, 43–53.

Felshin, N. (ed.) (1995) *But is it Art? The Spirit of Art as Activism.* Seattle, WA: Bay Press.

Felski, R. (1995) "Why feminism doesn't need an aesthetic (and why it can't ignore aesthetics)." In P.Z. Brand and C. Korsmeyer (eds) *Feminism and Tradition in Aesthetics.* University Park, PA: The Pennsylvania State University.

Fish, B. (1989) "Addressing countertransference through image making." In H. Wadeson, J. Durkin, and D. Perach (eds) *Advances in Art Therapy.* New York: John Wiley & Sons.

Fitzgerald, A. (1996) *An Artist's Book of Inspiration: A Collection of Thoughts on Art, Artists, and Creativity.* Hudson, NY: Lindisfarne Press.

Fleming, M. M. (1993) "From clinician to artist; From artist to clinician, part I: A personal account." *American Journal of Art Therapy 31,* 3, 70–75.

Fleming, M. M. (1998) "Exhibiting your artwork." In M. Lachman-Chapin, D. L. Jones, T. L. Sweig, B. M. Cohen, S. S. Semekoski, and M. M. Fleming "Connecting with the art world: Expanding beyond the mental health world.' *Art Therapy: Journal of the American Art Therapy Association 15,* 4, 241–243.

Franklin, M. (1981) "Terminating art therapy with emotionally disturbed children." *American Journal of Art Therapy 20,* 2, 55–57.

Franklin, M. (1990) "The esthetic attitude and empathy: A point of convergence." *The American Journal of Art Therapy 29,* 2, 42–47.

Franklin, M. (1992) "Art therapy and self-esteem." *Art Therapy: Journal of the American Art Therapy Association 9, 2,* 78–84.

Franklin, M. (1993) "AIDS iconography and cultural transformation: Visual and artistic responses to the AIDS crisis." *The Arts in Psychotherapy 20,* 4, 299–316.

Franklin, M. (1996) "A place to stand: Maori culture-tradition in a contemporary art studio." *Art Therapy: Journal of the American Art Therapy Association 13,* 2, 126–30.

Franklin, M., Farelly-Hansen, M., Marek, B., Swan-Foster, N., and Wallingsford, S. (2000). "Transpersonal art therapy education." *Art Therapy: Journal of the American Art Therapy Association 17,* 2, 101–10.

Franklin, M., Moon, C., Vance, L., and Vick, R. (1998) "Something offered, something received: An artistic exchange." *Proceedings of the American Art Therapy Association 29th Annual Conference,* 174. Mundelein, IL: American Art Therapy Association.

Franklin, M., Moon, C., Vance, L., and Vick, R. (2000) 'In transit: A continuing exchange.' *Proceedings of the American Art Therapy Association 31st Annual Conference,* 159. Mundelein, IL: American Art Therapy Association.

Franklin, M., and Politsky, R. (1992) "The problem of interpretation: Implications and strategies for the field of art therapy." *Arts in Psychotherapy 19,* 3, 163–75.

Franklin, M. B. (1994) 'A feeling for words: Arnheim on language.' *The Arts in Psychotherapy 21,* 4, 261–7.

Gablik, S. (1991) *The Reenchantment of Art.* New York: Thames & Hudson.

Gablik, S. (1995) *Conversations Before the End of Time: Dialogues on Art, Life and Spiritual Renewal.* New York: Thames & Hudson.

Gantt, L. (1979) "The other side of art therapy." *American Journal of Art Therapy 19,* 1, 11–18.

Gantt, L. (1985) "Comment." *American Journal of Art Therapy 23,* 4, 125.

Gantt, L., Goodman, R. F., Williams, K., and Agell, G. (1997) "Prescriptions for the future." *American Journal of Art Therapy 36,* 2, 31–48.

Gardner, H. (1993) *Multiple Intelligences: The Theory in Practice.* New York: Basic Books.

Gerrity, L. (2000) "The subversive art therapist: Embracing cultural diversity in the art room." *Art Therapy: Journal of the American Art Therapy Association 17,* 3, 202–6.

Gilroy, A. (1989) "On occasionally being able to paint." *Inscape: Journal of the British Art Therapy Association,* spring, 2–9.

Gold, A. (1998) *Painting from the Source: Awakening the Artist's Soul in Everyone.* New York: Harper Collins.

Goldenberg, I. and Goldenberg, H. (2000) *Family Therapy: An Overview.* (5th ed), Belmont, CA: Wadsworth.

Gomez-Pena, G. (1995) "From art-mageddon to gringostroika: A manifesto against censorship." In S. Lacy (ed.) *Mapping the Terrain: New Genre Public Art.* Seattle, WA: Bay Press.

Good, D. A. (1994) "How will the profession of art therapy change in the next 25 years? Responses of past award winners: Art therapy and changing times." *Art Therapy: Journal of the American Art Therapy Association 11,* 4, 256–7.

Goodman, N. (1981) *Languages of Art: An Approach to a Theory of Symbols.*

Goodman, R., Williams, K., Agell, G., and Gantt, L. (1998) "Talk, talk, talk, when do we draw?" *American Journal of Art Therapy 37,* 2, 39–65.

Haeseler, M.P. (1987) "Censorship or intervention: But you said we could draw whatever we wanted!" *American Journal of Art Therapy 26,* 1, 11–20.

Haeseler, M.P. (1988) "Outsider art: A point of view." *American Journal of Art Therapy, 26,* 3, 83–8.

Haeseler, M.P. (1989) 'Should art therapists create artwork alongside their clients?" *American Journal of Art Therapy 27,* 3, 70–9.

Hall, N. (1999) "Letter to the editor." *Art Therapy: Journal of the American Art Therapy Association, 16,* 1, 4–5.

Hanes, M. J. (1998) "Abstract imagery in art therapy : What does it mean?" *Art Therapy: Journal of the American Art Therapy Association 15,* 3, 185–90.

Hannah, C.M. (1992) 'Healing arts: A mural on mental illness and wellness." *American Journal of Art Therapy 31,* 2, 34–9.

Henley, D. (1992a) "Aesthetics in art therapy: Theory into practice." *The Arts in Psychotherapy 19,* 3, 153–61.

Henley, D. (1992b) *Exceptional Children Exceptional Art: Teaching Art to Special Needs.* Worcester, MA: Davis Publications.

Henley, D. (1992c) "Facilitating artistic expression in captive mammals: Implications for art therapy and art empathicism." *Art Therapy: Journal of the American Art Therapy Association 9,* 4, 178–92.

Henley, D. (1993) "Mu!: Four prose poems on Zen in art therapy." *Proceedings of the American Art Therapy Association 24th Annual Conference,* 108. Mundelein, IL: American Art Therapy Association.

Henley, D. (1995a) "A consideration of the studio as therapeutic intervention." *Art Therapy 12,* 3, 188–90.

Henley, D. (1995b) "Political correctness in the artroom: Pushing the limits of artistic license." *Art Education,* 57–66.

Henley, D. (1997a) "Art of disturbation: Provocation and censorship in art education." *Art Education,* September, 39–45.

Henley, D. (1997b) "Expressive art therapy as alternative education: Devising a therapeutic curriculum." *Art Therapy: Journal of the American Art Therapy Association 14,* 1, 15–22.

Henley, D. (1998) "The child as art therapist: Poetic rantings on the descent into madness and healing." *Proceedings of the American Art Therapy Association 29th Annual Conference,* 137. Mundelein, IL: American Art Therapy Association.

Hillman, J. (1972) *The Myth of Analysis.* New York: Harper Perennial.

Hillman, J. (1975) *Re-visioning Psychology.* New York: Harper & Row.

Hillman, J. (Speaker) (1993) *It Ain't Broke, and Besides You Can't Fix It.* (Cassette Recording No. 45–143) Mundelein, IL: American Art Therapy Association.

Hillman, J. (1995) "When you're healed, send me a postcard." In S. Gablik (ed.) *Conversations Before the End of Time: Dialogues on Art, Life & Spiritual Renewal.* London: Thames & Hudson.

Hillman, J. and Ventura, M. (1992) *We've Had a Hundred Years of Psychotherapy and the World's Getting Worse.* San Francisco: Harper Collins.

Hogan, S. (ed.) (1997) *Feminist Approaches to Art Therapy.* London: Routledge.

Hooks, B. (1995) *Art on My Mind: Visual Politics.* New York: The New Press.

Horovitz, E. G. (1999) *A Leap of Faith: The Call to Art.* Springfield, IL: Charles C. Thomas.

Jones, D. (1983) "An art therapist's personal record." *Art Therapy: Journal of the American Art Therapy Association 1,* 1, 22–5.

Jones, M. (1997) "Alice, Dora and Constance from the eve of history." In S. Hogan (ed.), *Feminist Approaches to Art Therapy.* London: Routledge.

Jordan, J. V. (1991) "Empathy and self boundaries." In J.V. Jordan, A.G. Kaplan, J.B. Miller, I.P. Stiver, and J.L. Surrey, *Women's Growth in Connection.* New York: Guilford Press.

Joyce, S. (1997) "Feminist-perspective art therapy: An option for women's mental health – an Australian perspective." In S. Hogan (ed.) *Feminist Approaches to Art Therapy.* London: Routledge.

Julliard, K.N. and Van Den Heuvel, G. (1999) "Susan K. Langer and the foundations of art therapy." *Art Therapy: Journal of the American Art Therapy Association 16,* 3, 112–20

Junge, M.B. (1988) "An inquiry into women and creativity including two case studies of the artists Frida Kahlo and Diane Arbus." *Art Therapy: Journal of the American Art Therapy Association 5,* 3, 79–93.

Junge, M.B. (1999) "Mourning, memory and life itself: The AIDS quilt and the Vietnam veterans' memorial wall." *The Arts in Psychotherapy 26,* 3, 195–203.

Junge, M.B., Alvarez, J.F., Kellogg, A., and Volker, C. (1993) "The art therapist as social activist: Reflections and visions." *Art Therapy: Journal of the American Art Therapy Association 10,* 3, 148–55.

Junge, M.B. and Asawa, P.P. (1994) *A History of Art Therapy in the United States.* Mundelein, IL: American Art Therapy Association.

Junge, M.B. and Linesch, D. (1992). "Art therapists' ways of knowing: Toward creativity and new paradigms for art therapy research." In H. Wadeson (ed.) *A Guide to Conducting Art Therapy Research.* Mundelein, IL: The American Art Therapy Association.

Junge, M.B. and Linesch, D. (1993) "Our own voices: New paradigms for art therapy research." *The Arts in Psychotherapy 20,* 1, 61–7.

Kapitan, L. (1997) "Making or breaking: Art therapy in the shifting tides of a violent culture." *Art Therapy: Journal of the American Art Therapy Association 14,* 4, 255–60.

Kapitan, L. (1998) "In pursuit of the irresistible: Art therapy research in the hunting tradition." *Art Therapy: Journal of the American Art Therapy Association 15,* 1, 22–8.

Kapitan, L. (2000) "Playing chaos into coherence: Educating the postmodern art therapist." *Art Therapy: Journal of the American Art Therapy Association 17,* 2, 111–7.

Kaplan, F.F. (1983) "Drawing together: Therapeutic use of the wish to merge." *American Journal of Art Therapy 22,* 3, 79–85.

Kaplan, M. (1983) "A woman's view of DSMIII." *American Psychologist 38,* 786–92.

Kaufman, A. B. (1996) "Art in boxes: An exploration of meanings." *The Arts in Psychotherapy 23,* 3, 237–47.

Kellen-Taylor, M. (1998) "Imagination and the world: A call for ecological expressive therapies. *The Arts in Psychotherapy 25,* 5, 303–11.

Kern-Pilch, K. (1980) "Anne: An illustrated case of art therapy with a terminally ill patient." *American Journal of Art Therapy 20,* 1, 3–11.

Keyes, M.F. (1974) *Inward Journey: Art as Therapy.* Millbrae, CA: Celestial Arts.

Kielo, J. (1991) "Art therapists' countertransference and post-session imagery." *Art Therapy: Journal of the American Art Therapy Association 8,* 2, 14–19.

Klorer, P.G. (2000) *Expressive Therapy with Troubled Children.* Northvale, NJ: Jason Aronson.

American Journal of Art Therapy 17, 3, 91–7.

Knill, P.J. (1994) "Multiplicity as a tradition: Theories for interdisciplinary arts therapies – an overview." *The Arts in Psychotherapy 21,* 5, 319–28.

Knill, P.J. (1995) "The place of beauty in therapy and the arts." *The Arts in Psychotherapy 22,* 1, 1–7.

Knill, P.J. (1999) "Soul nourishment, or the intermodal language of imagination." In S.K. Levine, and E.G. Levine (eds) *Foundations of Expressive Arts Therapy.* London: Jessica Kingsley.

Knill, P.J., Barba, H.N., and Fuchs, M.N. (1995) *Minstrels of Soul: Intermodal Expressive Therapy.* Toronto, Canada: Palmerston Press.

Knowles, L.P. (1996) "Art therapists exhibiting children's art: When, where, and why. *Art Therapy: Journal of the American Art Therapy Association 13,* 3, 205–7.

Koodrin, B., Caulfield, G., and McGarr, A. (1994) "An informal interview with Edith Kramer." *Art Therapy: Journal of the American Art Therapy Association 11,* 3, 180–3.

Kramer, E. (1958) *Art Therapy in a Children's Community.* Springfield, IL: Charles C Thomas.

Kramer, E. (1961) "Art and emptiness: New problems in art education and art therapy." *Bulletin of Art Therapy 1,* 1, 7–16.

Kramer, E. (1963) "The problem of quality in art." *Bulletin of Art Therapy 3,* 1, 3–19.

Kramer, E. (1967). "The problem of quality in art II: Stereotypes." *Bulletin of Art Therapy 6,* 4, 151–71.

Kramer, E. (1971) *Art as Therapy with Children.* New York: Schocken Books.

Kramer, E. (1979) *Childhood and Art Therapy.* New York: Schocken Books.

Kramer, E. (1986) "The art therapist's third hand: Reflections on art, art therapy, and society at large." *American Journal of Art Therapy 24,* 3, 71–86.

Kramer, E. (1994) "How will the profession of art therapy change in the next 25 years? Responses by past award winners: We cannot look into the future without considering the past and present." *Art therapy: Journal of the American Art Therapy Association 11,* 2, 91–2.

Kramer, E. (1996) "Commencement address to the August, 1996, graduates of the master's of arts in art therapy program, Vermont College of Norwich University." *American Journal of Art Therapy 35,* 2, 39–41.

Kramer, E., Kwiatkowska, H., Lachman, M., Levy, B.I., Rhyne, J. and Ulman, E. (1974) "Symposium: Integration of divergent points of view in art therapy." *American Journal of Art Therapy 14,* 1, 13–17.

Kumar, S. (1995) "Ten thousand artists, not one master." In S. Gablik (ed.) *Conversations Before the End of Time: Dialogues on Art, Life & Spiritual Renewal.* New York: Thames and Hudson.

Kuryluk, E. (1994) "A plea for irresponsibility." In C. Becker (ed.) *The Subversive Imagination: Artists, Society, & Social Responsibility.* London: Routledge.

Lachman-Chapin, M. (1979). "Kohut's theories on narcissism: Implications for art therapy." *American Journal of Art Therapy 19,* 1, 3–9.

Lachman-Chapin, M. (1983a) "The artist as clinician: An interactive technique. *American Journal of Art Therapy 23,* 1, 13–25.

Lachman-Chapin, M. (1983b) Making verbal the nonverbal: A commentary. *Art Therapy: Journal of the American Art Therapy Association 1,* 1, 47–9.

Lachman-Chapin, M. (1985) "Ericksonian hypnosis and art therapy." *American Journal of Art Therapy 23,* 4, 115–124.

Lachman-Chapin, M. (1987) "A self-psychology approach to art therapy." In J. Rubin (ed.) *Approaches to Art Therapy: Theory and Techniques.* New York: Brunner/Mazel.

Lachman-Chapin, M. (1993a) "The art therapist as exhibiting artist: Messages from Joseph Beuys, Suzi Gablik, and Donald Kuspit." *Art Therapy: Journal of the American Art Therapy Association 10,* 3, 141–7.

Lachman-Chapin, M. (1993b) "From clinician to artist: From artist to clinician part II: Another perspective." *American Journal of Art Therapy 31,* 3, 76–80.

Lachman-Chapin, M. (1998) "Connecting with the art world: Exploring beyond the mental health world." *Art Therapy: Journal of the American Art Therapy Association 15,* 4, 233–244.

Lachman-Chapin, M. (2000). Is art therapy a profession or an idea? *Art Therapy: Journal of the American Art Therapy Association 17,* 11–13.

Lacy, S. (ed.) (1995) *Mapping the Terrain: New Genre Public Art.* Seattle, WA: Bay Press.

Landgarten, H. (1981) *Clinical Art Therapy: A Comprehensive Guide.* New York: Brunner/Mazel.

Lanham, R. (1989) "Is it art or art therapy?" *Inscape: Journal of the British Art Therapy Association,* spring, 18–22.

Lanham, R. (1998) "The life and soul of the image." *Inscape: Journal of the British Art Therapy Association 3,* 2, 48–55.

Lavery, T.P. (1994) "Culture shock: Adventuring into the inner city through post- session imagery. *American Journal of Art Therapy 33,* 1, 14–20.

Learmonth, M. (1994) "Witness and witnessing in art therapy." *Inscape: Journal of the British Art Therapy Association 1,* 19–22.

Levine, E.G. (1989) "Women and creativity: Art in relationship." *American Journal of Art Therapy 16,* 4, 309–25.

Levine, E.G. (1995) *Tending the Fire: Studies in Art, Therapy, and Creativity.* Toronto, Canada: Palmerston Press.

Levine, S.K. (1992) *Poiesis: The Language of Psychology and the Speech of the Soul.*"Toronto, Canada: Palmerston Press.

Levine, S.K. (1996). "Expressive arts therapy: A call for dialogue." *The Arts in Psychotherapy 23,* 5, 431–4.

Levine, S.K. and Levine, E.G. (1999) *Foundations of Expressive Arts Therapy: Theoretical and Clinical Perspectives.* London: Jessica Kingsley Publishers.

Linesch, D. (1994) "Interpretation in art therapy research and practice: The hermeneutic circle." *The Arts in Psychotherapy 21,* 3, 185–95.

Lippard, L.R. (1990) *Mixed Blessings: New Art in Multicultural America.* New York: Pantheon Books.

Lippard, L.R. (1995a) "Looking around: Where we are, where we could be." In S. Lacy (ed.) *Mapping the Terrain: New Genre Public Art.* Seattle: Bay Press.

Lippard, L.R. (1995b) *The Pink Glass Swan: Selected Feminist Essays on Art.* New York: The New Press.

Lippard, L.R. (1997) *The Lure of the Local: Senses of Place in a Multicentered Society.* New York: The New Press.

Lishinsky, S. (1972) "Rehabilitative use of art in a community mental health center." *America Journal of Art Therapy 11,* 4, 173–83.

London, P. (1989) *No More Secondhand Art: Awakening the Artist Within.* Boston: Shambhala.

London, P. (1992) "Art as transformation." *Art Education,* May, 8–15.

Lupton, D. (1997) "Foreword." In Hogan, S. (ed.) *Feminist Approaches to Art Therapy.* London: Routledge.

Lusebrink, V.B. (1990) *Imagery and Visual Expression in Therapy.* New York: Plenum Publishing.

Luzzatto, P. (1997) "Short-term art therapy on the acute psychiatric ward: The open session as a psychodynamic development of the studio-based approach." *Inscape: Journal of the British Art Therapy Association 2,* 1, 2–10.

Maclagan, D. (1982). "Creativity – cultivated and wild." *Inscape: Journal of the British Art Therapy Association,* May, 10–13.

Maclagan, D. (1989). "The aesthetic dimension of art therapy: Luxury or necessity?" *Inscape: Journal of the British Art Therapy Association,* Spring, 10–13.

Maclagan, D. (1994) "Between the aesthetic and the psychological." *Inscape: Journal of the British Art Therapy Association 2,* 49–51.

Maclagan, D. (1995) "Fantasy and the aesthetic: Have they become the uninvited guests at art therapy's feast?" *The Arts in Psychotherapy 22,* 3, 217–21.

Maclagan, D. (1999) "Getting the feel: Problems of research in the fields of psychological aesthetics and art therapy." *The Arts in Psychotherapy 26,* 5, 303–11.

Majozo, E. C. (1995) "To search for the good and make it matter." In S. Lacy (ed.) *Mapping the Terrain: New Genre Public Art.* Seattle, WA: Bay Press.

Malchiodi, C.A. (1994) "How will the profession of art therapy change in the next 25 years? Responses by past award winners: Looking ahead." *Art Therapy: Journal of the American Art Therapy Association 1,* 4, 257–9.

Malchiodi, C.A. (1995a) "Does a lack of art therapy research hold us back?" *Art Therapy: Journal of the American Art Therapy Association 12,* 4, 218–19.

Malchiodi, C.A. (1995b) "Studio approaches to art therapy." *Art Therapy: Journal of the American Art Therapy Association 12,* 3, 154–6.

Malchiodi, C.A. (1998) *The Art Therapy Sourcebook.* Los Angeles: Lowell House.

Malchiodi, C.A. (1999a) "Artists and clinicians: Can we be both?" *Art Therapy: Journal of the American Art Therapy Association 16,* 3, 110–11.

Malchiodi, C.A. (1999b) "The artist's way: Is it the art therapist's way?" *Art Therapy: Journal of the American Art Therapy Association 16,* 1, 2–3.

Malchiodi, C.A. (2000) "Authority or advocacy: Art therapy in service of self or others?" *Art Therapy: Journal of the American Art Therapy Association 17,* 3, 158–9.

Malchiodi, C.A. and Catteneo, M.K. (1988) "Creative process / therapeutic process: Parallels and interfaces." *Art Therapy: Journal of the American Art Therapy Association 5,* 2, 52–8.

Malchiodi, C.A. and Riley, S. (1996) *Supervision and Related Issues: A Handbook for Professionals.* Chicago: Magnolia Street Publishers.

Martin, S. A. (1988) "Martin Ramirez: Psychological hero." *The Arts in Psychotherapy 15,* 3, 189–205.

McComas, C. K. and McComas, P. (1996) "Now I know my ABCs – dramatization of adolescent-onset schizophrenia." *Proceedings of the American Art Therapy Association 27th Annual Conference,* 216. Mundelein, IL: American Art Therapy Association.

McComas, C. K. and McComas, P. (1998) "Unplugged: Near-death, new life and the art of healing." *Proceedings of the American Art Therapy Association 29th Annual Conference,* 161. Mundelein, IL: American Art Therapy Association.

McGraw, M. (1995) "The art studio: a studio based art therapy program." *Art Therapy: Journal of the American Art Therapy Association12,* 3, 167–74.

McMahan, J. (1989) "An interview with Edith Kramer." *American Journal of Art Therapy 27,* 4, 107–114.

McNeil, E. (1983). "Viewpoint." *Art Therapy: Journal of the American Art Therapy Association 1,* 1, 52.

McNeilly, G. (1983) "Directive and nondirective approaches to art therapy." *The Arts in Psychotherapy 10,* 4, 211–219.

McNiff, S. (1981) *The Arts and Psychotherapy.* Springfield, IL: Charles C. Thomas.

McNiff, S. (1986a) "A dialogue with James Hillman." *Art Therapy: Journal of the American Art Therapy Association 3,* 3, 99–110.

McNiff, S. (1986b) *Educating the Creative Arts Therapist: A Profile of the Profession.* Springfield, IL: Charles C Thomas.

McNiff, S. (1991) "Ethics and the autonomy of images." *The Arts in psychotherapy 18,* 4, 277–83.

McNiff, S. (1992) *Art as Medicine: Creating a Therapy of the Imagination.* Boston: Shambhala.

McNiff, S. (1993) "The authority of experience." *The Arts in Psychotherapy 20, 1, 3- 9.*

McNiff, S. (1995) "Keeping the studio." *Art Therapy: Journal of the American Art Therapy Association 12,* 3, 179–83.

McNiff, S. (1998a) *Art-Based Research.* London: Jessica Kingsley Publishers.

McNiff, S. (1998b). "Enlarging the vision of art therapy research." *Art Therapy 15,* 2, 86–92.

McNiff, S. (1998c) *Trust the Process: An Artist's Guide to Letting Go.* Boston: Shambhala.

Minar, V., Gantt, L., Gussak, D., Rauch, T.M. and Vick, R. (1997). "Commitment to service: A professional responsibility." *Proceedings of the 28th Annual Conference of the American Art Therapy Association,* 146. Mundelein, IL: AATA.

Mitchell, J. (1970) "Big yellow taxi. "On *Ladies of the Canyon* [CD]. New York: Warner Brothers (1987)

Mohacsy, I. (1995) "Nonverbal communication and its place in the therapy session." *The Arts in Psychotherapy 22,* 1, 31–8.

Moon, B.L. (1990) *Existential Art Therapy: The Canvas Mirror.* Springfield, IL: Charles C. Thomas.

Moon, B.L. (1992) *Essentials of Art Therapy Training and Practice.* Springfield, IL: Charles C. Thomas.

Moon, B.L. (1994) *Introduction to Art Therapy: Faith in the Product.* Springfield, IL: Charles C. Thomas.

Moon, B. L. (1995) "Four lives: A folk musical." *Proceedings of the American Art Therapy Association 26th Annual Conference,* 150. Mundelein, IL: American Art Therapy Association.

Moon, B. L. (1996) "A razor in his heart." *Proceedings of the American Art Therapy Association 27th Annual Conference,* 190. Mundelein, IL: American Art Therapy Association.

Moon, B. L. (1997a) *Art and Soul: Reflections on an Artistic Psychology.* Springfield, IL: Charles C. Thomas.

Moon, B. L. (1997b) "Welcome to the studio: The role of responsive art making in art therapy." Unpublished doctoral dissertation, Union Institute, Cincinnati, Ohio.

Moon, B.L. (1998) *The Dynamics of Art as Therapy with Adolescents.* Springfield, IL: Charles C. Thomas.

Moon, B. L. (1999). "The tears make me paint: The role of responsive artmaking in adolescent art therapy." *Art Therapy: Journal of the American Art Therapy Association 16,* 2, 78–82.

Moon, B. L. and Schoenholtz, B. (1998) "Songs from the studio: A responsive art performance." *Proceedings of the American Art Therapy Association 29th Annual Conference,* 180. Mundelein, IL: American Art Therapy Association.

Moon, C. (1988) "Words beyond words: Articulation of the art therapy experience." *Proceedings of the American Art Therapy Association 19th Annual Conference.* Mundelein, IL: American Art Therapy Association.

Moon, C. (1997a). "Art therapy: Creating the space we will live in." *Arts in Psychotherapy 24,* 1, 45–50.

Moon, C. (1997b) "Making art from the bits and pieces of lives discarded." *Proceedings of the American Art Therapy Association 28th Annual Conference,* 174. Mundelein, IL: American Art Therapy Association.

Moon, C. (1999) Book review of *An artist's book of inspiration: A collection of thoughts on art, artists, and creativity. Art Therapy: Journal of the American Art Therapy Association 16,* 3, 150–151.

Moon, C. (2000) "Art therapy, profession or idea? A feminist aesthetic perspective." *Art Therapy: Journal of the American Art Therapy Association 17,* 1, 7–10.

Moon, C. (2001) "Prayer, sacrament, and grace." In M. Farelly-Hansen (ed.) *Spirituality and Art Therapy: Living the Connection.* London: Jessica Kingsley Publishers.

Moustakas, C.E. (1995) *Being-In, Being-For, Being-With.* Northvale, NJ: Jason Aronson.

Museum of Contemporary Art, Chicago (1992) *Art at the Armory: Occupied Territory.* Chicago: Museum of Contemporary Art.

Museum of Contemporary Art, Chicago (1997) *Performance Anxiety.* Chicago: Museum of Contemporary Art.

Museum of Contemporary Art, San Diego (1997) *Blurring the Boundaries: Installation Art 1969–1996.* La Jolla, CA: Museum of Contemporary Art.

Naumburg, M. (1950) *Schizophrenic Art: Its Meaning in Psychotherapy.* New York: Grune & Stratton.

Naumburg, M. (1953) *Psychoneurotic Art: Its function in Psychotherapy.* New York: Grune & Stratton.

Nucho, A. (1987) *The Psychocybernetic Model of Art Therapy.* Springfield, IL: Charles C. Thomas.

O'Doherty, B. (1976) "Inside the white cube: Notes on the gallery space, part I." March, *Artforum.*

Olsen, T. (1965) *Silences.* New York: Dell Publishing.

Parouse, D. (Producer), and Yu, I. (Director). (1997) *The Living Museum.* New York: Home Box Office.

Parsons, P. (1986). "Outsider art: Patient art enters the art world." *American Journal of Art Therapy 25,* 1, 3–12.

Perdoux, M. (1996) "Art beyond humanism: Non-Western influences on an art therapist's practices." *Art Therapy: Journal of the American Art Therapy Association 13,* 4, 286–8.

Phillips, J. (1992) "Collaboration with one's client." *The Arts in Psychotherapy 19,* 4, 295–8.

Phillips, P.C. (1995). "Maintenance activity: Creating a climate for change." In n. Felshin (ed.) *But is it Art? The Spirit of Art as Activism.* Seattle, WA: Bay Press.

Pinderhughes, E. (1989) *Understanding Race, Ethnicity, & Power: The Key to Efficacy in Clinical Practice.* New York: The Free Press.

Politsky, R.H. (1995) "Acts of last resort: The analysis of offensive and controversial art in an age of cultural transition." *The Arts in Psychotherapy 22,* 2, 111–8.

Richards, M.C. (1995) "Foreword." In P. Allen, *Art is a Way of Knowing: A Guide to Self-knowledge and Personal Fulfillment Through Creativity.* Boston: Shambhala.

Rhyne, J. (1973a) "The gestalt approach to experience, art, and art therapy." *American Journal of Art Therapy 12,* 4, 237–248.

Rhyne, J. (1973b) *The Gestalt Art Experience.* Monteray, CA: Brooks / Cole.

Riley, S. (1993) "Illustrating the family story: Art therapy, a lens for viewing the family's reality." *The Arts in Psychotherapy 20,* 3, 253–64.

Riley, S. (1996) "An art therapy stress reduction group: For therapists dealing with a severely abused client population." *The Arts in Psychotherapy 23,* 5, 407–15.

Riley, S. (1997) "Social constructionism: The narrative approach and clinical art therapy." *Art Therapy: Journal of the American Art Therapy Association 14,* 282–4.

Riley, S. (2000). "Questions to which 'not knowing' is the answer: An exploration of an 'invented reality' called art therapy and the supporting structure known as the 'profession' of art therapy." *Art Therapy: Journal of the American Art Therapy Association 17,* 2, 87–9.

Riley, S., and Malchiodi, C.A. (1994). *Integrative Approaches to Family Art Therapy.* Chicago: Magnolia Street Publishers.

Riley-Hiscox, A. (1997) "Interview – Cliff Joseph: Art therapist, pioneer, artist." *Art Therapy: Journal of the American Art Therapy Association 14,* 4, 273–8.

Rinsley, D.B. (1980) *Treatment of the Severely Disturbed Adolescent.* New York: Jason Aronson.

Robbins, A. (1980) *Expressive Therapy: A Creative Arts Approach to Depth-Oriented Treatment.* New York: Human Sciences Press.

Robbins, A. (1987). *The Artist as Therapist.* New York: Human Sciences Press.

Robbins, A. (1988) "A psychoaesthetic perspective on creative arts therapy and training." *The Arts in Psychotherapy 15,* 2, 95–100.

Robbins, A. (1989) *The Psychoaesthetic Experience.* New York: Human Sciences Press.

Robbins, A. (1992) "The play of psychotherapeutic artistry and psychoaesthetics." *The Arts in Psychotherapy 19,* 3, 177–86.

Robbins, A. and Sibley, L.B. (1976) *Creative Art Therapy.* New York: Brunner/Mazel.

Rosner, I. (1982) "Art therapy with two quadriplegic patients." *American Journal of Art Therapy 21,* 4, 115–20.

Rubin, J.A. (1984) *The Art of Art Therapy.* New York: Brunner/Mazel.

Rubin, J.A. (1986) 'From psychopathology to psychotherapy through art expression:

A focus on Hans Prinzhorn and others. *Art Therapy: Journal of the American Art Therapy Association 3,* 1, 27–33.

Rubin, J.A. (ed.) (1987) *Approaches to Art Therapy: Theory and Technique.* New York: Brunner/Mazel.

Rubin, J.A. (1994) "My wishful vision of art therapy in the next 25 years." *Art Therapy: Journal of the American Art Therapy Association 11,* 4, 253–4.

Saar, B. and Saar. A. (1994) *Conjure Women of the Arts.* Film, Available from L & S Video Enterprises, Inc., Chappaqua, NY.

Sandel, S. (1987) "Moving into management." *The Arts in Psychotherapy 14,* 2, 109–12.

Sang, B.E. (1989) "Psychotherapy with women artists." *The Arts in Psychotherapy 16,* 4, 301–7.

Sarason, S.B. (1990) *The Challenge of Art to Psychology.* New Haven, CT: Yale University Press.

Schaverien, J. (1987) "The scapegoat and the talisman; Transference in art therapy." In T. Dalley, C. Case, J. Schaverien, F. Weir, D. Halliday, P. N. Hall and D. Waller, *Images of Art Therapy.* London: Routledge.

Schaverien, J. (1992) *The Revealing Image: Analytical Art Psychotherapy in Theory and Practice.* London: Tavistock/Routledge.

Schaverien, J. (1995) *Desire and the Female Therapist: Engendered Gazes in Psychotherapy and Art Therapy.* London: Routledge.

Seiden, D. (1997). "Personal art history." *Proceedings of the American Art Therapy Association 28th Annual Conference,* 113. Mundelein, IL: American Art Therapy Association.

Semekoski, S. (1998) "Connecting with the art world – Educational perspectives." In M. Lachman-Chapin, D. Jones, T. Sweig, B. Cohen, S. Semekoski and M. Fleming, "Connecting with the art world: Expanding beyond the mental health world." *Art Therapy: Journal of the American Art Therapy Association 15,* 4, 233–44.

Sexson, L. (1992) *Ordinarily Sacred.* Charlottsville, VA: University Press of Virginia.

Silver, R. (1975) "Children with communication disorders: Cognitive and artistic development." *American Journal of Art Therapy 14,* 2, 39–47.

Silver, R. (1976) "Using art to evaluate and develop cognitive skills." *American Journal of Art Therapy 16,* 1, 11–9.

Silver, R. (1987) "A cognitive approach to art therapy." In J. Rubin (ed.), *Approaches to Art Therapy: Theory and Technique.* New York: Brunner/Mazel.

Simon, R.M. (1982) "Peter: A severely disabled patient's triumph through art." *American Journal of Art Therapy 22,* 1, 13–5.

Skaife, S. (1995) "The dialectics of art therapy." *Inscape: Journal of the British Art Therapy Association 1,* 2–7.

Somer, L.B., and Somer, E. (2000) "Perspectives on the use of glass in therapy." *American Journal of Art Therapy 38,* 3, 75–80.

Spaniol, S. (1990a) "Exhibiting art by people with mental illness: Issues, process, and principles." *Art Therapy: Journal of the American Art Therapy Association 7,* 2, 70–8.

Spaniol, S. (1990b) *Organizing Exhibitions of Art by People with Mental Illness: A Step-By-Step Manuel.* Boston: Boston University Center for Psychiatric Rehabilitation.

Spaniol, S. (1994) "Confidentiality reexamined: Negotiating use of art by clients. *American Journal of Art Therapy 32,* 3, 69–74.

Spaniol, S. (1998) "Towards an ethnographic approach to art therapy research: People with psychiatric disability as collaborators." *Art Therapy: Journal of the American Art Therapy Association 15,* 1, 29–37.

Spaniol, S. (2000) "'The withering of the expert': Recovery through art." *Art Therapy 17,* 2, 78–79.

Spaniol, S. and Cattaneo, M. (1994) "The power of language in the art therapeutic relationship." *Art Therapy: Journal of the American Art Therapy Association 11,* 4, 266–70.

Speert, E. (1989) "Beyond psychic numbing: Child art therapy and the nuclear taboo." *Art Therapy: Journal of the American Art Therapy Association 6,* 3, 106–12.

Speert, E. (1993) "Women and art therapy." In E. Virshup (ed.) *California Art Therapy Trends.* Chicago: Magnolia Street Publishers.

Steinhardt, L. (1998). "Interview with Joy Schaverien." *American Journal of Art Therapy 36,* 4, 107–14.

Surrey, J.L. (1991) "Relationship and empowerment." In J.V. Jordon, A.G. Kaplan, J.B. Miller, I.P. Stiver, and L. Surrey (eds) *Women's Growth in Connection: Writings from the Stone Center.* New York: The Guilford Press.

Sweig, T.L. and Cohen, B.M. (1998) "Outsider art is IN: Implications for art therapists." In M. Lachman-Chapin, D. Jones, T. Sweig, B. Cohen, S. Semekoski and M. Fleming. "Connecting with the art world: Expanding beyond the mental health world." *Art Therapy: Journal of the American Art Therapy Association 15,* 4, 235–7.

Talbott-Green, M. (1989) "Feminist scholarship: Spitting into the mouths of the gods." *The Arts in Psychotherapy 16,* 4, 253–61.

Thomson, M. (1997) *On art and therapy: An exploration.* London: Free Association Books.

Tinnin, L. (1990). "Biological processes in nonverbal communication and their role in the making and interpretation of art." *American Journal of Art Therapy 29,* 1, 9–13.

Timm-Botos, J. (1995) "Artstreet: Joining community through art." *Art Therapy: Journal of the American Art Therapy Association 12,* 3, 184–7.

Ulman, E. (1962) "The war between therapese and English: I. *Bulletin of Art Therapy 2,* 2, 77.

Ulman, E. (1966) "Therapy is not enough: The contribution of art to general hospital psychiatry." *Bulletin of Art Therapy 6,* 1, 3–21.

Ulman, E. (1975) "Art therapy: Problems of definition." In E. Ulman and P. Dachinger (eds) *Art Therapy in Theory and Practice.* New York: Schocken Books.

Vance, L. and Clark, C. (1995) "The myth of collaboration: The peace bridge project." *Proceedings of the American Art Therapy Association 26th Annual Conference,* 155. Mundelein, IL: American Art Therapy Association.

Vick, R. (1996) "The dimensions of service: An elemental model for the application of art therapy." *Art Therapy: Journal of the American Art Therapy Association 13,* 2, 96–101.

Vick, R. (1999) "Utilizing prestructured art elements in brief group art therapy with adolescents." *Art Therapy: Journal of the American Art Therapy Association 16,* 2, 68–77.

Vick, R. (2000) "Creative Dialog: A shared will to create." *Art Therapy: Journal of the American Art Therapy Association 17,* 3, 216–9.

Wadeson, H. (1980) *Art Psychotherapy.* New York: John Wiley and Sons.

Wadeson, H. (1983) "The art in art therapy." *Art Therapy: Journal of the American Art Therapy Association 1,* 1, 50–1.

Wadeson, H. (1986) "The influence of art-making on the transference relationship." *Journal of the American Art Therapy Association 3,* 2, 81–8.

Wadeson, H. (1987) *The Dynamics of Art Psychotherapy.* New York: John Wiley and Sons.

Wadeson, H. (1989) "In a different image: Are male pressures shaping the 'female' professions?" *The Arts in Psychotherapy 16,* 4, 327–30.

Wadeson, H. (1999) "Where are the wetlands?" *The Arts in Psychotherapy 26,* 5, 345–8.

Wadeson, H., Geiser, R.M. and Ramseyer, J. (1990) "Through the looking glass: Dark sides I, II, III." *Art Therapy: Journal of the American Art Therapy Association 7,* 3, 107–18.

Wadeson, H., Junge, M., Kapitan, L., Vick, R. (1999) "Why do you make art? *Proceedings of the American Art Therapy Association 30th Annual Conference,* 157. Mundelein, IL: American Art Therapy Association.

Wallace, E. (1987) "Healing through the visual arts; A Jungian approach." In J. Rubin (ed.) *Approaches to Art Therapy: Theory and Technique.* New York: Brunner / Mazel.

Waller, D. (1991) *Becoming a Profession: The History of Art Therapy in Britain 1940–82.* London: Routledge.

Webster's New World Dictionary (1988) New York: Simon and Schuster.

Weiser, J. (1989) "Stitched to the beat of a heart, to comfort the terrors of the dark." *Art Therapy: Journal of the American Art Therapy Association 6,* 3, 113–4.

Wells, R. (1992) *Little Altars Everywhere.* Seattle, WA: Broken Moon Press.

White, M. and Epston, D. (1990) *Narrative Means to Therapeutic Ends.* Adelaide, South Australia: Dulwich Center.

Wiener, D.R. (1998). "Living within darkness: Psychiatric survivors and the protection of mythical language." *The Arts in Psychotherapy 25,* 3, 167–81.

Wix, L. (1995) "The intern studio: A pilot study." *Art Therapy: Journal of the American Art Therapy Association 12,* 3,175–178.

Wix, L. (1996) "The art in art therapy education: Where is it?" *Art Therapy: Journal of the American Art Therapy Association 13,* 3, 174–180.

Wix, L. (1997) "Picturing the relationship: An image-focused case study of a daughter and her mother." *American Journal of Art Therapy 35,* 3, 74–82.

Wix, L. (2000) "Looking for what's lost: The artistic roots of art therapy: Mary Huntoon." *Art Therapy: Journal of the American Art Therapy Association 17,* 3, 168–176.

Wolf, R. (1985). "Image induction in the countertransference." *Art Therapy: Journal of the American Art Therapy Association 2,* 3, 129–133.

Wolf, R. (1990) "Visceral learning: The integration of aesthetic and creative process in education and psychotherapy." *Art Therapy: Journal of the American Art Therapy Association 7,* 2, 60–9.

Woolf, V. (1929) *A Room of One's Own.* Orlando, FL: Harcourt Brace Jovanovich.

Yon, K. (1993) "Expanding human potential through music." In B. Warren (ed.) *Using the Creative Arts in Therapy* (2nd ed.). London: Routledge.

Zeidenstein, S. (1988) *A Wider Giving: Women Writing After a Long Silence.* Goshen, CT: Chicory Blue Press.

찾아보기

[ㅈ]

수정판 옮긴이의 글

스튜디오 미술치료의 한국어 번역본이 세상에 나온 지 11년이 지났다. 오랫동안 파장이 없는 것 같았던 책이 뒤늦게 다시 사람들의 관심을 끌게 되면서 이 책을 찾는 사람들이 많아진 게 참 신기하다.

이 책에 실린 내용을 다시 보니 지금 시대에 꼭 필요한 내용이어서 그렇구나 싶다. 지난 11년 동안 세상은 아주 크게 변화했고, 코로나 2년차로 접어든 우리의 삶 속에서는 기존의 질서와 지식이 흔들리고 있다.

창조는 길을 잃어버렸을 때 우리가 의지할 수 있는 강력한 흐름이다. 가장 불안한 상황에서도, 가장 앞이 안 보이는 상황에서도 창조력은 우리로 하여금 한 발짝 한 발짝 발을 떼게 한다. 창조라는 것이 이미 아는 길을 가는 것이 아니라, 백지의 두려움을 마주하게 돕고, 없는 길을 만들며 걷게 돕고, 우리의 지식과 담론이 더 이상 작동하지 않을 때, 우리의 본성을 깨닫게 하는 힘이기 때문이다.

지금 앞이 안 보이는 시대에서 우리를 도울 수 있는 것들은, 이미 알고 있는 것들의 확신이나, 더 정확한 이야기가 아니라 흔들리는 시대를, 그리고 그 흔들림을 경험하면서, 그 안에서 삶의 묘미를 느끼게 도와주는 삶의 시(poetry)이다. 이 책은 그러한 시적인 경험, 사람을 만나면서 경험하는 관계미학, 미술치료의 힘의 근원인 예술에 대한 이야기를 한다.

스튜디오 미술치료 책은 아름다운 책이다. 미술치료 책이라고 생각하면, 이럴 때 이런 기법을 사용하거나 저런 재료를 사용하는 것을 알려주는 책이라 생각하기 쉬우나, 이 책은 그런 책이 아니다. 대신 이 책은 우리가 내담자와 함께 들어가는 치료의 장에서 일어나는 창조와 예술의 놀라운 힘을 이야기하고 있다.

캐서린 문 교수님에 대한 존경과 감사의 표현으로 이 책을 번역했었다. 시카고 미대에서 미술치료 과정을 마칠 때 해 주신, 우리 안의 '예술가'를 기억하라는 가르침을 실천하려 노력했지만, 쉽지 않은 길이었다. 미술치료사로 일하면서 내면의 예술가를 옆으로 치워 버리고, 아는 길, 아는 이야기, 아는 이론에 의지하다가 막막하고 답답해질 때 이 책을 다시금 본다.

이 책을 우리의 근원적인 예술성에 기반하여 사람을 만나고, 관계의 창조성을 통해 우리를 온전케 하는 힘을 발견하고 싶은 모든 사람에게 권한다. 이 책을 읽고나면, 그 힘을 몹시도 만나고 싶어질 것이다.

정은혜

2021년 9월

옮긴이의 글

내가 존경하는 캐시 문 교수의 『Studio Art Therapy : Cultivating the Artist Identity in the Art Therapist』를 번역하게 된 것을 영광으로 생각한다. 시카고 미술대학(The School of the Art Institute of Chicago)에서 미술치료를 공부하면서 캐시 문 교수님은 나에게 너무나 많은 것을 가르쳐 주셨다. 훌륭한 교수님일 뿐만 아니라 훌륭한 치료사이자 훌륭한 인간으로서 나에게 많은 영향을 주셨다. 한번은 어떤 불만이 있어 씩씩대면서 교수님의 방에 찾아간 적이 있었다. 그때 컴퓨터 앞에서 무엇인가를 하고 계시던 교수님께 내가 잠깐 이야기를 할 수 있냐고 흥분된 목소리로 묻자, 하던 일을 놓고 나와 마주 앉으셨다. 그때 내가 무슨 말을 했는지, 무슨 일이 있었는지 기억이 나지 않는다. 흥분이 되어서 이야기를 시작했으나, 나의 이야기를 온전히 경청해 주시고 공감해 주시는 바람에 내 안에 있던 화가 스르르 녹아 버렸던 것이다.

캐시 문 교수님은 미술치료사가 예술가가 되어야 한다는 그녀의 주장을 몸소 실천하시는 분이다. 교수님의 작품은 진정성 있고 아름답다. 우리 모두가 예술가가 될 것을 자극하고 지지하셨다. 우리가 미술치료사로 활동하려면 반드시 개인 작업을 해야 한다는 말을 공부를 끝내고 정신병원에서 일을 시작하고 나서야 이해할 수 있었다. 내 안의 창조력이 메마르면 타인의 고통스러운 삶에서 예술적인 영감을 받아 그들 내면에 있는 창조력을 끌어내는 일을 할 수가 없다. 생각보다 너무나 힘들고 생각보다 덜 멋있는 미술치료사일을 하면서, 그래도 매일매일 놀라운 경험을 한 것은 예술적인 공감과 예술적인 만남을 통해서였다. 전혀 말을 알아들을 수 없는 정신분열증 환자와 같이 그림을 그리고, 춤을 추고, 노래를 부르면서, 소통을 하고 있다는 기운을 느낀 것은 내가 예술적인 방법으로 그들의 창조력에 나의 창조력을 더해서 우리가 만났기 때문이라고 믿으며, 나는 그것을 캐시 문 교수님에게서 배웠다.

이 책에서 가장 중요한 표현인 'art-based art therapy'에서 'art'를 어떻게 번역할지 고심하였다. 이 책에서 art는 폭넓은 의미로 쓰여지는 단어이다. 일반적으로 art therapy를 미술치료라고 하기 때문에 'art-based'를 '미술에 기반한'이라고 번역하였다. 하지만 여기서 미술은 드로잉, 회화 등만을 나타내는 좁은 의미가 아니고 개념예술에서부터 퍼포먼스 예술까지 포함하는 넓은 의미이다. 동시에 미술은 만들어진 작품만을 나타내는 것이 아니고 작품의 의도, 창작 과정, 창작물까지 아우르는 개념으로 쓰였다. 이것은 캐시 문 교수님이 실천으로 보여 준 미술 또는 예술의 의미이고 스튜디오 미술치료의 뿌리이다.

친구가 되어 주기도 하고 나에게 귀한 스승이 되어 주신 캐시에게 마음 깊숙이에서 우러나오는 감사를 표현하는 방법으로 이 책을 번역하였다. 교수님이 가르치신 스튜디오 미술치료가 진단과 기법이 중요시되는 한국의 미술치료계에 신선한 바람이기를 기대한다.

정은혜